20대 재테크와 금융 리터러시

정기만

FINANCIAL LITERACY

신영사

머리말

2025년, 우리는 끝없는 정보의 파도 속에서 살고 있다. 특히 '재테크'라는 키워드 앞에서는 더욱 그러하다. 단 한 번의 검색으로도 수많은 투자전략과 성공사례, 그리고 위험성고가 홍수처럼 쏟아져 나온다. 이러한 정보의 범람 속에서, 주변의 성공담은 때로는 나의 초조함과 불안감을 키우고, 마음을 급하게 만들기도 한다.

이 책은 바로 그런 혼란과 초조함 속에서 자신만의 재테크 방향을 찾고자 하는 청년들을 위해 쓰였다. 본서는 '어떻게 행동할 것인가'에 대한 명확하고 현실적인 해답을 제시한다. 애매모호한 가이드는 지양하고, 구체적인 지침을 통해 독자들이 자신감을 가지고 재테크 여정을 시작할 수 있도록 안내하는 것이 이 책의 가장 큰 차별점이다. 특히 이번 2025년판에서는 독자 여러분의 이해를 돕고 실천력을 높이기 위해 '실전 재테크 전략' 챕터를 새롭게 추가하였다. 복잡하게 느껴지던 재테크가 한층 더 가까이 다가올 것이다.

이 책이 여러분의 손에 들리기까지는 많은 분들의 소중한 도움과 격려가 있었다. 항상 양질의 학술서적 출간에 앞장서는 신영사의 권영섭 사장님과 책의 완성도를 최고로 끌어올려 주신 박지영 편집국장님을 비롯한 모든 편집진 여러분께 깊이 감사드린다. 또한, 이 책의 방향 설정과 내용 구성에 아낌없는 조언을 주시고 함께 고민해 준 동료 교수님들, 그리고 학문의 길을 함께하며 따뜻한 조력자가 되어 준 대학원생들과 가장 솔직한 독자의 눈으로 이 책의 완성도를 높여준 나의 제자들, 특히 원고 정리를 도와준 김시현 학생에게도 진심으로 고마움을 전한다.

이 책이 불확실한 시대 속에서 청년 여러분이 경제적 자립을 이루고, 더 나아가 성공적인 삶의 기반을 다지는 작은 밑거름이 되기를 진심으로 바란다.

2025년 8월

저자 올림

본 책을 읽기 전에 아래 내용을 꼭 읽어 주십시오.

누구를 위한 책인가?

20대 또는 넓혀서 30대를 주 독자층으로 하였습니다. 기본적으로 청년들을 위한 책입니다. 물론 40대, 50대에게도 당연히 도움이 됩니다.

재테크 정보는 계속해서 바뀝니다.

본 책은 매우 현실적이고 유용한 수많은 정보들을 담고 있습니다. 그런데 재테크 정보들은 시시각각 변합니다. 이러한 경우, 독자 여러분이 가장 최신의 정보를 쉽게 찾을 수 있도록 정보원을 표시함으로써 여러분이 해당 홈페이지에서 직접 찾아볼 수 있도록 했습니다.

결론의 제시

본 책은 중요한 부분마다 핵심내용을 다음과 같은 형식으로 정리했습니다. 매우 중요한 포인트이므로 반드시 기억하는 것이 좋을 것입니다.

POINT 이 표시가 있는 본문 내용은 핵심을 정리한 것입니다.

종합적인 정리와 예시

마지막 장에서 종합적으로 정리하고 실제로 어떻게 할 것인지를 제시했습니다.

재테크에 대한 시각

본 책은 방어적 재테크 접근방식을 취하고 있습니다. 그런 의미에서 본 책은 파생상품은 제외했고 주식에 대해서도 다루지 않았습니다.

“저자는, 본 책의 독자들이 안정적인 상황에서 최소한 남들보다는 뒤떨어지지 않는 평균 수준 이상의 재테크를 할 수 있도록 인도하는 데 최선을 다했음을 강조드립니다.”

차 례

제 I 부 실전 재테크에 앞서

제 1 장 2030세대에게 재테크가 왜 중요한가?

제 2 장 재테크 기본 개념을 배우자

제 3 장 금융시스템을 이해하고 활용하자

제Ⅱ부 저축과 보험으로 꼭 필요한 준비를 하자

제 4 장 저축은 어디서 어떻게?

제 6 장 꼭 필요한 보험 가입하기

제Ⅲ부 이제, 투자를 시작해 보자

제 7 장 간접투자의 시작, 펀드

제 8 장 펀드 실전

제 9 장 개인투자자 최종병기 : ETF

제Ⅳ부 미래를 준비하자 그리고 당장 시작하자

제10장 삶의 공간, 주거

제11장 노후준비도 일찍 할수록 유리하다

책을 읽기 전에......

지금 당신은 몇 살인가?

당신은 언제쯤 결혼할 계획인가?

장차 어디에서 살 예정인가? 살 집은 생각해 두었는가?

당신의 부모님은 언제까지 경제활동을 하실 것 같은가?

당신이, 그리고 부모님이 무병장수할 가능성은 얼마나 된다고 생각하는가?

그리고 이러한 각각의 상황에 대비하여 생각하고 준비해 놓은 것이 있는가?

PART I

실전 재테크에 앞서

(자료 : pixabay)

제 I 부에서는 실전적인 재테크를 배우기 전에 기본 상식에 대해서 먼저 배운다. 특히 금융시스템을 제대로 이해하는 것이 중요하다.

CHAPTER

1

2030세대에게 재테크가 왜 중요한가?

2030세대에게 재테크가 어떤 속성을 갖고 있는지 잘 보여주는 그림 (자료 : pixabay)

본장을 시작하기 전에

“미래가 안 보여요”… 20대 우울증 환자 10년 새 4배

2030세대 우울증 환자가 최근 5년 사이 1.5배 이상 증가하면서 2030세대의 정신건강에 적신호가 켜졌다.

20일 건강보험심사평가원에 따르면 우울증을 치료받은 2030세대는 지난해 37만 6,896명으로 5년 전인 2019년(22만 3,071명)과 견줘 68.9% 증가했다. 이 가운데 2030세대 우울증 환자 비율은 2019년 28.0%에서 2020년 31.5%, 2021년 34.1%, 2022년 35.9%를 거쳐 지난해 36.0%까지 눈에 띄게 폭증했다.

2030세대 정신과 환자의 증가는 경제사회적 변화와 밀접한 연관이 있는 것으로 풀이된다. 백명재 경희대 정신건강의학과 교수는 “요즘 2030세대는 부모세대에서 당연히 여기던 인생의 과업들, 이를테면 취업, 결혼, 자가마련 등이 과거에 비해 아주 어렵다 보니 스스로 스트레스를 받거나 남들과 비교하며 스트레스를 받으면서 이것이 정신질환으로 발전하는 것으로 풀이된다”고 해석했다.

(파이낸셜뉴스, 2025.2.20)

1 우리 라이프 사이클에 있는 세 개의 30년

재테크 관점에서 보는 세 개의 30년

▶돈 버는 시기와 쓰는 시기의 불일치

우리가 살아가는 일생의 주기를 자금흐름 중심으로 정리하면 다음 그림과 같이 크게 축적국면, 통합국면, 지출국면으로 나눌 수 있다. 각각은 다음의 특징이 있다.

축적국면

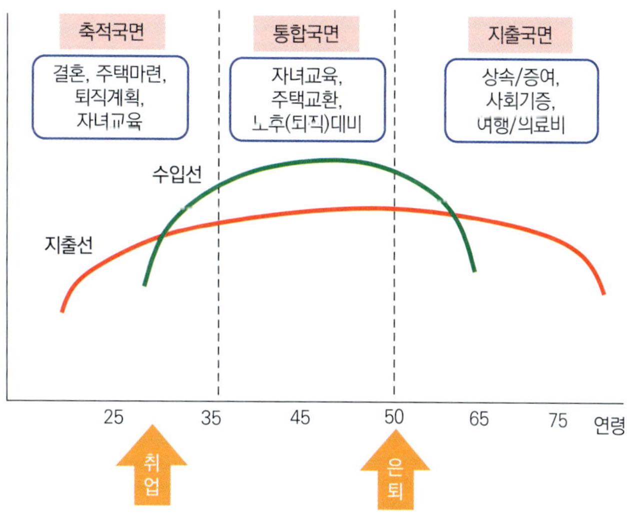

통상 성년이 되는 시기까지는 부모님과 함께 생활하거나 따로 살더라도 일정부분 부모님에게 의존하는 경우가 많다. 그러다가 취업을 하게 되면 부모님으로부터 경제적으로 독립하게 된다.

이후 본격적인 소득생활을 시작하면서 저축과 투자를 통해 자산을 축적하게 된다. 이 시기는 본격적으로 소득이 느는 반면 아직 지출은 적은 수준으로 통제가 가능하기 때문에 자산을 증가(축적)시키는 것에 관심을 기울이는 시기이다. 이 시기를 축적국면이라고 한다.

취업 후 결혼을 하고 돈을 모아 주택을 구입하고 장기적으로 노후를 고민하며 초보적인 자녀교육을 하는 시기로, 사람마다 다르겠지만 대개 취업한 시기부터 시작해서 길게 보면 40대 초반 정도가 된다.

통합국면

본격적으로 자녀교육에 자금이 투입되며, 집을 늘리는 투자가 이루어지기도 한다. 은퇴를 앞두고 그동안 노후준비를 하지 않은 사람들이 은퇴준비에 들어가야 하는 시기이기도 하다. 이 시기를 통합국면이라고 한다.

이 시기는 수입과 지출, 자산과 부채를 균형 있게 관리해야 하는 시기이다. 축적국면과는 다르게 자산을 크게 늘리는 접근보다는 위험관리에 본격적인 관심을 기울여야 하는 시기이다.

지출국면

직장생활을 하다가 누구나 은퇴를 하게 된다. 은퇴하는 시기가 모든 사람이 같지는 않지만 50~60세가 일반적이다. 은퇴 후 제2의 직장에서 소득생활을 하지 않는 한 여생 동안 지출할 일만 남는다. 이 기간을 지출국면이라고 한다. 이 시기에는 이전 시기에 축적해 놓은 자산(연금 포함)을 활용하여 지출을 감당해야 한다. 따라서 이 시기에는 저축이나 투자 계획이 아닌 소비 계획을 잘 세워 자산의 감소 속도를 최대한 늦춰야 한다.

이상의 세 단계 인생주기(life cycle)를 '트리플 30's'라고 한다. 인생을 세 번의 30년 단위 기간으로 구분할 수 있기 때문이다.

▶인생주기의 이해가 중요한 이유 : 시기별로 재테크 목표가 다르다

재테크 관점에서 인생주기를 나눠보는 이유는 수입과 지출 시점의 불일치 상황을 정확하게 이해하고 이에 대비하자는 것이다.

재테크에 성공하기 위해서는 목표를 분명하게 수립해야 한다. 목표에 따라 재테크에 활용되는 금융상품이 달라지기 때문이다. 예를 들어 28세의 남성이 33세에 결혼을 목표로 하고 있는데, 변액보험에 가입하는 것은 잘못된 판단이다. 7년 정도 기간 후에 집 장만을 목표로 하고 있는데, 많은 전문가가 추천한다고 해서 CMA통장만을 가지고 있는 것도 옳지 않다.

우리가 재테크를 공부해야 하는 이유 중의 하나는 인생주기에 따라 재테크 목표가 달라지며, 이에 따라 주목해야 할 금융상품이나 투자대상도 달라지기 때문이다. 예컨대, 세 개의 인생주기를 좀 더 세분하여 10년 단위로 구분해서 재테크 목표를 정리하면 다음과 같다.

- 20대 : 재테크 이해, 재테크 습관 들이기, 기본 금융상품 가입, 공격적 투자
- 30대 : 재테크 재점검, 지출항목 집중관리, 기존 금융상품의 재점검 및 리모델링, 공격적 투자 유지 및 방어적 계획 준비, 결혼 이슈, 주거 대책
- 40대 : 재테크를 보수적인 방식으로 선회, 은퇴 본격 준비
- 50대 : 은퇴 후 대책 강구, 보유주택 활용방안
- 60대 : 지출관리, 현금흐름 확보, 상속 또는 증여 관련 금융상품 가입

이어서 청년들이 재테크를 일찍부터 시작해야 하는 보다 현실적인 상황들을 살펴보자.

쉬어가기 빚에 내몰린 젊은이들, 개인 문제로 치부 말아야

사회는 청년들이 안정적으로 자산을 형성하고 자립할 수 있는 구조적 지원을 마련해야 한다.

청년층의 채무 문제를 해결하기 위해 우리가 더욱 주목해야 할 것은 그들의 금융환경이다. 청년들이 빚에 내몰리지 않도록, 학교와 사회에서 실질적인 금융 교육을 통해 금융상품의 구조와 위험을 이해하고, 올바른 자산관리방법을 배우도록 돕는 것이 필요하다. 금융기관은 청년들에게 위험성을 충분히 고지하고, 신중한 대출절차를 거치도록 지원해야 한다. 이는 청년들이 빚의 악순환에 빠지지 않도록 예방적 차원의 사회적 안전망을 마련하는 길이다.

청년층의 채무 문제는 단순한 개인의 문제가 아니라 사회의 문제다. 청년들이 경제적 자립을 이룰 수 있도록 구조적 기반을 마련하는 것이 중요하다. (한겨레, 2025.3.12)

2 경제적인 자립을 꿈꾼다

결 혼

▶얼마나 혼인을 하는가?

독자는 결혼할 생각이 있는가? 먼저 통계(통계청 2024년 혼인 · 이혼 통계)부터 보자.

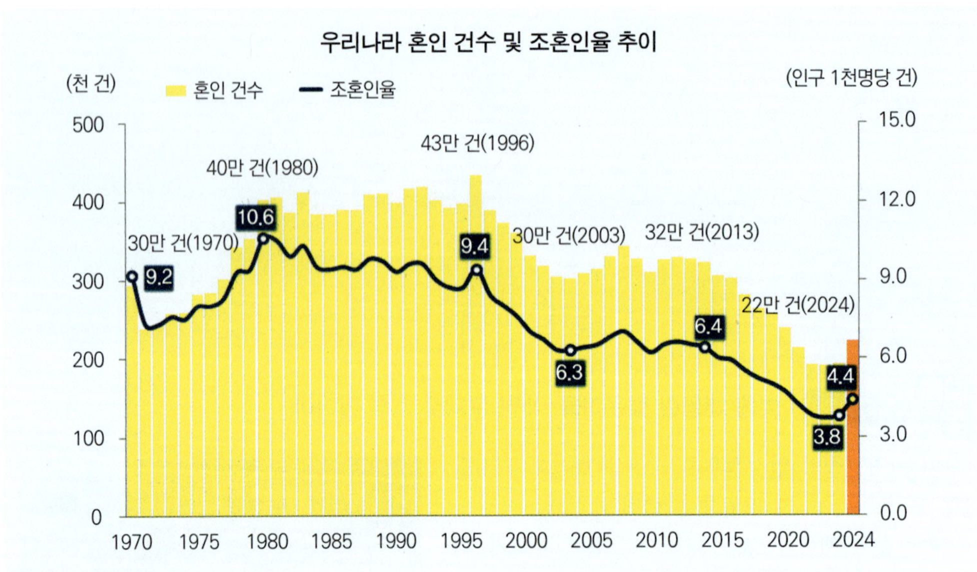

(자료 : 통계청)

위 그림은 1970년부터 2024년까지 한국의 연도별 혼인 건수와 조혼인율 추이를 보여준다.

특히 최근 10여 년간의 변화를 살펴보면, 2014년 약 30만 건 수준이었던 혼인 건수는 이후 전반적으로 감소하는 추세를 이어왔다. 이러한 감소세는 2020년에 코로나19 팬데믹 등의 영향으로 약 21만 건까지 급감하며 전년 대비 −10.7%라는 가장 큰 하락폭을 기록했다. 이후 2021년과 2022년에는 19만 건 초반 수준까지 떨어졌으나,

2023년에 소폭 증가세로 전환되었고, 2024년에는 222,400건을 기록하며 전년 대비 14.8%라는 최근 몇 년간 가장 높은 증가율을 보이며 뚜렷한 반등세를 나타냈다.

조혼인율은 인구 1천 명당 혼인 건수를 나타내므로, 인구규모 변화의 영향을 배제하고 혼인 통계의 실제 흐름을 보다 정확하게 보여주는 지표이다. 조혼인율 역시 2014년 6.0건에서 꾸준히 하락하여 2022년 3.7건까지 감소했다. 하지만 혼인 건수와 마찬가지로 2023년 3.8건으로 소폭 상승한 데 이어, 2024년에는 4.4건으로 눈에 띄게 상승했다. 특히 2024년의 이러한 반등은 장기간의 혼인율 하락세가 꺾이고 회복될 가능성을 시사하는 신호로 해석될 수 있다.

정리하면, 우리나라의 혼인 건수와 조혼인율은 지난 10년간 지속적인 감소세를 보였으나 최근 2년 사이 뚜렷한 반등 추세를 나타내고 있다. 이러한 변화는 사회적 분위기의 변화나 정부정책 등 다양한 요인이 복합적으로 작용한 결과로 풀이된다.

▶몇 살 때 혼인을 하는가?

통계청이 발표한 자료에 따르면 남녀 모두 초혼 연령이 꾸준히 올라가고 있다. 다음 그림을 보자.

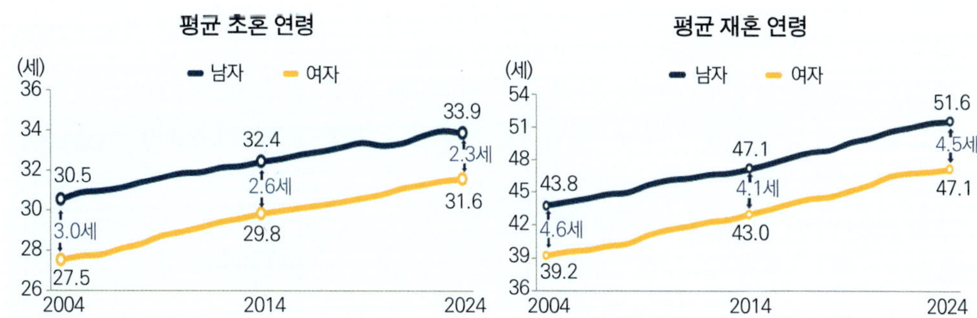

(자료 : 통계청)

2004년부터 2024년까지 남녀 초혼 연령의 변화를 보면, 2004년 남성의 평균 초혼 연령은 30.5세였으며, 꾸준히 상승하여 2023년에는 34.0세, 2024년에는 33.9세를 기록했다. 여성은 같은 기간 동안 27.5세에서 시작해 2023년 31.5세, 2024년에는 31.6세로 상승했다. 10년 전과 비교해 남성은 3.4세, 여성은 4.1세 증가한 것이다. 남녀 초혼 연령 차이는 2.3세로 그 차이가 점차 줄어들고 있는 흐름을 보인다. 전반적으로 남녀 모두 결혼 연령이 늦어지는 추세를 보이며, 남자의 평균 초혼 연령이 더 이상 상승하지 않고 남녀 간 격차는 감소하는 방향으로 변화하고 있다. 이는 결혼관의 변화와 사회·경제적 여건이 반영된 결과로 해석된다. 평균 재혼 연령 통계는 참고로 보기 바란다.

초혼 부부의 나이 특성 구성비를 보면 오른쪽 그림과 같다. 남자 연상이 주류이긴 하지만 지속적으로 그 비율이 줄어들고 있는 반면, 여자 연상이 지속적으로 증가하고 있다. 동갑인 초혼 부부는 16% 내외 수준을 유지하고 있음을 알 수 있다.

초혼 부부의 나이 특성 구성비

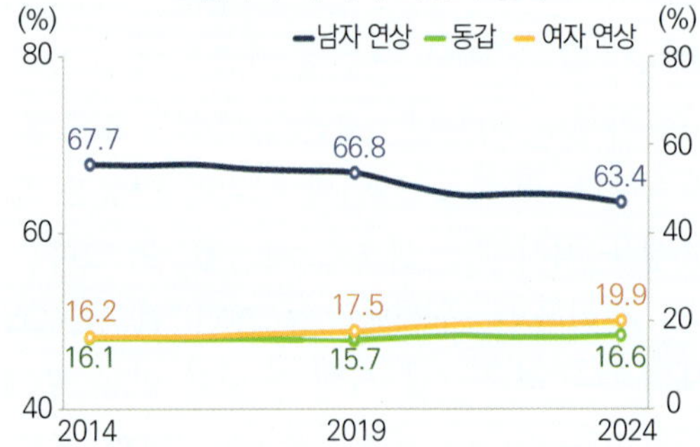

(자료 : 통계청)

30대 혼인율은 얼마나 될까?

30대 혼인율을 알 수 있는 가장 최근 통계는 통계청이 2024년 11월에 발표한 '인구주택총조사 확대 공표 주요 결과'이다.

이에 따르면, 2023년 11월 1일 기준 국내 20세 이상 인구 약 4,205만 명 가운데 28%인 1,178만 명이 미혼이었다. 연령대별 미혼율을 보면 20대 미혼율이 95.2%로 가장 높았고, 이어 30대 51.3%, 40대 20%, 50대 9.6%, 60세 이상 3.4%의 순이었다.

2000년대 이후 전체 연령대에서 미혼율이 전반적으로 높아진 가운데 30대 미혼율 상승률이 두드러졌다. 2000년에는 13.4% 수준이었으나 점차 높아져 2010년 29.2%, 2020년 42.5%로 치솟았다. 2023년에는 마침내 절반을 넘어서 51.3%에 이르렀다. 앞서 살펴본 조혼인율이 상당 폭 반등한 2024년 통계가 반영되면 2024년 이 비율은 50% 내외가 될 것으로 예상된다. 즉,

30대 미혼율

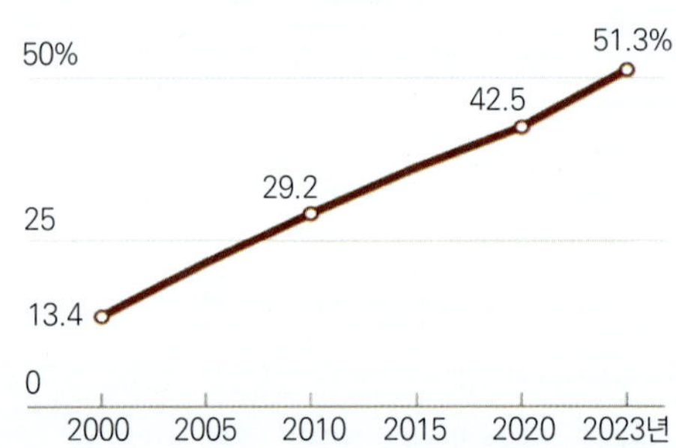

(자료 : 통계청)

30대의 절반 정도가 결혼을 하고 있다고 볼 수 있다.

▶미혼남녀의 결혼에 대한 인식은?

통계청의 '2024년 사회조사'에 따르면 결혼을 해야 한다고 생각하는 비중은 52.5%로 2년 전보다 2.5%포인트 증가했다. 남자가 여자보다 결혼해야 한다고 생각하는 비중이 11.5%포인트 더 높긴 하지만 전체적으로 꾸준히 절반 이상은 결혼을 할 의사를 보이고 있다.

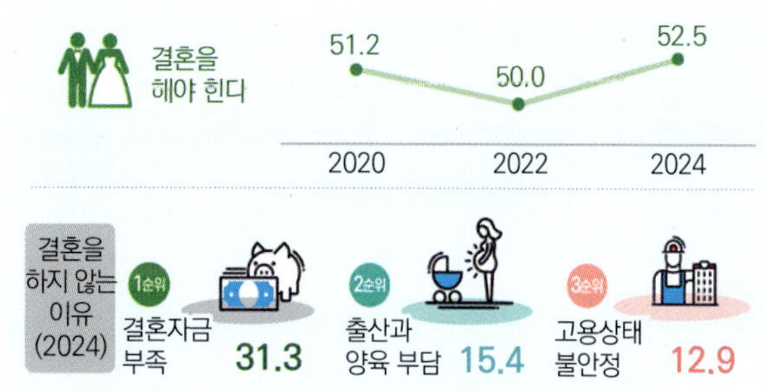

(자료 : 통계청)

그럼에도 결혼을 하지 않는 이유를 묻는 설문에 대해서 응답자의 31.3%가 결혼자금 부족을 가장 중요한 이유로 꼽았고, 이어서 출산과 양육 부담, 고용상태 불안정을 들었다. 고용상태도 돈과 관련된 부분이라고 볼 수 있으므로 결국 경제적인 이유가 주된 원인이라고 볼 수 있다.

▶결혼비용은 얼마나 필요할까?

그렇다면 결혼을 준비하는 데 필요한 비용은 어느 정도이며, 이를 마련하기 위해 얼마나 시간이 소요될까? 다양한 기관에서 결혼비용에 대한 설문 조사를 진행하지만, 객관성에는 다소 한계가 있다.

이러한 조사들 가운데 비교적 참고할 만한 통계로 하나금융연구소의 '대한민국 금융소비자 보고서 2025'가 있다. 이 보고서는 20세부터 64세까지의 금융소비자 5,000명을 대상으로 설문 조사를 진행했기 때문이다. 다만, 이 조사는 주로 서울과 수도권 거주자를 대상으로 했으므로, 지방에서 결혼을 준비하는 경우에는 이 점을 감안하여 참고할 필요가 있다.[1)]

1) 이 조사에서 흥미로운 점은 결혼 의향자는 주택 자금 및 투자 종잣돈 마련 등 목적형 저축 의향이 높고 적금뿐 아니라 주식, ETF 등 직접투자에 더 적극적이었던 반면, 비혼자는 노후대비가 우선 관심사로 보험의 필요성을 높게 인식했고 여가와 취미, 재미를 위해 더 적극적으로 저축하는 모습을 보였다는 점이다.

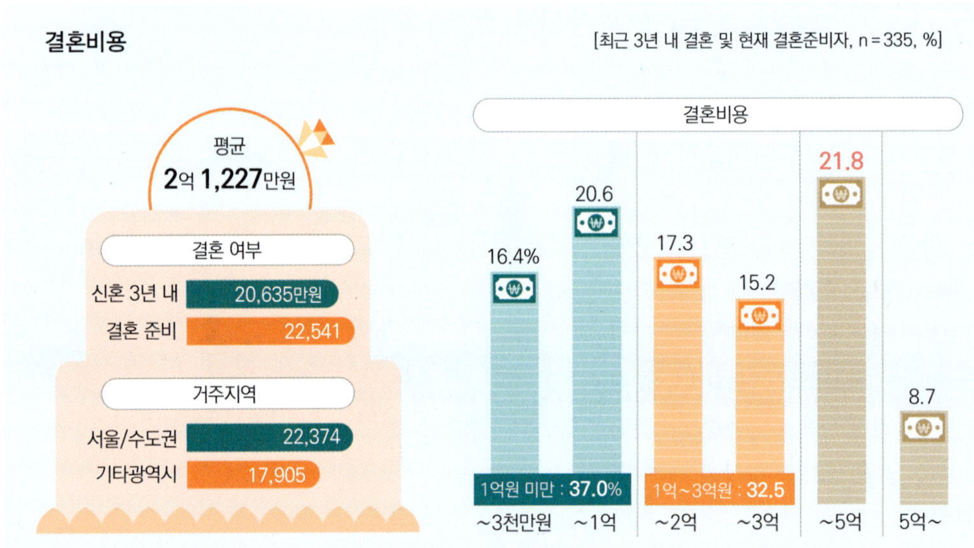

이 보고서에 의하면 최근 3년 이내에 결혼한 신혼부부가 결혼비용으로 사용한 평균 금액이 2억 635만원에 달하는 것으로 나타났다. 결혼 예정자들은 평균 2억 2,541만원을 예상하고 있으며, 전체 응답자의 평균은 2억 1,227만원이다. 특히 부부가 스스로 결혼자금을 마련할 때, 응답자의 10명 중 6명은 대출을 활용했으며, 4명은 결혼자금의 절반 이상을 대출로 충당했다고 한다.

남성과 여성이 각각 준비해야 할 금액을 간단히 추정해 본다면, 부부 합산 필요금액을 2.2억원으로 가정하고 전체 금액의 30%를 대출로 충당한다고 볼 때, 결혼 준비를 위한 현금으로 약 1억 5,400만원이 필요하다는 계산이 나온다. 이 금액을 남성과 여성이 함께 나누어 준비하면 될 것이다.

대학 졸업 후 취업하여 이 금액을 마련하기 위해 매달 얼마를, 그리고 얼마의 기간 동안 저축 또는 투자를 해야 할까?

대학 졸업 후 취업을 하여 본격적으로 돈을 모으기 시작하는 시기를 평균적으로 남성 28세, 여성 26세로 가정하고 그 시기부터 결혼까지 필요한 위의 금액을 모으기 위하여 매달 저축해야 하는 금액을 정리하면 〈표 1-1〉과 같다. 표에서는 부부 합산 현금 필요액 1억 5,400만원을 남성과 여성의 비율 5.5 대 4.5로 배분하여 남성이 8,470만원, 여성이 6,930만원을 모으는 것으로 가정하였고 이자를 빼고 단순하게 원금

〈표 1-1〉 취업 후 결혼하기 위하여 매월 저축해야 할 금액

구 분	취업연령	초혼연령	준비기간	결혼비용	월 저축액
남성	28세	약 34세	6년	약 8,470만원	약 118만원
여성	26세	약 32세	6년	약 6,930만원	약 96만원

만으로 계산해 본 것이다.[2)]

〈표 1-1〉에 근거하여 판단해 볼 때 매달 100만원 정도를 저축해야 한다. 이 금액이 현실적인지는 뒤에서 볼 것이다. 이렇게 상황을 정확하게 파악해야 대책을 세울 수 있다.

POINT 현명한 재테크는 내 사정을 정확하게 아는 것부터 시작한다.
준비된, 물려받은 자금이 없다면? 답은 하나다. 지출을 줄이고 저축을 늘리는 길밖에 없다.

주 거

"결혼을 하지 않으면 되는 거 아니냐"고 묻는 독자가 있을지 모르겠다. 결혼을 하지 않는다면 미혼으로라도 어디에서인가는 살아야 하지 않겠는가? 기혼이든 미혼이든 우리나라 사람들은 소득이 생기면 대부분 부동산, 특정하여 말하면 '집'을 장만하기 위하여 많은 노력을 해 왔다.

집 소유에 대한 욕구는 사실 우리나라뿐만이 아니다. 미국 전국부동산중개인협회의 조사에 의하면 미국인의 72%는 집을 소유하는 것이 일생의 목표라고 답을 했다고 한다. 미국의 서브프라임 사태도 따지고 보면 집 소유 욕구에서 비롯된 것이다. 집

2) 남성과 여성의 배분 비율은 필자가 매우 주관적인 생각으로 임의배분한 것이므로 이에 대해서는 크게 관심 갖지 않기를 바란다. 여기에서는 성 구분 없이 한 달에 얼마나 저축해야 하는지를 보여주는 것이 초점이다. 다만, 2024년 9월에 발표된 여성가족부 자료에 의하면, 2,647개 공시대상회사 성별 임금 관련 정보를 조사했더니 근로자 1인당 평균임금의 성별 임금 격차가 26.3%로 여성이 더 낮은 것으로 나타난 점은 참고했다.

구입을 위한 대출금 상환능력이 되지 않는 사람들에게 해준 대출이 부실화되면서 시작되었기 때문이다.

성년이 되면서, 특히 결혼을 생각하면서 집에 대한 고민은 시작된다. 집은 의식주의 한 축으로서 안정적인 삶의 토대가 됨과 동시에 부의 증식수단이 되어 왔다. 그러나 새로이 집을 장만해야 할 사람들을 위해서, 그리고 집을 사기 어려운 서민들을 위해서, 특히 미래를 설계하고 인생을 계획해야 할 청년들을 위해서 집값은 더 떨어져야 한다는 것이 저자의 생각이다.

국토교통부에 의하면 2023년 현재 우리나라의 주택 자가보유율은 60.7%이다. 그동안 많은 신규 주택 공급이 이루어지고 있으나 이 비율은 거의 변함이 없다. 집을 10명 중 6명만이 보유하고 있다는 뜻이다. 4명은 집을 살 의사가 없는 것일까?

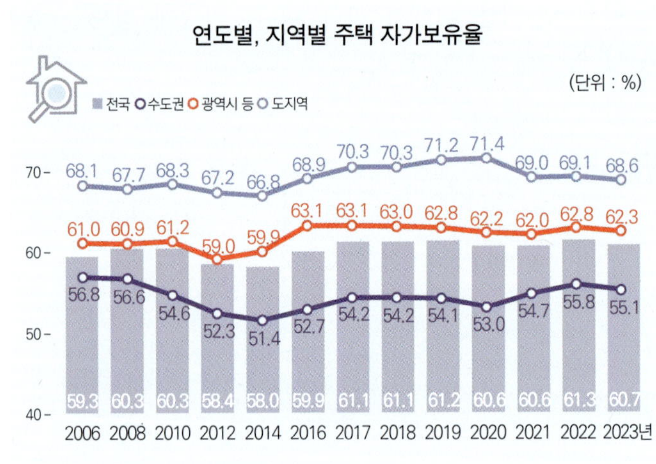

(자료 : 국토교통부)

〈표 1-2〉는 한국과 미국, 일본 3개국의 가계자산 구성 비중을 비교한 것이다. 한국의 경우 비금융자산 비중이 75.5%로 단연 높다. 비금융자산의 대부분은 부동산이다.

〈표 1-2〉 주요국 가계자산 구성 비교 (단위 : %)

	한 국	미 국	일 본
비금융자산	75.5	28.5	37.0
금융자산	24.5	71.5	63.0

(자료 : 한국은행, 2023년 기준)

집을 사겠다고 마음을 먹었다면 실제로 집을 사는 데 걸리는 기간은 얼마나 될까? 〈표 1-3〉을 보자. 이 표는 한국부동산원에서 발간한 '2025년 4월의 주택가격동향

〈표 1-3〉 주택 거래 가격과 매매 및 전세자금 준비 소요기간

구 분	평균 주택가격(천원)		소요기간(년)	
	매 매	전 세	매 매	전 세
서울	**890,354**	**449,784**	**13.9**	**7.0**
부산	316,008	182,334	4.9	2.8
대구	319,850	187,954	5.0	2.9
인천	313,363	198,848	4.9	3.1
광주	265,955	180,582	4.1	2.8
대전	316,456	204,714	4.9	3.2
울산	292,829	193,640	4.6	3.0
세종	**505,182**	**215,695**	**7.9**	**3.4**
경기	470,548	**285,874**	7.3	**4.5**
강원	173,843	118,177	2.7	1.8
충북	189,214	130,218	2.9	2.0
충남	192,858	126,188	3.0	2.0
전북	159,621	111,693	2.5	1.7
전남	**139,466**	91,026	**2.2**	1.4
경북	151,633	97,075	2.4	1.5
경남	207,161	137,714	3.2	2.1
제주	268,291	156,994	4.2	2.4

(자료 : 한국부동산원, 전국주택가격동향 보도자료, 2025년 5월 기준)

조사' 보고서를 바탕으로 통계청이 2025년 5월 발표한 가구당 월 평균 소득 535만원을 적용하여 계산해 본 것이다. 즉 가구당 소득을 '한 푼도 쓰지 않고 전액을 저축했을 때' 각 지역별로 평균적인 내 집 마련 소요기간을 보여준다. 집값이 가장 비싼 서울에서 집을 사는 데는 13.9년이 걸리며 두 번째로 비싼 세종에서는 7.9년이 걸리는 것으로 나타났다. 전남은 가장 짧아 2.2년이 소요된다.

이는 가구소득 전액을 저축하는 것을 가정한 것이므로 만일 가구소득의 절반을 저축한다면 이 기간이 두 배 늘어나서 서울은 27.8년이 걸리고 세종에서는 15.8년이 걸리게 된다. 또한 가구소득이 월 평균인 535만원 이하인 가구는 시간이 더 걸릴 것이다.[3)]

---

3) 소득 대비 주택가격 배율을 PIR(Price to Income Ratio) 지수라고 한다. 이는 [현재 주택가격÷연 가구소득. 주택가격과 연 가구소득은 중위값]으로 계산한다. 본문에서 굳이 PIR 지수를 사용하지 않는 이유는 정부에서 발표하는 PIR 지수가 시의성이 떨어지기 때문이다.

한편, 앞에서 본 바와 같이 자가보유율은 60.7%이다. 10가구 중 주택이 없는 4가구는 어떻게 살고 있을까? 대부분 전세나 월세 또는 사글세로 살고 있을 것이다. 월세나 사글세는 매달 일정한 현금비용이 지출되기 때문에 사람들은 전세를 선호한다. 그러나 전세를 얻기 위해서는 일정한 목돈이 필요하다.

〈표 1-3〉을 다시 보자. 월 평균 가구소득 535만원을 한 푼도 쓰지 않고 전부 저축했을 때 서울에서 평균적인 전셋집을 얻기 위해서는 7년이 걸리고 세종에서는 3.4년, 경기에서는 4.5년이 걸린다. 소득의 절반을 쓰고 나머지만 저축하면 서울에서는 14년이 지나서야 평균적인 수준의 전셋집을 구할 수 있다.

이상의 계산은 더 이상 집값이나 전셋값이 오르지 않는 것을 전제로 한 것이다. 원하는 시기에 집을 사거나 전셋집을 구하고 싶다면 어떻게 해야 하는가?

POINT 답은 하나다. 역시 지출을 줄이고 저축을 늘리는 길밖에 없다.

3 건강하게 오래 살려면 미리 준비해야 한다

질 병

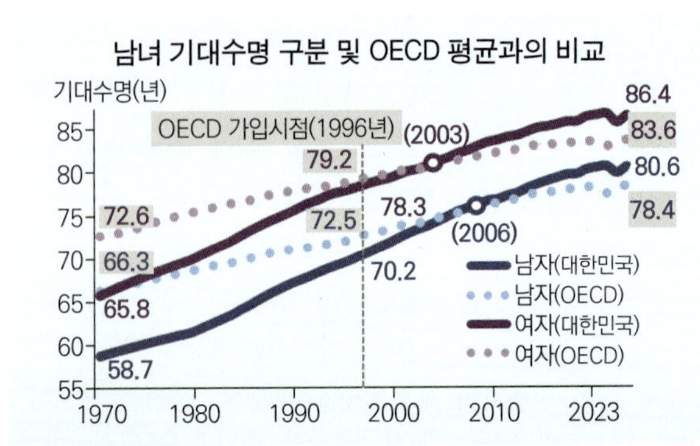

(자료 : 통계청)

통계청에 의하면 2023년 출생아의 기대수명은 83.5세이다. 남자는 80.6세, 여자는 86.4세로 여자의 기대수명이 남자보다 5.8년 더 길다. OECD 평균과 비교하면 2~3년 정도 더 산다. 우리나라 사회적 지표를 OECD와 비교하면 많은 지표에서 OECD 평균보다 나쁘다. 하지만 기대수명은 이미 남자는 2006년에, 여자는 2003년에 OECD 평균을 상회하기 시작했다.

연령별 생존확률도 최근에 태어난 사람일수록 높다. 예를 들어 1970년생이 80세까지 생존할 확률은 남자 11.6%, 여자 32.9%이나 2003년생의 경우에는 해당확률이 남녀 각각 39.3%, 62.8%까지 높아진다. 2023년생의 경우에는 더욱 높아져서 남녀 각각 63.6%, 81.8%에 이른다. 2023년 출생한 여성의 경우 80세가 되었을 때 5명 중 4명은 생존해 있다는 뜻이다. 이처럼 점점 오래 살게 될 것이나 문제는 계속 건강하게 살 수 있는가이다.

성별 65세, 80세까지의 생존확률

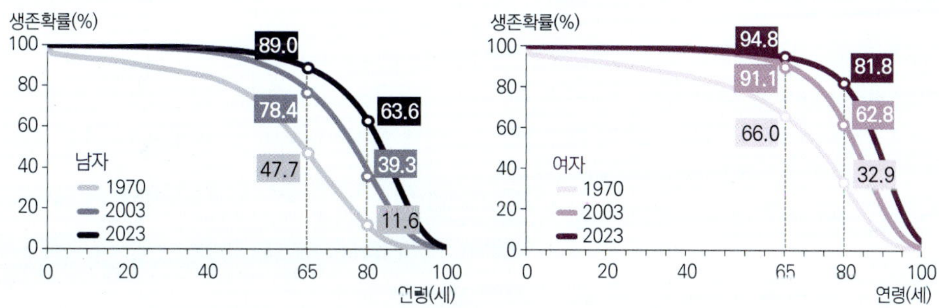

건강수명은 기대수명 중 질병이나 사고로 인해 아픈 기간을 제외하고 건강한 상태로 보내는 기간을 말하는데, 2022년 기준으로 한국인의 건강수명은 65.8년이다. 기대수명 82.7년에 비해 건강수명은 16.9년이 짧다.[4] 유병상태로 보내는 기간을 성별로 보면 남자는 14.8년, 여자는 19.1년으로 여자가 더 길다. 유병기간을 제외하

남녀 각각의 건강기간과 유병기간

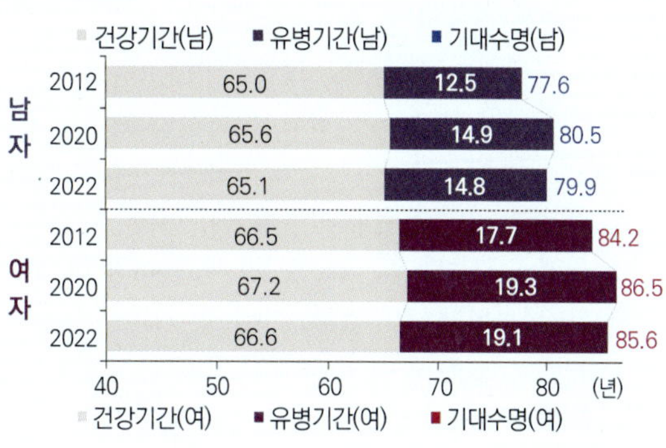

4) 통계청에서 매년 발표하는 기대수명과는 달리 건강기간과 유병기간 통계는 격년으로 발표된다. 그래서 앞서 설명한 기대수명 통계와 건강기간 · 유병기간 통계 간에는 시차가 있다.

고 건강한 상태로 보내는 기간은 남자는 65.1년, 여자는 66.6년 정도밖에 되지 않는 것이다.

그렇다면 우리나라 사람이 평균적으로 평생 쓰는 의료비는 얼마나 될까?

국민건강보험공단의 '2023년 건강보험 주요 통계'에 따르면 지난해 건강보험 전체 적용인구는 5,145만 명이고, 65세 이상 노인은 922만 명으로 전체의 17.9%를 차지하는 것으로 나타났다.

2023년 말 기준 전체 진료비는 110조 8,029억원으로 전년 105조 8,586억원 대비

쉬어가기 미국의 의료비는 얼마나 될까?

미국의 의료비가 세계 최고라는 것은 이미 잘 알려진 사실이다. 당연히 보험료 역시 세계 최고 수준이다. Monterey County에 거주하는 한 고객의 가정을 예로 들면, 55세 남편과 52세 아내 그리고 25세, 23세, 21세의 아들이 있는 5인 가정인데 이 가정의 한 달 보험료는 $4,575(한화 약 530만원)이다. 미국에서 청구되는 의료비는 대부분 실제로 지불되는 비용과 많은 차이가 있다. 의료보험 가입자의 경우 의료보험사에서 청구된 비용을 대폭 삭감한 금액으로 지불하고 있고 보험이 없는 경우 병원과의 협상을 통해 1/2에서 1/5까지도 Discount 한 금액으로 지불할 수 있기 때문이다. 하지만 그럼에도 지불해야 하는 의료비가 감당하기 어려운 수준인 것만큼은 달라지지 않는다.

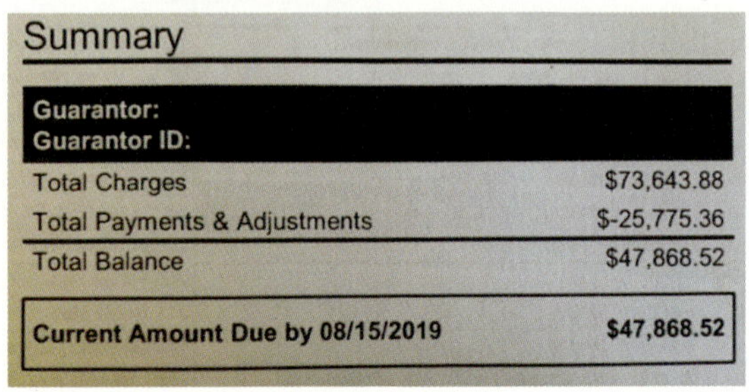

Summary

Guarantor:	
Guarantor ID:	
Total Charges	$73,643.88
Total Payments & Adjustments	$-25,775.36
Total Balance	$47,868.52
Current Amount Due by 08/15/2019	$47,868.52

다리가 부러진 어느 환자가 받은 진료비 청구서. 처음에 $73,643였는데 $25,775를 깎아줘서 최종 의료비 $47,868(약 5,200만원)가 청구되었다.

암 투병을 하다가 결국 사망한 두 고객이 있었다. 입원과 수술을 반복하며 중환자실에도 장기간 입원해 있었는데 한 사람은 $3 Million(약 35억원), 다른 한 사람은 $1 Million(약 11억 5,000만원)의 의료비가 청구됐고, 비교적 가벼운 수술인 담낭제거 복강경 수술 $99,000(약 1억 1,000만원), 발목 골절 수술 $31,500(약 3,600만원) 등의 Bill에 대해 상담했던 경험이 있다.

U.S. The American Cancer Society(ACS)의 조사결과에 따르면 암 환자 방사선 치료 월 평균 비용이 $12,000(약 1,400만원) 선이다. 하루 평균 입원비용은 미국 전체 평균으로는 하루 $1,900(약 220만원)이다. ICU(중환자실) 하루 평균 입원비용은 호흡기를 착용했을 때 $11,000(약 1,300만원)이다.

(자료 : pbs9999.blogspot.com)

〈표 1-4〉 건강보험 주요 통계

구 분		2019년	2020년	2021년	2022년	2023년	전년 대비 증감률(%)
적용인구 (천명)	전체	51,391	51,345	51,412	51,410	51,453	0.0
	65세 이상 비율(%)	7,463 (14.5)	7,904 (15.4)	8,320 (16.2)	8,751 (17.0)	9,216 (17.9)	5.3
진료비 (억원)	전체	861,110	867,139	954,376	1,058,586	1,108,029	4.7
	65세 이상 비율(%)	357,925 (41.6)	376,135 (43.4)	413,829 (43.4)	457,647 (43.2)	489,011 (44.1)	6.9
1인당 연평균 진료비(천원)	전체	1,681	1,688	1,857	2,060	2,155	4.6
	65세 이상	4,910	4,870	5,085	5,347	5,434	1.6

* 지급기준, 적용인구는 연도 말 기준

(자료 : 국민건강보험공단)

4.7% 증가했다. 진료비 110조 8,029억원 중 입원진료비는 40조 832억원, 외래진료비는 49조 6,197억원, 약국진료비는 23조 401억원으로 전년 대비 진료비 증감률은 입원(14.83%) > 외래(9.58%) > 약국(9.09%) 순으로 나타났다. 이 중 65세 이상이 차지하는 진료비 비중은 48조 9,011억원으로 전체의 44.1%이다. 평생 지출하는 의료비 절반 가까이를 65세 이후에 사용한다는 것을 알 수 있다.

2023년 말 기준 1인당 연간 진료비는 215만원이다. 65세 이상 1인당 연 평균 진료비는 543만원으로 월 평균 452,500원을 사용하고 있다. 이는 전체 인구 1인당 평균 진료비 2.5배에 달하는 숫자로 만약 부부 2인 가구 합산시 연 평균 1,000만원이 넘는 금액을 의료비로 소비하는 수준이다. 중요한 것은 평생 의료비의 절반 정도를 65세 이후에 지출한다는 것이다.

이상의 자료가 의미하는 결론은 간단하다. 인생주기 전반에 걸쳐서 미리미리 준비할 필요가 있다는 얘기이다. 다행히도 우리나라는 비교적 잘 짜여진 공영보험인 국민건강보험 체계가 있다. 그러나 이 보험에도 한계가 있다. 어떻게 미리 준비할 수 있을까? 본 책에서 답을 찾아보자.

POINT 미래의 질병에 대비하는 방법은 어렵지 않다. 미리 준비할 수 있다.

노 후

이미 살펴본 바와 같이 수명이 길어지고 있다. 장수하면 축복인가?

반드시 그렇지는 않다. 통계청의 '2023년 경제활동인구조사-고령층 부가조사' 결과에 의하면 중장년이 주된 직장에서 퇴직하는 연령이 평균 49.4세이다.[5] 평균 퇴직 연령은 최근 10년간 계속 약 49세에 머물러 법정 정년인 60세에 크게 미치지 못한다. 이 시기에 은퇴하고 이후 재취업을 하지 못하면 은퇴 후 약 30~40년 동안 소득 없이 생활해야 한다. 연금을 받을 수 있으나 10년 이상이 지나야 받을 수 있다. 이런 상황이다 보니 장수가 축복이 되기 위해서는 최소한의 생활을 영위할 수 있는 장치 또는 삶의 질이 유지되어야 한다. 그래서 '장수리스크'라는 말도 설득력 있게 들린다. 오래 살수록 리스크, 위험이 커진다는 의미이다. 더구나 앞에서 본 질병 발생 통계와 연관지어 보면 상황은 더욱 심각해진다.

은퇴 후 평균 생존기간인 30~40년 동안 필요한 자금은 얼마일까?

통계청이 2025년 2월에 발표한 2024년 4/4분기 기준 우리나라 가구당 월평균 소비지출은 290만원 정도이다. 50세에 은퇴하고 80세까지 생존한다고 보고, 한 달에 최소 290만원을 생활비로 쓰기 위하여 50세 시점에 가지고 있어야 하는 목돈을 계산해

탑골공원의 모습 (사진 : senioroknews.com)

5) OECD의 가장 최근 자료에 의하면 우리나라의 공식(법정) 은퇴연령은 60세이지만 실제 은퇴연령은 세계에서 멕시코 다음으로 높은 72.3세이다. 이는 노후준비 부족으로 은퇴 후에도 다시 노동시장으로 나가야 하는 이유 때문인 것으로 분석된다. 동 자료에 의하면 공식 은퇴연령보다 실제 은퇴연령이 늦은 나라는 많지 않다. 이는 국가에 의해서이건 개인에 의해서이건 노후준비가 덜 되었음을 의미한다.

보면 이자율 2.5%를 가정했을 때 약 7.5억원 정도가 된다. 이를 사전에 현금으로 마련해 놓고 대비하는 것은 현실적으로 쉽지 않다. 그렇다면 어떻게 미리 준비할 수 있을까?

본 책에서는 이에 대해서도 살펴볼 것이다.

POINT 오래 사는 것이 축복이 되려면 건강하게 오래 살아야 한다. 이런 노후를 대비하는 방법 역시 어렵지 않다. 미리 준비할 수 있다.

4 청년, 무엇부터 시작해야 하는가?

경제적 자유로 가는 첫 목적지 : 종잣돈

재테크에 있어서 종잣돈은 매우 중요하다. 흔히 시드머니(seed money)라고 하는 종잣돈은 종자(種子), 즉 씨앗이 되는 자금이다. 아무리 큰 식물도 시작은 종자였듯이 재산 형성에 있어서도 특별한 재산을 가지고 있지 않은 사람이 재산을 형성해 가기 위해서는 종잣돈을 빨리 모으는 게 중요하다.

투자나 재테크에 있어서 '스노볼 효과(snowball effect)'라는 말이 있다. 투자의 귀재라는 워런 버핏이 복리효과를 강조하기 위해서 사용한 단어이긴 하나 종잣돈의 중요성도 시사하고 있다. 이는 산 위에서 눈뭉치를 밑으로 굴리다 보면 점점 눈이 붙어서 엄청나게 커진다는 것으로, 첫 시작은 미약하지만 점점 가속도가 붙어서 투자효과가 급격하게 커지는 것을 말한다.

간단한 다음 사례를 보자. 10%의 수익을 낼 기회가 생겼다. 이때 투자할 금액이 100만원이라면 수익은 10만원이 될 것이다. 투자 종잣돈이 1,000만원이라면 수익은

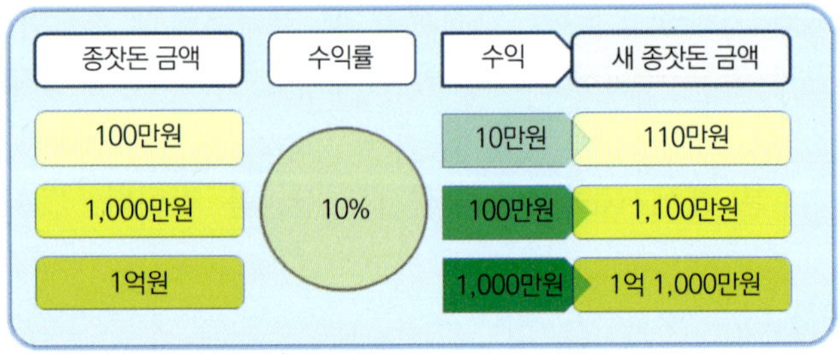

100만원이 된다. 앞의 수익 10만원은 그냥 써버리기 쉬운 정도의 적은 금액이다. 후자의 수익 100만원은 그보다는 낫다. 그런데 종잣돈이 1억원이라면 수익이 1,000만원이나 된다. 월 실수령액이 250만원인 직장인에게는 4개월분 급여를 한 푼도 쓰지 않고 모아야 하는 큰 금액이다. 이것은 마치 자본소득이 노동소득을 대체하는 효과와도 같다.

이렇게 큰돈이 한 해만 생기는 것이 아니다. 다음 해에는 종잣돈이 1억 1,000만원이 되고 또 1년이 경과한 후에는 원리금은 1억 2,100만원이 될 것이다.

이렇듯 조기에 어느 정도의 종잣돈을 모으는 것은 재테크 여정에서의 첫 번째 목적지이다. 이제 청년이 된 후 인생을 살아갈 때 큰 목돈을 필요로 하는 대표적인 이벤트라고 할 수 있는 결혼과 집 장만 같은 것을 생각하면 종잣돈이나 목돈을 마련해야 하는 이유가 저절로 이해될 것이다.

POINT 종잣돈이 있어야 비로소 뭔가를 해볼 수 있다.

우리의 현실을 정확하게 이해하자

대학을 졸업하고 본격적으로 사회생활을 시작하는 우리들의 경제적 삶은 어떤 모습일까? 일부 언론 보도만 보면 우리 대학생들의 졸업 후의 상황은 암담하기만 하다. 경제는 갈수록 어려워지고 일자리는 계속 줄어든다고 말한다. 실제 통계를 보면 어떨까?

교육부와 한국교육개발원은 매년 관련 통계를 발표해 왔다. 가장 최근인 2024년 12월에 발표된 「2023년 고등교육기관 졸업자 취업통계조사」를 보자. 2023년 2월 고등교육기관 졸업자(2022년 8월 졸업자 포함)의 취업률은 70.3%이다. 취업대상자 55만 4,281명 중 취업자는 38만 9,668명이다. 코로나19로 인해 2020년에는 65.1%로 약간 낮아졌다가 다시 회복된 것이다. 지난 5년간(2019~2023년)을 보면 최고 70.3%에서 최저 65.1% 사이에서 소폭 등락하고 있다. 3명 중 2명은 변함없이 취업하고 있다는 뜻이다. 2023년 기준 고등교육기관 취업 대상자 중 남성의 취업률은 72.4%이고, 여성은 68.5%로 성별로도 큰 차이가 있다고 보기는 어렵다. 전체의 88.5%가 건강보험이 적용되는 직장에 취업을 했다.

(출처 : 한국교육개발원, 취업통계연보)

이 통계에서 고등교육기관은 학부 졸업자, 대학원 석사와 박사 과정 졸업자를 포함한 것이다. 사진 자료에는 제시되어 있지 않지만, 대학원 졸업자는 취업률이 조금 더 높고 우리의 관심사인 학부 졸업자는 약간 더 낮아서 2023년 기준 64.6%의 취업률을 보이고 있다. 대졸자 취업률은 이처럼 거의 변함없이 60% 중반으로 움직이고 있는데도 일부 미디어에서는 대졸자 취업률이 매우 낮은 것처럼 주장하기도 하고 때로는 대졸자의 눈높이가 너무 높음을 지적하면서 자발적 실업이 많다고 말하기도 한다. 대졸자 취업률에 관한 결론은 장기간 큰 변함이 없다는 것이다.

POINT 취업이 어렵다고? 그렇지 않다. 통계가 말해준다.

취업에 성공한 고등교육기관 졸업자의 첫 급여 수준은 교육과정별로 다르게 나타나는데, 통계에 따르면 전문대학 졸업자의 월 평균 소득은 257.7만원, 중위소득은 234.3만원이며 이 중 59.1%가 200만원에서 300만원 미만 구간에 분포하여 가장 높은 비율을 보인다. 한편, 대학 졸업자의 월 평균 소득은 309.1만원, 중위소득은 266.3

초임급여 현황 (단위 : %)

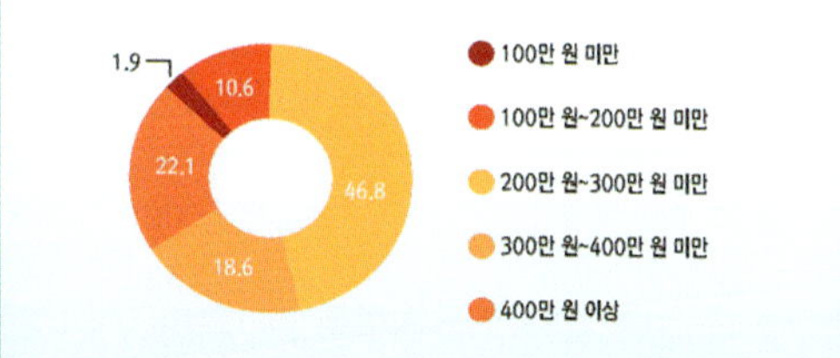

구분	평균소득	중위소득
전문대학 과정	257.7만 원	234.3만 원
대학 과정	309.1만 원	266.3만 원
대학원(석사)	485.2만 원	416.6만 원
대학원(박사)	632.5만 원	500.0만 원

(출처 : 한국교육개발원, 취업통계연보)

만원으로 49.5%가 200만원에서 300만원 미만 구간에 분포하여 가장 높은 비율을 차지한다. 이와 더불어, 대학원 석사 졸업자의 월 평균 소득은 485.2만원, 중위소득은 416.6만원이며, 박사 졸업자의 경우 각각 632.5만원과 500만원으로 나타난다.

여기서 평균값은 전체 수치 값을 단순히 평균하기 때문에 이례적으로 크거나 작은 값인 특이값에 영향을 받는 특성이 있는 반면, 중위수 값은 전체 값을 크기순으로 정렬했을 때 중앙에 위치하는 값으로 종종 평균보다 더 현실적인 정보를 제공한다. 또한, 통계 관찰치를 여러 구간으로 나누었을 때 가장 많은 비율을 차지하는 구간(여기서는 200만~300만원)을 눈여겨볼 필요가 있으며, 이러한 점들을 종합적으로 고려하여 본 책에서는 4년제 대졸자의 초임 급여를 월 250만원으로 가정하고 설명을 계속 이어가고자 한다.

월 250만원의 급여에서 세금과 건강보험료 등 각종 비용을 공제한 실수령액은 〈표 1-5〉에서 연봉 수준별로 상세히 정리되어 있으며, 표를 살펴보면 월 250만원을 받는 학부 졸업자(연봉 3,000만원)의 실수령액은 약 225만원 수준임을 알 수 있다.

〈표 1-5〉 연봉과 월급, 실수령액 (단위 : 원)

연 봉	월 급	각종 공제액 합계	실수령액
20,000,000	1,666,667	146,100	1,520,566
21,000,000	1,750,000	155,210	1,594,790
22,000,000	1,833,333	164,290	1,669,043
23,000,000	1,916,667	173,370	1,743,296
24,000,000	2,000,000	182,690	1,817,310
25,000,000	2,083,333	192,870	1,890,463
26,000,000	2,166,667	203,070	1,963,596
27,000,000	2,250,000	213,290	2,036,710
28,000,000	2,333,333	223,480	2,109,853
29,000,000	2,416,667	236,750	2,179,916
30,000,000	2,500,000	251,660	2,248,340
31,000,000	2,583,333	266,520	2,316,813
32,000,000	2,666,667	281,770	2,384,896
33,000,000	2,750,000	298,530	2,451,470
34,000,000	2,833,333	317,410	2,515,923
35,000,000	2,916,667	336,320	2,580,346

POINT 급여 실수령액은 체감상 생각보다 많이 줄어든다.

전형적인 사례 보기

이제 여기에 평균적인 사람이 한 명 있다. 그는 대학을 졸업하고 28세에 취직에 성공하여 1년 동안 직장을 다닌 남성, 김평균 씨이다. 김씨의 월 실수령액이 225만원이라고 가정하자. 첫 월급을 받아 부모님께 속옷을 사 드리고 용돈도 드렸으며, 친구들에게 밥을 사는 등 거의 다 쓴 후 두 번째 달 월급부터 본격적으로 모아서 1년이 지난 상태이다.

현재 김평균 씨가 제세공과금을 납부하고 난 후 받는 월 평균 수입과 지출, 저축 내역은 오른쪽 그림과 같다. 그는 혼자 생활하는 관계로 매월 60만원을 집세로 지출하고 있고, 통신비, 교통비, 식비, 의류구입비 등이 포함된 소모성 지출 경비는 75만원 정도이다. 스스로 생각하기에 최대한 절약하여 지출하는 금액이 이 정도이다.

월 실수령액	225만원	
집세	60만원	월세(공과금 포함)
소모성 지출	75만원	통신, 교통, 식비 등
월 평균 저축	60만원	은행 정기적금
보험료	30만원	보장성, 저축성 등

김평균 씨의 수입 및 지출 명세

회사에 취입하자마자 여기저기에서 들어온 보험 가입 요구를 뿌리치지 못하고 변액연금보험과 실손의료보험, 암보험, 그리고 이름도 잘 기억 못하는 보험까지 네 개나 가입히여 보험료로 한 달에 30만원 정도 지출하고 있다.

한 달에 60만원씩 적금을 부어 1년이 지난 후 정리해 보니 원리금을 합쳐봐야 730만원(연이자율 3% 기준) 정도에 불과하다. 변액연금보험은 노후를 생각해서 가입한 것이므로 없는 셈이나 마찬가지로 보고 있다. 머지않은 장래에 활용할 수 있는 자금을 생각해 보니 이런 식으로 모아봐야 5년이 지난 33세가 되어도 겨우 3,800만원 조금 넘는다.

김평균 씨는 갑자기 우울해졌다. 빨리 돈을 모으기 위하여 자동차를 굴리고 싶은 유혹도 뿌리치고 있는데, 자신의 장래가 보이지 않는 것 같아서다. 나름대로 성실하게 살고 있다고 생각하고 있는 김평균 씨는 깊은 고민에 빠졌다. 그는 어떻게 해야 할까? 본 책에서 최대한 답을 찾아보자.

재테크에 왕도는 없다. 하지만 길은 있다

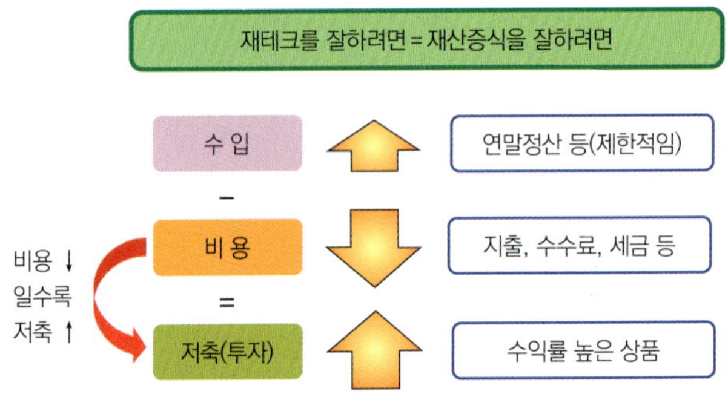

재테크를 잘하기 위해서, 즉 재산증식을 잘하기 위해서는 '수입'은 늘리고 '비용'은 줄여 '저축(투자)'금액을 늘리면 된다. 이 세 가지 항목을 관리하는 것이 재테크의 중심이 되는데, 이 세 항목 중 수입은 극히 일부를 제외하고는 사실상 우리의 의지대로 되는 것이 아니다. 누구나 연봉이 높고 근무하기 좋은 직장을 갖기를 원하지만 쉽게 되는 일이 아니기 때문이다. 투잡이나 연말정산을 잘 챙기는 등 극히 제한적인 노력만이 가능할 뿐이다.

따라서 재테크의 중심은 '비용'과 '저축(투자)'이라고 할 수 있다. 다시 이 두 변수 중에 재테크에서 가장 선행되어야 하는 것 하나만 얘기한다면 그것은 '비용절감', 즉 절약이다. 절약을 해야 저축이나 투자할 자금을 마련할 수가 있고 이 자금으로 본 책에서 설명하는 각종 금융상품을 활용할 수 있기 때문이다. 재테크에 왕도(王道)는 없지만 길은 있으니 그 길의 시작은 바로 절약이다.

POINT 재테크에서 가장 중요한 것은 첫째도 절약, 둘째도 절약, 셋째도 절약이다. 그 다음에 절약으로 확보된 자금을 어떻게 잘 저축(투자)할 것인지 고민한다.

절약을 잘하기 위한 몇 가지 팁

재테크의 첫걸음은 절약이다. 절약을 잘하기 위해서는 지출관리를 잘해야 한다. 아무리 수입이 많아도 지출관리가 되지 않으면 돈이 모이지 않는다. 지출관리를 위해서 자신의 소비패턴을 분석하고 돈이 새는 부분이 없는지 꼼꼼히 확인한다. 다음은 20대 청년들에게 권장되는 몇 가지 지출관리 팁이다.

▶'개인 재무제표'를 작성한다

재무제표(financial statement)는 원래 기업에서 기업의 경영성과와 재무상태를 파악하기 위하여 작성하는 장부이다. 기업에서 사용하는 대표적인 재무제표에는 다음 그림과 같이 재무상태표와 손익계산서가 있다.

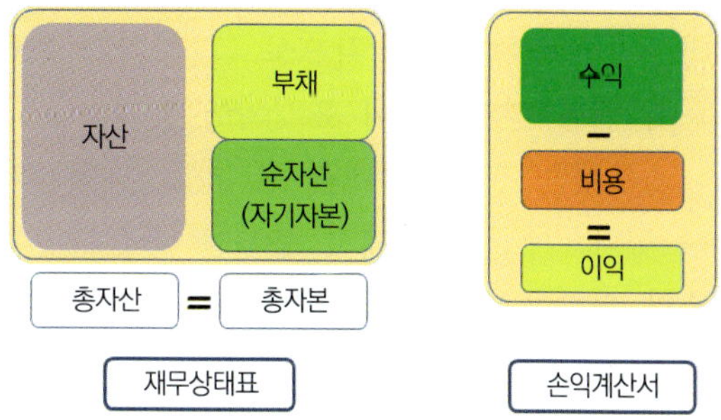

재무상태표는 말 그대로 재무상태를 표시해 준다. 현재의 총자산이 얼마이고 부채가 얼마인지, 그래서 총자산에서 부채를 제외한 순자산(자기자본)이 얼마인지 표시해 준다. 손익계산서는 수익과 비용이 얼마인지, 그래서 수익에서 비용을 제외한 이익 또는 손실이 얼마인지를 보여주는 표이다. 이 표를 보면 한 기업의 재무적 상태와 이익 상황을 파악할 수 있기 때문에 매우 중요한 표이다.

'개인 재무제표'도 이와 유사하게 만들 수 있다. 일반적으로 엑셀이라는 프로그램을 이용하면 손쉽게 만들 수 있다. 먼저 개인 재무상태표 예시를 보자. 아래 그림을

	A	B	C	D	E	F	G	H	I
1		금융자산					부채		순금융자산
2	년월	정기예금	적금	비상금통장	수시입출식	ETF	전세자금대출		순자산
3	2026년 1월	30,000,000	1,000,000	2,000,000	485,210	12,310,000	32,000,000		1,485,210
4	2026년 2월	30,000,000	2,000,000	2,000,000	397,450	12,570,000	31,500,000		2,897,450
5	2026년 3월	30,000,000	3,000,000	2,000,000	1,436,540	11,975,000	31,000,000		5,436,540
6	2026년 4월	30,150,000	4,000,000	2,010,000	420,410	13,870,000	30,500,000		6,080,410
7	2026년 5월	30,150,000	5,000,000	2,010,000	151,000	12,960,000	30,000,000		7,311,000
8	2026년 6월								
9	2026년 7월								
10	2026년 8월								
11	2026년 9월								
12	2026년 10월								
13	2026년 11월								
14	2026년 12월								

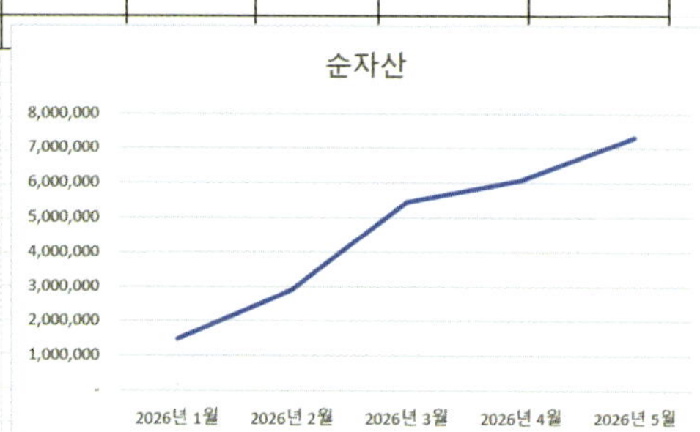

엑셀로 작성한 개인 재무상태표

보면 크게 금융자산, 부채, 순금융자산으로 구분하고 있음을 알 수 있다. 각각의 항목을 보면 최초 정기예금 금액은 3,000만원이었고 3개월 단위로 이자가 붙었음을 알 수 있다. 매월 100만원씩 적금을 하고 있으며, 비상금 통장은 200만원 정도로 운영하고 있다. 수시입출식 통장의 잔액은 매월 변동이 있다. ETF라는 상품에 투자하고 있는데, 이 상품은 시시각각으로 그 가치가 변하지만 여기에서는 월 단위로 정리하기 때문에 매월 평가금액이 표시되어 있다.

부채는 전세자금대출 한 가지가 있는데 매월 일정금액을 갚아나가고 있음을 알 수 있다. 매월 자산에서 부채를 차감하면 남은 금액이 순자산이다. 이 금액을 보면 본인 순자산의 증감을 알 수 있다. 위처럼 그래프로 그리면 직관적으로 보이기 때문에 상황 파악이 더 쉽다.

한편 우리가 지금까지 일반적으로 가계부로 생각했던 것을 '개인 손익계산서'로 만들면 아래 그림과 같이 작성할 수 있다. 지출은 저축 부분인 지출1과 순수 비용인 지출2로 구분했다. 굳이 이처럼 구분하는 이유는 지출2(비용)를 줄여야 지출1(저축)을 늘릴 수 있기 때문이다. 따라서 개인 손익계산서 관리의 주 대상은 노란색으로 표시된 부분이다. 이 부분을 얼마나 줄이는지, 즉 절약이 결국 재테크 성패의 출발점이 되기 때문이다.

K	L	M	N	O	P
구분		2026년1월	2026년2월	2026년3월	2026년4월
수입	월급	3,000,000	3,000,000	3,000,000	3,000,000
	상여금	-	-	500,000	-
	기타	200,000	120,000	80,000	154,000
	수입계	**3,200,000**	**3,120,000**	**3,580,000**	**3,154,000**
지출1	적금	1,000,000	1,000,000	1,000,000	1,000,000
	대출상환	500,000	500,000	500,000	500,000
	소계	1,500,000	1,500,000	1,500,000	1,500,000
지출2	부모님용돈	300,000	300,000	300,000	300,000
	통신비	60,000	60,000	60,000	60,000
	보험료	160,000	160,000	160,000	160,000
	관리비	150,000	150,000	150,000	150,000
	음식료비	300,000	238,000	312,000	332,100
	차비	300,000	235,000	312,000	298,000
	기타생활비	324,500	229,560	320,000	275,000
	소계	**1,594,500**	**1,372,560**	**1,614,000**	**1,575,100**
	지출계	3,094,500	2,872,560	3,114,000	3,075,100
잔액		**105,500**	**247,440**	**466,000**	**78,900**

엑셀로 작성한 개인 손익계산서

▶지출관리 앱을 활용한다

지출관리(가계부) 애플케이션을 사용하는 것도 생각해 볼 가치가 있다. 수입과 지출, 잔액 현황을 빠르게 볼 수 있어 지출 분석에 유용하다. 특히 반복 지출, 거래에 대해 알림 설정 기능, 지출 카테고리 맞춤 설정 기능도 있어 지출관리에 도움이 된다.

최근 많이 사용하고 있는 지출관리 애플케이션으로 '편한가계부', '똑똑가계부', '좋은가계부'라는 것들이 있다. 구글 플레이에서 검색하면 다음 그림과 같이 안내되고 있다. 어떤 종류의 가계부 애플케이션이든지 상관없이 한번 사용해 보기를 권한다.

▶신용카드와 체크카드는 전략적으로 고려한다

신용카드는 지출을 늘리게 하는 주범으로 지목된다. 당장의 현금 지출이 수반되지 않기 때문에 불필요한 소비를 하는 경향이 있다. 체크카드를 사용하는 것을 권장한다. 그러나 통신비나 커피값 등과 같이 지출 항목별로 혜택이 큰 신용카드도 있으므로 이 경우 활용하면 도움이 된다(제12장에서 추가로 설명한다).

▶실제 비용을 줄여보자

먼저 의류비를 점검한다. 의류비 절감을 위해서는 옷장 정리가 필수적이다. 일반적으로 대부분의 사람들은 비슷한 색, 비슷한 스타일의 옷을 반복해서 구매하는 경향이 있다. 자신의 취향이 있기 때문이다. 따라서 옷 정리가 깔끔하게 되어 있으면 유사한 의류를 중복해서 구입하는 횟수를 줄일 수 있다.

통신비도 주요 공략 대상이다. 통신요금을 줄일 수 있는 방법은 다양하다. 우리나라는 세계적으로 공용 와이파이 보급률이 가장 높은 나라 중 하나이다. 데이터 사용량을 줄이고 와이파이 의존도를 높이는 방법으로 통신요금을 낮출 수 있다.

식비도 의외로 절약할 부분이 적지 않다. '푸드테크'라는 말이 있을 정도이다. 냉

장고 속의 재료를 버리지 않고 활용하기, 마트의 폐점시간이나 할인이 잦은 목요일 등을 활용하기, 공산품 식품은 소셜커머스 활용하기 등이 제안되고 있다.

금융 고정비용도 꼼꼼히 따져야 한다. 평소 현금이체가 많다면 이체수수료가 면제되는 금융상품에 가입하는 것이 좋고 보험료가 이중으로 지출되는 부분은 없는지도 점검해야 한다. 이러한 부분에 대해서는 본 책에서 별도로 다룬다.

POINT 절약이 흉이 되지는 않는다. 절약은 할 수 있을 때 하는 것이 빛을 발한다.

절약을 하여 만든 종잣돈을 어떻게 굴릴 것인가? - 본 책의 활용법

본 책의 내용을 완전히 이해했다고 하여 하루아침에 부자가 되지는 않는다. 그러나 본 책은 우리나라 평균적인 소득생활자들을 대상으로 하여 지출은 줄이고 저축(투자) 수익은 늘릴 수 있는 여러 금융상품이나 방법을 다양하게 소개하고 있기 때문에 상당한 도움이 될 것이다. 책 전체적으로는 보다 큰 위험을 감수하면서 불확실한 미래의 높은 수익을 추구하는 위험선호형 사람보다는 위험을 줄이면서도 주어진 여건 범위 내에서 수익을 극대화하는 위험회피형 사람에게 중점을 두어 서술하였다.

마지막으로 이제 막 사회에 발을 들여놓았거나 사회생활을 준비하고 있는 2030 세대에게 도움이 될 수 있는 내용이 많다는 점을 밝혀둔다.

▶20대에 필요한 금융상품

20대는 재테크 성공의 성패를 결정짓는 중요한 시기이다. 다른 세대들보다 재테크에 더욱 관심을 가져야 할 필요가 있다. 취업에 성공한 후 20대에 반드시 가입해야 할 금융상품에 대한 자세한 내용은 앞으로 차차 배우게 된다.

장을 마치며

[맞춤형 재테크] 월 급여 240만원 27세 신입직원, 목돈 모으려면…

Q 27세의 신입직원입니다. 매월 실수령액으로 240만원 정도를 받고 있습니다. 1년 만기의 적금에 100만원을 넣고 있고, 1년 만기의 10만원 이상 자유적금에도 자동이체하고 있습니다. 또 가입한 지 3년이 가까운 주택청약에 2만원을 넣고 있습니다. 생활비와 주유비, 기타잡비로는 거의 128만원 정도 나가는데, 차를 타고 하는 일이 대부분이라 주유비를 줄이지 못하고 있습니다. 그리고 부모님께 드리는 용돈이 1년에 240만원, 자동차보험이 1년에 180만원입니다. 결혼자금과 주택마련 자금을 나눠서 준비하기보다는 먼저 어느 정도 자본금을 만들어서 나중에 나누려고 생각중입니다. 노후준비자금으로 변액연금보험을 염두에 두고 있는데 조언 부탁드립니다.

A 재테크는 습관에서 출발합니다. 20대 사회초년생에게는 아끼고 저축하는 습관을 기르는 것이 출발점입니다. 그때 형성된 재테크 습관이 성공적인 삶과 행복한 인생을 위한 물적 토대를 구성하는 데 핵심적인 역할을 할 것입니다. 재테크를 시작하기 위한 기본적인 원칙과 실행방안을 몇 가지 소개해 드리겠습니다.

1. 재테크 목표 정하기

먼저 구체적이고 실현가능한 목표를 세워야 합니다. 금액도 명확하게 정하는 것이 좋습니다. 예를 들어 '3년 동안 1억원 만들기', '전세자금 1억 5,000만원 만들기' 등 구체적이고 세부적인 재테크 목표를 세우면 목표달성을 위해 노력하는 본인의 모습을 보게 될 것입니다. 20대의 재무목표는 결혼자금 마련이고 30대에는 내 집 마련이 재테크의 목적이 될 것입니다.

(그래픽 : home365.com)

미혼인 의뢰인의 최우선 재무목표는 결혼자금 마련일 것입니다. 부모의 도움을 받지 않고 결혼자금을 준비하는 것은 사회초년생의 급여로는 부담스러운 목표가 되겠지만 결혼에 필요한 비용의 규모를 예상하고 지금부터 얼마씩 저축할 수 있고 지출은 얼마나 자제해야 하는지 등을 계획해야 합니다.

3년 동안 불입한 주택청약통장을 잘 활용하면 좋을 듯합니다. LH공사에서 지원하는 임대아파트를 활용하고 일정한 목돈이 마련되면 신규아파트 청약에도 활용하시기 바랍니다. 지금은 미분양아파트가 많아 활용도가 떨어지지만 신규아파트를 분양받기 위해서는 주택청약통장이 필요합니다.

2. 저축할 금액의 비율 : 소득의 70%
재테크의 가장 중요한 원칙은 마음가짐입니다.

매월 급여를 받으면 먼저 65~75%를 저축하고 나머지로 생활하는 것을 원칙으로 한다면 다른 사람보다 빠르게 안정적인 기반을 확보할 수 있을 것입니다. 현재 지출내역을 보면 생활비와 주유비 및 기타잡비의 비중이 너무 과다하다는 판단입니다. 현재 직업이 차량을 이용하는 직업이라면 장기적으로 차량유지비용을 잘 계산해서 선택하시기 바랍니다. 연간 자동차보험료가 과다해 보이는 것도 이와 관련이 있을 수 있습니다.

3. 세금혜택과 소득공제 혜택 누리기
세금혜택과 소득공제가 가능한 상품을 활용합니다.

비과세 혜택이 있는 저축이나 연말정산시 세액공제 혜택이 있는 상품 가입을 적극 고려합니다. 세금혜택이나 소득공제 혜택은 수시로 바뀌므로 관심을 갖는 것이 좋습니다.

4. 포트폴리오 잘 짜기
효율적인 포트폴리오를 구성하는 것도 중요합니다.

일반적인 시중금리로는 물가상승률까지 고려하면 현실적으로 재무목표를 달성하기에는 기간이 많이 걸리는 만큼 투자자산 비중을 늘릴 필요가 있습니다. 20대에는 투자자산의 비중을 전체 금융자산의 50% 정도로 유지하는 것이 적정하다고 봅니다. 따라서 은행적금의 비중을 줄이고 적립식펀드에 가입하여 투자수익률을 제고하기 바랍니다.

5. 은퇴설계 미리 하기
은퇴설계는 20대부터 준비하는 게 중요합니다.

노후준비는 빠를수록 효율적인 은퇴설계가 가능합니다. 은퇴준비를 위해 연금저축, 연금보험, 연금펀드 등에 가입할 수 있습니다. 연금저축과 연금보험은 수익률은 낮지만 일부 소득의 세액공제가 가능한 상품입니다. 수익률을 높이기 위해서는 연금펀드와 변액연금보험에 가입해야 하는데, 기대수익률은 높지만 그에 따른 위험도 수반됩니다. 은퇴설계를 위한 상품들은 장기상품인 만큼 가입하는 금융기관과 투자자산을 운용하는 운용사의 신용도가 중요합니다. 연금 상품은 인생에서 가장 중요한 노후를 대비하는 상품이므로 안정성과 수익성이 적절하게 안분되게끔 채권과 주식 비율이 7 : 3 정도로 운용되는 혼합형 상품을 권합니다. (서울경제 재테크 상담 내용을 편집함)

주요 용어

- 인생주기
- 트리플 30's
- 기대수명
- 장수리스크
- 절약
- 개인 재무제표, 개인 재무상태표, 개인 손익계산서

연습문제

1. 인생주기란 무엇이며, 재테크에 주는 시사점은 무엇인가?
2. 우리나라 사람들의 기대수명이 길어지는 이유는 무엇일까?
3. 개인 재무제표를 작성해야 하는 이유는 무엇인가?
4. 취직, 결혼, 내 집 마련, 은퇴를 중심으로 각자의 인생계획을 세워보고 각 단계에서 얼마의 자금이 필요하겠는지 정리해 보라.
5. 재테크에서 가장 중요한 것은 무엇이며, 어떻게 실천할 수 있을지 서로의 생각을 나눠 보자.

CHAPTER

2

재테크 기본 개념을 배우자

미국 주식시장의 흐름을 한눈에 보여주는 핀비즈(Finviz)의 주식 지도

1. 장기간 복리의 신세계를 열자
2. 저축과 투자는 다른 개념이다
3. 자산을 배분한다는 것
4. 절세는 수익률을 높인다

저축왕으로 거듭난 글로벌 Z세대

현재를 중시하며 소비를 즐기던 글로벌 Z세대가 최근 들어 지출을 줄이고 본격적인 저축에 나서고 있다. 장기적인 경기 침체와 불확실한 경제환경 속에서 재정적 통제력을 되찾으려는 움직임으로 풀이된다.

미국 여론조사 업체 토커 리서치가 지난 1월 미국인을 대상으로 실시한 조사 결과, Z세대의 저축률이 다른 세대보다 높은 것으로 나타났다. Z세대(1997년~2012년 출생)의 21%는 매달 1~10%를 저축하고, 25%는 월급의 11~20%를, 12%는 약 21~30%를 저축한다고 답했다. 월급 전체를 저축한다고 밝힌 응답자도 5%에 달했다.

반면, 노년 세대의 저축률은 가장 낮았다. 침묵의 세대(1928년~1945년생)는 응답자 중 아무도 저축하고 있지 않다고 응답했으며, 베이비붐 세대(1946~1964년생)의 32%, X세대(1965년~1980년생)의 33% 또한 돈을 전혀 모으지 않고 있다고 말했다.

뉴욕타임스는 이에 대해 "실버 세대가 지난 10년간 경제적 변화와 의료비 상승, 수명 연장의 영향을 받으며 자산 유지의 필요성을 체감했기 때문"이라고 분석했다.

한편, 젊은 층 사이에서는 생필품 외 소비를 극도로 줄이는 '노 바이(No Buy) 2025' 챌린지가 새로운 트렌드로 떠올랐다. CNN은 2일(현지 시각) "많은 미국인이 과소비에 반대하며, 자신이 소유한 제품이 다 떨어질 때까지 새 상품을 구매하지 않겠다고 다짐하고 있다"고 보도했다.

(한경비즈니스, 2025.2.5)

1 장기간 복리의 신세계를 열자

수익률 또는 이자율(금리)은 매우 중요하다

재테크에 있어서 금리(투자상품일 경우에는 수익률)는 매우 중요한 판단기준이다. 위험이 동일하고 다른 조건이 같다면 금리가 유일한 판단기준이 된다.

간단한 예를 하나 보자. 홍길동 씨는 29세에 취직을 했다. 그는 1년 동안 모은 돈 중에 1,000만원을 60세에 은퇴하면서 찾아서 쓸 목적으로 30년 만기 상품에 가입했다. 30년 후의 금액은 얼마가 될까?

다음 그림은 1,000만원을 정기예금에 30년간 넣어두었을 경우, 수익률(또는 금리)에 따라서 미래가치가 어떻게 달라지는지를 보여주고 있다. 중간에 수익(또는 이자)을 찾지 않고 재투자할 것이기 때문에 복리로 계산하였다. 먼저 10년, 즉 120개월 후를 비교하면 5%일 때의 미래가치는 1,647만원인 반면 10%일 때에는 2,707만원, 15%일 때에는 4,440만원이 된다.

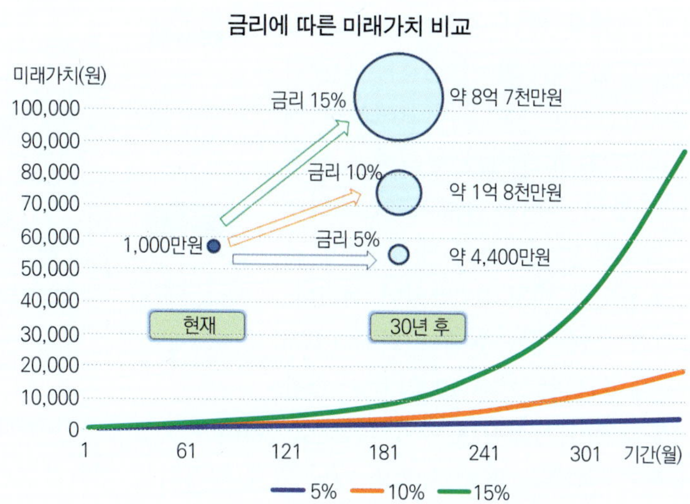

30년, 즉 360개월 후를 비교하면 이자율 5%일 때의 미래가치는 4,468만원인 데 비해 10%일 때에는 18,837만원, 15%일 때에는 87,541만원에 이른다. 시간이 경과함에 따라서 그 차이는 크게 벌어진다.

이상의 내용을 표로 정리하면 〈표 2-1〉과 같다. 이 표가 보여주는 의미는 매우 중요하면서도 간단하다. 투자의 수익률(또는 저축의 이자율)은 매우 중요하며 투자(저

〈표 2-1〉 수익률의 크기와 기간의 효과 (단위 : 만원)

수익률	원 금	10년 후 금액		30년 후 금액	
		금 액	수익비(배)	금 액	수익비(배)
5%	1,000	1,647	1.6	4,468	4.5
10%		2,707	2.7	18,837	18.8
15%		4,440	4.4	87,541	87.5

축)기간이 길어질수록 그 중요성이 더욱 커진다.

단리와 복리

원금에 대해 이자를 계산하는 방법은 단리와 복리가 있다. 단리로 계산된 이자, 즉 단리이자는 원금에 대해서만 이자를 계산하는 방식이고, 복리로 계산된 복리이자는 원금에 대한 이자뿐만 아니라 이미 발생한 이자에 대한 이자도 함께 계산하는 방법을 말한다.

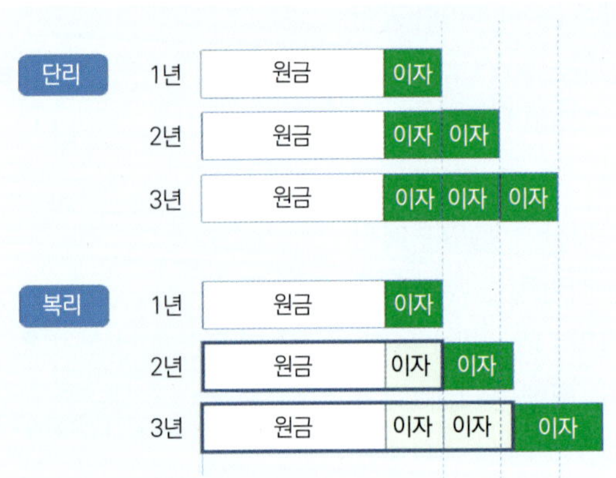

오른쪽 그림을 보면 단리는 원금에 대해서 매년 동일한 이자가 발생되고 있음을 알 수 있다. 원금이 1,000만원이고 이자율이 10%라면 매년 100만원의 이자가 동일하게 발생한다. 반면 복리는 첫해는 아직 이자가 발생하기 전이므로 첫해 말에 단리와 동일한 이자 100만원이 생긴다. 그런데 둘째 해는 원래의 원금 1,000만원에 1년 말 이자 100만원을 합한 1,100만원이 사실상 원금이 되는 것이어서 이 1,100만원에 대한 이자 10%는 110만원이 되는 것이다. 이런 식으로 매년 말에 발생하는 이자가 다음 해에는 원금처럼 작용을 한다.

〈표 2-1〉에서 보았던 사례를 이번엔 단리와 금리로 비교해 보면 〈표 2-2〉와 같다. 표를 보면 단리는 금리 증가에 따라 미래의 금액이 산술적으로 증가하지만 복

〈표 2-2〉 단리와 복리의 비교

(단위 : 만원)

수익률	원 금	10년 후 금액		30년 후 금액	
		단 리	복 리	단 리	복 리
5%	1,000	1,500	1,647	2,500	4,468
10%		2,000	2,707	4,000	18,837
15%		2,500	4,440	5,500	87,541

리는 기간이 길어질수록 기하급수적으로 늘어남을 알 수 있다.

이처럼 복리의 효과는 이자율이 높을수록, 기간이 길어질수록 극적으로 커지는데 이를 '복리의 마법'이라고 한다. 복리의 마법은 중간에 발생하는 이자를 받아서(인출해서) 사용하지 않고 계속 재투자하는 것을 전제로 한다. 또한 복리의 마법을 누리기 위해서는 수익률이 4%는 넘어야 한다. 따라서 투자율이 높은 금융상품에 투자하는 것이 더욱 중요해진다.

72의 법칙

저축이나 투자를 하는 사람들이 관심을 갖는 것 중 하나는 원금을 두 배로 늘리는 데 걸리는 시간이다. 예컨대 원금 100만원으로 두 배인 200만원을 만들려고 한다. 이자율이 연 5%라면 소요시간은 얼마나 될까? 이자가 연 5만원이므로 총이자 100만원을 만드는 데 20년이 걸린다. 즉 원금과 이자 합계가 200만원이 되는 데는 20년이 걸린다. 그러나 이는 단리로 계산할 때의 경우이다. 원금을 저축해 놓으면 복리가 적용되어 실제로는 훨씬 덜 걸린다.

'72의 법칙'이라는 것이 있다. 이는 어떤 금액의 가치가 2배로 증가하기까지 복리의 이자율에 따라 걸리는 시간을 간단히 구할 수 있는 법칙이다. 다음과 같은 간단한 식으로 계산한다.

원금을 2배로 증식시키는 소요시간 = 72 ÷ 이자율

100만원을 연 5%로 저축해 200만원을 만드는 데 걸리는 시간은 14.4년인 것이다

([72÷5=14.4년]과 같이 계산한다). 이는 복리의 마법 때문이다. 10% 이자율이라면 72÷10=7.2년이 걸린다. 69의 법칙, 70의 법칙으로 불리기도 한다.[1] 이는 이자율에 따라 정확도가 조금씩 달라지기 때문이다. 그러나 일반적으로 가장 많이 사용되는 용어 및 적용방식은 72로 나누는 것이므로 '72의 법칙'을 기억하자.

참고로, 몇 가지 연이자율별로 원금이 2배가 되는 기간을 보이면 다음과 같다.

1% : 69.7년	2% : 35.0년	3% : 23.4년
5% : 14.2년	7% : 10.2년	8% : 9.0년
10% : 7.3년		

POINT 복리로 저축 또는 투자를 할 때, 높은 수익률일수록 그리고 장기간일수록 큰돈을 만들 수 있다.

2 저축과 투자는 다른 개념이다

투자라는 말은 우리 일상생활에서 아주 흔하게 사용된다. "주식에 투자한다", "사업에 투자한다", "친구에게 투자한다", "교육에 투자한다", "부동산에 투자한다", "기업이 설비투자를 한다"는 식이다. 투자란 무엇일까?

재테크를 배우는 우리는, 소득에서 지출을 빼고 남은 돈을 투자하거나 저축을 하게 된다. 재테크 관점에서 '투자'라는 개념을 살펴보자.

---

1) 수학적으로 이 관계를 설명할 수 있다. 원래 원금의 두 배가 되는 이자율과 기간의 관계는 다음과 같은 간단한 식이다.

$$2=(1+\text{이자율})^{\text{기간}}$$

수학적 지식이 있는 독자는 위 식에 근거해서 왜 72의 법칙이 69의 법칙 또는 70의 법칙이라고도 불리는지 알 것이다. 그렇지만 여기서는 그러한 수학적 지식은 중요하지 않으므로 자세한 설명은 생략하기로 한다.

투자에는 시간과 위험의 개념이 들어 있다

투자(investment)는 확실한 현재의 소비를 희생하여 이에 대한 보상으로 불확실한 미래의 이득을 바라는 행위를 말한다. 희생은 현재 이루어지고 확실한 것이지만, 이에 대한 보상은 미래에 이루어지며 그 크기가 불확실하다는 특성을 지닌다.

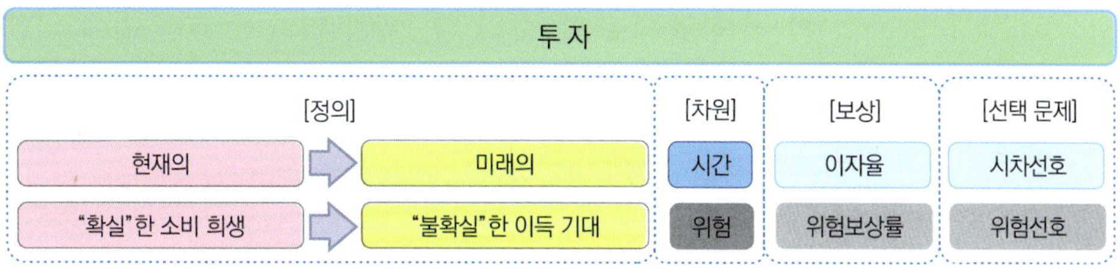

투자자의 의사결정은 결국 '시간'과 '위험'에 대한 선택의 문제로서 이는 다음과 같이 설명할 수 있다.

▶시차선호의 문제

투자자들은 같은 조건이라면 미래의 소비보다는 현재의 소비를 선호한다. 예를 들어 100만원을 가진 어떤 사람에게 노트북 컴퓨터를 '지금 구입하여 사용할 것인지', '1년 후에 구입하여 사용할 것인지'를 묻는다면, 일반적으로는 '지금 구입하여 사용'한다고 할 것이다. 물론 같은 조건, 즉 지금이나 1년 후나 노트북 컴퓨터의 성능이 같고 다른 조건들도 동일하다는 전제하에서이다.

구입시기를 고민하는 사람도 있을 것이다. 이런 부류의 사람들은 현재의 소비를 포기하고 1년 미루는 것에 대한 대가를 기대하게 된다. 그 대가의 크기에 따라 의사결정이 달라질 수 있다. 100만원의 소비를 미래로 미루면 그 100만원은 어떤 형태로든 투자가 이루어질 수 있다. 은행에 저축할 수도 있고 주식을 살 수도 있으며 친구에게 빌려줄 수도 있을 것이다.

투자는 지금 당장 사용할 수 있는(소비할 수 있는) 자금을 쓰지 않고 미래의 소비로 미루는 것이다. 투자행위는 미래투자이득의 크기에 따라서 오늘(현재) 얼마를 소비하고 내일(미래) 얼마를 소비할 것인가를 결정하는 것이므로 결국 투자는 시차선호(time preference)의 선택 문제라고 볼 수 있다. 현재의 소비를 미래로 미루는 것에 대한 대가는 '이자율'로 주어진다.

▶ 위험선호의 문제

투자로 인하여 기대되는 미래의 투자이득은 투자를 하는 당시 시점에서 보면 불확실한(위험한) 것이다. 따라서 확실한 현재의 경제적 가치를 희생하면서 불확실성을 감수하고 투자를 할 것인가는 미래 예상되는 투자이득의 크기에 달려 있다. 위험을 회피하고자 하는 사람의 경우에도 미래의 예상 투자이득이 어느 선 이상 커지면 가능한 한 기꺼이 투자하려 할 것이다. 결국 투자는 어느 정도의 위험부담을 떠안느냐 하는 위험선호(risk preference)의 선택 문제로 볼 수 있다. 위험을 안게 되는 것에 대한 대가는 '위험보상률'로 주어진다.

투자에 대한 대가와 저축

이처럼 투자에 대한 대가는 [시간 희생에 대한 대가(=시차보상)인 이자율]과 [위험을 안게 되는 것에 대한 대가(=위험보상)인 위험보상률]로 이루어진다.

투자에 대한 보상률=투자자의 기대수익률
=시차보상+위험보상
=이자율(무위험이자율)+위험보상률

투자자의 기대수익률은 투자자가 어느 특정 투자대상에 투자할 때 기대하는 최소한의 만족할 수 있는 수익률을 말한다. 최소한 만족할 수 있는 수익률은 성격이 유사한 다른 투자대상으로부터 얻을 수 있는 수익률은 되어야 할 것이므로 기회투자수익률을 의미한다.

이제 현금 1,000만원을 가지고 투자를 고려중인 김재택 씨의 상황을 살펴보자. 그에게 주어진 투자안은 다음 두 가지이다.

- 1안 : KB국민은행 정기예금 : 이자율 4% 확정, 만기 1년
- 2안 : LG전자 주식 매입 : 예상수익률 모름, 투자기간 1년 예정

▶1안을 선택하는 경우

만일 김재택 씨가 1안을 선택하여 KB국민은행 정기예금에 가입하면 그는 1년 후에 40만원의 이자를 확실하게 받을 것이다. 즉 40만원의 수익은 위험이 없이 사실상 확정적이다. 김재택 씨의 기대수익률은 위험에 대한 보상 없이 시간에 대한 보상만으로 주어지는 이자율 4%만이다. 이처럼 위험이 없는 경우에 우리는 '투자'라고 하지 않고 통상 '저축'이라고 한다.

▶2안을 선택하는 경우

반면 김재택 씨가 2안을 선택하여 LG전자 주식을 매입한다면 무엇을 기대하고 있을까? 그는 최소한 KB국민은행 정기예금의 '확실한' 이자율 4%보다 더 높은 수익을 기대할 것이다. 만일 주식투자로 인한 투자수익이 4%보다 낮을 것으로 예상된다면 결코 LG전자 주식을 사지 않을 것이기 때문이다. 이 경우 투자로부터 기대하는 보상은 [시차보상+위험보상]이 될 것이며 이를 구체적인 숫자로 표시한 기대수익률은 [은행이자율 4%+위험보상률]이 될 것이다. 이처럼 위험이 수반되는 경우를 우리는 '투자'라고 한다.

투자대안이 두 개인 경우

이제 김재택 씨에게 다음과 같은 새로운 투자안이 추가로 주어졌다고 하자.

- 3안 : 자화전자 주식 매입 : 예상수익률 모름. 투자기간 1년 예정

김재택 씨는 2안과 3안 중에 하나를 선택하려고 한다. 그는 2안, 3안 모두에서 최소한 KB국민은행 정기예금 이자율 4%를 초과하는 수익률을 기대하고 있다. 그는 어떤 투자안을 선택할까? 이 결정에서는 LG전자 주식과 자화전자 주식 각각의 위험이 얼마나 큰지, 그리고 그 위험에 대한 대가로 얼마가 기대되는지를 동시에 고려해야 한다. 즉 두 주식의 '위험'과 '기대수익률'이라는 두 개의 변수를 동시에 고려해야 하는 것이다.

물론 앞의 KB국민은행 정기예금을 포함한 세 개의 안 중에서 하나를 선택하는 상황도 마찬가지이다. 세 투자대안 각각의 '위험'과 '기대수익률' 두 변수를 고려하여 투자결정을 하게 된다. 다만 1안인 KB국민은행 정기예금의 경우에는 기대수익률이 4%로 확실하여 위험이 0이고 나머지 2안, 3안의 경우에는 위험이 존재한다는 점만 다를 뿐이다.

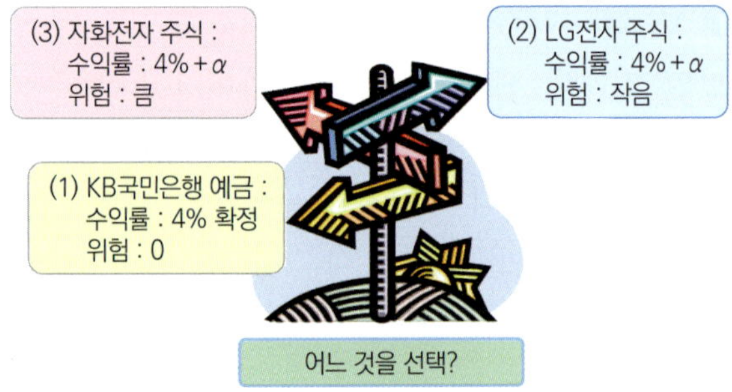

투자대안이 세 개인 경우

POINT 투자를 할 때에는 투자안의 기대수익(률)과 위험의 정도를 따져서 결정하게 된다.

투자판단의 가치평가기준 : 수익과 위험

모든 투자대상들의 투자가치는 각 투자대상들이 지니는 투자수익(return)과 위험(risk)의 두 가지 요인으로 압축하여 평가할 수 있다. 투자가치는 그 투자로 인한 미래의 투자수익에 달려 있고, 그 투자수익은 불확실하기 때문이다.

투자가치의 기준이 되는 투자수익과 위험이 계량적으로 측정될 수만 있다면 쉽게 투자결정을 내릴 수 있다. 투자수익과 위험에 대한 측정이 가능하다면 예상투자수익률(기대수익률)이 동일한 투자대상들 중에서는 위험이 작은 것을 택하고, 예상위험이 동일한 투자대상들 중에서는 투자수익률이 보다 큰 것을 택하면 된다.

POINT
- 예상기대수익률이 동일한 여러 투자안 중 ▶ 위험이 가장 작은 투자안 선택
- 예상위험이 동일한 여러 투자안 중 ▶ 기대수익률이 가장 큰 투자안 선택

그러면 투자수익과 위험은 어떻게 측정되는가?

▶투자수익의 측정 : 투자수익률

투자수익은 투자로 인한 수익의 절대금액으로 측정할 수도 있고, 투자금액 대 수익의 상대비율로 측정할 수도 있다.

$$\text{절대금액(₩)}: \ \text{투자수익} = \text{기말의 부} - \text{기초의 부}$$

$$\text{상대비율(\%)}: \ \text{투자수익률} = \frac{\text{기말의 부} - \text{기초의 부}}{\text{기초의 부}}$$

예를 들어 1,000만원을 투자하여 1,200만원이 되었다면 다음과 같이 계산할 수 있다.

$$\text{투자수익} = 1{,}200 - 1{,}000 = 200\text{(만원)}$$

$$\text{투자수익률} = \frac{1{,}200 - 1{,}000}{1{,}000} = 0.2(20\%)$$

투자를 하는 이유는 부(wealth)를 증식하기 위해서이므로 여러 개의 투자안 중 하나를 고를 때에는 두 방법 중에 금액으로 표시되는 '투자수익'이 더 우월한 비교방법이다. 가장 큰 투자수익(₩)을 내는 투자안을 고르면 되기 때문이다.

그런데 이 경우 투자규모가 반영되지 않는다는 문제점이 있고 여러 투자안을 쉽게 비교하거나 실무적으로 간단하게 사용하기에는 백분율로 표시되는 수익률이 더 편하기 때문에 투자성과를 말할 때에는 %(또는 소수)로 표시되는 수익률 개념을 주로 사용한다.

▶투자의 위험

투자의 위험(risk)은 미래투자수익의 불확실성, 즉 기대한 투자수익이 실현되지 않을 가능성, 실제 결과가 기대수익과 다를 가능성을 의미한다. 투자위험은 어떻게 측정할까? 이는 투자수익률의 분산(variance) 또는 표준편차(standard deviation)로 측정한다. 이때의 분산이나 표준편차는 통계학에서 사용하는 개념 그대로이다.

다음 그림은 투자위험의 크기를 직관적으로 비교해 본 것이다. 대한전자와 민국

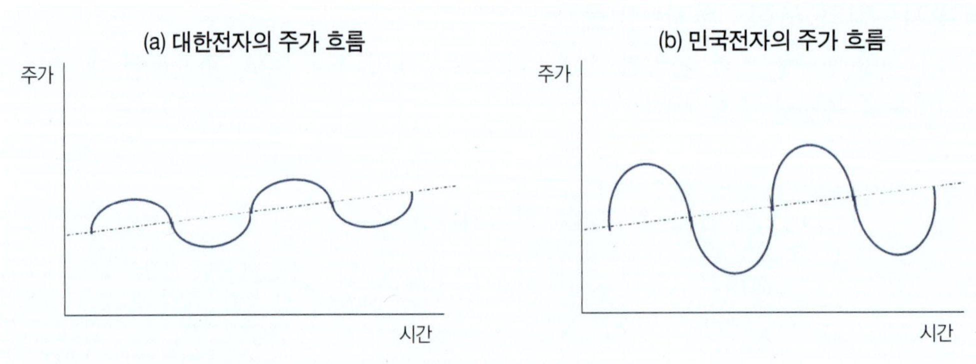

전자 모두 주가의 시가(始價)와 종가가 같다. 따라서 두 주식의 평균수익률(즉 기대수익률)은 같다. 그러나 민국전자는 대한전자에 비해 가격 변동폭이 크다. 즉 민국전자의 위험이 더 크다. 위험 크기의 실제 측정은 분산 또는 표준편차로 하는 것이다.[2)]

▶기대수익률과 위험의 관계

기대수익률과 위험은 어떤 관계에 있을까? 두 변수는 상충관계(trade off)에 있다. 즉 기대수익률이 높으면 위험도 높고 위험이 낮으면 기대수익률도 낮다.

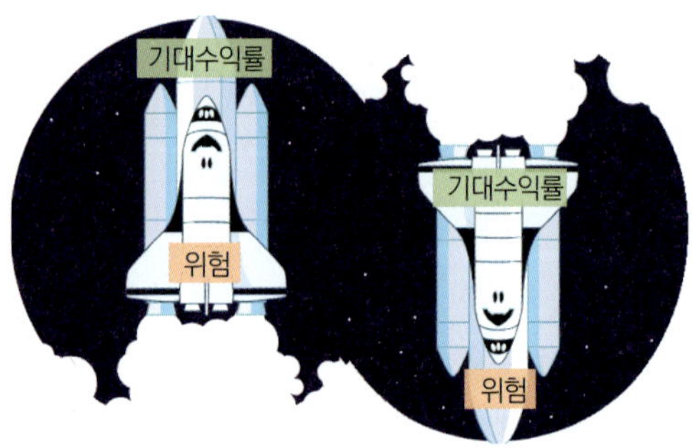

기대수익률을 높이면 위험도 덩달아 오르고, 위험을 낮추면 기대수익률도 덩달아 떨어진다.

기대수익률은 높고 위험은 낮은 투자대상이 있다면 얼마나 좋겠는가? 하지만 그런 투자대상은 없다. 왜냐하면 누구나 이런 투자대상에 투자하려 할 것이고, 투자자가 몰리면 가격이 올라 결국 수익률이 하락하게 된다. 반대로 위험이 높은데도 기대수익률이 낮은 투자안이 있다면 투자자들은 이 투자대상을 회피할 것이다. 결과적으로 시장가격은 하락하여 기대수익률

2) 본문에서 "위험은 분산 또는 표준편차의 크기이다"라고 표현하고 있지만 위험을 정확하게 표현하는 것은 표준편차이다. 통계적으로만 보면 표준편차는 분산의 제곱근($\sqrt{\ }$) 값이어서 두 값은 기계적인 관계에 있다. 이 때문에 대부분의 책에서는 "분산 또는 표준편차"라고 표현한다. 하지만 기대수익률과 위험을 표현함에 있어서 위험의 정확한 표현은 표준편차인 것이다. 예를 들어, 단위가 백분율(%)일 때 기대수익률이 10이고 분산이 16, 표준편차가 4인 경우에 기대수익률은 10%, 위험(표준편차)은 4%라고 한다.

이 높게 형성된다.

이 때문에 기대수익률을 높이고자 하면 위험이 덩달아 오르고, 위험을 낮추고자 하면 기대수익률 하락이 동반된다.

투자와 저축의 비교

투자에는 위험이 동반됨을 알았다. 위험이 없는 금융상품은 없을까? 위험이 없는 대표적 금융상품, 즉 무위험자산으로는 시중은행 정기예금을 들 수 있다. 앞서 투자의 보상률을 설명할 때, 시차보상으로 이자율(무위험이자율)을 언급하였는데 이 이자율이 정기예금이자율이다.

우리는 정기예금에 돈을 넣은 행위에 대해서 "정기예금에 투자한다"고 표현하지는 않는다. "정기예금에 저축을 한다"고 한다. 예금은 투자상품이 아니기 때문이다. 마찬가지로 "주식에 저축한다"고 표현하지는 않는다. "주식에 투자한다"고 한다. 주식은 전형적인 금융투자상품이기 때문이다.

정기예금과 주식의 가장 큰 차이는 위험이 있느냐의 여부이다.[3)]

저축 또는 투자의 대상

재테크의 대상, 즉 부의 증식을 가능하게 하는 저축 및 투자대상에는 수많은 종류가 있다. 이들 투자대상은 크게 실물자산(비금융자산)과 금융자산으로 구분해 볼 수 있다.

▶실물 투자자산

토지 · 건물 등의 부동산, 금 등과 같이 그 자체가 가치가 있거나 재화 · 서비스를 생산할 수 있는 능력이 있는 자산을 말한다. 기업이 갖고 있는 시설자산이나 상표권 같

---

3) 엄격하게 말하면 정기예금에도 위험이 없는 것은 아니다. 대표적으로 시장이자율 변동위험이 있다. 예를 들어, 어떤 사람이 2026년 1월 1일에 국민은행 3년 만기 정기예금에 연이자율 2%에 가입했는데, 당시의 금융통화위원회의 기준금리가 1.25%였다고 하자. 그런데 금융통화위원회가 2월에 기준금리를 1.75%로 올렸다면 이 사람은 상대적으로 금리를 손해 보게 된다. 모든 금융상품은 이러한 이자율 변동위험에 노출되어 있다.

은 무형자산도 포함할 수 있으나 이들은 우리의 재테크 대상이 아니므로 관심에서 제외하기로 한다.

▶금융자산 : 저축 또는 투자자산

예금 · 적금, 펀드, 주식, 채권 등과 같이 그 자체는 생산능력이 없지만 그 보유자에게 보유(투자)에 대한 대가가 주어지는 자산을 말한다. 저축상품인 예금 · 적금에 대해서는 이자가 대가로 주어진다. 투자금융자산인 펀드에 대해서는 투자수익이, 주식에 대해서는 배당과 시세차익이, 채권에 대해서는 이자와 시세차익이 주어진다. 금융자산에 대해서는 제3장에서 자세히 설명한다.

POINT 은행의 예금에는 '저축'한다고 하지 '투자'한다고 하지는 않는다. 반면 주식에는 '투자'한다고 하지 '저축'한다고는 하지 않는다. 그리고 위험은 낮은데, 수익률은 큰 금융상품은 없다고 할 수 있다.

3 자산을 배분한다는 것

자산배분의 의의

자산배분은 투자자가 보유한 자본을 은행 예금 및 현금, 주식, 채권, 부동산 등과 같은 다양한 자산군에 전략적으로 나누어 투자하는 행위이다. 자산배분을 하게 되면 포트폴리오가 만들어진다. 포트폴리오(portfolio)는 2개 이상의 투자자산의 조합을 의미한다. 투자시 위험을 줄이고 수익을 극대화할 목적으로 다양한 자산을 분산하여 구성하는 것이다.

자산배분으로 포트폴리오를 구성하는 것은 단순히 여러 저축 및 투자 대상에 분산투자하는 것 이상의 의미를 가진다. 즉 투자자의 개인적인 특성을 종합적으로 고려하여 포트폴리오 내 각 자산군의 비중을 결정하는 것이다. 결혼자금 확보, 주택 구매,

은퇴자금과 같은 투자목표, 투자기간, 그리고 본인의 위험선호 수준을 고려하여 자산배분 전략을 수립하는 것이다.

재테크에서 자산배분이 중요한 이유

▶수익성 측면에서

다양한 자산으로 포트폴리오를 구성해 놓으면 각 자산들은 경제 상황 변화에 따라 각기 다른 성과를 보인다. 예를 들어, 경기 호황기에는 주식이 높은 수익률을 기록할 수 있지만, 경기 침체기에는 채권이나 현금이 더 나은 방어력을 제공할 가능성이 크다. 자산배분은 이러한 자산군간의 상호 보완적인 특성을 활용하여, 시장의 변화에 유연하게 대응하고 장기적으로 안정적이면서도 최적화된 수익률을 확보하는 데 기여한다.

실제로 현장을 연구한 전문적인 저널에 의하면, 개별 종목 선택이나 매수·매도 타이밍보다 자산배분이 전체 투자수익률의 90% 이상을 결정하는 가장 중요한 요인인 것으로 밝혀지고 있다. 그만큼 자산배분이 중요하다는 것을 실증하고 있다.

▶위험관리 측면에서

투자환경의 미래는 누구도 알 수 없을 만큼 예측 불가능하다. 예컨대, 오를 것으로 예상했던 주식이 갑작스런 경기 침체, 관세 장벽의 급변 등으로 큰 폭으로 하락할 때, 큰 기대를 하지 않았던 다른 자산군인 채권이 상대적으로 큰 수익을 내기도 한다. 자산배분은 이처럼 서로 다른 움직임을 보이는 자산군에 분산투자함으로써, 특정 자산군의 급격한 가치 하락이 전체 포트폴리오에 미치는 부정적인 영향을 줄여 총체적인 위험을 효과적으로 최소화한다. '달걀을 한 바구니에 담지 않는다'는 격언이 생긴 이유이기도 하다.

▶장기적인 투자목표 관점에서

투자자가 매수 및 매도 타이밍을 정확히 예측하는 것은 거의 불가능에 가깝다. 이 기법으로 수익을 내는 것도 쉽지 않다. 따라서 시장의 단기적인 등락에 일희일비하여 감정적인 의사결정을 내리는 것은 장기적인 수익률에 오히려 부정적인 영향을 미친다. 자산배분은 명확한 투자원칙을 제시함으로써 이러한 감정적인 투자를 방지하고, 장기적인 관점에서 꾸준히 투자하여 재정적 목표를 달성할 수 있도록 돕는다.

▶투자 심리 및 생활의 안정화

포트폴리오가 특정자산에 집중되어 있을 경우, 해당자산의 가격 변동에 따라 투자자의 심리가 항상 불안한 상태에 놓일 수 있다. 본업에 충실하지도 못해 인생이 힘들어지게 된다. 그러나 자산배분을 통해 위험이 분산되면, 단기적인 시장 변동에도 흔들리지 않게 된다. 일상생활에 부정적 영향을 미치는 일이 줄어들게 되는 것이다.

간단한 예시

예를 들어, 1,000만원을 투자한다고 가정해 보자. 이 중 50%인 500만원은 주식에, 30%인 300만원은 채권에 투자하고 나머지 20%인 200만원은 현금성 자산인 정기예금에 저축하는 식이다. 만약 주식시장이 하락해 500만원이 400만원으로 줄어들더라도, 채권과 저축예금 자산이 안정적인 가치를 유지하면 전체 포트폴리오 손실은 제한적이다.

반대로 주식시장이 상승하면 주식 비중이 높은 만큼 수익이 커져 전체 수익률이 높아진다. 이렇게 자산배분은 투자위험을 줄이고 수익을 안정적으로 관리하는 데 도움을 준다.

POINT 미래가 불확실할수록, 투자가 불안할수록 자산을 배분하라.

4 절세는 수익률을 높인다

금융상품 재테크에서 세금의 중요성

금융상품을 통한 재테크에서 세금은 투자수익률에 직접적인 영향을 미치기 때문에 매우 중요하다. 세금을 고려하지 않은 투자는 예상보다 낮은 실질수익을 가져올 수 있으며, 이는 곧 자산증식 목표 달성에 큰 걸림돌이 된다.

▶실질수익률을 낮춘다

금융상품에서 발생하는 이자, 배당, 매매차익 등은 모두 세금 부과 대상이 된다. 예를 들어, 은행 예금에서 발생하는 이자에는 이자소득세가 부과되며, 주식투자로 얻는 배당금에는 배당소득세가, 주식매매로 얻는 차익에는 양도소득세가 부과(대주주의 경우)된다. 이러한 세금은 투자로 얻은 총수익에서 일정부분을 차감하므로, 세금을 제외한 실질수익률이 최종적으로 투자사의 손에 들어오는 금액을 결정한다.

예컨대, 5,000만원을 이자율이 5%인 1년 만기 정기예금에 가입했을 때, 비과세라면 250만원의 이자를 받을 수 있지만 15.4%의 이자소득을 낸다면 실질수익률은 4.23%[=5%×(1−0.154)]가 되어 이자소득은 211.5만원으로 줄어든다.

▶복리효과까지 영향을 미친다

복리효과는 수익률이 높을수록 그 효과가 크다는 점은 앞서 살펴본 바와 같다. 그런데 세금은 실질수익률을 낮추어 복리효과를 줄인다. 세금이 부과되면 원금에 더해지는 수익의 크기가 줄어들고, 이는 장기적으로 자산이 불어나는 속도를 늦춘다.

따라서 세금을 절감하는 것은 복리효과를 극대화하여 장기적인 자산증식에 기여한다.

어떻게 할 것인가

▶절세상품을 잘 활용한다

동일한 수익률을 가진 두 투자상품이 있을 때, 세금혜택이 있는 상품을 선택하면 세금 부담을 줄여 더 많은 순이익을 얻을 수 있다. 연금저축이나 개인형퇴직연금(IRP)과 같은 세액공제 상품을 활용하거나, 비과세 상품을 선택하는 것이 대표적인 절세 전략이다.

어떤 비과세 상품이 있는지 몇 가지를 본 책에서 소개할 것이다.

▶본인 상황에 따라 전략이 달라진다

세금은 어떤 금융상품에 투자할지, 언제 매도할지 등 투자 의사결정에도 중요한 영향을 미친다. 예를 들어, 금융소득종합과세 기준을 넘지 않도록 소득을 분산하거나, 양도소득세 비과세 한도를 활용하는 등의 전략을 고려할 수 있다.

재테크에서 세금을 이해하고 이를 전략적으로 관리하는 것은 단순히 세금을 덜 내는 것을 넘어, 투자자산을 더욱 효율적으로 운용하고 궁극적으로는 더 큰 부를 하는 데 반드시 이해해야 하는 부분이다.

POINT 내지 않아도 되는 세금이 있다면 굳이 낼 필요가 없다. 절세로 수익률을 높이자.

장을 마치며

'고추대차' 한의사, 주식리딩방 이끌며 사기행각

비상장 주식리딩방을 이끌며 회원들에게 수백억원 대의 비상상 주식을 팔아치워 구속된 바 있는 강 모씨가 최근 새로운 게임회사를 설립해 새로운 사기행각을 이어가고 있다.

강 씨는 한의사로 지난 2020년 고추를 수확하고 남은 고추대로 끓인 차, 일명 '고추대차'가 코로나19 치료에 특효약이라고 주장하다 식품의약품안전처로부터 고발당하기도 했다. 강 씨는 지난 2022년 '온페이스 대장정' 카페를 개설해 회원들을 상대로 온페이스 주식 등을 매도해 수십억원의 차익을 남겨 자본시장법 위반으로 징역 1년을 선고받고 복역했다. 구속 당시 강 씨는 회원들에게 주식을 팔아넘긴 회사 가운데 온페이스게임즈의 부사장 자리에 있었다.

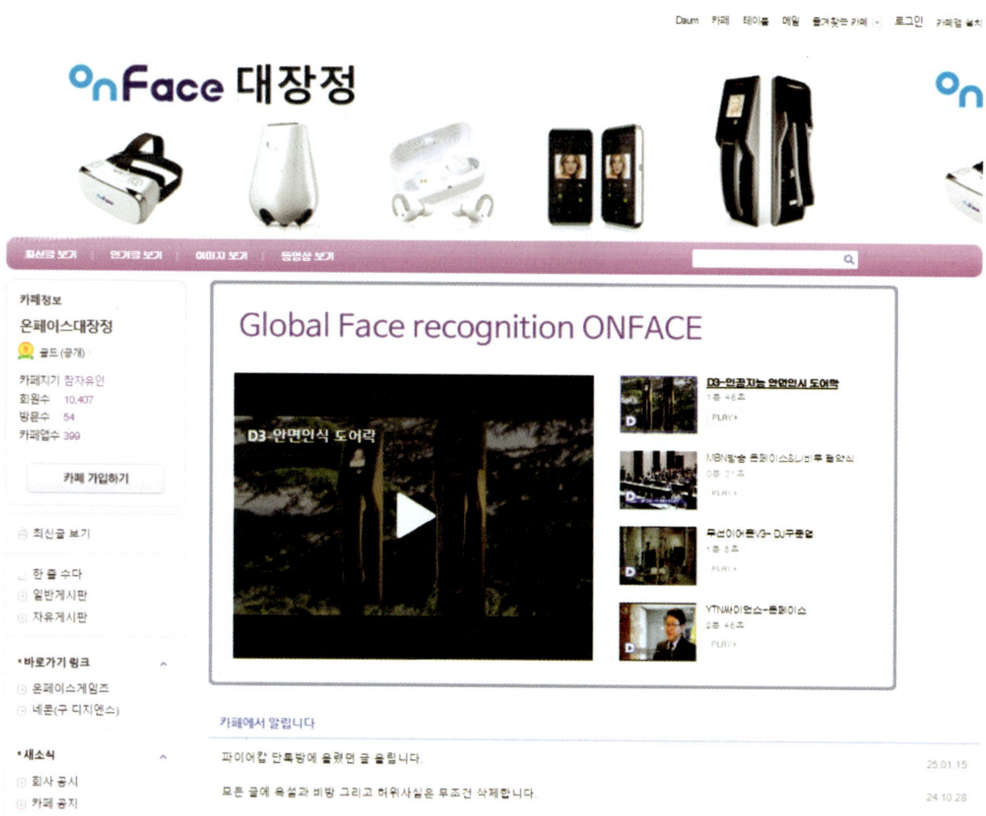

강 씨가 만든 투자리딩방 '온페이스 대장정'. 현재 운영자가 강 씨에서 다른 이로 바뀌었다. (관련 화면 캡처)

강 씨는 '온페이스 대장정' 카페에서 닉네임 '바위'로 활동하며 특정회사의 비상장 주식 매수를 권유하거나 자신의 비상장 주식을 회원들에게 직접 팔아넘기기도 했다. 당시 판결문에 따르면 강 씨는 온페이스와 그 계열사 주식을 2018년 115억원, 2019년 260억원어치를 팔아치웠다. 이 과정에서 강 씨는 69억원가량의 차익을 얻었다고 한다. 불법 주식투자 매매행위다.

피해자들은 강 씨가 전도유망한 것처럼 홍보하며 주식을 팔아치운 온페이스와 그 자회사 온페이스게임즈, 온페이스에디씨 등의 회사가 전혀 가치 없었다고 지적했다. 강 씨가 이 회사들을 포장하는 데 언론을 능숙하게 이용했다고 한다. 피해자 A씨는 "홍콩에 본사를 둔 온페이스의 매출 규모가 수천억에 달하고 자회사인 온페이스게임즈를 나스닥 상장 준비한다고 언론에 광고했지만 처음부터 사기쇼였다"고 말했다.

당시 지디넷코리아, 이데일리 등의 언론을 통해 온페이스게임즈 IPO(기업공개) 보도가 나갔고, 머니투데이, 머니S 등을 통해 나스닥 상장에 관한 홍보성 기사가 나가기도 했다. 당시 강 씨는 온페이스게임즈 부사장으로 나스닥 상장을 위한 게임 런칭쇼에서 직접 게임을 소개하기도 했다.

하지만 강 씨가 주식을 팔아치운 온페이스와 계열사가 가치 없는 기업이었다는 점은 기업의 공시자료를 통해서도 여실히 드러난다.

온페이스게임즈 나스닥 상장 SPAC사 합병 기자간담회. 왼쪽에서 두 번째가 당시 온페이스게임즈 부사장이었던 강 씨다. (사진 : 온페이스게임즈)

지난 2021년 4월 공개된 온페이스 '2020년 감사보고서'는 "계속기업으로서의 존속능력에 유의적 의문을 제기할 만한 중요한 불확실성이 존재한다"고 표기하고 있다. 또 감사보고서는 "2020년 12월 31일로 종료되는 보고기간에 당기순손실이 3,223백만원 발생했고 재무제표일 현재로 기업의 유동부채가 유동자산보다 13,297백만원 초과하고 있으며 자본총계는 (−)3,771백만원으로 완전 자본잠식 상태"라고 지적했다. 이후 온페이스 관련 기업공시 또는 감사보고서는 금융감독원 전자공시시스템에서 찾아볼 수 없다.

비상장주식 거래 플랫폼 서울거래비상장에 게재된 온페이스게임즈 매출액은 2018년, 2019년 모두 0원이다. 영업이익은 2018년 −28억원, 2019년 −53억원이다. 이후 공개된 매출 자료는 없다. 강 씨가 부사장으로 있던 온페이스게임즈는 국내 런칭한 게임이 없는 게임 개발사다. 다만 온페이스게임즈는 언론보도를 통해 '방산저격'이라는 게임이 중국에 출시돼 2021년 150억원에 달하는 매출을 기록했다고 밝혔지만, 현재까지도 그 매출이 회사로 입금되지 않았다고 한다. 방산저격의 국내 출시는 없었고 중국 서비스에 관한 기록이 공개된 바 없다.

강 씨는 출소 후 '엘오디게임즈'라는 게임사를 만들었다. 스스로 '의장'이라고 칭하며 투자자들을 모았다. 자본금은 9억 6,000만원이었다. 하지만 강 씨는 설립 두 달 만에 엘오디게임즈 자본금을 모두 탕진하고 자본잠식 상태에 빠졌고 이후 주주들을 상대로 유상증자를 하거나 운영자금을 빌리고 있는 상태가 이어지고 있다. 피해자들은 "강 씨가 관리하는 피해자, 즉 주주들이 대개가 고령"이라며 "돈을 볼모로 더 많은 돈을 요구하는 상황"이라고 말했다. 피해자들이 공개한 자료에 따르면 강 씨는 올 초 투자자들에게 "회사 임대료가 없어서 쫓겨날 지경"이라며 돈을 빌려달라고 요구하기도 했다.

강 씨와 함께 9개월간 생활했다고 하는 한 모 씨는 현재 강 씨의 사기행각에 대한 폭로를 이어가고 있다. 한 씨는 강 씨를 감옥에서 만났다. 한 씨는 "강 씨 주변에 있는 이들이 모두 광신도 같다"며 "그거 다 사기라고 말을 해줘도 사람들이 믿지 않는다"고 말했다. 한 씨는 "처음에는 무슨 게임이 된다고 했다가 지금은 다른 게임을 개발한다고 사람을 홀리고 있다"며 "임대료를 못 내서 주주들에게 돈을 구걸하지만 주주들은 이미 투자한 돈이 볼모가 돼 계속 돈을 준다"고 말했다.

강 씨가 설립한 엘오디게임즈는 설립 당시 온페이스게임즈에서 개발해 론칭한다고 했던 LOD(로드오브드래곤)의 저작권을 가져와 재론칭을 추진한다고 홍보했다. 강 씨가 설립한 게임개발사 이름 역시 이 게임에서 따온 것으로 보인다. 현재 LOD 게임은 강 씨의 게임사 사이트에서도 찾아볼 수 없다. 이후 강 씨는 LOD 게임 개발을 미루고 중국에 '마블훌덤'을 론칭한다고 했다가 현재는 '프로젝트B'라는 캐주얼게임 개발이 빨라 론칭을 앞두고 있다고 홍보하고 있다.

한의사 이력이 주는 신뢰감 때문에 강 씨에게 당한 피해자들은 주변에 고령의 투자자들이 많다고 한다. 한의사 출신 강 씨가 비상장 주식리딩방을 개설하고 활동한 것은 지난 2016년 오코스모스 대장정이라는 카페를 운영하면서부터다. 이를 통해 회원들에게 오코스모스 투사를 유도하고 막대한 손실을 보게 했다.

2023년 12월 강 씨는 자신의 주식리딩방 활동을 회고하는 글을 '온페이스 대장정' 카페에 올렸다. 이 글에 따르면 강 씨는 ▲2017년 홍콩온페이스, 네콘 ▲2018년 온페이스, 온페이스게임즈, 온페이스 SDC ▲2022년 온페이스게임즈 등의 투자리딩을 하면서 회원들에게 수백억원 규모의 손실을 떠넘겼다. 강 씨의 투자리딩 가운데 수익을 내는, 성공한 투자는 단 한 건도 없었다.

피해자들은 "강 씨 주변에 고령의 피해자가 많다"며 "이들은 아직도 강 씨의 말을 절대적으로 신뢰하고 주식을 사라면 주식을 사고, 매입한 주식을 담보로 돈을 빌려달라면 빌려주고 있다"고 말했다.

지난 4월 온페이스와 관련한 피해자들이 '온페이스 피해 주주 모임'을 결성했다. 강 씨의 사기 투자리딩으로 피해를 본 이들이다. 피해자들이 주장하는 피해액 규모는 최소 3,000억원이다. 피해자들은 "온페이스는 강 씨를 모집책으로 다양한 사람들이 얽혀 있다"면서 "이 사기의 주범은 박 모 씨"라고 밝혔다. 박 씨는 지난해 검찰 조사를 받다 홍콩으로 출국해 지금까지 입국하지 않고 있다고 한다. 박 씨는 강 씨에게 온페이스 관련 주식을 넘기고 강 씨가 회원들에게 주식 판 금액을 돌려받은 인물이다.

(뉴스프리존, 2025.6.11)

주요 용어

- 단리
- 복리의 마법
- 투자
- 위험선호
- 투자수익
- 실물 투자자산
- 저축
- 절세
- 복리
- 72의 법칙
- 시차선호
- 위험보상률
- 위험
- 금융자산
- 자산배분

연습문제

1. 단리와 복리를 비교하여 설명하라.
2. 복리의 마법이란 무엇이며, 어떤 경우에 제대로 발휘되는가?
3. 72의 법칙에 대해서 설명하라.
4. 투자란 무엇인가?
5. 투자에 있어서 시차선호의 문제와 위험선호의 문제란 무엇인가?
6. 기대수익률과 위험의 관계를 설명하라.
7. 저축과 투자를 비교하라.

CHAPTER

3

금융시스템을 이해하고 활용하자

우리나라 대표 시중은행들 (자료 : 금융소비자뉴스)

1 인생의 자금흐름 계획을 세워보자
2 금융시장과 금융기관

본장을 시작하기 전에

수신금리 올리며 몸 푸는 저축은행

저축은행 정기예금 금리가 연 3%에 근접했다. 은행권과 달리 수신금리를 높이며 고객 유치에 적극적으로 나서는 모습이다. 올해 상반기 1조 4,000억원 규모의 부실채권을 정리하며 건전성을 개선한 저축은행업계는 올해 하반기 공격적인 영업을 예고하고 있다.

3일 저축은행중앙회에 따르면 전국 저축은행 79곳의 정기예금(1년물) 평균 금리는 연 2.99%다. 지난달 초와 비교해 0.02%포인트 상승했다. 금리 상단은 연 3.40%로 지난달 대비 0.15%포인트 올랐다.

저축은행업계는 그동안 영업 대신 건전성 개선에 주력했다. 그 결과 저축은행 수신잔액은 지난 3월 99조 5,873억원을 기록하며 100조원 밑으로 떨어졌다. 이어 4월에는 98조 3,941억원으로 2021년 11월 이후 3년 5개월 만에 최저치를 기록했다.

저축은행업계는 올해 상반기 공동펀드를 통해 1조 4,000억원 규모의 부실채권을 털었다. 저축은행중앙회에 따르면 총 여신 연체율 약 1.2%포인트, 부동산 프로젝트파이낸싱(PF) 관련 대출 연체율 약 5.8%포인트가 개선될 것으로 관측된다.

이에 따라 중금리대출과 중소기업 사업자 대상 사업자대출을 점차 확대해가며 온라인투자연계금융업체와의 연계 투자 등을 통해 새로운 시장 개척에도 나설 것으로 보인다. (이데일리, 2025.7.3)

1 인생의 자금흐름 계획을 세워보자

우리는 전형적인 자금흐름을 경험하게 된다

우리는 인생을 살아가면서 몇 번 큰 자금이 필요할 때가 있다. 자금을 모았다가 지출하고 필요하면 대출을 받아서 갚아나간다.

다음 그림은 그 예 중의 하나이다. 결혼 전까지 돈을 모아서 목돈을 만들어 결혼을 하고, 결혼을 한 뒤에도 계속해서 목돈을 만들기 위하여 돈을 모으며, 한편으로는 모아진 목돈을 불리기 위하여 다양한 방법을 강구한다. 집을 장만하기 위하여 대부분의 사람들은 대출을 받는다. 결혼을 하지 않더라도 집을 장만하고자 하는 목표는 세울 수 있다.

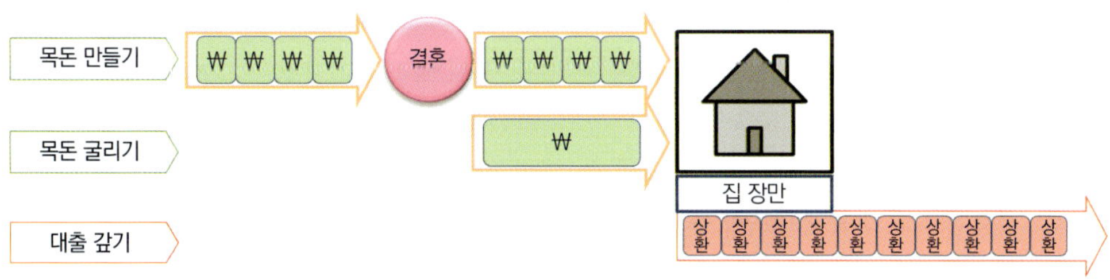

목돈을 모아가는 과정과 목돈을 불리고자 할 때 그리고 대출을 받고자 할 때 우리는 다음과 같은 구체적인 궁금증이 생길 수 있다.

- 매달 100만원씩 적금에 부으면 1년 후에는 원리금 합계가 얼마나 될까? 만약 3년을 모으면? 5년 동안 모으면 얼마가 될까?
- 5년 안에 1억원을 모으려면 한 달에 얼마를 저축해야 할까?
- 종잣돈 1억원을 모아놨는데 이를 3년 만기 예금에 넣어두면 얼마로 불어날까?
- 집 장만을 위해 2억원을 대출받고 20년 동안 갚아나가면 한 달에 얼마를 갚아야 할까?

이하에서는 이러한 다양한 궁금증을 해결하여 재테크 의사결정에 도움이 되는 방법에 대해 알아보자. 재테크 자금 계획을 세우고 실천하는 과정에서 겪는 전형적인 현금흐름 패턴에는 다음과 같은 세 가지가 있다.

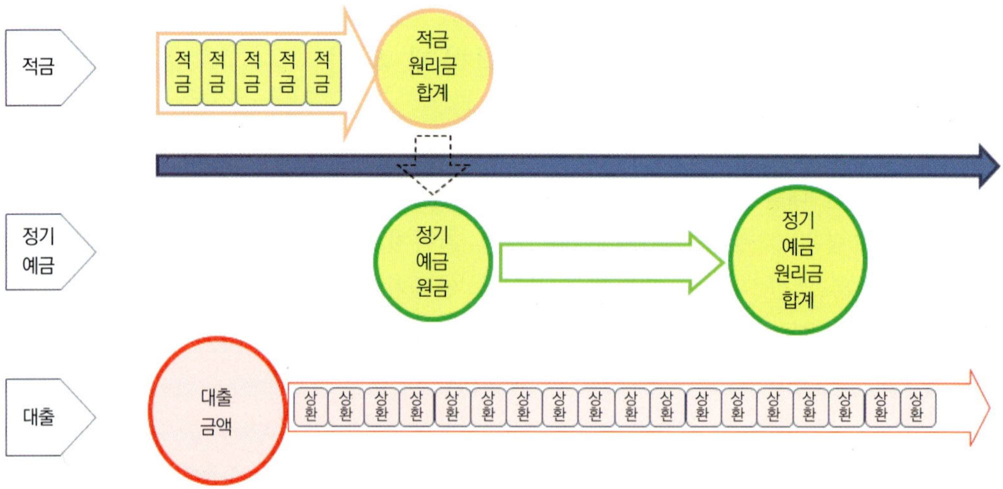

대부분의 사람들은 목돈을 만들기 위하여 적금에 가입한다. 매월 일정한 금액을 모아서 목돈이 만들어지면 그 목돈을 정기예금에 넣을 수도 있고 투자를 하기도 한다. 정기예금은 정해진 만기 동안 은행에 예치하는 것이다. 한편 집을 마련하는 등의 큰돈이 필요할 때 대출을 받게 된다. 대출은 한 번에 목돈을 받은 후 일정기간 동안 상환하는 패턴의 현금흐름이다. 일반적으로 사람들은 [적금]→[정기예금]→[대출]의 순서로 자산을 불린다.

이제 각각의 현금흐름 패턴에 대해서 좀 더 자세히 알아보자. 적금-정기예금-대출 순으로 알아봐야 하겠지만 이 세 가지 패턴 중에서 가장 이해하기 쉬운 것이 정기예금이므로 정기예금부터 알아보자.

▶정기예금 패턴

현재 일정금액이 미래에 얼마가 되는지를 계산하는 유형으로, 은행의 정기예금이 전형적이다. 예를 들어 지금 1,000만원을 5% 복리이자율의 3년 만기 금융상품인 정기예금에 가입했을 경우, 3년 뒤의 원리금 합계를 계산하는 것이다.

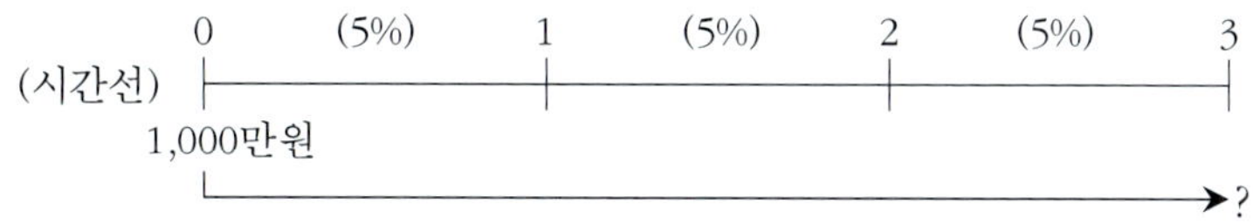

이는 실생활에서 다음과 같은 경우에 적용하는 유형이다. 대괄호 [ ] 안의 숫자는 다양하게 바꿔서 넣어볼 수 있다.

• 지금 원금 [5,000만]원을 연이자율 [3]%에 저축했을 때 [5]년 후에는 얼마가 될까?

정기예금과 관련된 계산은 공학용 계산기를 이용하면 자유롭게 할 수 있다. 여기서는 더 쉬운 방법을 소개한다. 바로 은행 홈페이지에서 제공하고 있는 금융계산기를 이용하는 방법이다. 다음 그림은 우리은행 금융계산기 화면이다.

우리은행 금융계산기를 이용하여 예치금액, 즉 원금 5,000만원을 5년(60개월)간 연이자율 3%, 3개월 복리로 계산하기 위하여 입력한 화면

화면 상단 오른쪽을 보면 예금/적금, 대출, 외환, 카드의 네 개의 메뉴가 있다. 우리는 이 중에서 첫 두 개의 메뉴를 주로 사용할 것이다. 위의 그림은 예금/적금 중에서 예금만기액을 계산하는 화면이다. 예치금액 5,000만원, 예치기간 5년(60개월), 예금금리 3%, 3개월 복리를 입력하고 '계산하기' 버튼을 누르면 다음과 같은 화면이 나온다.[1]

1) 엑셀 함수를 활용해도 원하는 계산을 쉽게 할 수 있다. 원금(현재가치)은 PV함수로, 원리합계(미래

계산결과

· 고객님이 설정하신 예치금액/기간/금리를 토대로 만기지급 금액에 대한 계산결과입니다.

예치금액(원)	예치기간	예금금리	이자방식
50,000,000	60개월	3%	3개월복리

구분	예치금액(원)	이자(세금납부 전, 원)	이자(세금납부 후, 원)	만기지급액(원)
일반(15.4%)	50,000,000	8,059,207	6,818,089	56,818,089
비과세(0.0%)	50,000,000	8,059,207	8,059,207	58,059,207

우리은행 금융계산기를 이용하여 예치금액, 즉 원금 5,000만원을 5년(60개월)간 연이자율 3%, 3개월 복리로 계산한 결과

계산 결과는 크게 일반, 비과세의 두 가지로 표시되고 있다. '일반'은 이자소득에 대해서 15.4%의 세금을 내는 경우이다. 이자는 8,059,207원인데 일반과세인 경우에는 세금을 15.4% 납부해야 하기 때문에 실제 받을 수 있는 이자는 6,818,089원으로 원리합계, 즉 미래가치는 56,818,089원이다. 비과세라면 이자소득세를 내지 않기 때문에 58,059,207원을 받을 수 있다. 비과세, 즉 세금혜택을 받기 위해서는 해당조건에 충족되어야 한다.

▶정기적금 패턴

매기 말에 일정금액을 불입했을 때 미래에 얼마가 되는지를 계산하는 유형으로, 은행의 정기적금이 전형적이다. 예를 들어 지금부터 매년 말에 100만원을 5% 복리이자율, 3년 만기 금융상품인 정기적금에 가입했을 경우, 3년 뒤의 원리금 합계를 계산하는 것이다.

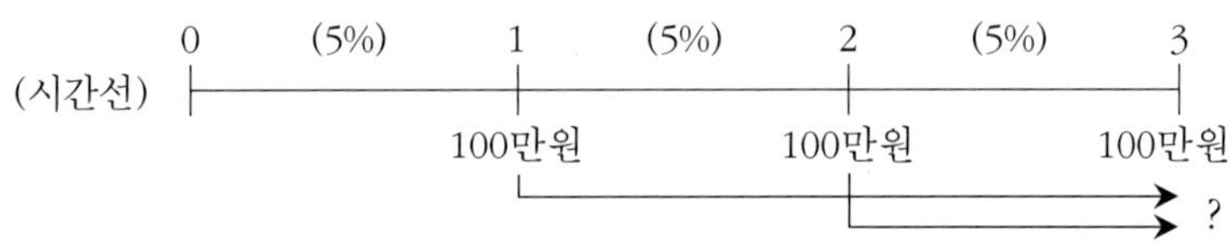

이는 실생활에서 보다 다양한 방식으로 적용해 볼 수 있는데, 예컨대 다음과 같은 경우에 적용하는 유형이다. 각각의 경우에 대괄호 안의 숫자(이자율, 적금 금액, 기간)는 다양하게 바꿔볼 수 있다.

가치)는 FV함수로, 이자율은 RATE함수로, 기간은 NPER함수로 계산한다.

- 이자율 [3.5]%에, 매월 [150만]원씩 [5]년간 적금을 넣으면 [5]년 후에는 총 얼마가 될까?
- 이자율 [3]%에, [8]년 후에 총 [1억]원을 모으려면 [8]년 동안 매월 얼마를 적금에 넣어야 할까?

월납입액(원)	목표기간	예금금리	이자방식
1,500,000	60개월	3.5%	월복리

구분	월납입액 합계(원)	이자(세금납부 전, 원)	이자(세금납부 후, 원)	만기지급액(원)
일반(15.4%)	90,000,000	8,485,584	7,178,804	97,178,804
비과세(0.0%)	90,000,000	8,485,584	8,485,584	98,485,584

우리은행 금융계산기를 이용하여 매월 150만원씩, 이자율 3.5%에 5년(60개월)간 적금을 불입했을 때 적금 만기시 찾을 수 있는 금액을 계산한 결과. 비과세라면 9천 8백만원이 넘는 큰돈이다.

위 그림은 매월 150만원씩 5년간 연이자율 3.5%로 저축했을 때의 만기의 금액을 계산해 본 것이다. 비과세 기준으로 98,485,584원으로, 약 1억원에 가까운 금액임을 알 수 있다.

매월 불입하는 금액 중심이 아닌 최종적으로 모으고자 하는 목표금액이 더 궁금한 경우도 있다. 예컨대 8년 만에 1억원을 모으고자 할 때 매달 불입해야 할 적금월 불입액을 알고 싶을 때에는 다음과 같이 활용할 수 있다. 연이자율을 3%로 가정하고 계산해 본 결과는 다음과 같다.

만기목표금액(원)	목표기간	예금금리	이자방식
100,000,000	96개월	3%	월복리

구분	필요월납입액(원)	투자원금(원)	이자(세금납부 전, 원)	이자(세금납부 후, 원)	만기지급액(원)
일반(15.4%)	937,426	89,992,932	11,828,685	10,007,068	100,000,000
비과세(0.0%)	920,656	88,382,933	11,617,067	11,617,067	100,000,000

우리은행 금융계산기를 이용하여 8년 만에 1억원을, 이자율 3%에 모으고자 할 때 매월 적금에 불입하는 금액을 계산한 결과. 일반과세일 때 매월 937,426원을 불입하면 된다.

이자소득에 세금을 내는 경우를 가정하면 매월 937,426원을 적금하면 8년 만에 1억원을 만들 수 있음을 알 수 있다. 매월 이 정도 금액을 적금하는 것이라면 1억원 만들기에 충분히 도전해 볼 만하지 않은가?

▶대출 후 상환 패턴

금융기관에서 대출받은 후 매기에 일정금액씩 갚아나가는 유형이다. 예를 들어 연이자율 5%로 대출받으려고 하는데, 지금부터 매년 말에 100만원씩 갚아 나갈 경우 지금 빌릴 수 있는 대출 총액은 얼마인지 계산하는 것이다.

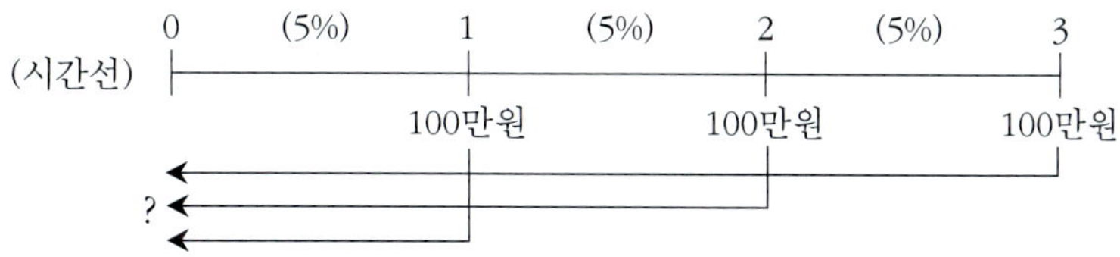

또는 아래와 같이 필요한 대출금액이 1억원일 때, 매월 갚아야 할 금액이 얼마인지도 계산할 수 있다.

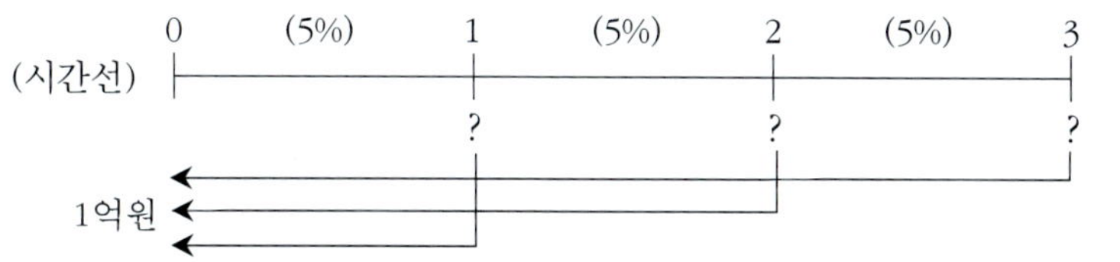

예시를 보자. 다음은 10년 동안 상환하기로 하고 연이자율 2.8%에 1억원을 대출받았을 때 매월 갚아야 할 금액을 계산해 본 것이다. 그림에서 보는 것처럼 원리금균등상환 방식을 택했다.

우리은행 금융계산기를 이용하여 대출금액 1억원을 연이자율 2.8%에 10년(120개월) 동안 상환하고자 할 때 매월의 상환금액을 계산하기 위해 값을 입력한 화면

원리금균등상환이란 매월 상환할 원금과 이자의 합계가 일정한 금액으로 정해져 있는 방식이다. 계산 결과를 보면 매월 956,402원을 상환하게 된다. 10년간의 총이자는 14,768,297원이어서 상환하는 총금액은 114,768,297원이다.

계산결과

- 대출금의 상환금액과 일정에 대한 계산결과입니다.
- 상기 이자는 월단위로 계산한 것입니다.
- 상품 특성에 따라 상환(이자)금액 및 일정 등은 달라질 수 있으므로 상기결과는 참고로만 사용하시기 바라며, 정확한 상환(이자)금액 및 일정은 대출관리영업점으로 문의하시기 바랍니다.

상환방법	대출원금(원)	대출기간	거치기간	대출이율	월상환금 (원금+이자)(원)	총 이자액(원)	원금 및 총이자액 합계(원)
원리금균등상환	100,000,000	120개월	0개월	2.80%	956,402	14,768,297	114,768,297

우리은행 금융계산기를 이용하여 대출금액 1억원을 연이자율 2.8%에 10년(120개월) 동안 상환하고자 할 때 매월 상환해야 하는 금액은 956,402원이다.

POINT 독자 여러분도 은행 홈페이지의 금융계산기를 찾아 다양하게 연습을 해 보자.

정기예금의 수익 구조가 알려주는 교훈

▶정기예금의 구조 분석

위의 세 현금흐름 패턴에서 정기예금을 다시 보자. 다음 그림은 전형적인 정기예금의 한 예이다. 지금 1,000만원을 연이자율 5%, 3년 만기의 정기예금에 저축했을 때 3년 후에 얼마가 될 것인지를 계산하는 경우이다.[2)]

이 현금흐름에서 현재의 원금 1,000만원을 '현재가치(PV : Present Value)'라고 하고, 3년 후의 원리합계를 '미래가치(FV : Future Value)'라고 한다.

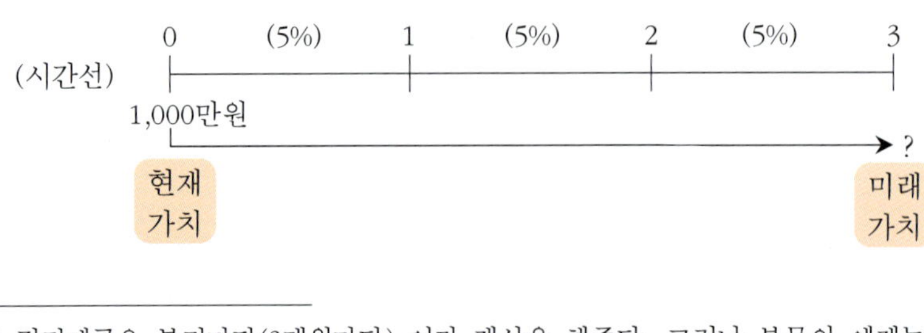

2) 일반적인 정기예금은 분기마다(3개월마다) 이자 계산을 해준다. 그러나 본문의 예제는 계산의 편의와 독자의 쉬운 이해를 돕기 위하여 1년에 1회만 이자 계산을 해주는 것을 가정하고 있다.

그렇다면 3년 후의 미래가치는 어떻게 계산하는가? 먼저 기초적인 원리합계 공식을 떠올려 보자.

$$\begin{aligned}\text{원리합계} &= \text{원금}+\text{이자}\\ &= \text{원금}+(\text{원금}\times\text{이자율})\\ &= \text{원금}\times(1+\text{이자율})\end{aligned}$$

위 공식에서 '원리합계'가 곧 '미래가치'인 것이다. 위의 원리합계 공식은 1년 단위로 계산할 때에만 사용할 수 있다. 위 그림에서 1년 후의 원리합계는 다음과 같다.

$$\text{1년 후 원리합계(미래가치)} = 1{,}000\times(1+0.05) = 1{,}050\text{(만원)}$$

이제 2년 후와 3년 후의 원리합계, 즉 미래가치를 계산해 보자.

$$\begin{aligned}\text{2년 후 미래가치} &= 1{,}050\times(1+0.05)\\ &= \{1{,}000\times(1+0.05)\}\times(1+0.05)\\ &= 1{,}000\times(1+0.05)^2 = 1{,}102.5\text{(만원)}\end{aligned}$$

$$\begin{aligned}\text{3년 후 미래가치} &= 1{,}102.5\times(1+0.05)\\ &= \{1{,}000\times(1+0.05)^2\}\times(1+0.05)\\ &= 1{,}000\times(1+0.05)^3 = 1{,}157.6\text{(만원)}\end{aligned}$$

이상의 계산과정을 일반화하면 다음과 같다.

$$n\text{년 후의 미래가치} = \text{현재가치}\times(1+\text{연이자율})^n$$

위 식을 구성하고 있는 변수는 네 가지이다. 미래가치, 현재가치, 연이자율, 기간(연수 n)이 그것이다. 네 가지 변수 중에서 세 가지를 알면 나머지 한 가지를 계산할 수 있다. 즉 다음과 같은 질문에 답을 할 수 있다.

- **미래가치**: 지금 1,000만원을 연이자율 5%짜리 정기예금에 저축하면 5년 뒤에 얼마가 될까?
- **연이자율**: 지금 1,000만원이 5년 뒤에 1,200만원이 되려면 연이자율이 몇 %가 되어야 할까?
- **기간**: 지금 1,000만원을 연이자율 5%로 맡길 경우 1,500만원이 되려면 몇 년 저축해야 할까?
- **현재가치**: 5년 뒤의 2,000만원은 연이자율 5%를 감안한다면 지금 현재 시점의 가치로는 얼마가 될까?

▶정기예금 구조가 우리에게 시사하는 점

우리의 목표는 일정한 시기 후의 원리합계, 즉 n년 후의 미래가치를 극대화하는 것이다. 어떻게 하면 될까?

이는 일반화된 정기예금 계산 공식을 보면 알 수 있다. n년 후의 미래가치는 현재가치, 즉 원금, 이자율, 예금기간에 의해서 결정된다. 이 중에서 이자율은 우리가 통제할 수 있는 변수가 아니다. 금융기관에서 정하기 때문이다. 예금기간도 우리 생명이 유한함을 감안한다면 늘리는 것에 한계가 있다. 남은 변수는 현재가치 하나로, 우리는 현재가치, 즉 원금을 최대한 늘림으로써 미래가치를 극대화할 수 있다. 원금을 최대한 늘리기 위해서는 어떻게 해야 할까? 그것은 제1장에서 강조했던 것처럼 절약을 통해서만 가능한 일이다.

이러한 상황이 정기예금에만 적용되는 것은 아니다. 정기적금도 결국 정기예금 현금흐름 하나하나를 모아 놓은 것이기 때문에 결국 정기적금에도 동일하게 적용된다.

2 금융시장과 금융기관

금융과 금융시장

우리가 일상생활에서 행하는 투자나 저축, 대출 등은 개인간에 사적으로 이루어지기도 하지만 보통은 금융기관을 활용한다.

금융(finance)이란 무엇일까? 광의의 개념으로 정의하면 자금의 융통이라고 말할 수 있다. 그런데 자금융통이 이루어지기 위해서는 자금을 필요로 하는 '자금부족주체'와 자금에 여유가 있는 '자금잉여주체'가 있어야 한다. 자금잉여주체에서 자금부족주체로 자금이 이전되게 하는 것, 그리고 그 행위에 대한 내가가 수어지는 것을 모두 금융이라고 한다.

금융기관은 이러한 금융이 이루어지도록 매개 기능을 수행한다. 금융기관은 자금의 공급자와 수요자 간에 거래를 성립시켜 주는 역할을 담당한다. 자금이 금융기관을 통해 이전될 때에는 그 증빙으로 예금증서, 보험증권, 신탁증권(펀드), 어음, 주식, 채권 등의 매개체가 이용되는데, 이를 금융수단이라고 한다. 금융이 이루어지기 위해서는 이와 같이 자금수요자, 자금공급자, 금융기관, 금융수단이 있어야 하는데, 이 네 가지가 금융시장을 구성하는 요소가 된다.

금융기관의 종류

현재 우리나라의 금융기관은 크게 은행, 비은행예금취급기관, 금융투자업자, 보험회사, 기타 금융기관으로 구분할 수 있다. 우리가 언론을 통해 흔히 듣게 되는 제1금융권은 은행만을 말하며, 나머지 금융기관은 제2금융권으로 본다. 제1, 2금융권을 제도권금융이라고 한다. 정부의 공식적인 관리제도하에 있다는 의미이다.

〈표 3-1〉 금융기관의 종류와 기관 수

구 분			기관 수	비 고
은행	일반은행	시중은행	8	
		지방은행	5	
		외국은행지점	37	
	특수은행	한국산업은행	1	
		한국수출입은행	1	
		중소기업은행	1	
		농협은행	1	
		수협은행	1	
비은행 예금취급 기관	상호저축은행		79	
	신용협동기구	신용협동조합	866	2024년 말 기준
		새마을금고	1,276	
		상호금융	1,364	농축임협 1,131/ 수협 91/산림조합 142
	우체국예금		1	
	종합금융회사		(1)	우리투자증권으로 합병
금융투자 업자	투자매매중개업자	증권회사	60	
		선물회사	3	
	자산운용사		322	
	신탁회사		14	
보험회사	생명보험회사		22	외국사 9 포함
	손해보험회사	손해보험회사	31	외국법인 4, 외국사 지점 4 포함
		재보험회사	10	외국사 지점 9 포함
		보증보험회사	2	외국사 지점 1 포함
	우체국보험		1	
	공제기관		3	새마을공제, 수협공제, 신협공제
기타 금융기관	금융지주회사	은행지주 비은행지주	8 2	지방은행지주 포함
	여신전문금융회사	시설/카드/할부금융 등	71	카드사 8개
	벤처캐피털회사	중소기업창업투자회사 신기술사업금융	105 127	

한편 제3금융권이라는 용어도 있다. 대부업체나 사채업체가 이에 속한다. 그런데 제3금융권이라는 용어는 정식 용어는 아니며, 제1, 2금융권에 대비하여 비공식적으로 사용되는 용어이다. 제3금융권은 사금융이라고도 하며 제도권금융에 속하지 않는 나머지 금융 역할(주로 대출)을 하는 업체를 통칭한다. 이들은 금융'기관'이 아닌 대부업을 영위하는 일반 회사들이다. 최근 언론에서는 '소비자금융'이라고 표현하기도 하는데, 이 용어에 주의할 필요가 있다. 마치 소비자들을 위한 금융기관인 것으로 오해할 수 있기 때문이다.

▶ 예금은행

예금은행은 다시 일반은행과 특수은행으로 나눈다.

일반은행

일반은행은 은행법에 따라 설립되어 업무를 영위하는 금융기관으로서 단기의 예금수입, 대출, 지급결제업무를 고유업무로 하고 있다. 우리은행 · 국민은행 · 신한은행 · 하나은행 등과 같은 시중은행과 경남은행 · 광주은행 등과 같은 지방은행, 씨티은행 · HSBC 등의 외국은행 국내지점 등이 있다.

특수은행

특수은행은 일반은행이 재원 · 채산성 · 전문성 등의 제약으로 인하여 필요한 자금을 충분히 공급하지 못하는 특정부분에 대하여 자금을 원활히 공급함으로써 일반 상업금융의 취약점을 보완하고 이를 통하여 국민경제의 균형적 발전을 도모하기 위하여 설립된 금융기관이다. 특수은행으로는 한국산업은행 · 한국수출입은행 · 중소기업은행과 농업협동조합중앙회 · 수산업협동조합중앙회 신용부문 등 5개 금융기관이 있다.

특수은행은 각자의 설립 근거법에 기초하여 설립되며 재원조달 면에서 예금수입에 주로 의존하는 일반은행과 달리 재정자금과 채권발행에 많은 부분을 의존하고 있다. 그러나 농협중앙회나 수협중앙회 등은 오래전부터 일반 시중은행과 유사하게 은행업무를 보고 있으며, 근래에는 중소기업은행(상호는 'IBK기업은행'이지만 법률적으로는 중소기업은행법에 의하여 설립된 '중소기업은행'이 맞다)이나 한국산업은행이 높은 금리를 내세우며 일반인들로부터 예금을 받고 있는 등 점차 그 경계가 허물어지고 있다.

▶ 비은행예금취급기관

예금을 취급하지만 은행으로 분류하지 않는 금융기관을 비은행예금취급기관이라고 한다. 이들 기관은 결제기능이 없거나 매우 제한적이다.

상호저축은행(상호저축회사 또는 상호저축은행중앙회)

상호저축은행은 일정 행정구역 내에 소재하는 서민 및 소규모 기업에 금융편의를 제공하기 위하여 설립된 서민금융기관이다. 주요 업무는 신용부금, 예 · 적금의 수입과 대출업무이다. 상호저축은행의 예금은 예금자보호법에 의하여 1억원까지 보호받는다. 과거에는 '상호신용금고'라고 불렸는데 법이 바뀌어 상호저축은행이 되었다. 그러나 일부 상호저축은행이 경영부실로 사회적인 물의를 일으키면서, 그 원인 중의 하나로 상호저축은행의 상호가 일반인들로 하여금 '은행'이라는 오해를 불러일으켰기 때문이라는 점이 지적됨에 따라, 다시 원래의 명칭으로 환원해야 한다는 주장도 있다. 줄여서 '저축은행'으로 부르기도 한다.

신용협동기구

신용협동기구는 조합원에 대한 저축편의 제공과 대출을 통한 상호간의 공동이익 추구를 목적으로 설립된 금융기관으로, 신용협동조합, 새마을금고, 상호금융 등이 있다. 주요 업무는 조합원에 대한 예 · 적금의 수입과 대출업무이다.

신용협동기구의 예 · 적금은 '예금자보호법'에 의하여 보호받을 수 없으나 자체 별도기금을 마련하여 1인당 1억원까지 보호하고 있다.[3] 예금이 보호되는 형태는 단위기관별로 이루어진다. 예를 들어, 새마을금고 내에서도 관악새마을금고와 아산새마을금고에 각각 1억원의 예금이 있다면 두 금고는 별개의 단위기관으로 보아 둘 다 보호해준다. 은행의 경우에는 예금을 전국의 여러 지점에 분산하여 예치했다 하더라도 한 개의 은행으로 보아 합산금액 1억원까지만 보호해 준다.

▶ 농협은행과 단위농협

농협 계좌를 이용하는 사람은 본인의 거래 금융기관이 농협은행인지 단위농협(지역농협)인지 알 필요가 있다. 명칭이 비슷해 보이지만 엄밀히 말하면 두 금융기관은 다르다.

---

3) 2025년 9월 1일부터 종전의 5,000만원에서 1억원으로 확대되었다.

뿌리는 같다

농협은 '농업협동조합'의 줄인 말이다. 농민들이 각 지역마다 스스로 조합을 만들었다. 이것이 단위농협(지역농협)이다. 현재 전국에 950개 정도 있다. 이러한 단위농협들이 모여 전국 차원에서 관리하고 협력하며 통일된 기능을 수행할 수 있도록 '농협중앙회'를 만들었고, 농협은행은 이 중앙회 산하에 있는 농협금융지주에 포함되어 있다.

금융기관의 성격은 다르다

농협은행은 '제1금융권'에 속해 있는 특수은행, 즉 은행이다. 그러나 단위농협은 '제2금융권'에 속해 있는 '비은행 예금 취급기관'으로, 상호금융기구이다. 따라서 예금, 적금, 대출 등 취급하는 상품의 종류가 다르다.

농협은행은 사실상 시중은행과 같아서 금융당국의 금융 및 은행 정책에 영향을 받는다. 그러나 단위농협은 그 기능 중에서 금융 부문만 보면, 조합원이 자금을 맡기고(저축하고) 이를 조합원에게 빌려(대출)주는, 즉 조합원 상호간의 독자적 금융기능을 제공한다. 농협은행과 농협은 거래 실적도 서로 공유하지 않는다.

기관이 파산할 경우 예금을 1억원 한도 내 보장해 주는 방식도 다르다. 농협은행은 예금자보호법이 적용되나 단위농협은 자체 기금인 '농협상호금융예금자보호기금'에 따라 보호한다. 사실상 보호 자체는 같다고 할 수 있다. 또한 서로의 기관에서 개설한 상품계좌 중 많은 부분에서 마치 한 기관인 것처럼 거래할 수 있다.

우리는 어떻게 이용하면 될까?

통상 단위농협의 저축금리가 높다. 단위농협 상품 중 매우 매력적인 것도 있다. 바로 비과세 상품이다(이 상품은 제4장에서 배운다). 비과세가 어떤 차이를 가져오는지 비교하면 다음과 같다.

저축원금이 3,000만원인 경우 단위농협의 비과세(농어촌특별세 1.4%를 부과하지만 사실상 비과세로 본다) 상품에 저축하면 농협은행보다 이자를 21만원이나 더 받을 수 있다. 사례에서는 연이자율을 5%로 두 기관이 같은 것으로 가정했지만 실제로는 단위농협이 더 높은 경우가 많다.

구 분	농협은행	단위농협
저축금액	3,000만원	
연이자율	5%	
연이자	150만원	
세율	15.4%	1.4%
세금	23.1만원	2.1만원
세후 수령액	126.9만원	147.9만원

어떻게 구분할까?

간판이나 계좌를 보면 된다. 농협은행은 'NH농협은행'이라고 되어 있는 반면, 단위농협은 '○○농협'이라고 되어 있고 '은행'이라는 명칭이 없다. 다음 그림을 보면 왼쪽은 'NH농협은행'이라고 되어 있고, 오른쪽 그림은 '은행'이라는 명칭 없이 NH(농협)라는 브랜드는 있으나 '북서울농협'이라고 되어 있음을 볼 수 있다. 참고로 둘다 서울특별시 노원구 중계동에 있다.

왼쪽은 NH농협은행 중계동지점이고 오른쪽은 북서울농협 중계본동지점이다.

▶금융투자업자

금융투자업자는 증권, 파생상품 등 금융투자상품과 관련된 업무를 하는 회사를 말하며, 금융위원회에 등록 및 인가를 받아야 한다. 금융투자회사 중 일반대중과 직접적인 접촉이 비교적 많은 기관은 증권회사이다. 예컨대 주식을 거래하기 위해서는 증권회사와 거래를 터야 한다.

▶보험회사

보험은 미래의 불확실한 인적 사고나 물적 손해에 대비하는 금융상품으로, 보험을 취급하는 금융기관이 보험회사이다. 보험회사는 생명보험회사와 손해보험회사로 대별되며 우체국에서도 보험을 취급한다. 개인택시공제조합이나 화물공제조합과 같이 보험회사는 아니면서 보험의 기능을 제공하는 공제조합도 있다.

그 외에 기타 금융회사로 수신기능 없이 여신만 전문으로 하는 여신전문회사 등이 있다. 우리와 밀접하게 관련을 맺고 있는 신용카드사나 할부금융사가 여신전문회사에 속한다.

제도권 금융기관 여부의 확인

많은 금융기관 또는 유사금융기관이 있다. 특히 금융기관 명칭과 유사한 명칭을 사용하는 회사들도 많아서 종종 피해가 발생하거나 논란이 되곤 한다.

우리나라 제도권 금융기관 조회를 해주는 사이트가 있다. 금융감독원에서 운영하는 금융소비자 정보포털 '파인'이 그것이다. 웹사이트 주소는 http://fine.fss.or.kr이다. 이 포털에는 재테크 관련 유용한 정보가 매우 많다. 본 책에서 이 사이트가 자주 인용될 것이다. 다음 그림은 이 사이트 화면 중 일부 화면이다. 화면에서 보는 것처럼 '금융회사 정보' 영역의 '제도권 금융회사 조회'를 선택하면 특정 키워드 검색이 가능하다. 또는 가나다순으로 정렬되어 있어 우리나라 모든 제도권 금융기관명 파악도 가능하다.

금융기관의 종류가 재테크에서 주는 시사점

금융기관의 종류 자체나 분류하는 방법을 이해하는 것도 중요하지만, 이러한 분류가 재테크에 어떤 시사점을 주는지는 꼭 알아둘 필요가 있다.

〈표 3-1〉을 보면 표의 시작점은 은행이며, 이후 여러 금융기관이 차례로 전개되어 있다. 평균적인 일반 시민들이 이용할 수 있는 금융기관을 중심으로 본다면, 표의 상단으로 갈수록 이자율이 낮아지고 하단으로 갈수록 이자율이 높아진다. 이는 수신금리와 여신금리 모두 동일하다. 즉 저축할 때의 금리가 가장 낮은 곳이 일반은행이고 대출받을 때의 이자율이 가장 낮은 곳도 일반은행이다. 물론 저축은행처럼 예외가 있고 이 규칙이 완벽하지는 않더라도 전체적인 흐름 측면에서는 관심을 가질 필요가 있다.

금융상품의 종류 : 금융 초보자는 절대 투자해서는 안 되는 금융상품도 있다

금융상품에는 수많은 종류가 있다. 이를 간단하게 정리하면 다음과 같다.

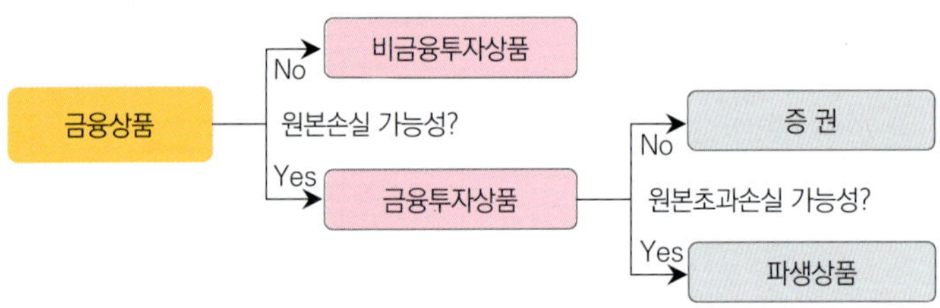

먼저 금융상품은 원본손실 가능성에 따라 비금융투자상품과 금융투자상품으로 나눈다. 저축 또는 투자하려는 원본(원금)이 1,000만원이라고 가정했을 경우 최대손실이 발생해도 최종잔액이 1,000만원이 유지되면 비금융투자상품이라고 한다. 비금융투자상품에는 은행과 보험회사에서 취급하는 대부분의 금융상품이 포함된다. 비금융상품에는 "투자한다"고 표현하지는 않는다. 특히 은행에서 취급하는 비금융상품에는 "저축한다"고 표현함은 앞에서 이미 설명한 바 있다.

한편 은행과 보험회사에서 취급하더라도 투자성격을 갖는 금융상품은 금융투자상품으로 분류한다. 투자실적에 따라 가입자의 수익이 달라지는 은행의 특정금전신탁이나 보험회사의 변액보험은 금융투자상품으로 분류하는 것이다.

원본손실 가능성이 있는 금융투자상품은 다시 그 손실의 정도가 원본을 초과하느냐의 여부에 따라 증권과 파생상품으로 나눈다. 앞서의 예와 같이 투자원본이 1,000

만원일 경우 최대손실폭이 1,000만원이어서 원본이 0원이 되는 것이 손실 하한폭이라면 증권이라고 한다. 손실이 원본금액으로 한정되는 증권에는 대표적으로 주식과 채권, 수익증권(펀드)이 있다. 이들 증권을 보유한 투자자에게 닥칠 수 있는 최악의 상황은 발행회사가 파산하여 한 푼도 회수할 수 없는 경우이다. 즉 투자한 금액 이상으로 손실이 발생하지 않는 것이다.

그러나 파생상품은 원본을 초과하여 손실이 발생할 수도 있어 훨씬 더 위험의 정도가 큰 금융상품이라고 할 수 있다. 투자금액이 1,000만원이라고 하더라도 손실은 1,000만원을 얼마든지 초과할 수 있다. 예를 들어, 2007년 전 세계 금융위기 때 어떤 사람이 풋옵션에서 500배의 잭팟을 터트렸다는 보도가 있었다. 1,000만원을 투자했다면 50억원을 벌었다는 것이다. 그런데 옵션은 제로섬(zero-sum) 게임이기 때문에 누군가 옵션에서 500배를 벌었다는 것은 다른 누군가가 500배를 물어줬거나 100명이 5배를 손해봤다는 것을 뜻한다. 5배를 물어줬다는 것은 투자금이 1,000만원일 때 5,000만원의 손실이 발생했다는 의미이다. 큰돈을 벌 수도 있지만 잘못 투자하면 패가망신으로 끝나지 않는 금융상품인 것이다.

장을 마치며

금융보안원, 2025년 디지털금융 및 사이버보안 10대 이슈 선정

금융보안원은 금융회사가 앞으로 다가올 디지털 금융 변화 및 사이버보안 위험을 사전에 진단하고 대응할 수 있도록 '2025년 디지털금융 및 사이버보안 10대 이슈'를 선정했다.

먼저 금융회사 관련 ▲금융보안 가치의 재정립, 10년의 뒤처짐을 넘어서자 ▲금융보안 DIY(Do It Yourself) 키트, 자율보안 프레임워크 정착 ▲혁신과 버블의 갈림길에 선 AI, 실효성 및 안전성 검증 본격화 ▲제3자에서 전략적 동반자로, 금융권과 CSP(Cloud Service Provider : 클라우드서비스 제공자) 간 안전한 협력 관계 모색 ▲암호 인프라의 지각변동, 양자컴퓨팅에 선제적 대비 등 다섯 가지를 선정했다.

구체적으로, 금융보안원은 지난 10년간 국내 금융회사는 망분리에 의존해 해외 대비 보안에 대한 투자가 소극적으로 이뤄졌던바, 망분리 규제 완화와 함께 자체 보안 역량 강화를 위한 움직임이 가시화될 것으로 봤다. 또한 자율보안-결과책임 원칙에 입각한 정부의 신(新)금융보안 체계 전환 추진에 선제적으로 대응하기 위해, 금융회사는 자사 환경에 맞는 '자율보안 프레임워크'를 구축 · 운영할 필요가 있다고 진단했다.

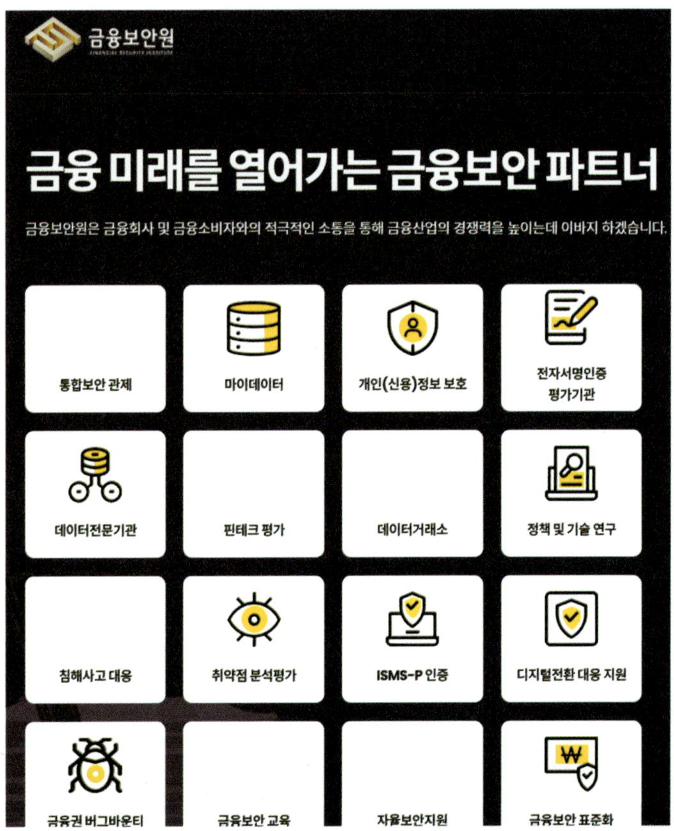

아울러, 망분리 규제 개선 등으로 AI를 적용한 금융서비스가 시장에 본격 출시될 것으로 보여, AI 실효성 검증과 함께 AI 거버넌스 및 위험관리 체계 구축에 대한 금융권의 움직임이 구체화될 것으로 판단했다. 그리고 금융 IT 분야에 클라우드의 영향력이 더

욱 확대될 것으로 보이므로, 금융회사는 CSP를 단순 제3자가 아닌 영업 동반자(Big Player)로 인식하고 업무 협업 확대 등을 도모할 필요가 있다고 봤다.

마지막으로 양자컴퓨팅 기술의 발전으로 금융권 암호체계의 무력화가 점차 현실로 다가오고 있어, 금융회사는 양자내성암호 등 양자위험 대응 전략을 선제적으로 검토해야 할 것으로 진단했다.

금융소비자 관련해서는 다음의 다섯 가지를 선정했다.

먼저 큐싱(Qshing : QR코드와 피싱(Phishing)의 합성어) 경보 발령이다. QR코드가 주문, 결제 등 생활 밀접 분야에 널리 활용되면서 이를 악용한 큐싱 공격이 본격화될 것으로 보이므로, 금융소비자는 QR코드 진위를 상시 확인하는 등 주의가 필요하다고 봤다.

다음으로 당신 누구야(Unreliable Persona)?이다. 신뢰할 수 없는 디지털 페르소나(고대 그리스 연극 배우들이 썼던 가면을 뜻하는 단어로, 디지털 세상에서는 온라인에서 개인의 정체성을 드러내고 소통하는 수단(ID, 아바타 등)으로 사용) 경계이다. 전 세계적으로 디지털 페르소나 악용 사례가 증가하고 AI와 접목하여 사기 기법이 고도화되고 있어, 금융소비자는 송금이나 개인정보 입력 등을 요구받는 경우 상대방의 신원을 철저히 검증해야 한다.

세 번째는 내 지문(Biometric)이 왜 거기에? 생체정보 탈취 현실화이다. 생체기반 결제 등 금융 분야에 생체정보 활용이 확대됨에 따라 이러한 정보를 탈취하려는 공격이 현실화될 것으로 보이며, 금융소비자는 신뢰할 수 있는 대상에게만 본인의 생체정보를 제공하는 등 활용에 만전을 기해야 한다.

네 번째는 내 모든 게 스마트폰(Intensive Mobile)에? 모바일 집중에 따른 위험이다. 전자금융, 신원 증명 등 모바일 집중화 현상이 가속화됨에 따라 이를 노리는 공격도 확대 · 고도화될 것이므로, 금융소비자는 최신 운영체제 업데이트 등 기본적인 보안 조치를 생활화해야 한다.

마지막으로 암호화폐시장(Crypto Market), 언제까지 차트만 볼래? Web 3.0과 연계한 가상자산의 미래 주목이다. 국내 가상자산 시장은 코인투자에만 집중된 경향이 있으나 해외는 Web 3.0의 기술적 가치를 높게 보고 관련 생태계(ecosystem)를 구축하려는 시도가 활발하므로, 국내도 미래를 준비하는 관점에서 Web 3.0 시대를 위한 전략을 고민할 필요가 있다. (일간NTN, 2024.11.6)

주요 용어

- 대출
- 현재가치
- 금융
- 금융기관
- 제2금융권
- 제3금융권
- 시중은행
- 비은행예금취급기관
- 금융소비자 정보포털 ‘파인’
- 비금융투자상품
- 파생상품
- 금융계산기
- 미래가치
- 금융시장
- 제1금융권
- 제도권금융
- 일반은행
- 특수은행
- 신용협동기구
- 금융투자상품
- 증권

연습문제

1. 현금흐름 패턴 세 가지를 제시하라.
2. 금융계산기를 이용한 각 패턴에 대한 연습 사례를 제시하라.
3. 금융기관의 종류를 정리하고, 우리 일상생활에 밀접하게 관련이 있는 금융기관의 기능에 대하여 설명하라.
4. 농협은행과 단위농협의 차이점에 대해서 설명하라.
5. 금융소비자 정보포털 ‘파인’을 사용해 보자.
6. 금융상품을 나누는 기준을 설명하고, 그 기준에 따라 어떻게 구분할 수 있는지 설명하라.

PART Ⅱ

저축과 보험으로 꼭 필요한 준비를 하자

인간으로서 경제적 삶을 누리기 위하여 우리를 보호할 수 있는 기본적인 준비에는 어떤 것이 있는가 (자료 : threatdown)

제Ⅱ부에서는 위험 선호 수준과 관계없이 모든 사람에게 반드시 필요한 저축과 보험에 대해서 알아본다. 저축은 어떤 금융상품에 가입하는 것이 유리한지, 보험은 어떤 보험이 필수적인지를 알아볼 것이다.

CHAPTER

4

저축은 어디서 어떻게?

세계에서 가장 큰 나무 중의 하나인 원숭이 꼬투리 나무(monkey pod tree). 중앙아메리카가 원산지인 이 나무는 매우 큼에도 불구하고 가공이 쉬워 그릇 등 다양하게 활용되고 잎사귀는 소의 사료로도 쓴다. 하와이에서 판매하는 나무 세공품은 대부분 이 나무로 만든다. 저축은 씨앗이나 작은 나무를 심어 기르는 것과 같다. (자료 : green.earth)

뚝뚝 떨어지는 수신금리… 짠물예금 대신 '정기적금' 매력도 쑥↑

기준금리 인하가 본격화하고 예금 특판이 자취를 감추면서 고금리와 이벤트를 앞세운 정기적금 특판이 은행권 수신 시장의 대세로 떠올랐다. 고객의 이탈을 막으면서 장기적인 거래 유인을 강화하는 전략이기도 하다.

8일 금융권에 따르면 5대 은행(KB국민 · 신한 · 하나 · 우리 · NH농협)의 정기적금 잔액은 지난 6월 한 달간 1조 1,515억원 증가했다. 지난 2월부터 5개월 연속 증가 흐름이다. 같은 기간 정기예금 잔액은 8조 9,332억원 줄어 두 상품의 흐름이 뚜렷하게 엇갈렸다.

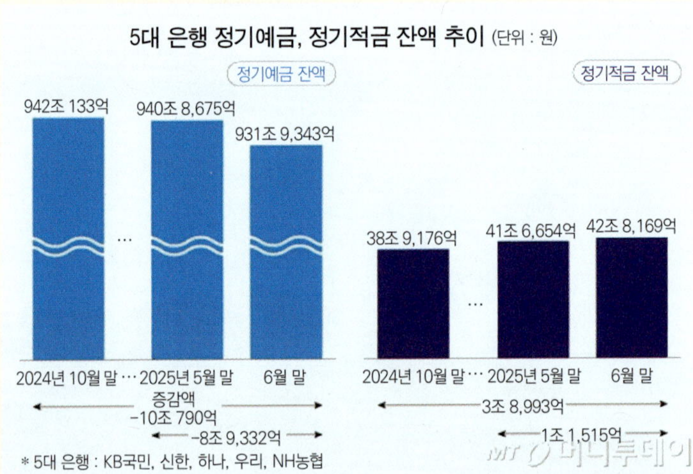

적금 특판은 우대조건 충족시 연 7~8% 금리를 제공하는 사례가 적지 않다. 우대금리 조건을 채워야 하지만 "조건 맞춰 적금에 가입하는 게 낫다"는 분위기가 퍼지고 있다. 특히 금리 이외 부가적인 혜택이 매력으로 다가오면서 적금 가입 과정에서 얻는 이벤트 요소들이 재미로 떠올랐다.

신한은행은 최근 연 7.7% 금리를 제공하는 '1982 전설의 적금'을 출시했다. 출시 4일 만에 한도(10만좌)가 소진돼 10만좌 추가 판매에 들어갔다. KBO 한국시리즈 우승팀을 맞히면 총 1억 7,820만원의 상금을 균등하게 나눠주는 이벤트도 진행한다. 한화 · 기아 · LG · 롯데 등 인기 구단들이 우승 경쟁 중이라 참여 열기가 유독 뜨겁다는 후문이다.

(머니투데이, 2025.7.8)

1 여러 개의 통장을 준비한다

최소한 세 개 이상의 통장이 필요하다

제1장에서 살펴본 바와 같이 재테크의 가장 확실한 준비는 '절약'이다. 절약을 해야 모을 수 있는 돈, 즉 종잣돈이 생긴다. 하지만 그렇게 절약된 돈을 어떤 예금에서 어떻게 관리하느냐에 따라 재테크 결과는 크게 달라질 수 있다.

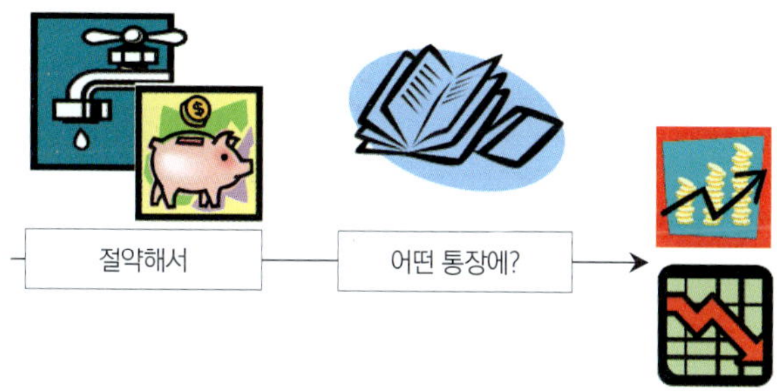

재테크를 실제로 실전하는 행동의 시작은 '예금통장 나누기'이다. 돈의 목적과 사용(저축)기간에 따라 예금통장을 달리 관리하는 것이다. 예금통장을 나누는 것은 재테크에 대한 접근방법을 근본적으로 달리하도록 해준다. 즉 통장을 나누지 않고 보통 사람들이 하듯이 쓰고 남은 돈을 저축하는 방식에서, 통장을 목적별로 나누어 먼저 저축을 하고 남은 돈만을 쓰는 방식으로 발상의 전환을 하는 것인데, 이는 재테크의 성패를 결정짓는 매우 중요한 사항이다. 쓰고 남은 돈을 저축하는 방식으로는 절대 돈을 모을 수 없다.

POINT 재테크에서 통장관리의 시작은 예금통장을 목적별로 나누어 관리하는 것이다.

통장을 목적별로 나누면 많은 이점이 있다. 통장은 크게 세 가지로 나눈다.

① 수시입출식 통장
② 비상금통장
③ 저축 · 투자용 통장(계좌)

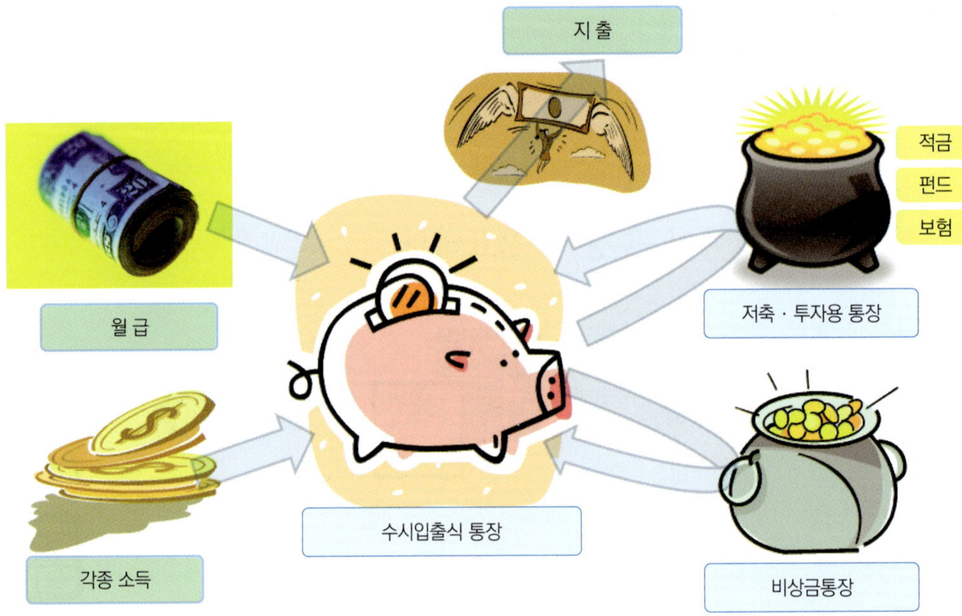

이 그것이다.

월급이나 정기적 · 부정기적으로 발생하는 현금유입은 일단 수시입출식 통장에 모이게 된다. 이 통장에 모인 현금 중의 일부는 생활을 하기 위하여 지출되고, 일부는 비상금통장, 일부는 저축 · 투자용 통장(계좌)으로 흘러가게 된다. 자금을 수시입출식 통장에 오래 머무르게 하면 이자에서 손해를 보기 때문에 가능한 한 빨리 목적별로 분류하는 것이 좋다. 저축 · 투자용 통장(계좌)으로 옮겨져 투자에 쓰인 돈은 투자기간이 끝나면 다시 수시입출식 통장으로 돌아와 다음의 투자를 기다리게 된다.

본장에서 설명하는 주된 내용은 수시입출식 통장과 저축 · 투자용 통장 중 정기예금과 적금에 대한 것이다. 저축 · 투자용 통장의 경우에는 펀드나 보험, 주식 등 투자대상이 많기 때문에 이어지는 장에서 계속 설명할 것이다.

2 수시입출금 통장으로 추천하는 이것

수시로 돈을 입금하고 출금할 수 있는 금융상품(예금 등)으로는 어떤 것이 있으며 어떤 상품에 가입하는 것이 좋을까? 수시로 자유롭게 입출금을 할 수 있는 금융상품, 즉 수시입출식 계좌는 금융기관과 거래를 하는 사람은 누구나 갖고 있거나 갖게 된다. 최초로 금융거래를 시작하는 사람은 누구나 수시입출식 계좌를 개설하는 것으로 거래를 시작한다. 수시입출식 계좌는 예치금액, 예치기간 등에 아무런 제한이 없고 입출금이 자유로운 것이 가장 대표적인 특징이다.

수시입출식 계좌로는 은행 계열의 상품과 증권회사 상품이 있다. 차례로 살펴보자.

수시입출식 은행예금

은행의 예금상품은 크게 요구불예금과 저축성예금으로 나뉜다. 요구불예금은 입금과 출금을 언제든지 자유롭게 할 수 있는 예금이다. 아마 은행 거래를 하는 거의 모든 사람은 이 상품(통장)에 가입되어 있을 것이다.

수시입출식 상품은 은행 입장에서 보면 매우 중요한 핵심예금이다. 예금주에게 지급되는 이자율이 통상 연 0.1% 수준에 불과하기 때문이다. 거의 공짜로 예금주로부터 자금을 융통하는 셈이다. 2025년 6월 말 기준 5대 시중은행(KB국민 · 신한 · 하나 · 우리 · NH농협)의 요구불예금 잔액은 656조 6,806억원에 이른다.

은행의 수시입출식 예금의 가장 전형적인 예로는 보통예금과 저축예금[1]이 있다. 결론부터 말하면 재테크를 해야 하는 입장에서는 가능하다면 가입할 필요가 없는 예금이다. 은행마다 차이가 있지만 현재 대부분의 은행이 주는 이자율은 0.1% 수준이

1) 저축성예금은 적금이나 정기예금과 같이 저축 지향의 금융상품을 말한다. 그런데 일부 은행의 '저축예금'은 저축성 예금이라기보다 하나의 브랜드 명칭으로 사용하는 경우도 있다. 이러한 혼란 때문에 최근에는 '저축예금'이라고 표시하는 상품이 많지 않다.

다. 100만원을 저축해 놓고 1년 동안 그대로 둬도 받을 수 있는 세전이자가 1,000원이다. 사실상 이자가 없는 셈이다. 따라서 굳이 가입해야 할 이유가 별로 없다.

일부 은행에서 가입가능한 '저축예금'은 보통예금보다 '저축'이라는 점을 강조하며 만들어진 금융상품이다. 원래 의도는 그랬지만 지금은 사실상 저축수단의 역할을 하지 못하고 있다. 이자율이 형편없기 때문이다. 과거에는 저축예금의 이자율이 보통예금보다 높았지만, 수시입출금식 기능이 있다면 사실상 차이가 없다고 보면 된다.

예금금리 안내

목돈모으기 예금금리 | 목돈굴리기 예금금리 | **입출금식 예금금리** | 시장성 예금금리

조회일자 2025 년 07 월 10 일

조회

신규가능 상품

기준일자: 2022.01.24 (연이율, 세전, 단위: %)

예금종류	예치금액	금리	금리구분	비고
KB우대저축통장 (개인 MMDA) (기본)	500만원미만	0.00	변동금리	
	500만원이상~1000만원미만	0.10	변동금리	
	1000만원이상~3000만원미만	0.15	변동금리	
	3000만원이상~5000만원미만	0.20	변동금리	
	5000만원이상~1억원미만	0.30	변동금리	
	1억원이상	0.35	변동금리	
KB종합통장 (기본)	30만원미만	0.10	변동금리	
	30만원이상	0.10	변동금리	

한 시중은행 사이트에서 조회한 수시입출식 예금 금리. 대부분의 금리가 0.1%이다. 이는 이 은행만이 아닌 모든 시중은행의 공통적인 현상이다. 2022년 1월 이후 이자율 변동이 없었음도 알 수 있다.

한편 일부 금융기관에서는 입출금이 자유로운 예금(보통예금, 저축예금, 자유저축예금 등) 중 일부 상품만 취급하거나 이들을 통합하여 운영하기도 한다. 일정기간 동안의 평균 잔액이 일정액 이하인 경우 이자를 지급하지 않거나 계좌유지 수수료를 부과하는 제도를 시행하는 경우조차 있다. 또한 금융상품 명칭만 봐서는 어떤 성격의 예금인지 파악하기 쉽지 않은 경우도 있다. 오히려 보통예금, 저축예금과 같은 상품분류 명칭보다는 특정 고객층이나 용도 맞춤형 상품을 개발하여 그 특성에 맞춘 상품명을 붙이는 것이 일반적이다.

그런데 가끔 이자율이 높은 예외가 있는 경우도 있다. 인터넷뱅크인 토스뱅크가 대표적이다. 2025년 7월 기준으로 1%의 이자를 주고 있다.

POINT 일반적으로 저축예금이나 보통예금은 재테크의 대상으로 보지 않는다. 이자를 거의 주지 않기 때문이다. 가끔 예외가 있는 경우도 있으니 잘 살펴보자.

수시입출식 예금의 좋은 대안 : CMA

▶CMA의 의의와 장점

정식명칭이 어음관리계좌(CMA : Cash Management Account)인 CMA는 은행의 보통예금이나 저축예금처럼 수시입출금이 자유로운데, 하루만 맡겨도 이자는 은행보다 훨씬 더 많이 주기 때문에 매우 매력적인 금융상품이다. 이 상품은 은행용 금융상품이 아니라 종합금융회사가 고객의 예탁금을 어음 및 국공채 등 단기금융상품에 직접 투자하여 운용한 후 그 수익을 고객에게 돌려주는 단기금융상품이다. 종합자산관리계좌라고도 한다. 다만, 원어 용어인 Cash Management Account를 직역하면 "현금관리계좌"가 되는데, 일시적인 현금을 관리하는 데 도움을 준다는 의미가 된다. 실제로 CMA는 일시적 현금, 즉 수시입출식으로 현금을 관리하는 데 유용한 상품인 것이다.

그런데 은행이 아닌 증권회사에서 가입하는 상품이기 때문에 이 계좌에 돈을 입금하는 것은 형식적으로는 '저축'이 아닌 '투자'를 하는 것이 된다. 다만, 실질적인 면에서 본다면 은행의 수시입출식 계좌와 유사한 기능을 갖고 있다.

POINT CMA는 수시입출식 통장이면서 이자율이 높아서 매우 권장된다.

은행이 아닌 금융기관에서 취급하는 상품이지만 은행의 수시입출식 통장과 같이 입출금, 급여이체, 자동납부 기능을 갖고 있다. 뿐만 아니라 매일 매일 이자를 계산해 준다.

CMA의 장단점 비교

어음관리계좌라는 용어보다 CMA로 더 많이 불리는 이 금융상품은 우량 어음 및 채권 등으로 운용하여 수익을 올리는 실적배당 상품이어서, 매일 운용실적에 따라 적용이자율이 변동되며 인출시 예탁일수에 따라 이자율이 달리 적용된다. 이 상품은 증권회사가 주식투자를 하는 사람만이 아닌 일반인도 대상으로 하는 상품으로, 판매경쟁이 치열한 금융상품이다.

▶CMA의 이자율

CMA는 어느 정도로 이자율이 높을까? 다음 그림을 보면 우리투자증권의 우리WON CMA Note가 연이자율이 2.6%로 가장 높다. 다올투자증권의 CMA도 2.4%를 준다.

우리WON CMA Note (종금형) 수익률 2.600%
가입 우리투자증권
유형 종금형
수익 2.600% (세전, 2025.06.25, 금액 구간별 연 2.40% ~ 2.60%)
방문없이가입 예금자보호

미래에셋증권 CMA-RP 네이버통장 (RP형) 수익률 2.500%
가입 미래에셋증권
유형 RP유형
수익 2.500% (세전, 2025.06.05, 1천만원 한도 우대수익률 연 2.50% / 1천만원 초...
방문없이가입 주식거래가능

CMA (RP형) 수익률 2.400%
가입 다올투자증권
유형 RP유형
수익 2.400% (세전, 2025.05.30, RP로 운용)
방문없이가입 주식거래가능

happy+ CMA (RP형) 수익률 2.35%
가입 DB증권
유형 RP유형
수익 2.35% (세전, 2025.05.30 수시 입출금)
방문없이가입 주식거래가능 체크카드발급 수수료혜택

시중은행과 비교가 되지 않을 정도로 금리가 높다. 시중은행의 금리 0.1% 수준으로는 1,000만원의 예금잔고가 1년 유지되어도 세전이자를 겨우 1만원 받는다. 이자율 2.6%의 CMA는 이자를 26만원 준다. 일부 인터넷은행을 제외하면 이자가 시중은행의 26배이다. 여러분 같으면 어떤 예금에 가입하겠는가?

▶CMA의 단점

CMA의 단점이 전혀 없는 것은 아니다. 일부 회사의 CMA를 제외하고는 대부분 원금보장이 되지 않는다. 그러나 CMA를 운용하는 회사는 CMA 예금을 대부분 국공채와 같은 안전한 금융자산에 투자하여 운용하기 때문에 원금을 떼일 가능성은 거의 없다. 또한 이 통장은 수시입출금 용도로 사용할 것을 권하는데, 수시입출식 통장에는 큰돈이 남아 있는 경우가 적기 때문에 원금보장 여부에 크게 신경 쓸 필요가 없다.

일부 CMA는 각종 거래수수료가 붙는 경우도 있으니 확인해 보아야 한다. 순수 은행 상품이 아니기 때문에 오프라인에서는 은행 상품보다 조금 더 불편할 수도 있다.

또한 일부 CMA는 마이너스통장 대출이 되지 않는 경우도 있다. 마지막으로 한 금융기관과 집중하여 금융거래를 하면 실적이 쌓여 각종 우대혜택(특히 대출시 우대금리 적용)을 받을 수 있으나 CMA는 은행권 상품이 아니기 때문에 은행의 거래실적으로 잡히지 않는다.

▶CMA의 종류

CMA에는 크게 다음과 같이 다섯 가지 종류가 있다. CMA의 이름에 MMW나 RP와 같은 명칭이 붙어 있는데, 이것이 CMA의 종류를 나타내는 것이다.

종금형 CMA

종합금융업을 하는 금융회사가 고객의 예탁금을 국공채나 어음에 투자하여 수익을 내는 상품으로, 가입기간에 따라 금리가 다르게 적용된다. 1억원까지 예금자보호가 가능하다는 장점이 있다. 바로 이어지는 '원금보장이 되는 CMA' 부분의 내용을 보라.

RP형 CMA

주로 금융회사가 보유한 국공채, 은행채, 우량신용채권에 투자하여 운용하는 CMA로, 은행예금처럼 확정금리를 지급하는 것이 특징이다.

MMF형 CMA

금리가 상대적으로 높은 단기채권들, 즉 만기 1년 미만의 국공채, 콜론(call loan), 기업어음(CP) 등에 주로 운용하는 CMA로, 이들에 대한 투자결과에 따라 수익(CMA 이자)이 달라진다. 금리가 하락하여 채권가격이 오를 것으로 예상될 때 더욱 유리한 CMA이다.

MMW형 CMA

고객의 예금을 증권사가 한국증권금융에 예치하면 한국증권금융이 은행예금이나 콜론 등에 투자하여 수익을 내는 상품이다. 원리금이 영업일마다 정산되어 복리효과를 누릴 수 있기 때문에 예금의 예치기간이 길수록 유리하다.

CP형 CMA

발행어음형 CMA로, 증권회사가 자체 신용도를 기반으로 어음을 발행하여 운용하는 상품이다. 증권회사가 파산하는 경우 투자(저축)금액을 잃게 된다. 그래서 신용도가 높은 대형 증권사에 가입가능하며, 통상 여러 CMA 중에서 금리가 가장 높다.

이상에서 설명한 다섯 가지의 CMA를 간단하게 비교하면 〈표 4-1〉과 같다.

〈표 4-1〉 CMA의 비교

CMA 종류	특 징	참 고
종금형 CMA	예금자보호대상이다.	주로 이 두 가지 중의 하나를 선택한다.
RP형 CMA	확정금리를 준다.	
MMF형 CMA	금리상승시 유리하다.	
MMW형 CMA	복리효과를 누릴 수 있다.	
CP형 CMA	고금리인 반면 위험도 높다.	

▶원금보장이 되는 CMA

CMA는 취급금융기관에 따라 예금자보호 여부가 달라진다. 현재 예금이 보호되는 CMA로 우리투자증권의 모든 CMA(2025년 7월 현재 3개의 CMA)가 있다. 〈표 4-1〉의 종금형 CMA는 우리투자증권(2024년에 우리종합금융과 한국포스증권이 합병하여 우리투자증권이 되었다)을 지칭한다고 보면 된다.

▶CMA의 선택

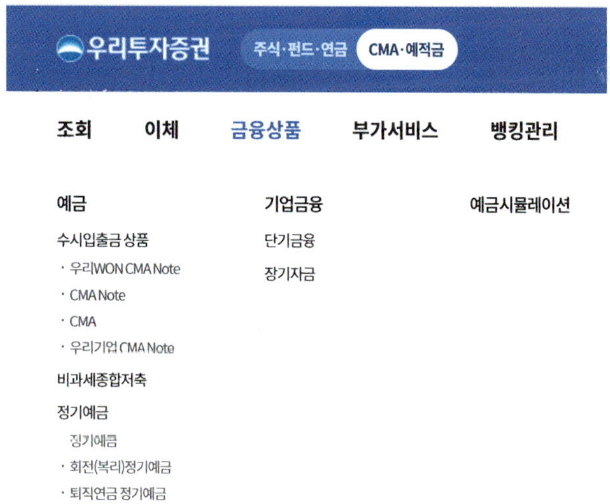

원금에 대한 걱정이 앞서면 1억 원까지 원금보장이 되는 종금형 CMA에 가입하고, 확정금리를 받고 싶으면 RP형 CMA에 가입하면 된다. 금리가 가장 중요하면 CP형 CMA를 선택한다. 또한 예금을 한 달 이내에 대부분 소진하는 것이면 RP형에, 몇 달 이상 석지 않은 금액을 예금하고자 한다면 종금형 CMA를 권장한다. 참고로 RP형 CMA 점유율이 전체의 70% 내외라고 한다. 회사마다 실제로 가입가능한 CMA 종류에 차이가 있으나 근본적으로는 대동소이하다고 보면 된다.

▶CMA를 가장 효과적으로 활용하는 방법

CMA 통장의 효과를 최대로 볼 수 있는 방법은 바로 급여통장과 CMA 통장을 연동하는 것이다. CMA를 급여통장으로 활용할 경우 이체출금수수료 등 수수료 면제, 신용카드 · 체크카드 서비스 및 자동납부 · 자동이체 서비스 등 다양한 금융서비스를 받을 수 있다.

일반적으로 사회초년생들은 급여통장이 곧 수시입출식 통장이 되는 경우가 대부분이므로, CMA를 체크카드와 연결하여 사용하면 추가적인 효과도 누릴 수 있다. 체크카드는 소득공제 효과가 있으며, 신용카드에 비해 소비를 억제시키기 때문에 '이자는 많이 받고, 소비는 적게 하는' 일석이조의 효과를 누릴 수 있는 것이다.

특히 주식이나 펀드, ETF 투자에 관심이 있는 사람은 꼭 필요한 계좌이다. 이 CMA계좌를 모(母)계좌로 하여 돈을 넣어두고 투자를 하기 때문이다.

▶CMA의 가입방법

은행 예금이 아닌데 어떻게 가입할 수 있을까? 다음의 세 가지 방법이 있다.

- 방법 1—증권사 지점 직접 방문 : 해당 증권사 지점에 직접 방문하여 가입한다.
- 방법 2—제휴은행 방문 : 제휴은행에 가서 가입해도 된다. 제휴은행은 홈페이지에서 확인한다.
- 방법 3—유선 또는 온라인 : 전화나 인터넷, 어플 등으로 가입한다.

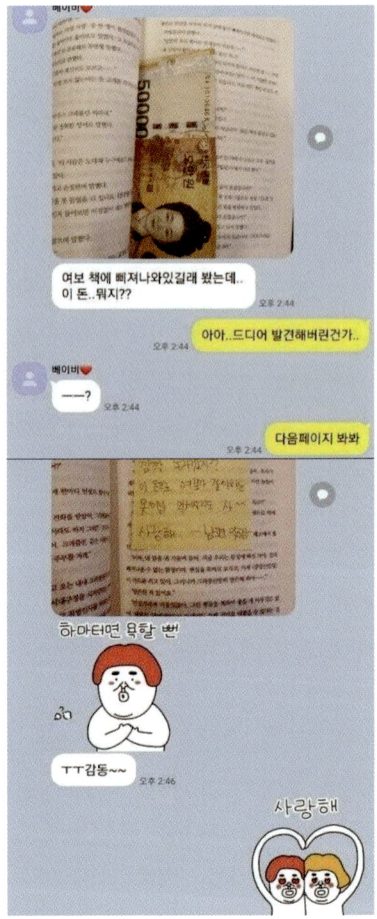

어느 남편의 비상금 숨기는 방법 (자료 : 쇼핑지식, 자유게시판)

비상금통장

비상금통장에는 매월 사용하는 생활비의 세 배에서 다섯 배 정도를 예금해 놓는 것을 권장한다. 예를 들어 평균적으로 한 달에 50만원 정도씩 사용하면 150만원에서 250만원 정도를 비상금통장에 예금해 놓고 비상상황에 대비하는 것이다.

비상상황이 발생했을 경우에는 바로 인출할 수 있어야 하기 때문에 인출에 아무런 제약이 없는 수시 입출식 통장에 예금을 해 놓아야 한다. 한편으로는 비상상황이 발생하지 않는 경우에는 계속 예금이 되어 있는 상태이므로 금리도 낮지 않아야 한다. 이러한 요구에 적합한 대표적인 금융상품이 CMA이다.

POINT 비상금통장도 CMA가 권장된다.

파킹통장

▶파킹통장이란?

미국 소도시 시민의 전형적인 주택과 주차장 모습 (사진 : 구글지도, 일리노이주 Savoy)

파킹의 본래 뜻 중에는 '주차' 또는 '주차장'이라는 의미가 있다. 차를 사용하는 사람이 있고 그 사람 집에 주차장이 있다고 가정해 보자. 그 사람은 주차장의 차를 빼서 어딘가를 다녀온 후에 다시 그 주차장에 차를 대고, 또 차를 빼서 다른 곳에 운행을 하고 다시 돌아와서 주차하는 식으로 차량을 운행할 것이다. 여기에서 차를 돈이라고 생각하고 주차장을 통장으로 생각하면 파킹통장의 뜻을 쉽게 이해할 수 있을 것이다.

파킹통장(Parking Account)이란 다른 투자 기회를 기다리면서 유휴 자금을 안전하고 단기적인 저축이나 투자 목적으로 예치하는 통장을 말한다. 앞서 살펴본 은행의 요구불예금과 유사한데 다만 금리가 상대적으로 높아야 파킹통장이라고 할 수 있다. 그러나 현재까지 파킹통장이라는 용어가 사전적으로 공식 정의된 것은 아니며, 편의상 위에서 설명한 의미로 사용하고 있다.

▶파킹통장에는 어떤 것이 있는가?

기존에 있었던 전형적인 파킹통장은 CMA였다. 그러나 카카오뱅크 등 인터넷은행에서 수시입출식임에도 불구하고 높은 금리를 주는 금융상품을 출시하면서 본격적으로 인기를 끌기 시작했다가 근래 들어서는 주춤하고 있다. 저축은행 등의 제2금융권을 중심으로 수시입출금이 가능하면서도 금리가 높은 상품들이 있다. 시중은행도 일부에서 덩달아 유사한 상품을 출시한 경우가 있었는데, 시중은행이나 저축은행의 파킹통장은 당연하지만 예금자보호 기능도 있다.

▶파킹통장 가입시 꼼꼼하게 확인할 것이 있다

고금리를 주는 대신 각종 부대조건을 달아놓는 경우가 있으니 가입할 때 잘 살펴보아야 한다. 예를 들면 첫 가입인 경우에 우대, 한도제한, 카드실적, 자동이체 등의 조건이 붙어 있는 경우가 많다. 즉, 조건을 충족하기 어렵다면 파킹통장의 표면적인 금리가 의미 없을 수 있다.

POINT 파킹통장으로도 CMA를 우선적으로 검토하자.

급여통장

▶급여통장에 대한 생각을 바꾸자

매달 월급이 들어오는 통장이 급여통장이다. 또한 대부분의 지출이 이루어지고 투자용 통장, 비상금통장으로 돈이 이체되는 통장이다. 모든 돈 흐름의 중심에 있다. 당연히 수시입출식 통장으로 운영된다. 돈이 자주 들어오고 쉴 새 없이 빠져나가기 때문에 이자율이나 어떤 혜택에 대해서 깊게 생각하지 않는 사람들이 의외로 많다. 실제로 대부분의 사람들이 가입하고 있는 급여통장은 이자율이 0.1% 수준으로 이자가 없는 것이나 마찬가지이다. 그래서 일부에서는 무이자통장이라고도 부른다.

하지만 조금만 찾아보면 괜찮은 급여통장 상품들이 있다. 모든 수수료를 면제해 주는가 하면, 정기예금에 가까운 이자를 주는 경우도 있고, 적은 금액에 대해서 높은 이자를 주기도 하며, 특정 구간대의 잔액에 대해서 특별히 높은 이자를 주기도 한다. 각 은행들마다 급여통장을 유치하기 위하여 갖가지 상품을 개발하기 때문에 꼼꼼히 따져보아야 한다.

직장인들의 공감을 얻었던 '월급 퍼가요' (그래픽 : 블로그 '여우연구소')

한 가지 첨언할 것은 급여통장을 유지하는 은행에서는 각종 부가적인 혜택을 주기도 한다는 사실이다. 이때의 부가적인 혜택과 다음에서 설명하는 '급여통장 고르기' 내용을 비교하여 선택하면 된다. 예를 들어, 특정은행의 급여통장을 갖고 있으면 대출금리를 조금 낮춰주는 식이다. 이러한 대출금리 우대혜택이 본인에게 크다고 생각하면 그 금융기관에 가입하면 될 것이다.

▶급여통장 고르기

급여통장은 두 가지 관점에서 고른다.

금리는 높은가?

일반적으로 가입하는 수시입출식 통장은 이자가 없는 것이나 마찬가지이다. 많은 사람들이 급여통장도 이러한 단순한 수시입출식 통장으로 만든다. 그러나 정기예금 수준의 이자를 주는 통장도 있다.

각종 수수료가 면제되는가?

돈이 급히 필요해서 ATM기를 찾다가 내 통장이 가입되어 있는 은행이 아닌 타행 ATM기에서 돈을 인출해 본 경험이 있는가? 1만원을 찾겠다는데 수수료가 1,000원인 경우도 있다. 수수료율이 무려 10%이다. 내 돈을 은행에 그냥 뺏기는 기분이 들 것이다.

은행과 거래하다 보면 각종 수수료가 발생한다. 주로 발생하는 수수료에는 이체수수료, ATM기 출금수수료, 타행 ATM기 수수료, 타행이체 수수료 등이 있다. 한 번만 사용한다면 수수료가 큰 부담이 되지 않을 수 있지만 이를 모으면 적지 않은 지출이 된다.

▶급여통장 금융상품의 예

급여통장은 은행의 입장에서 보면 고객 유치의 중요한 허브(hub)이다. 급여통장을 개설한 은행을 주거래 은행으로 하는 경우가 많기 때문이다. 이 때문에 급여통장을 유치하기 위하여 다양한 형태의 추가적인 옵션을 부여한다. 여기에서 소개하는 급여통장 금융상품은 2025년 7월 현재 특징적인 상품들이다. 수시로 조건이 바뀌기 때문에 여기에서 제시하는 금융상품은 참고만 하면 된다.

우리은행에는 직장인을 겨냥한 '우월한 월급 통장'이 있다. 1인 1계좌로 실명의 개인이 가입할 수 있는데, 상품 가입 고객 추첨 이벤트, 쿠폰 매월 지급, 우대 조건을 충족한 고객에게는 각종 은행수수료 면제를 제공하고 사회초년생에게는 첫 급여이체로 우대금리가 1% 추가된다.

신한은행에는 용돈, 생활비, 아르바이트 급여, 카드매출 등 정기적인 소득이 있는 누구에게나 수수료를 면제하고 포인트를 지급하는 'MY급여클럽' 서비스가 있다. 특정일 급여가 들어와야 혜택을 받을 수 있는 기존의 급여통장 개념에서 탈피했다. 급여고객 혜택 대상을 매월 생활비를 받는 주부와 부모님께 용돈을 받는 학생, 카드매출을 수령하는 자영업자, 퇴직연금 수령 노인 등 전 세대로 넓혔다. 신한은행은 'MY급여클럽'을 통해 급여통장을 등록한 고객에게 기존 급여통장 보유자들이 받아왔던 수수료 면제, 환율 및 금리 우대 혜택은 물론 매월 추첨을 통해 최고 200만 포인트를 제공하는 '월급봉투' 이벤트 참여 기회를 제공한다.

KEB하나은행의 급여 특화 상품인 '달달 하나 통장'은 직장인에게 특별 우대금리를 제공한다. 만 14세 이상 고객 중 '급여일'을 지정하고, 해당일 포함 전후 1영업일 사이에 건당 50만원 이상 입금된 경우 해당 이자계산 기간 내 매일의 최종잔액 중 200만원까지 기본금리에 우대금리 연 1.90%를 추가로 제공한다.

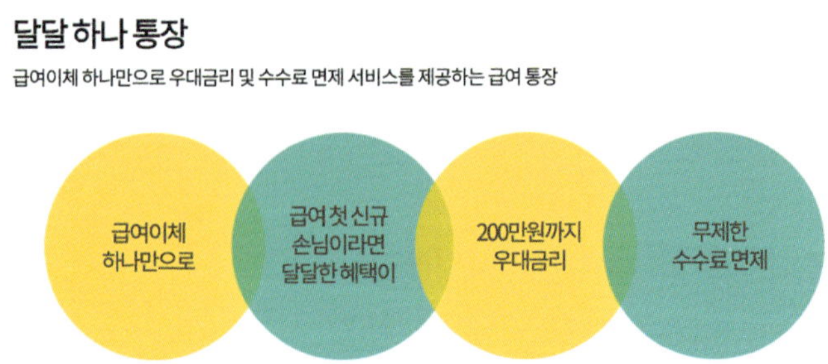

KB국민은행의 '직장인우대적금'은 직장인의 재테크 스타일을 반영하여 급여이체

를 하거나 보너스 등의 부정기적인 자금을 추가로 적립하는 경우 우대이율로 목돈마련을 지원하고 결혼, 출산, 이사 등 이벤트를 위한 중도해지시 기본이율을 제공하는 적립식 예금이다.

▶급여통장의 또 하나의 좋은 선택 : CMA

요즈음엔 급여통장으로 앞서 설명한 CMA 통장을 선택하는 경우가 많다. 대부분의 수수료가 면제되고 특히 금리가 높기 때문이다. 그러나 은행권 실적으로 잡히지 않는 등 앞서 설명한 몇 가지 단점이 신경 쓰인다면 자신의 수입 및 지출 패턴에 맞는 은행의 급여통장 상품 또는 이미 거래하고 있는 주거래 은행의 급여통장 상품에 가입하면 된다.

POINT 급여통장도 CMA를 적극 검토하자. 여러 개의 CMA 통장을 만들 수 있다.
단, 대출받을 일이 있는 사람은 다른 전략이 필요하다(본장 마지막 부분 참조).

3 맘에 드는 적금과 정기예금 통장 찾기

적금의 중요성과 계획 세우기

▶적금의 중요성

적금은 매기(대부분은 월 단위이다) 일정금액을 정해진 기간 동안 정기적 · 부정기적으로 납입하고 만기에 원리금을 지급받는 예금으로, 푼돈을 모아 목돈을 마련하는 데 적합한 가장 일반적이고 보편적인 장기금융상품이다. 필요시 적금을 담보로 납입한 적금 잔액의 일정범위(통상 95%) 이내에서 대출을 받을 수도 있다.

POINT 목돈 마련에 꼭 필요한 것이 정기적금이다.

적금은 모든 사람들에게 있어서 목돈을 마련하는 전형적인 금융상품으로, 일정기간을 정해놓고 다달이 꾸준히 돈을 모아가는 가장 전형적인 종잣돈 만들기 상품인 것이다. 일반적으로 최소 계약기간이 6개월 이상이며, 예금이 보호된다. 최근에는 1개월짜리도 출시되었다. 은행이나 협동조합, 상호저축은행, 우체국에서 취급하며 이자가 매월 계산된다. 자격 요건에 따라 세금혜택은 생계형 비과세와 일반과세 중에서 선택할 수 있다. 만기 후에는 적용금리가 가입 당시 약정이율의 절반 이하로 크게 낮아지는 데에 유의해야 한다. 만기 이전에 중도해지하면 약정금리보다 낮은 중도해지이율이 적용된다.

▶적금 계획 세우기

적립방식의 선택, 정기적립식 vs. 자유적립식

적금의 종류에는 정기적립식과 자유적립식 두 가지가 있다. 전자는 약정된 금액을 정해진 시기에 적금을 하는 방식이고, 후자는 정해진 금액이 없이 돈에 여유가 생길 때마다 적금을 하는 방식이다. 정기적립식은 봉급생활자에게 적합하고, 자유적립식은 소득이 정기적으로 발생하지 않는 자영업자 등에게 적당한 방식이다. 자영업자와 같은 경우에는 소득을 예상하기가 어렵기 때문에 정기적립식으로 가입을 했다가 적금을 불입하지 못하게 되는 일이 생길 수 있기 때문이다.

그러나 재테크 관점에서 보면 가능하면 정기적립식을 권한다. 자유적립식은 소득에서 쓰고 남은 돈을 적금하는 느낌이 있는 반면, 정기적립식은 소득에서 '반강제적으로' 먼저 적금에 넣고 나머지를 쓰게 되기 때문이다.

만기의 선택

적금에 가입할 때에는 만기를 결정해야 한다. 단기성 적금이 유리할까? 장기성 적금이 유리할까? 장기성 적금에 비하여 단기성 적금의 이자율이 크게 낮지 않을 경우 가능하면 단기성 적금에 가입하는 것이 바람직하다.

단기성 적금이 유리한 이유는?

- **갑작스러운 목돈이 필요할 경우 신속히 대응할 수 있다.** 생활하다 보면 갑작스럽게 목돈이 필요할 경우가 있는데, 이 경우 장기성 적금에 가입하면 도중에 적금을 해약해야 한다. 적금을 만기 전에 해약하면 이자를 거의 받지 못한다.
- **필요한 경우에 새로운 상품으로 신속히 갈아탈 수 있다.** 한 상품에 자금을 장기간 묶히는 것보다는 일단 어느 정도의 종잣돈을 만든 후에 새로운 매력 있는 금융상품이 나타났을 경우 신속하게 가입할 수 있다. 예를 들어 은행들은 고금리의 특판 상품을 한정판매하는 경우가 종종 있는데, 이러한 기회를 활용한다. 상황에 따라 펀드에 투자하거나 주식투자를 직접 할 수도 있다.
- **종잣돈 모으는 재미를 느낄 수 있다.** 장기성 적금에 가입한 후 적금 총액이 불어나는 것을 보는 재미도 좋지만 종잣돈을 중간에 만져보는 것도 재테크에 심리적으로 상당한 도움이 된다. 예를 들어, 5년을 가입하여 통장에 돈이 쌓여가는 것을 보는 것도 좋지만 1년 단위로 적금에 가입한 후 원리금을 매년 받아 보는 것은 예상보다 큰 즐거움을 준다.

장기성 적금이 권장되는 경우는?

- **경제관념이 부족하여 스스로 관리가 어려우면 장기성 적금에 가입한다.** 돈만 생기면 바로 써야 지성이 풀리는 사람이 있다. 이런 사람이 단기성 적금에 가입하면 만기시에 받은 종잣돈이 남아 있지 않을 것이다. 이런 경우에는 장기적으로 계속해서 적금을 하게 하는 장치가 필요하다.
- **예외적으로 고금리 장기성 적금이 시판될 때에는 가입한다.** 가끔 은행들은 고금리를 내세운 상품을 판매하는 경우가 있다. 이러한 기회는 적극 활용한다.

단기성 적금이 권장되긴 하지만 적금 가입에 앞서 반드시 만기별로 적금의 금리를 비교해 보아야 한다. 장기성 적금의 금리가 상대적으로 높다면 단기성 적금의 가입은 재고해 보아야 한다.

2025년 6월 말 기준으로 단기성 적금과 장기성 적금의 금리차이는 얼마나 될까? 은행만을 대상으로 만기별 적금의 평균 이자율을 검색한 결과 12개월 만기의 최고금리는 5.2%, 3년 만기의 최고금리는 4.6%였다. 상식적으로는 만기가 길수록 금리가 조금이라도 높은 게 정상이다. 이 경우 이 금리차이가 크다고 느끼면 3년 만기의 적금에 가입하고, 큰 차이가 없다면 1년 만기의 적금에 가입하면 되는 것이다. 가끔 금리

역전 현상이 발생하기도 한다. 현재 그런 상황이다. 이럴 때는 고민할 것 없이 단기성 적금에 가입하면 될 것이다.

POINT 금리차이가 만기별로 크지 않다면 단기성 적금에 가입하는 것이 좋다.

적금의 선택

▶금융기관의 선택

적금을 어떤 금융기관에 가입하는 것이 유리할까? 제1금융권에 가입하는 것이 좋을까, 제2금융권에 가입하는 것이 좋을까? 우선적으로 고려해야 할 요소는 금리와 원리금의 안정성이다. 원리금 1억원까지는 예금자보호가 되는 점을 감안하면 원리금 합계가 1억원 이하인 경우에는 안정성은 무차별하다고 할 수 있으므로 남은 비교 조건은 금리가 될 것이다. 금리비교는 금융감독원의 웹사이트 '파인'(https://fine.fss.or.kr) '금융상품한눈에'에서 검색하여 알아볼 수 있다. 아래 그림은 검색조건을 입력한 것이다.

금융감독원의 '금융상품한눈에' 사이트에서 적금금리 비교를 위해서 검색조건을 입력한 모습

월 저축금액은 150만원, 적금기간은 12개월로 하고 모든 적립방식, 은행과 저축은행 전체 대상, 이자계산방식 무관으로 조회를 해봤다. 그 결과는 아래 그림과 같다. 총 419건이 조회되었고 경남은행의 '사장님 걱정 ZERO 적금'의 상품 금리가 최고 우대금리 기준 5%로 가장 높으나 정보가 부족하여 제외하면 예가람저축은행의 '만기엔딩정기적금'이 4.5%로 가장 높다. 우대조건의 '정기적금만기 시 기본금리에 우대금리 적용'이라는 말은 적금만기까지 적금을 유지하면 우내금리를 준다는 것으로 사실상 별도의 조건이라고 할 내용은 아니다.

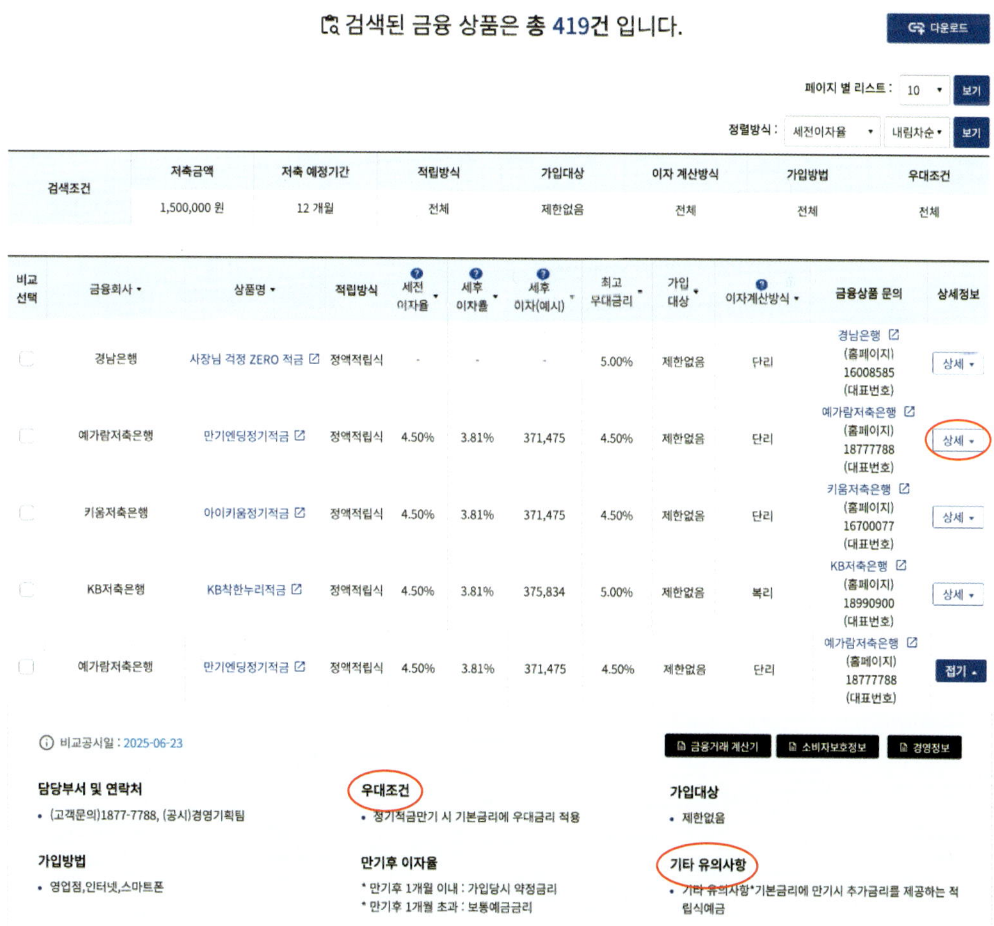
검색된 금융 상품은 총 419건 입니다.

다운로드

페이지 별 리스트 : 10 보기

정렬방식 : 세전이자율 내림차순 보기

검색조건	저축금액	저축 예정기간	적립방식	가입대상	이자 계산방식	가입방법	우대조건
	1,500,000 원	12 개월	전체	제한없음	전체	전체	전체

비교선택	금융회사	상품명	적립방식	세전 이자율	세후 이자율	세후 이자(예시)	최고 우대금리	가입 대상	이자계산방식	금융상품 문의	상세정보
	경남은행	사장님 걱정 ZERO 적금	정액적립식	-	-	-	5.00%	제한없음	단리	경남은행 (홈페이지) 16008585 (대표번호)	상세
	예가람저축은행	만기엔딩정기적금	정액적립식	4.50%	3.81%	371,475	4.50%	제한없음	단리	예가람저축은행 (홈페이지) 18777788 (대표번호)	상세
	키움저축은행	아이키움정기적금	정액적립식	4.50%	3.81%	371,475	4.50%	제한없음	단리	키움저축은행 (홈페이지) 16700077 (대표번호)	상세
	KB저축은행	KB착한누리적금	정액적립식	4.50%	3.81%	375,834	5.00%	제한없음	복리	KB저축은행 (홈페이지) 18990900 (대표번호)	상세
	예가람저축은행	만기엔딩정기적금	정액적립식	4.50%	3.81%	371,475	4.50%	제한없음	단리	예가람저축은행 (홈페이지) 18777788 (대표번호)	접기

비교공시일 : 2025-06-23

금융거래 계산기 소비자보호정보 경영정보

담당부서 및 연락처
- (고객문의)1877-7788, (공시)경영기획팀

우대조건
- 정기적금만기 시 기본금리에 우대금리 적용

가입대상
- 제한없음

가입방법
- 영업점,인터넷,스마트폰

만기후 이자율
* 만기후 1개월 이내 : 가입당시 약정금리
* 만기후 1개월 초과 : 보통예금금리

기타 유의사항
- 기타 유의사항*기본금리에 만기시 추가금리를 제공하는 적립식예금

시중은행과 저축은행을 대상으로 적금금리를 조회하여 높은 순서부터 검색된 결과 중 일부. 아랫부분은 예가람저축은행의 상세정보를 열어서 보인 것이다. (조회기준일 2025.6.23)

이번에는 동일 조건으로 저축은행을 제외하고 시중은행만을 대상으로 금리비교를 해봤는데 그 결과는 아래 그림과 같다. 경남은행을 제외하고 가장 높은 수협은행의 'Sh해양플라스틱Zero!적금'의 금리는 3.5%로 앞서 저축은행까지 포함한 결과보다 낮다. 그런데 이 금리도 조건이 까다롭고 가입한도도 월 100만원에 불과하다. 그림에서 보이는 모든 상품에는 조건이 달려 있었다. 그림에는 보이지 않지만 금리가 3.5%를 넘는 시중은행 적금은 경남은행과 수협은행을 제외하고는 조건이 붙지 않은 적금상품은 사실상 없었다.

비교 선택	금융회사	상품명	적립방식	세전 이자율	세후 이자율	세후 이자(예시)	최고 우대금리	가입 대상	이자계산방식	금융상품 문의	상세정보
	경남은행	사장님 걱정 ZERO 적금	정액적립식	-	-	-	5.00%	제한없음	단리	경남은행 (홈페이지) 16008585 (대표번호)	상세
	수협은행	Sh해양플라스틱Zero!적금 (정액적립식)	정액적립식	3.50%	2.96%	288,600	4.00%	제한없음	단리	수협은행 (홈페이지) 15881515 (대표번호)	상세
	주식회사 케이뱅크	코드K 자유적금	자유적립식	3.30%	2.79%	-	3.30%	제한없음	단리	주식회사 케이뱅크 (홈페이지) 15221000 (대표번호)	상세
	경남은행	BNK더조은자유적금	자유적립식	3.20%	2.71%	-	3.90%	제한없음	단리	경남은행 (홈페이지) 16008585 (대표번호)	상세
	제주은행	MZ 플랜적금	자유적립식	3.20%	2.71%	-	5.20%	제한없음	단리	제주은행 (홈페이지) 15880079 (대표번호)	상세
	주식회사 케이뱅크	주거래우대 자유적금	자유적립식	3.20%	2.71%	-	3.80%	제한없음	단리	주식회사 케이뱅크 (홈페이지) 15221000 (대표번호)	상세
	수협은행	Sh해양플라스틱Zero!적금 (자유적립식)	자유적립식	3.15%	2.66%	-	3.65%	제한없음	단리	수협은행 (홈페이지) 15881515 (대표번호)	상세
	수협은행	Sh해양플라스틱Zero!적금 (정액적립식)	정액적립식	3.50%	2.96%	288,600	4.00%	제한없음	단리	수협은행 (홈페이지) 15881515 (대표번호)	접기

ⓘ 비교공시일 : 2025-06-20

금융거래 계산기 | 소비자보호정보 | 경영정보

담당부서 및 연락처

- 개인금융부(수신), 1588-1515 개인금융부(여신), 1588-1515

우대조건

- * 최대우대금리:0.5% 1. 해양플라스틱감축서약 : 0.1% (신규시) 2. 봉사활동 또는 상품홍보 : 0.2% (만기시) 3. 입출금통장 최초신규 : 0.2% (만기시) 4. 자동이체 출금실적 : 0.2% (만기시) - 수협신용카드 / 당행 펀드 / 수협체크카드 ※단위:연%p

가입대상

- 실명의 개인

가입방법

- 영업점,인터넷,스마트폰

만기후 이자율

* 만기후 1년 이내
 - 만기당시 일반정기적금 계약기간별 기본금리 1/2
* 만기후 1년 초과
 - 만기당시 보통예금 기본금리

기타 유의사항

- - 1인 1계좌
 - 월 가입한도 : 100만원

시중은행만을 대상으로 적금금리를 조회하여 높은 순서부터 검색된 결과 중 일부. 아랫부분은 수협은행의 상세정보를 열어서 보인 것이다. (조회기준일 2025.6.20)

따라서 저축은행과 같은 제2금융권의 적금에 가입하는 것이 유리하다. 다만 제2금융권 중에는 건전도에 문제가 있는 곳이 있다. 그러나 해당기관이 도산을 하더라도 원리금 합계 1억원까지는 사실상 보장을 하기 때문에 이 이하 금액이면 크게 걱정할 필요가 없다. 만일 망하게 되면 원리금을 찾기까지 길게는 수개월 정도가 더 소요될 뿐이다.

POINT 원리금 합계가 1억원 이하인 경우, 일반 시중은행보다 금리가 높은 제2금융권 저축은행 적금에 가입하는 것이 권장된다.

적금에서 유의할 점

적금상품에 대해 흔히 하는 오해가 있다. 이러한 오해는 정기적금과 정기예금을 정확하게 구분하지 못하는 데에서 오는 것이다.

예를 들어, 매월 100만원씩 12개월간 연이자율 10%(이렇게 고금리 적금상품은 없다. 이 이자율은 계산의 편리와 독자의 직관적인 이해를 돕기 위하여 가정한 것이다)짜리 적금에 가입하면 연말에 얼마를 돌려받을까? 혹시 다음과 같이 생각하고 있는가?

총 적금 불입금 원금 = 100만원/월 × 12개월 = 1,200만원
이자 = 원금 × 연이자율 = 1,200만원 × 0.1 = 120만원
연말에 돌려받게 될 원리금 합계(세전) = 1,200만원 + 120만원 = 1,320만원

혹시 위와 같이 생각하고 있다면 이는 잘못 알고 있는 것이다. 그렇다면 적금의 원리금 합계는 어떻게 계산되는 것일까? 다음 그림을 보자.

가장 먼저 불입한 1회차 적금 100만원은 1년 12개월을 온전히 저축하는 셈이기 때문에 연이자율 10%를 적용받아 이자가 10만원이 발생한다. 그러나 1개월 지나 불입한 2회차 적금 100만원은 연말까지 저축되어 있는 기간이 11개월이다. 따라서 12개월이 아닌 11개월의 이자가 적용되어야 하며 이때의 이자율은 연이자율 10%의 11/12인 9.1667%이다. 즉, 이자가 91,667원이 발생한다.

이런 식으로 마지막 12회차, 즉 12번째 개월 초에 적금한 100만원은 1개월에 대한 이자가 발생하므로 이자가 8,333원에 불과하다. 결국 원금 1,200만원에 대한 총이자는 65만원으로 실질이자율은 연이자율 10%가 아닌 5.42%인 것이다.

이 사례는 적금을 매월 초에 넣는 경우를 가정한 것으로 만일 매월 말에 적금을 넣으면 이자는 더욱 줄어든다. 또한 세금혜택이 없는 경우에도 이자가 더 줄어든다.

목돈을 운용하는 정기예금의 선택

▶정기예금의 특성

정기예금은 계약시 저축기간과 금리를 미리 정하여 일정금액을 예치하는 저축수단이다. 적금과 달리 한꺼번에 목돈을 맡기는 형태이다. 일반적으로 약정기간이 길수록 높은 확정이자가 보장되므로 여유자금을 일정기간 안정적으로 운용하기에 좋은 금융상품이다. 정기예금의 저축기간은 통상 최저 1개월 이상 최대 5년까지인데, 과거에는 장기일수록 높은 이자율을 적용했으나 요즘에는 꼭 그렇지도 않기 때문에 장단기 이자율을 잘 비교해 보아야 한다. 은행, 우체국, 상호저축은행 등에서 취급하며 원리금 합계 1억원까지 예금보장이 된다.

정기예금은 가장 대표적인 목돈 굴리기 금융상품으로, 일정기간 경과 후 원금과 이자를 합한 금액을 한꺼번에 수령하거나, 목돈을 맡겨 놓고 이자로 생활하고자 하는 경우에 적합한 상품이다. 이자지급방식을 보면 ① 매월 이자를 지급하는 월이자 방식과, ② 이자를 만기에 원금과 함께 돌려주는 방식이 있다. 후자의 경우에는 이자에 이자를 붙여주는 복리이자 방식이 적용된다.

다른 금융상품도 그렇지만 이 상품 역시 만기 이전에 중도해지하면 약정금리보다 낮은 중도해지이율이 적용되므로 만기까지 예치하는 것이 바람직하다. 통상 예금 잔액의 95% 범위 내에서 담보대출을 받을 수 있다.

▶정기예금의 선택

정기예금 역시 앞서 적금 선택에서 금리 비교 조회를 했던 금융감독원의 '금융상품한눈에' 사이트를 이용한다. 아래 그림은 그 결과 중 금리가 가장 높은 첫 번째 금융기관의 사례를 보인 것이다. 청주저축은행 금융상품 3개가 나열되어 있고 금리는 3.4%로 모두 동일한 수준이다. 첫 번째는 단리 계산이고 두 번째와 세 번째는 복리 계산이다.

비교 선택	금융회사	상품명	세전 이자율	세후 이자율	세후 이자(예시)	최고 우대금리	가입 대상	이자계산방식	금융상품 문의	상세정보
	청주저축은행	정기예금_본점	3.40%	2.88%	288,000	3.40%	제한없음	단리	청주저축은행 (홈페이지) 0432569114 (대표번호)	상세
	청주저축은행	정기예금_본점	3.40%	2.88%	292,165	3.40%	제한없음	복리	청주저축은행 (홈페이지) 0432569114 (대표번호)	상세
	청주저축은행	정기예금_천안지점	3.40%	2.88%	292,165	3.40%	제한없음	복리	청주저축은행 (홈페이지) 0432569114 (대표번호)	상세

시중은행과 저축은행을 대상으로 정기예금 금리를 조회한 결과 중 가장 높은 금리를 주는 금융기관 예시 (조회기준일 2025.7.7)

지면 관계상 한 개의 회사 상품만 소개했는데, 이어지는 다음 순위의 금융기관도 비슷한 금리를 주고 있으며 이들은 모두 다 제2금융권인 저축은행들이다.

다음 그림은 시중은행만을 대상으로 동일 조건에서 검색한 것이다. 그림에서 보듯이 수협은행이 2.6%로 가장 높고 순위가 내려가면 금리 감소폭이 크다.

이처럼 제1금융권 대형은행보다 제2금융권 저축은행의 금리가 더 높다. 당연히 이자를 더 주는 곳을 선택하는 것이 상식일 것이다. 다만, 한 가지 반복해서 강조하지만 저축은행과 같은 제2금융권의 상호금융기관은 원리금 합계 1억원까지만 해당 조합 또는 중앙회에서 지급을 보장한다는 것을 기억할 필요가 있다. 저축 예정 금액이 1억원이 넘는 경우에는 두 개의 금융기관에 나누어 저축하면 된다. 상호금융기관별로 별도로 적용되기 때문이다.

비교 선택	금융회사	상품명	세전 이자율	세후 이자율	세후 이자(예시)	최고 우대금리	가입 대상	이자계산방식	금융상품 문의	상세정보
	수협은행	헤이(Hey)정기예금	2.60%	2.20%	220,000	2.60%	제한없음	단리	수협은행 (홈페이지) 15881515 (대표번호)	상세
	농협은행주식회사	NH올원e예금	2.55%	2.16%	216,000	2.55%	제한없음	단리	농협은행주식회사 (홈페이지) 16613000 (대표번호)	상세
	전북은행	JB 다이렉트예금통장 (만기일시지급식)	2.55%	2.16%	216,000	2.55%	제한없음	단리	전북은행 (홈페이지) 15884477 (대표번호)	상세
	주식회사 카카오뱅크	카카오뱅크 정기예금	2.55%	2.16%	216,000	2.55%	제한없음	단리	주식회사 카카오뱅크 (홈페이지) 15993333 (대표번호)	상세
	주식회사 케이뱅크	코드K 정기예금	2.55%	2.16%	216,000	2.55%	제한없음	단리	주식회사 케이뱅크 (홈페이지) 15221000 (대표번호)	상세
	광주은행	The플러스예금	2.50%	2.12%	212,000	2.50%	제한없음	단리	광주은행 (홈페이지) 15883388 (대표번호)	상세
	우리은행	WON플러스예금	2.50%	2.12%	212,000	2.50%	제한없음	단리	우리은행 (홈페이지) 15885000 (대표번호)	상세
	전북은행	JB 123 정기예금 (만기일시지급식)	2.50%	2.12%	212,000	2.50%	제한없음	단리	전북은행 (홈페이지) 15884477 (대표번호)	상세

시중은행만을 대상으로 정기예금 금리를 조회하여 높은 순서부터 검색된 결과 중 일부 (조회기준일 2025.7.28)

▶매력이 떨어진 변동금리형 또는 회전형 정기예금

통상 정기예금은 만기까지 금리가 정해져 있다. 때문에 금리인상기에는 정기예금의 가입 만기가 길어질수록 가입자가 손해를 본다. 이러한 금리상승기에 적합한 정기예금이 있다. 대표적으로 변동금리형 또는 회전형 정기예금이 그것이다. 이 정기예금은 가입 후 일정기간마다 시장실세금리를 반영하여 적용금리를 변경하는 정기예금이다. 일반정기예금과 거의 같으나 다른 점은 금리가 시장의 실세금리에 따라 변한다는 것이다. 일반적으로 이 예금의 예치기간은 1년 이내이다. 이 예치기간은 한 가지 이자율이 적용되는 회전주기와는 다른 개념이다. 회전주기는 이자율이 변동하는 주기를 말한다.

예를 들어, 회전주기를 3개월로 정하면 3개월마다 당시의 시장금리 상황에 따라 새로운 금리가 적용된다. 따라서 이 예금은 금리상승기에 적합한 금융상품이다. 이자가 실세금리에 따라 연동되기 때문이다. 이자상승기에 일반적인 정기예금상품에서 발생할 수 있는, 예금의 조기 가입으로 인한 이자율 손해를 보지 않아도 되며, 이자하락기에는 비록 이자율이 하락하기는 하지만 이는 전체적인 시장흐름과 동일하기 때문에 상대적으로 큰 손해를 보는 것은 아니다. 이러한 특성을 반영하여, 이 금융상품에 붙여진 정식 명칭은 '실세금리연동형 정기예금'이지만 회전형 정기예금이라고 부르는 경우가 더 많다.

회전주기는 예금마다 매우 다양해서 3, 6개월 단위는 물론이고 심지어 1개월 간격으로 회전하는, 즉 금리가 변동하는 예금도 있다. 이 예금이 갖는 또 하나의 장점은 만기 이전일지라도 회전주기에 맞춰서 해약하는 경우에는 정상적인 금리가 인정된다는 점이다. 즉 1년 만기의 3개월 회전형을 선택했을 경우, 매 3개월마다 해약이 가능하며 이때에는 정상적인 금리혜택을 누릴 수 있다.

상품구조 자체는 매력적이나 실제 시장에서는 크게 환영받지는 않는 것으로 보인다. 그 이유는 회전주기가 짧을수록 금리가 낮기 때문이다. 회전주기를 12개월 정도는 선택해야 기본금리가 일반 정기예금과 비슷해진다. 소비자 입장에서는 12개월 회전예금에 가입할 바에야 차라리 1년 만기 일반 정기예금상품에 가입하고, 1년 후에 다시 금리가 높은 예금을 찾는 게 유리할 수 있다. 더구나 최근의 정기예금 경향을 보면 만기가 1개월짜리까지 있어서 굳이 금리가 상대적으로 낮은 회전형 정기예금에 가입할 유인이 줄어들었다.

POINT 정기예금은 원리금 합계 1억원 이하인 경우에는 제2금융권의 고금리 상품을 우선 검토한다.

정기예금의 좋은 대안, 상호금융기관의 정기예탁금

▶ 정기예탁금이란?

상호금융기관에도 은행의 정기예금과 유사한 금융상품이 있으니 그것이 바로 정기예탁금이다. 정기예금과 유사하게 통상 5년 이내의 만기로 가입하며, 이자계산 역시 단위기간마다 이자를 지급하거나 만기에 일시지급하기도 한다. 만기 이전에 중도해지하면 약정금리보다 낮은 중도해지이율이 적용되므로 만기까지 예치하는 것이 바람직하다. 통상 예금 잔액의 95% 범위 내에서 담보대출을 받을 수도 있다.

▶어떤 매력이 있나?

이 상품의 가장 큰 매력은 3,000만원까지 비과세 혜택이 있다는 점이다. 다만 농어민, 저소득근로자가 아닌 경우에는 농어촌특별세 1.4%를 부담해야 하지만 이는 사실상 비과세에 가까운, 매우 낮은 수준의 과세라고 할 수 있다.

이러한 세제혜택뿐만 아니라 금리도 은행권보다 상대적으로 높기 때문에 일반 서민들의 목돈 운용에 적합한 저축수단이다.

▶가입이 가능한 곳은?

새마을금고나 신용협동조합, 농협, 수협, 산림조합 등의 신용협동기구들이 취급하고 있다.

새마을금고는 지역 중심의 대표적인 상호금융기관으로 정기예탁금을 취급한다. (사진 : 카카오맵)

▶가입자격은?

가입대상은 상호금융, 새마을금고, 신용협동조합의 조합원이나 준조합원, 회원에 한한다. 일반 시민은 창구에 가서 준조합원 가입 신청을 하면 이 상품에 가입이 가능하다.

개인단위로 가입이 가능하기 때문에 4인 가족이 있을 경우 무려 1억 2,000만원(=3,000만원×4명)까지 비과세 혜택을 누릴 수 있다. 워낙 매력 있는 금융상품이다 보니 준조합원 가입자가 전체 가입자의 80%를 넘는다.

▶제도 변경 가능성이 있다

이 상품의 비과세 혜택은 2025년 말에 종료되도록 예정되어 있다. 국회에서 제도 변경에 대한 논의가 진행되고 있어 변경될 가능성이 있다.

4 이런 저축용 상품도 있다

증권사의 발행어음

▶발행어음이란?

발행어음은 증권회사 등이 영업자금 조달을 위해 자체 신용으로 융통어음을 발행하여 일반투자자에게 매출하는 형식으로 판매하는(일반인들이 가입하는) 1년 이하의 단기금융상품이다.

발행어음 상품구조

▶발행어음의 종류

은행 금융상품에 수시입출식, 적금, 예금의 종류가 있듯이 발행어음도 이와 유사하게 세 가지가 있다. 이 외에 발행어음형 CMA도 있다.

- 거치식 : 기간에 관계없이 수시입출이 가능하다.
- 적립식 : 은행의 적금과 유사한 형태로, 1년 이내의 기간 중 매달 금액을 맡기고자 할 때 유용하다.
- 약정식 : 은행의 정기예금처럼 3개월, 6개월, 1년 단위로 돈을 인출할 수 있는 발행어음이다. 약정기간이 있기 때문에 금리가 가장 높다.

▶발행어음의 장점

발행어음은 예금자보호법이 적용되지 않는 대신 은행 예·적금보다 금리가 높다. 만기는 7일부터 365일 사이에 투자자들이 자유롭게 정할 수 있으며, 만기를 길게 설정할수록 약정금리가 높아진다. 만기는 최대 1년이다. 간혹 연 5~10% 높은 금리를 주는 특판 행사도 있으니 뉴스 등에 주목할 필요가 있다. 당분간 특판 행사가 가끔 있을 것으로 보인다. 그 이유는 발행어음을 아무 금융기관이나 발행할 수 있는 것이 아니기 때문이다.

다음 표는 한국투자증권의 2025년 6월 5일 기준의 개인이 가입하는 발행어음 연간 기준 금리표이다. 거치식(수시입출식)은 금리가 연 2.20%부터 2.90%까지이다. 정액적립식 만기 1년짜리는 4.35%로 매우 높음을 알 수 있다.

수 시	7~30일	31~60일	61~90일	91~180일	181~270일	271~364일	365일	정액적립식 (365일)
2.20%	2.20%	2.20%	2.20%	2.75%	2.80%	2.85%	2.90%	4.35%

한국투자증권의 발행어음 금리 (조회기준일 2025.6.5)

▶발행어음은 얼마나 위험한가?

발행어음의 표면상 약점은 예금자보호법 적용대상이 아니라는 점이다. 그러나 현재 발행어음을 출시한 증권사 신용등급이 AA 수준이라 원금손실이 일어날 가능성은 매우 낮다. 또한 어음을 발행한 증권사가 문을 닫지 않는 한 원금손실이 발생할 가능성은 희박하다. 현재 발행어음은 자기자본이 4조원 이상인 초대형 투자은행(IB)이 금융당국의 허가를 받아야 판매할 수 있다. 2025년 6월 기준 한국투자증권, NH투자증권, KB증권, 미래에셋증권 네 개의 증권회사가 해당된다.

▶어떻게 투자(가입)하나?

위에서 언급한 네 개의 증권회사 중 한 곳에 계좌를 트고 그 계좌를 이용하여 사고 팔 수 있다. 은행 중 토스뱅크에서는 한국투자증권과 연계한 특판 발행어음을 매수할 수 있다.

외화예금을 다시 보자

▶외화예금이 필요할까?

해외여행시에는 신용카드를 사용하거나 원화를 외화로 환전하여 사용해야 한다. 환전할 때에는 수수료가 발생한다. 그러나 외국에 나가서 사용할 금액을 예측하는 것은 쉽지 않아 환전해 놓은 외화가 남는 일이 종종 발생한다. 귀국한 후에 쓰고 남은 외화를 원화로 다시 환전하면 또다시 수수료가 발생한다. 이중으로 수수료가 발생하는 것이다.

북적이는 인천공항 (사진 : 서울신문)

다시 외국에 나갈 일이 없으면 수수료를 또 물더라도 환전을 해야겠지만 다시 외국에 나갈 일이 있다면 이 외화를 어떻게 할 것인가? 이럴 때 활용할 수 있는 것이 외화예금이다. 원래 수출기업과 같이 외화를 빈번하게 다루는 고객에게는 필수적인 금융상품이었지만 근래에는 해외여행이 잦은 일반인이나 외국에 유학생을 두어 송금을 계속해야 하는 부모들이 가입하고 있다.

▶금리가 상당히 높다

외화예금에도 일반적인 예금처럼 수시입출식이 있고 정기예금식이 있다. 수시입출식은 거의 이자가 붙지 않지만 정기예금식은 상황이 다르다.

다음은 신한은행의 외화예금 중 'Multiple(멀티플) 외화정기예금'의 금리를 보인 것이다. 외화 중 미국 달러와 일본 엔, EC의 유로화를 보인 것인데 미국 달러의 이자율에 주목하자. 7일 미만으로 저축해도 3.40050%의 비교적 높은 이자를 준다. 정기예금이지만 7일 미만 예치기간에도 높은 이자를 주기 때문에 사실상 수시입출식이나 마찬가지이다. 달러화를 보유하고 있는 경우에는 적극 활용할 필요가 있다.

금리안내

조회일자 2025.07.10 조회

조회결과 기준일시 : 2025.07.10 (연이율, 세전)

통화표시	구분	외화예금(%)					
		7일 미만	7일이상 1개월미만	1개월이상 3개월미만	3개월이상 6개월미만	6개월이상 1년 미만	12개월 이상
USD	거주자	3.40050	3.54297	3.79524	3.87660	3.83264	3.72385
	비거주자	3.63150	3.78316	3.83581	3.91800	3.87358	3.76368
JPY	거주자	0.00000	0.00000	0.00000	0.00000	0.00000	0.00000
	비거주자	0.00000	0.00000	0.00000	0.00000	0.00000	0.00000
EUR	거주자	1.26801	1.31451	1.30568	1.19004	1.25962	1.28902
	비거주자	1.36143	1.41093	1.32084	1.20402	1.27431	1.30401

신한은행의 외화예금 금리 (조회기준일 2025.7.10)

▶ 외화예금을 저축수단으로 활용할 만한가?

외화예금이 환전수수료도 아끼고 이자수익도 올릴 수 있는 일거양득의 상품으로 상당한 인기를 끌고 있는 것은 사실이다. 특히 미국의 기준금리가 우리나라보다 더 높은 경우에는 더욱 유리할 수 있다. 한편 일부 사람들은 환율 변동에 따른 재테크 용도로 활용하는 경우도 있으며 일부 전문가들은 달러화에 대한 적극적 투자를 권하기도 한다.

하지만 구조적인 한계와 리스크가 있다.

먼저 구조적인 한계는 외환시장에 있는 독특한 환 스프레드에서 비롯된다. 환 스프레드(spread)란 달러를 살 때의 가격과 달러를 팔 때의 가격 차이를 의미하는데 전자가 항상 높다. 환율 변동이 없을 때라도 그 스프레드만큼 손해가 발생하는 것이다. 다음 그림은 신한은행이 고시하고 있는 달러화 환율이다. 우리가 1달러를 살 때(투자할 때)는 1,297.31원을 지불해야 한다. 환율 변동이 없었을 때 1달러를 다시 원화로 환전하려면 은행에서는 1,252.69원만 우리에게 돌려준다. 아무런 변화도 없었다 해도 약 45원가량을 손해 보는 것이다. 이 금액이 환 스프레드이다.

현금	사실 때	1,297.31
	파실 때	1,252.69
송금	받으실 때	1262.8
	보내실 때	1287.2

다른 하나는 환율 예측의 어려움이다. 환율 예측은 신의 영역이라고 할 정도로 어렵다는 것이 정설이다. 상승할 것으로 예측했던 환율이 하락하면 손실로 직결된다.

큰돈을 일시적으로 굴릴 때 유용한 상품

생활을 하다보면 수천만원에서 수억원에 이르는 큰돈을 일시적으로 갖게 되는 일이 생길 수 있다. 예를 들어, 이사를 하려고 할 때 거래금액을 지급하기 위하여 일시적으로 큰돈을 한두 달 보관하는 경우가 그것이다. 이런 경우 대부분의 사람들은 시중은행의 수시입출식 예금에 넣어둔다. 하지만 큰 금액의 자금이라면 잠깐만 맡겨도 적지 않은 이자수익을 낼 수 있는 상품이 있다.

▶어떤 상품이 있나?

자금을 단기간 맡기면서 금리 손해를 보지 않는 금융상품에는 어떤 것이 있을까? 대표적인 단기금융상품에는 CMA, MMF, MMDA 등이 있다. CMA에 대해서는 본문에서 이미 자세히 설명했으므로 여기에서는 MMF와 MMDA를 설명한 후 이를 CMA와 비교해 보겠다.

그리고 당연한 이야기지만 은행의 일반 수시입출식 예금 역시 단기간 예금상품이라고 할 수 있지만 이자가 거의 없으므로 고려 대상이 아니다.

▶CMA

이에 대해서는 앞서 충분히 설명했으므로 여기에서는 설명을 생략한다. CMA는 MMF, MMDA와 달리 목돈뿐만 아니라 소액 운용에도 유리하다는 점만 다시 한 번 강조한다.

▶MMF

MMF(Money Market Fund), 즉 '단기금융상품펀드'는 자산운용회사가 여러 고객이 투자한 자금을 모아 이를 주로 양도성예금증서(CD), 기업어음(CP), 잔존만기 1년 이하의 국채 및 통화안정증권 등 금융자산에 투자하고 이를 통해 얻은 수익을 고객에게 배당하는 채권투자신탁상품이다. 시중에서는 단기금융상품펀드라는 용어보다 MMF라는 영어 약어가 일상적으로 사용된다.

단기금융상품펀드의 주요 특성을 보면, 일종의 펀드이기 때문에 예금자보호가 되지 않는다. 또한 실적배당을 하기 때문에 원금의 손실가능성이 있다. 세금혜택도 별도로 주어지지 않는다. 즉 일반세율 15.4%가 적용된다.

하지만 최저 가입금액의 제한이 없고, 환금성이 높은 데다 시중 실세금리 수준의 수익을 올릴 수 있어 소액 투자는 물론 언제 쓸지 모르는 단기자금을 운용하는 데 유리한 저축수단으로서 권장할 만한 상품이다. 일반 시중은행의 자유입출금예금처럼 수시입출금이 가능한데, 펀드상품이기 때문에 실적배당을 한다는 점이 다르다. 한 가지 유의할 사항은 기본적으로 익일매수, 익일환매를 원칙으로 한다는 것이다. 그 이유는 펀드상품이기 때문이다. 은행이나 증권회사, 보험회사에서 가입할 수 있는데, 상품의 운용은 자산운용회사가 하도록 되어 있다.

참고로 증권계좌와 연결하여 대기자금을 예치하면 상대적으로 높은 수익을 얻을 수도 있다. 이 상품은 투자 운용가능한 채권의 신용등급을 AA등급 이상(기업어음 A2 이상)으로 제한하여 운용자산의 위험을 최소화하도록 하고 있으며, 유동성 위험 역시 최소화하기 위하여 운용자산 전체 가중평균 잔존만기를 90일 이내로 제한하고 있다. 투자자가 원할 때 바로 환매할 수 있도록 유동성을 확보하고 있어야 하기 때문이다.

다음 그림은 금융투자협회의 전자공시서비스 펀드다모아에서 MMF 수익률을 비교하기 위하여 조회한 것이다. 수익률이 가장 높은 우리자산운용의 우리큰만족신종 MMF6의 경우 위험은 매우 낮음에도 6개월 수익률은 1.61%, 1년 수익률은 3.56%이며 3년 수익률은 12.47%에 이른다. 1년 수익률 기준으로, 일반 대형 시중은행의 1년 금리가 2.8% 수준임을 고려하면 상당한 수준으로 높음을 알 수 있다.

MMF도 결국은 펀드의 하나이다. 따라서 금융투자협회의 '펀드다모아' 웹사이트에서 수익률을 비교 조회할 수 있다. (조회기준일 2025.7.7)

▶ MMDA

MMDA(Money Market Deposit Account)의 한글식 명칭은 '시장금리부 수시입출식 예금'이나. 이 금융상품은 시장실세 금리가 적용되고 입출금이 자유로운 수시입출식 예금이기 때문에 단기상품으로 본다. 각종 공과금, 신용카드대금 등의 자동이체용 결제통장으로도 활용할 수 있는 예금이긴 하지만 문제는 예금금액이다. 보통 최소한 500만원 이상을 맡겨야 한다. 이 금융상품은 은행에서 취급하는 '예금'이기 때문에 원리금 1억원까지 보호된다.

은행	상품명	금액(첫칸 미만,나머지 이상)						은행 등록일	비고
		5백만	5백만	1천만	3천만	5천만	1억		
한국산업은행	KDBdream Account	1.30	1.30	1.30	1.30	1.30	1.30	2025-06-20	▼ 보기
NH농협은행	알짜배기저축예금	0.10	0.10	0.15	0.20	0.60	0.70	2025-07-07	▼ 보기
신한은행	수퍼저축예금	-	0.10	0.10	0.10	0.20	0.35	2025-06-20	▼ 보기
우리은행	고단백MMDA	-	-	0.10	0.25	0.30	0.35	2025-06-20	▼ 보기
SC제일은행	일복리저축예금	0.10	0.10	0.10	0.20	0.20	0.40	2025-07-01	▼ 보기
하나은행	수퍼플러스	-	0.10	0.15	0.20	0.30	0.35	2025-06-20	▼ 보기

은행연합회 소비자포털(https://portal.kfb.or.kr)에서 조회한 MMDA 금리비교표. 산업은행을 제외하고는 금리가 높은 편이 아니다. 이런 이유 때문에 근래 MMDA의 잔고가 많이 줄었다. (조회기준일 2025.7.7)

가입자를 유치하기 위한 다양한 부대서비스를 제공하기도 한다. 부대서비스의 예로는 예금거래 실적에 따라 마이너스대출, 수수료 면제, 대출예금금리 우대, 각종 공과금 및 신용카드대금 결제, 타행환 송금 등이 있다.

은행에서 취급하는 상품이기 때문에 안정성을 기대하고 적지 않은 사람이 관심을 갖고 있으나 최근에는 산업은행을 제외하고는 금리가 특별한 이점이 없을 정도로 떨어져서 필자는 적극적으로 권하지는 않는 상품이다.

이상 설명한 세 개 상품(CMA, MMF, MMDA)은 유사한 면이 많다. 비교해서 정리하면 〈표 4-2〉와 같다.

〈표 4-2〉 CMA, MMF, MMDA의 비교

구 분	CMA (cash management account)	MMF (money market fund)	MMDA (money market deposit account)
판매기관	증권사, 종합금융사	증권사, 은행	은행
가입금액	제한 없음	제한 없음	보통 500만원 이상
예금자보호	일부 상품은 보호됨	보호 안 됨	보호됨
운용방법	초단기 여유자금	초단기 여유자금	일시적인 목돈 운용
특징	증권사마다 금리가 다름	증권사마다 금리가 다르며, 이튿날 매수함	대부분의 은행 금리가 매우 낮음. 산업은행만 제외
이자지급	출금시 이자지급	출금시 이자지급	월단위로 이자지급
장점	• 체크카드 기능 • 공과금 및 신용카드 납부가능	은행의 6개월 정기예금에 가까운 고금리	• 공과금, 신용카드 대금결제 가능 • 안정적이라 목돈 운용에 좋음
단점	일부 신용카드 서비스 안 됨	운용자산이 부족해질 경우 출금 제한이나 급격한 수익률 하락이 발생할 수 있음	예금액이 500만원 이하, 기간이 7일 미만일 경우에는 이자를 거의 포기해야 함
종합	• CMA는 말 그대로 자산관리계좌임. 목돈을 장기간 CMA에 묶어두는 것은 권장하지 않음 • 수시입출금이 되는 자금, 6개월 이내 유동자금을 맡기는 데 유리함	• 환매수수료가 없어 은행의 보통예금처럼 자유롭게 입출금이 가능한 단기투자형 상품임 • 익일매수, 익일환매라는 단점이 있음	• 확정금리로 이자를 지급함. 대신 이자가 낮음 • 예금자보호대상 상품으로 원금 손실이 없으나 소액계좌 무이자 제도에 따라 500만원 미만의 금액에는 이자를 지급하지 않는 곳도 있음

POINT 초단기로 금액 상관없이 저축할 때에는 CMA가 좋고, 고액을 맡길 때에는 CMA나 MMF가 권장할 만하다.

5 상품 운용도 전략이 필요하다

통장 및 금융기관의 전략적 선택

예금금리만을 본다면 시중은행 수시입출식 예금은 상대적으로 매력이 떨어진다. 특판예금이 있기는 하지만 전제조건을 충족하는 것도 쉽지 않다. 그런데 한 가지 고려할 점이 있다. 바로 대출을 받아야 하는 경우이다. 대출금리는 여러 금융기관 중 시중은행의 금리가 가장 낮다. 그런데 특정조건을 충족하면 금리를 더 낮춰준다. 가장 흔한 경우가 급여이체 실적이다. 수시입출식 통장을 급여통장으로 지정해 놓으면 은행마다 다르지만 적게는 0.1%에서 많으면 0.4%까지 대출금리를 우대해 준다. 대출금액이 적고 대출기간이 짧다면 크게 상관없을 수 있지만 주택담보대출과 같은 장기성 거액 대출시에는 얘기가 달라진다.

우대금리 (거래실적충족여부에 따라 최고 0.9%)	
급여이체 (일정금액이상)	0.4%
신한카드(신용) 이용	0.3%
적립식 상품 가입(일정금액 이상)	0.2%

* 우대금리 및 우대금리요건은 업체별 상이할 수 있음

* 최초 적용된 거래실적에 의한 우대금리는 대출실행일로부터 3개월간 유지되며, 이후 1개월 단위로 실제 거래 여부를 자동체크하여 충족되는 우대금리만 적용금리에 반영함.(대출거래 약정서 참조)

* 자세한 금리감면요건은 대출 실제 신청시 '우대금리요건' 확인 필수

신한은행의 신용대출금리 산정시 우대금리 조건 (조회기준일 2025.7.11)

한 가지 방법은 평소에는 금리 기준으로 통장을 선택하여 운용(제2금융권에서 적금을 하거나 정기예탁금을 가입하는 식)하다가 대출이 필요한 시점이 예상되면 그 이전 일정시점에 시중은행을 주거래 은행으로 정하여 급여계좌를 옮기는 방법도 있다. 위 그

림은 신한은행 직장인 신용대출시 대출금리 우대(금리를 낮춰주는 것) 사항을 인용한 것이다. 급여이체를 하면 0.4%의 대출금리를 깎아주고 신한카드 사용시 0.3%, 적립식 상품, 예컨대 적금에 가입하면 0.2% 등 합계 최고 0.9%까지 금리를 깎아줌을 알 수 있다.

다양한 정보원의 활용

▶금융감독원

금융감독원 인터넷 사이트에 접속하면 우리가 생각하는 수준을 훨씬 뛰어넘는 방대한 자료가 있다. 본장에서 각종 금융상품 금리를 비교해 봤는데, 이들은 주로 금융감독원 홈페이지에서 제공하고 있는 다양한 링크를 통하여 가능하다. 정부에서 운영하고 있는 웹사이트이기 때문에 가장 공신력이 있다고 할 수 있다.

▶뱅크샐러드

자산관리에서 출발하여 개인 생활에 도움이 되는 각종 서비스를 제공하고 있다. 금융회사와 직접 연동되는 데이터를 서비스하기 때문에 유용한 웹사이트 중의 하나이다. 특히 대출을 받을 때는 꼭 한번 이용해 보자.

▶마이뱅크

금융위원회가 지정한 혁신금융 서비스를 제공하는 회사이다. 은행, 저축은행은 물론, 전국 2,000여 개의 신협, 새마을금고 등의 예금 및 대출금리까지 비교해 준다. 보험과 외환 분야에서도 유용한 웹사이트이다.

▶네이버 페이

네이버 페이 사이트에서도 각종 금융서비스를 제공하고 있다.

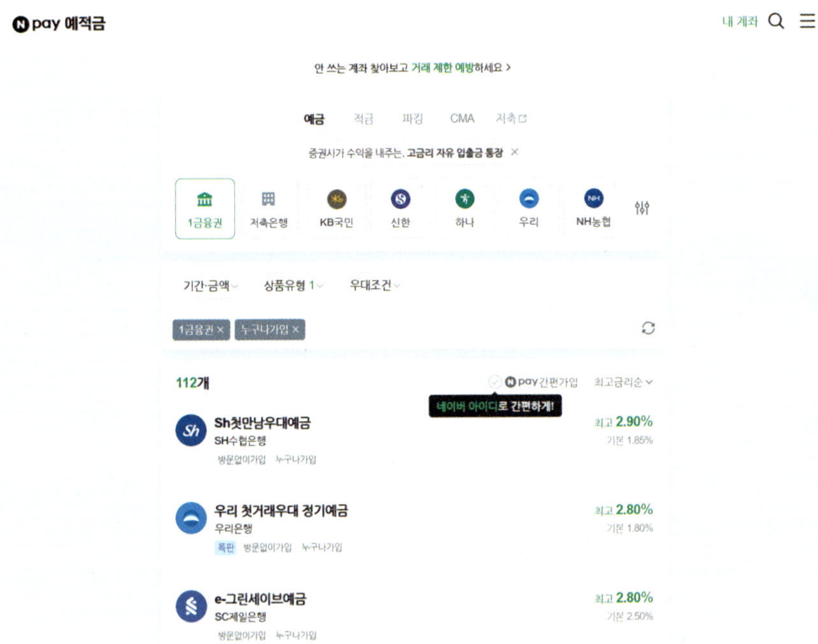

▶금융정보 제공 웹사이트들의 검색 비교 결과가 다를 수 있다

각 웹사이트의 금융상품 정보는 금융회사가 제공한 자료를 기초로 제공된다. 제출되지 않은 자료는 반영될 수 없는 구조이다. 예를 들어 한 은행의 적금상품이 보통 20개가 넘지만 그중 일부만 제공하기도 하고 정보제공 업체에 따라 제공하는 금융상품 정보가 다르기도 하다. 거기에 우대금리와 같은 특수한 상황이 반영되어 있지 않은 경우도 있다.

금융상품의 금리 등 거래조건이 수시로 변경될 수 있으므로 거래 전 반드시 해당 금융회사에 문의할 필요가 있다.

장을 마치며

'은행엔 답 없다' 대기성자금, MMF로 24조 우르르… 수익률 가장 높은 곳은?

지난달 은행의 수시입출금 잔액이 26조원 급감하는 동안 자산운용사의 MMF(머니마켓펀드) 잔액은 24조원 넘게 늘었다. 연 0.5~1%에 불과한 은행 통장을 떠나 6개월만 맡겨도 1.5%의 수익을 제공하는 MMF로 자금이 대거 유입됐다.

자산운용사가 설계 · 운용해 증권사와 은행이 위탁 판매하는 MMF는 비교적 안정성이 높고 수시입출금도 가능하다. 하루만 맡겨도 이자를 주기 때문에 대기성 자금 보관용도로 각광받고 있다.

29일 한국은행의 '2025년 4월중 금융시장 동향'에 따르면 지난달 은행권의 수신 잔액은 총 25조 9,000억원이 줄었다. 전월 12조 3,000억원 증가, 지난 2월 24조 8,000억원 증가에서 감소세로 급반전했다. 지난달 정기예금은 5,000억원, 양도성예금증서(CD)는 3조 9,000억원, 은행채는 2조 1,000억원이 늘었지만, 요구불예금 등 수시입출식 예금의 잔액은 36조 6,000억원이 줄었다.

반면 자산운용사의 수신잔액은 전달 13조 1,000억원 감소에서 지난달 38조 5,000억원 증가로 전환했다. 38조 5,000억원 중에서는 MMF가 총 24조 1,000억원(62.5%)을 차지했으며, MMF 중 법인 MMF 증가액이 23조 8,000억원으로 대부분이었다. 한은은 법인들이 분기 말 재무비율 관리를 위해 인출했던 자금을 4월에 MMF로 재유입시킨 것으로 분석했다.

개인고객이 투자할 수 있는 MMF는 총 176개다.

은행 적금 만기와 견줄 수 있는 2년 이상 수익률에서 최상위를 차지한 건 ▲플러스자산운용의 'Plus 신종 개인용 MMF 2종류'(2년 7.6%, 3년 11.27%)와 ▲한화자산운용의 '한화 신종 MMF 개인용 종류 C'(2년 7.47%, 3년 10.46%, 4년 11.58%)다.

각 상품들의 수익률과 판매사는 금융투자협회 전자공시-펀드공시-펀드운용실적비교에서 확인할 수 있다.

(오피니언뉴스, 2025.5.29)

주요 용어

- 수시입출식 통장
- 저축 · 투자용 통장
- 저축예금
- 어음관리계좌
- 급여통장
- 정기적립식
- 정기예금
- 정기예탁금
- 외화예금
- MMDA
- 비상금통장
- 보통예금
- CMA
- 파킹통장
- 적금
- 자유적립식
- 변동금리형 또는 회전형 정기예금
- 발행어음
- MMF

연습문제

1. 수시입출식 통장에서 가장 추천할 만한 금융상품을 제시하고 그 이유를 설명하라.
2. 정기예금과 정기적금의 차이는 무엇인가?
3. 정기예탁금의 상품 특성에 대해서 설명하라.
4. 변동금리형 또는 회전식 정기예금의 특장점을 설명하라.
5. 달러화 외화예금의 장점과 주의할 점에 대해서 설명하라.
6. 단기여유자금이 생겼을 때 어떻게 운용하는 것이 바람직한지 설명하라.

CHAPTER

5

보험의 구조는 의외로 간단하다

우리가 예측할 수 없고 피할 수 없는 사고가 존재한다. 보험이 필요할 때이다. (자료 : MBC)

1. 보험은 꼭 필요하다. 그러나 절제가 필요하다
2. 보험료가 비싼 보험은 이유가 있다
3. 보험법에서 정한 보험에는 이런 것들이 있다

보험해지 · 급전대출 · 소비위축… 가계경기 위협 '전조증상 심화'

보험해지와 '급전' 성격의 카드론 규모가 늘어 경기침체 전조증상이 심화하고 있다. 가뜩이나 미중 관세전쟁 '치킨게임'으로 대외 불확실성이 커졌는데, 소비위축에 내수경기마저 위협받는 것이다.

13일 보험사와 카드사 등 2금융권 등에 따르면 경기 불황으로 인한 보험해지와 카드론 등이 큰 폭으로 늘면서 가계경기를 위협하고 있다. 계속되는 경기 악화로 인해 보험해지에 나선 소비자들은 최근 3년간 가장 많은 수준을 기록했다.

경기가 나빠지면 삶의 패턴도 달라진다. 쇼핑 양태의 변화, 보험의 해약 등이 그 예이다.

생명보험사들이 가입자의 보험해지로 인해 돌려준 해약 환급금과 보험금 미납으로 인한 효력상실 환급금 규모는 작년 말 기준 59조 555억원을 기록했다. 이는 2022년 45조원 규모와 비교하면 31%가량 급증한 수치다.

해약 환급금과 효력상실 환급금이 각각 57조 3,801억원, 1조 6,753억원을 기록하면서 전년대비 14.8%, 13% 늘었다. 지난해 하반기부터 경기 둔화가 본격화하면서 소비자들이 비용항목으로 분류하는 보험부터 해지했다는 분석이다.

불황형 대출로 분류하는 보험계약대출 잔액 역시 역대 최대 수준으로 불어났다. 금융감독원에 따르면 보험계약대출은 지난해 말 기준 71조 6,000억원으로 전년(71조 541억원) 대비 6,000억원가량 급증했다. 코로나19가 한창이던 2022년(68조원)보다도 3조원이나 늘었다.

보험계약대출은 보험 가입자가 현재 보유 중인 보험계약의 해약 환급금을 담보로 보험사에서 받는 대출이다. 심사 절차가 없고 차주의 신용점수에 영향을 주지 않아 주로 은행 대출이 어렵거나 급전이 필요한 가입자들이 이용한다. 보통 해약 환급금 50~90% 선에서 납부한 보험료를 담보로 대출해 준다.

(글로벌 이코노믹, 2025.4.13)

1 보험은 꼭 필요하다. 그러나 절제가 필요하다

보험이란?

사람은 세상을 살아가다 보면 예상하지 못한 질병에 걸리거나 사고를 당할 수 있다. 흔한 예로 자동차 사고는 우리 주위에서 흔히 볼 수 있는 예기치 못한 우발적 돌발상황이다. 보험은 이러한 우발적인 사고에 대비하기 위한 금융상품이다.

불의의 사고를 보여주는 그림들 (그래픽 : thinkstockphotos.co.kr)

보험(insurance)이란 동일한 우발적 사고 발생의 위험에 노출된 다수의 사람들(또는 기관)이 사고 발생에 의하여 처할 수 있는 경제적인 어려움을 대비하고자 일정한 과학적 기초에 의해 산출된 금액(이를 보험료라고 한다)을 미리 갹출하여 공동재산을 사전에 비축하고, 사고가 발생하면 공동재산으로부터 일정한 금액의 급여(이를 보험금이라고 한다)를 제공하는 제도를 말한다.

자동차보험의 예를 들어 정의를 설명하면, '동일한 우발적 사고'란 자동차와 관련된 사고를 말한다. 자동차를 운전하는 사람은 사고가 났을 경우 발생할 수 있는 경제적 어려움, 즉 상대방에 대한 보상, 자신과 상대방의 치료비, 자동차 수리비 등으로 인한 어려움을 사전에 대비하고자 보험에 드는 것이다.

역사적으로 볼 때 가장 오래된 보험은 BC 4000여년경 고대 바빌로니아에서 이루어진 선박의 소유주들이 가입했던 선박에 대한 보험인데, 이는 나중에 해상보험으로 발전되었다고 한다. 해상보험에 이어 육상보험이 나타나기 시작한 것은 1666년 런던 대화재 이후 나타난 화재보험이다. 이후 보험은 점차 조직화되었다.

보험의 필요성

인적자산이든 물적자산이든 모든 자산은 어떤 경제적 가치를 가진다. 이들은 또한 언제든지 손상되거나 훼손될 가능성이 있다.

지진, 홍수, 화재 등과 같은 자연과 관련된 사고가 생길 수도 있고, 자동차 사고나 도난 등과 같이 사람과 관련된 사고가 발생할 수도 있다. 이러한 다양한 사고 등으로 인하여 재산을 잃거나 부상을 입고 사망할 수도 있는 것이다. 보험은 이러한 상황에 대비하기 위한 것으로 다음과 같은 이유로 그 필요성이 인정된다.

안개로 인하여 발생한 영종대교 106중 자동차 추돌사고 (사진 : 인천일보)

▶보험의 필요성

사회 안전망으로서의 도구

보험은 한 개인의 삶의 안전망이 되면서 사회 전체의 안전망으로서 중요한 기능을 한다. 인간이 인간다운 생활을 영위할 수 있도록 의료와 건강, 생활, 경제 등에 대해 기본적인 보호 기능을 갖는다.

예를 들어 건강을 해쳤을 때 치료를 위한 도움은 물론이고 가족의 수입 중단에 따른 경제적인 어려움에 도움이 되기도 한다.

불확실성

보험이 필요한 이유는 사람에게 닥치는 위험의 불확실성과 자연의 예측 불가능함 때문이다. 사람이나 자산에 대해서 보험에 가입하면 보험은 가입된 사람이나 재산에 대한 위험의 노출 정도를 저감시키는 것이나 마찬가지이다. 소액의 보험료로 미래의 불확실한 위험을 전가시킬 수 있는 것이다.

경제적 효익

보험 중에는 저축성 보험이 있어서 보험의 고유 기능인 보장과 함께 저축의 수단이 되기도 한다.

▶반드시 가입해야 하는가?

보험에 가입하는 것을 강력하게 권한다. 그렇다면 수많은 보험이 있고 다양한 목적을 가진 보험이 있는데 어느 수준까지, 얼마의 금액으로 가입할 것인가?

금융소비자연맹이 몇 년 전에 한 조사에 의하면 우리나라 가구는 평균 11.8개의 보험상품을 보유하고 있고 소득 대비 18%인 103만원 정도를 매월 보험료로 납입하고 있으며, 이 중 연금보험과 저축성 보험 가입 비중이 너무 높다고 한다.

전문가들에 의하면 보험료는 보장성 보험료 기준으로 소득의 10%를 넘기지 않아야 한다는 것이 정설이다. 그렇다고 무조건 아무 보험에나 가입하는 것은 바람직하지 않다.

보험은 거액의 비용이 투자되는 드라마나 영화 제작 때에도 활용되고 있다. 사진은 96부작 무미랑전기의 한 장면 (자료 : 중화TV)

POINT 매월 내는 보험료가 가처분소득의 5~10% 수준에서 보험에 가입한다. 통상 7, 8% 내외가 적당한 수준이라고 전문가들은 조언한다.

기본적인 보험용어의 이해

금융상품으로서의 보험을 정확하게 이해하기 위해서는 먼저 보험에서 사용되는 각종 전문용어들을 알아야 한다. 보험과 관련된 용어 중 중요한 몇 가지를 살펴보자.

▶보험계약의 두 당사자 : 보험자와 피보험자

- 보험자 : 일정한 급부를 받고 위험부담을 안으며, 보험사고가 발생했을 경우 보험금

을 지급해야 하는 자를 말한다. 즉 보험회사가 곧 보험자이다. 자동차보험을 예로 들면 DB손해보험에 가입했다면 DB손해보험회사가 보험자가 된다.

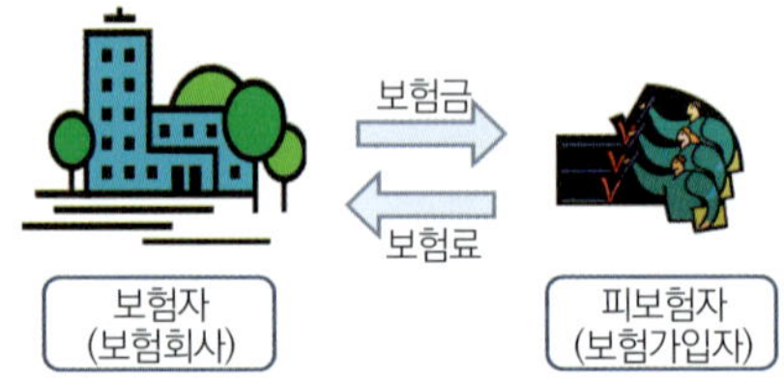

• 피보험자 : 위험부담을 넘기는 대신 일정한 급부를 납부하는 자로 보험가입자를 말한다. 자동차보험을 예로 들면 이 보험에 가입하는 사람들이다.

▶내는 돈과 받는 돈 : 보험료와 보험금

• 보험료 : 보험가입자는 보험자(보험회사)에게 위험부담을 넘기는 대신 그에 상응하는 보수를 납부하는데, 이를 보험료라고 한다. 보험료의 액수는 통상 보험금액에 따라, 그리고 보험사고 발생의 개연성을 고려하여 결정된다. 일반적으로 보험료는 보험금 등의 지급에 충당되는 순보험료와 보험회사의 운영에 필요한 경비 등에 충당되는 부가보험료의 두 가지 부분으로 이루어져 있다(이 부분은 바로 이어서 자세하게 설명한다).

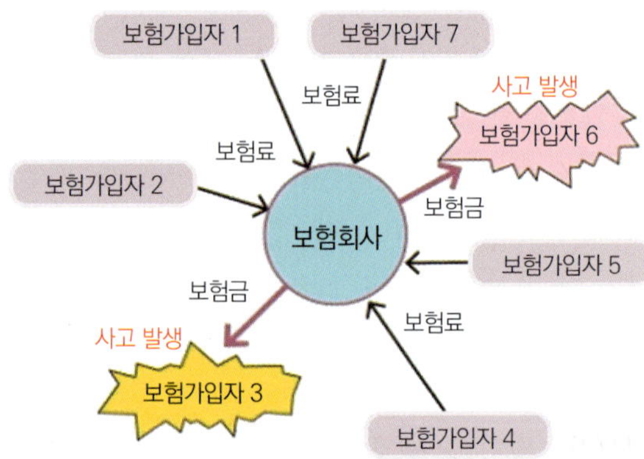

(그래픽 : 블로그 '비여울')

보험의 성격에 따라 보험료를 내는 방식이 달라지기도 한다. 예를 들어 자동차보험의 경우 가입자는 매년 보험료를 내지만 암보험의 경우에는 통상 매달 보험료를 낸다.

• 보험금 : 보험사고가 발생했을 때 보험가입자(피보험자)가 보험자(보험회사)로부터 받게 되는 보상금을 말한다. 예를 들어 자동차보험의 경우, 사고가 났을 때 보험회사로부터 지급받는 돈이 보험금이다.

보험금의 금액은 가입한 보험이 생명보험인지, 손해보험인지에 따라 달라진다. 먼저 생명보험의 경우에는 계약상 보험금액으로서 약정된 것이 그대로 지급되지만 손해보험의 경우에는 상황이 조금 복잡하다. 손해보험에 대해서는 뒤에서 설명하기로 한다.

▶돈 내는 기간과 보장받는 기간 : 보험료납입기간과 보험기간

• 보험료납입기간 : 보험료를 납입하는 기간이다. 보험종류에 따라 보험료납입기간과 이어서 설명하는 보험기간이 같은 경우도 있고, 보험료납입기간이 더 짧은 경우도 있다. 예를 들어 30세부터 60세까지 30년간 보험료를 납부하는데 보험기간이 60세에 같이 끝나는 보험이 있는가 하면, 보험료 납입은 60세에 끝나고 보험기간은 80세까지 계속 이어지는 보험도 있다. 전자처럼 보험기간 내내 보험료를 내야 보험이 계속 유지되는 보험을 특히 전기납입보험(全期納入保險)이라고 한다.

• 보험기간 : 보험자(보험회사)가 보험사고를 보장하는 기간이다. 이 기간 동안에 보험사고가 나면 보험회사가 보험금을 지급해 준다. 일반적으로 보험계약자가 보험자 또는 보험모집인에게 첫 보험료를 지급한 시점부터 시작된다. 암보험과 같은 일부 보험은 일정기간이 경과되어야 보험기간이 시작되는 경우도 있다. 위험기간 또는 책임기간이라고도 한다. 참고로, 보험 만기는 보험기간 만료일을 의미한다. 따라서 만기환급형의 경우 만기환급금은 보험료납입기간 만료일이 아니라 보험기간 만료일에 받게 된다.

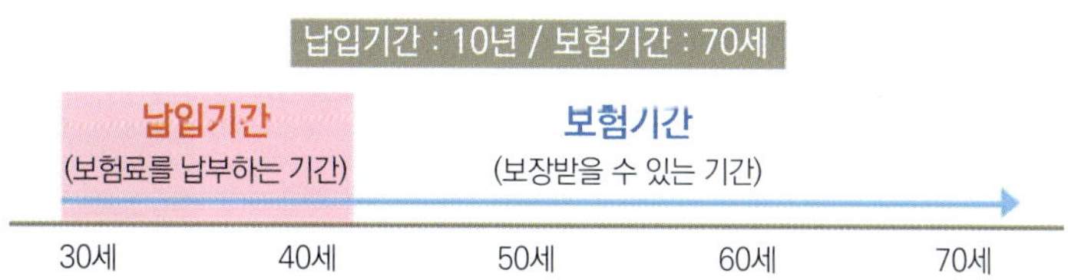

보험료납입기간과 보험기간 (그래픽 : 현대해상 블로그)

• 보험료기간 : 보험료 산출의 기초가 되는 기간으로 보통 1년을 단위로 한다. 자동차보험의 경우 1년 단위로 보험료가 산정된다. 갱신형 실손보험의 경우 2012년 전반기까지는 3년 단위로 보험료를 산정했고 이후에는 1년 단위로 산정하고 있는데, 이 기간이 보험료기간이다.

〈표 5-1〉 A생명의 암보험 안내의 일부

보험기간	보험료납입기간	가입나이	보험료납입주기
80세/ 90세/ 100세 만기	10/15/20/25/30년/80세납	만 15~50세	월납/연납
	10/15/20/25년/80세납	51~55세	
	10/15/20년/80세납	56~60세	

2 보험료가 비싼 보험은 이유가 있다

보험의 원리

보험은 어떤 원리에 의하여 운영되는 것일까? 보험료를 책정하고 보험금을 지급하며 보험회사가 운영되는 이면에는 다음과 같은 원리들이 작동하고 있다.

▶대수의 법칙

현실 세계에서 일어나는 하나하나의 현상들은 우연에 의해 발생하는 경우가 많으며, 이들 사이에는 아무런 관계가 없는 것처럼 보인다. 그러나 이러한 현상들을 계속해서 여러 번 관찰하고 전체적인 경향을 분석해 보면 어떤 일정한 규칙성을 발견할 수 있다.

(사진 : 블로그 '짬뽕')

예를 들어 주사위를 한 번만 던지면 1부터 6 사이의 숫자 중에서 하나만 나올 것이다(우연히). 두 번 던지면 1이 두 번 나올 수도 있지만 다른 숫자가 나올 수도 있다. 그렇지만 계속해서 6,000번을 던진다면 통계적으로 어떤 특정숫자가 나올 가능성은 6분의 1, 즉 1,000번으로 비슷해진다. 이러한 것을 대수의 법칙(law of large numbers)이라고 한다.

이는 사람의 수명에도 적용할 수 있다. 사람 개개인의 수명은 서로 다르기 때문에 누가 몇 살까지 살 것인지는 알 수 없다. 그러나 많은 사망자 수명을 통계로 정리하면 인간의 평균수명을 알 수 있을 뿐만 아니라, 각 연령층에서의 사망자 비율도 알 수 있게 된다. 이러한 숫자는 미래를 예측할 때 사용된다. 개개인은 그 숫자에서 벗어날 수 있으나 많은 사람들을 대상으로 범위를 넓히면 평균적으로는 맞게 되는 것이다. 그래서 보험에서는 이러한 대수의 법칙에 근거하여 도출된 통계를 기초로 보험료와 보험금을 책정한다.

다음 그림을 보면 우리나라 직업별 평균수명이 나타나 있다. 이런 자료에 근거하

여 연예인의 보험료는 종교인보다 더 비싸지는 것이다.[1]

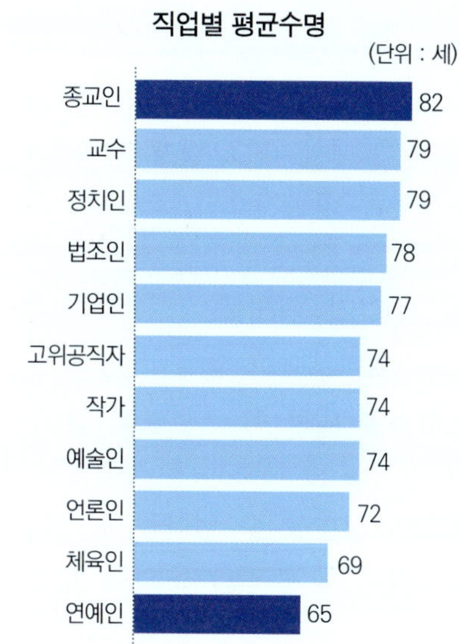

(자료 : 원광대, 그래픽 : 연합뉴스)

▶수지상등의 원칙

보험가입자가 납입하는 보험료 총액과 보험회사가 지급하는 보험금 및 경비의 총액은 동일한 금액이 되도록 보험료가 책정되어야 한다는 원칙이다. 만일 이러한 원칙이 작동하지 않으면 보험회사는 보험이라는 기능을 이용하여 지나치게 이윤을 추구하면서 많은 보험료를 징수하려 할 것이고 이는 보험 고유의 기능을 훼손하게 될 것이다.

다음의 보기는 수지상등의 원칙(principle of equivalence)이 구체적으로 어떻게 적용되는지를 보인 것이다.

수지상등의 원칙 보기

보험회사의 지출 : 보험금	보험회사의 수입 : 보험료
• 가입자 연령 : 30세 • 가입자수 : 1,000명 • 사망보험금 : 1,000만원 • 30세 남자의 연간 사망자수 : 1,000명당 1명 • 1년간 사망보험금 지급액 : 1,000만원×1명=1,000만원	1년간의 지급보험금 1,000만원을 보험가입자 전원이 동일하게 분담. 따라서 1,000만원÷1,000명=10,000원 (이 보기에는 보험회사 경비는 없는 것으로 간주하고 있음)

▶급부, 반대급부의 원칙

보험계약자가 지급하는 보험료와 보험사고 발생시 보험회사가 지급하는 보험금의 합계액이 같다는 원칙으로 렉시스의 법칙(law of Lexis)이라고도 한다. 이 법칙을 수식으로 표현하면

1) 2001~2010년 자료로, 직업별 평균수명 관련 연구로는 이 자료가 가장 최근 자료이다.

보험료=사고 발생의 확률×보험금

이다. 그래서 사고 발생의 확률이 높아지거나 보험금을 많이 받고자 하는 경우에는 보험료가 비싸진다.

▶그 외의 원칙들

먼저 '위험분담의 원칙'이 있다. 이는 수많은 사람들이 하나의 위험집단으로 구성되어 보험료를 내고 이 보험료로 일부 사람들의 손해를 보상하는 원칙이다. '이득금지의 원칙'은 주로 손해보험에 적용되는 원칙으로 보험사고시 실제의 손해액 이상으로 보험금을 보상받을 수 없다는 원칙이다. 만일 손해액 이상의 경제적 이득을 얻게 된다면 보험사기 등과 같은 고의적 보험사고 가능성이 생기게 된다.

보험료의 책정

보험료는 앞서의 원리를 기초로 책정되는데, 구체적으로 다음과 같은 지표를 사용하여 산정한다.

▶보험료 결정요소 '예정률' 세 가지

예정위험률

한 개인이 사망하거나 질병에 걸리는 등의 일정한 보험사고가 발생할 확률을 대수의 법칙에 의해 예측한 것을 예정위험률이라고 한다. 예정위험률이 높아지면, 즉 보험사고가 발생할 확률이 높아지면 당연히 보험료는 비싸진다.

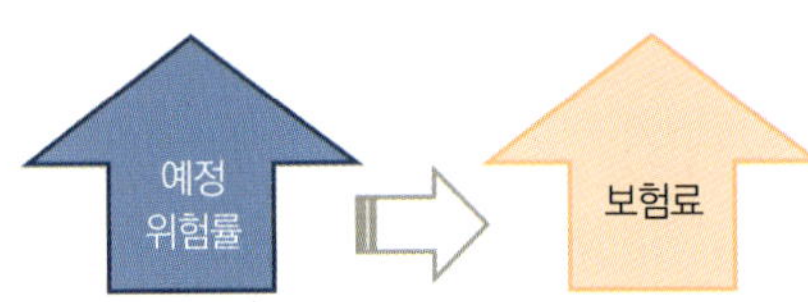

예정이율

예정이율은 은행의 이자율과 유사한 개념으로, 보험회사는 보험가입자에게서 받은 보험료를

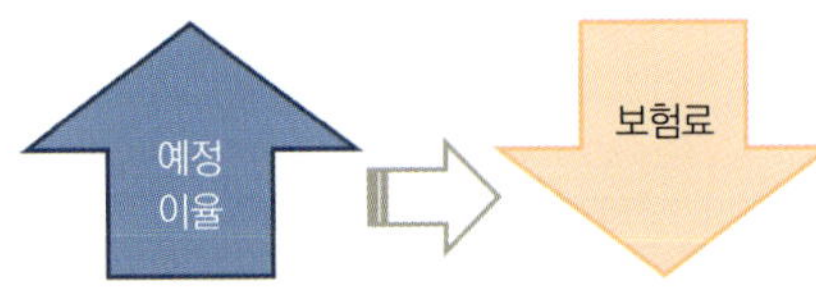

운용하여 수익을 낸 후 보험가입자에게 돌려주어야 하는데, 이때 보험회사가 계약자에게 보장하는 이자율을 예정이율이라고 한다. 보험회사의 보험료 운용의 예상수익률이 높아지면 예정이율도 높아지며, 이 예정이율을 감안하여 보험 가입시 미리 할인된 보험료가 책정된다. 결국 예정이율이 높아지면 보험료가 싸지고, 낮아지면 보험료가 비싸진다.

예정사업비율

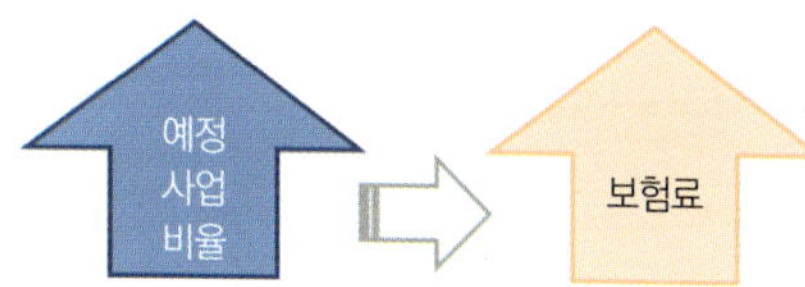

보험회사는 보험사업의 운영에 필요한 경비를 미리 예상하고 계산하여 보험료에 포함시키고 있는데, 보험료 중 이러한 경비의 구성비율을 예정사업비율이라고 한다. 한마디로 보험가입자가 내는 보험료 중에서 보험회사를 운영하는 데 드는 경비를 말한다.

예정사업비율이 높으면 순수하게 보험 목적으로 사용되는 보험료가 줄어들기 때문에 보험료는 비싸진다.

POINT 동일한 보장을 하면서도 각 회사마다 보험료가 다르다. 보험에 가입할 때 우선적으로 고려할 것은 동일한 보장에 대해 어느 회사의 보험료가 서렴하냐는 것이다.

▶영업보험료의 구성

우리가 흔히 부르는 '보험료'라는 용어의 정확한 명칭은 '영업보험료'이다. 영업보험료는 보험계약자가 실제로 보험회사에 납입하는 보험료를 말하며, 순보험료와 부가보험료로 구성되어 있다.

순보험료

미래에 보험계약자에게 지급할 보험금 지급의 재원이 되는 보험료로 위험보험료와 저축보험료로 구성되며, 예정위험률과 예정이율의 두 가지 요소에 의해 계산된다.

- 위험보험료 : 사망보험금, 장해급여금 등의 지급 재원이 되는 보험료
- 저축보험료 : 만기보험금, 중도급부금 등의 재원이 되는 보험료

부가보험료

보험회사가 보험계약을 체결, 유지, 관리하기 위한 경비에 해당하는 보험료로 예정사업비율을 기초로 하여 계산된다. 사업비라고도 한다.

- 신계약비 : 모집수당, 증권발행 등의 신계약 체결에 필요한 제경비
- 유지비 : 계약유지 및 자산운용 등에 필요한 제경비
- 수금비 : 보험료 수금에 필요한 제경비

▶영업보험료를 정하는 '조건'

영업보험료, 즉 보험료는 다음과 같은 조건에 따라 달라진다. 즉 보험의 종류, 보험가입금액(보험금), 보험자의 보험가입 나이와 성별, 하는 일, 운전 여부, 보험기간 및 보험료납입기간, 보험료납입주기, 보험이 순수보장형 · 중도급부형 · 만기환급형 중 어느 것인지가 그것이다.

보험료의 결정과정

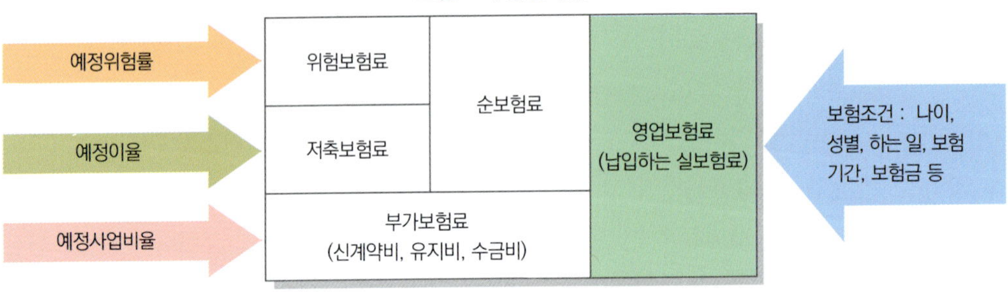

보험료의 상대적 비교

생명보험협회 · 손해보험협회는 '보험다모아'라는 웹사이트를 운영중이다. 주요 보험상품에 대한 가격 비교는 물론이고 많은 정보를 제공하고 있다. 금융감독원 홈페이지에서도 링크가 제공되고 있다.

▶보험가격지수

보험가격지수는 보험사들이 판매하는 평균 보험료 대비 해당상품의 보험료 수준을 비

율(%)로 보여준다. 100을 평균으로 하여 110인 상품은 동일한 보험들 평균보다 보험료가 10% 높다는 것을 의미한다. 만일 80이라면 반대로 20%가 저렴하다는 의미이다. 보험사별로 가격을 '상대평가'하여 보여주는 것이다.

다음 그림은 '보험다모아'에서 2025년 7월 13일자 기준으로 2007년 1월 1일생의 실손보험료를 동일한 보험가입조건으로 비교한 것이다. 총 17건이 조회되는데 지면상

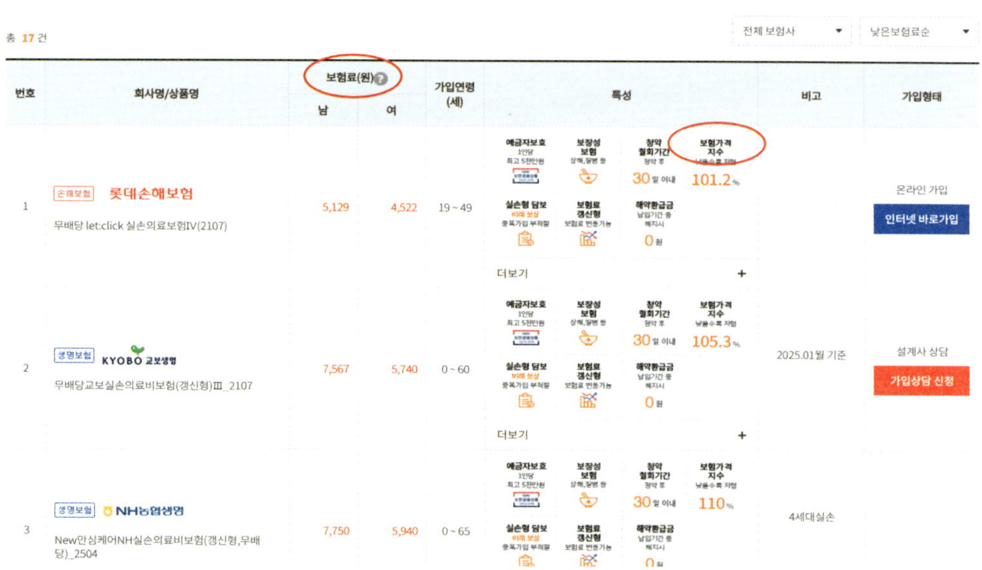

총 17 건 | 전체 보험사 | 낮은보험료순

번호	회사명/상품명	보험료(원) 남	보험료(원) 여	가입연령(세)	특성	비고	가입형태
1	손해보험 롯데손해보험 무배당 let:click 실손의료보험IV(2107)	5,129	4,522	19 ~ 49	예금자보호 / 보장성 보험 / 청약 철회기간 30일 이내 / 보험가격지수 101.2% / 실손형 담보 / 보험료 갱신형 / 해약환급금 0원 / 더보기 +		온라인 가입 인터넷 바로가입
2	생명보험 KYOBO 교보생명 무배당교보실손의료비보험(갱신형)Ⅲ_2107	7,567	5,740	0 ~ 60	예금자보호 / 보장성 보험 / 청약 철회기간 30일 이내 / 보험가격지수 105.3% / 실손형 담보 / 보험료 갱신형 / 해약환급금 0원 / 더보기 +	2025.01월 기준	설계사 상담 가입상담 신청
3	생명보험 NH농협생명 New안심케어NH실손의료비보험(갱신형,무배당)_2504	7,750	5,940	0 ~ 65	예금자보호 / 보장성 보험 / 청약 철회기간 30일 이내 / 보험가격지수 110% / 실손형 담보 / 보험료 갱신형 / 해약환급금 0원	4세대실손	

보험다모아 홈페이지에서 실손보험료를 조회한 결과 중 일부 (조회기준일 2025.7.13)

3위까지의 자료만 가져왔다. 그림을 보면 보험료는 롯데손해보험이 가장 싸다. 19세 남자 기준으로 한 달에 5,129원 수준이다. 그러나 보험가격지수를 보면 그림에서는 보이지 않는 다른 보험사가 더 낮다. 롯데는 101.2인데 100이 안 되는 보험사도 있다. 즉 보험료는 더 비싼데도 가격지수는 더 낮을 수 있는 것이다. 그 이유는 구체적인 보장에 차이가 있을 수도 있고, 앞서 살펴본 부가보험료, 즉 사업비 차이에서 비롯된 것일 수도 있다. 이런 경우에는 보험가격지수 기준으로 가입하는 것을 검토한다.

한편 암보험에 대해 비교해 보면 다음 그림과 같은 결과가 나온다. 암보험의 경우엔 가격지수와 함께 보험의 특성상 보장범위를 꼭 비교해야 한다.

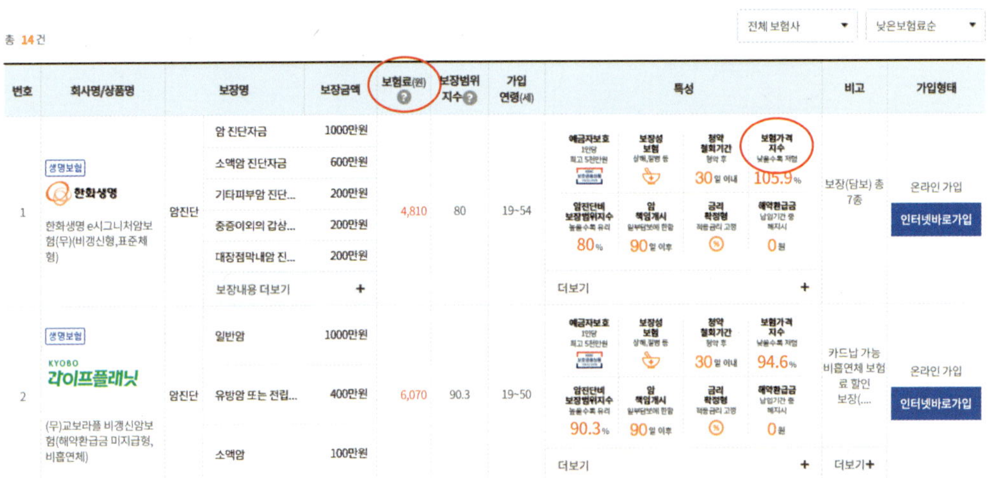

보험다모아 홈페이지에서 암보험료를 조회한 결과 중 일부 (조회기준일 2025.7.13)

이러한 비교는 생명보험협회 공시실, 손해보험협회 공시실 홈페이지에서도 제공된다. 어떤 종류의 보험이든 이러한 비교사이트에서 기초사항을 비교한 후 상세 내용도 꼭 확인할 필요가 있다.

▶저축성 보험의 환급률과 적립률

저축성 보험은 참고할 지표가 보장성 보험과는 다르다. 저축성 보험에서는 해약환급금 또는 환급률을 주요한 지표로 참고할 필요가 있다. 해약환급금을 가입자가 낸 보험료로 나눈 비율이 환급률이다. 다른 조건이 동일하다면 당연히 비율이 높을수록 유리하다. 한편 가입자가 보험료를 내면 수수료 성격의 부가보험료를 빼고 보험료가 적립되는데, 이 적립금을 1년, 3년, 5년, 7년, 10년으로 나누어 공시한다. 이를 적립률이라고 한다. 부가보험료가 적어야 적립금액이 높아지고 수익률도 높아질 가능성이 크다.

다음 그림은 보험다모아에서 남자 40세, 월보험료 30만원, 5년납 또는 전기납, 유지기간 10년의 조건으로 저축성 보험을 비교 검색한 것으로 그중 두 개만 가져온 것이다. 납입보험료는 3,600만원으로 동일하지만 첫 번째 DB생명의 상품은 3,961만원을 환급해 주기 때문에 환급률이 110.1%이다. 두 번째 NH농협생명의 상품은 환급률이 109.3%이다. 사진에는 제시하지 않았지만 환급률이 가장 낮은 상품은 106.6%로, 환급금은 3,838만원이다.

보험다모아 홈페이지에서 저축성 보험을 조회한 결과 중 일부 (조회기준일 2025.7.13)

다음 그림은 생명보험협회 공시실에서 비교 검색한 것이다. 적립률과 해약환급금 등의 정보를 보여주고 있다. 많은 정보를 확인할 수 있다.

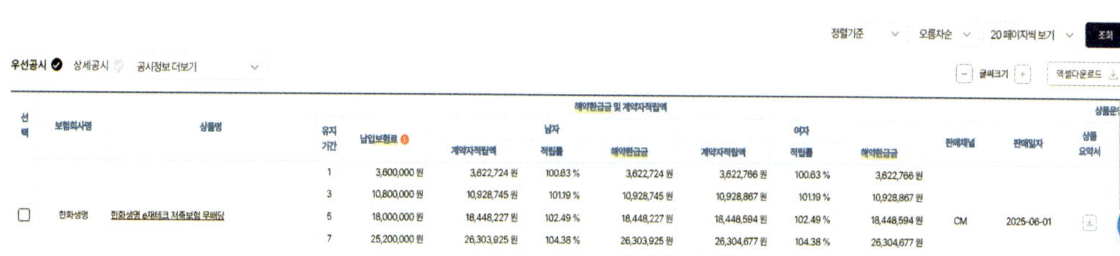

정렬기준 | 오름차순 | 20 페이지씩 보기 | 조회

우선공시 | 상세공시 | 공시정보 더보기 | 글씨크기 | 엑셀다운로드

선택	보험회사명	상품명	유지기간	납입보험료	남자 계약자적립액	남자 적립률	남자 해약환급금	여자 계약자적립액	여자 적립률	여자 해약환급금	판매채널	판매일자	상품요약서
☐	한화생명	한화생명 e재테크 저축보험 무배당	1	3,600,000 원	3,622,724 원	100.63 %	3,622,724 원	3,622,766 원	100.63 %	3,622,766 원	CM	2025-06-01	
			3	10,800,000 원	10,928,745 원	101.19 %	10,928,745 원	10,928,867 원	101.19 %	10,928,867 원			
			5	18,000,000 원	18,448,227 원	102.49 %	18,448,227 원	18,448,594 원	102.49 %	18,448,594 원			
			7	25,200,000 원	26,303,925 원	104.38 %	26,303,925 원	26,304,677 원	104.38 %	26,304,677 원			
			10	36,000,000 원	38,753,433 원	107.65 %	38,753,433 원	38,754,907 원	107.65 %	38,754,907 원			

생명보험협회 공시실 홈페이지에서 저축성 보험을 조회한 결과 중 일부 (조회기준일 2025.7.13)

저축성 보험의 환급률과 적립률은 보험계약 때 받는 보험안내서 등에도 표기되기 때문에 꼼꼼히 확인할 필요가 있다.

POINT 보험은 한번 가입하면 오랫동안 유지하는 금융상품이므로 정보가 제공되는 웹사이트에서 충분히 알아보고 가입하는 것을 권한다.

3 보험법에서 정한 보험에는 이런 것들이 있다

일반적인 분류

보험은 분류하는 기준에 따라 다양하게 나누어진다. 보험법에서 정한 것을 알아보기 전에 일상적으로 많이 인용되는 개념을 중심으로 중요한 것 몇 가지만 보면 다음과 같다.

▶공영보험과 사영보험

보험사업의 경영자가 공법인인지 개인 또는 사법인인지에 의한 분류이다. 공법인(公法人)이 경영하는 보험은 공영보험(public insurance)이고, 개인 또는 사법인(私法人)이 경영하는 보험은 사영보험(private insurance)이다. 공영보험은 전혀 영리면을 고려하지 아니하고 오로지 사회정책 또는 경제정책의 목적으로 경영된다. 보험 가입을 강제적으로 해야 하고 보험료는 위험률보다도 가입자의 부담능력에 비례하여 결정하는 경우가 많다. 또한 보험료는 보통 가입자와 국가 또는 사업주가 공동으로 부담한다.

우리나라의 경우 공영보험은 4대사회보험제도로 운영되는데, 업무상의 재해에 대한 산업재해보상보험, 질병과 부상에 대한 건강보험 또는 질병보험, 폐질·사망·노령 등에 대한 연금보험, 실업에 대한 고용보험제도의 네 가지가 있다.

우리나라의 4대사회보험제도 (사진 : 4대사회보험정보연계센터)

▶원보험과 재보험

하나의 보험이 있을 때 이 보험계약상의 책임의 전부 또는 일부를 다른 보험업자가 인수하는 경우에 전자를 원보험(原保險)이라 하고 후자를 재보험(再保險)이라 한다. 예를 들어 일반인이 미래에셋생명의 보험에 가입했는데 미래에셋생명이 이 보험을 코리안리에 다시 보험가입했을 경우, 최초의 미래에셋생명의 보험계약은 원보험, 코리안리와 계약한 보험은 재보험이 된다. 이처럼 재보험이라는 개념은 일반인에게는 필요없는 개념이다. 보험회사에 필요한 보험인 것이다.

▶인보험과 손해보험

보험사고가 사람의 생명 · 신체의 사고에 관하여 발생한 경우의 보험을 인(人)보험이라 하고, 재산상의 이익에 관한 것을 손해보험이라 한다. 이와 유사한 구분방식으로 인적보험과 물적보험으로 구분하기도 한다. 흔히 보험을 구분할 때 많이 인용하는 방식이다. 근래에는 보험사고의 어디까지가 사람에 대한 것이고 어디까지가 재산에 관한 것인지 애매한 보험상품도 많이 출현하고 있어서 이 구분방식이 완벽한 것은 아니다.

우리나라 보험법에 의한 분류

현재 우리나라의 보험관련 법령에서는 〈표 5-2〉와 같이 보험을 크게 생명보험, 손해보험, 제3보험의 세 가지로 구분하고 있다.

〈표 5-2〉 우리나라 보험의 종류

보험상품 구분	보험계약의 종류		
생명보험	생명보험계약	연금보험계약(퇴직보험계약 포함)	
손해보험	화재보험계약	해상보험계약(항공 · 운송보험계약 포함)	
	자동차보험계약	보증보험계약	재보험계약
	책임보험계약	기술보험계약	권리보험계약
	도난보험계약	유리보험계약	동물보험계약
	원자력보험계약	비용보험계약	날씨보험계약
제3보험	상해보험계약	질병보험계약	간병보험계약

일반 시중에서 판매되고 있는 보험계약은 법적으로는 〈표 5-2〉와 같이 구분되나 실제 사용하는 명칭만 봐서는 어디에 속하는지 파악하기가 어려운 경우도 있다. 예를 들어, 어린이보험이라고 하면 어디에 속하는 것일까? 그것은 결국 어떤 계약내용을 주로 담고 있느냐에 따라 생명보험에 속할 수도 있고 손해보험에 속할 수도 있는 것이다.

▶생명보험

위험보장을 목적으로 사람의 생존 또는 사망에 관하여 약정한 금전 및 그 밖의 급여를 지급할 것을 약속하고 대가를 수수하는 계약을 말한다. 이는 다시 두 가지로 구분된다.

생명보험(계약)

사람의 생존 또는 사망에 관하여 약정한 금전 및 그 밖의 급여를 지급할 것을 약속하고 대가를 수수하는 보험(계약)을 말하며, 아래의 연금보험(계약) 및 퇴직보험(계약)을 제외한다.

연금보험(계약) [퇴직보험(계약) 포함]

사람의 생존 또는 퇴직에 관하여 약정한 금전 및 그 밖의 급여를 연금 또는 일시금으로 지급할 것을 약속하고 대가를 수수하는 보험(계약)을 말한다. 일시금으로 지급가능한 경우는 퇴직보험계약일 때만 해당된다.

▶손해보험

위험보장을 목적으로 우연한 사건으로 발생하는 손해(계약상 채무불이행 또는 법령상 의무불이행으로 발생하는 손해 포함)에 관하여 금전 및 그 밖의 급여를 지급할 것을 약속하고 대가를 수수하는 계약을 말한다. 다음과 같은 것들이 있다.

화재보험(계약)

화재로 인하여 발생하는 손해에 관하여 금전 및 그 밖의 급여를 지급할 것을 약속하고 대가를 수수하는 보험(계약)이다. 화재보험은 예컨대 주택 · 건물 · 공장 · 창고 등이 손실되었을 때 보험계약자가 입게 되는 손해액의 한도를 보장해 주는데, 보험은 실제 손해를 보상하는 것이 원칙이다.

해상보험(계약) [항공 · 운송보험(계약) 포함]

해상사업에 관한 사고로 인하여 발생하는 손해에 관하여 금전 및 그 밖의 급여를 지급할 것을 약속하고 대가를 수수하는 보험(계약)이다. 이 경우 항공기 · 육상운송물 · 인공위성 등에 관한 사고로 인하여 생긴 손해를 보상하는 항공 · 운송보험(계약)은 해상보험(계약)으로 본다.

항공보험은 해상보험으로 분류한다. 사진은 스페인령 카나리아 제도 테네리페 섬 로스로데오 공항에서 지상 이동 중이던 팬암(Pan Am) 소속 1736편 항공기(B747)와 이륙 중이던 KLM 소속 4805편 항공기(B747) 2대가 활주로 상에서 충돌해 583명이 사망한 사고 (사진 : airtravelinfo.kr)

자동차보험(계약)

자동차를 소유 · 사용 · 관리하는 것과 관련한 사고로 인하여 발생하는 손해에 관하여 금전 및 그 밖의 급여를 지급할 것을 약속하고 대가를 수수하는 보험(계약)이다. 자동차보험에 대해서는 뒤에서 별도로 자세하게 설명한다.

보증보험(계약)

계약에 따른 채무의 불이행 또는 법령에 따른 의무의 불이행으로 발생하는 손해에 관하여 금전 및 그 밖의 급여를 지급할 것을 약속하고 대가를 수수하는 보험(계약)이다. 우리는 생활을 하다 보면 담보나 보증인이 필요할 때가 있다. 그런데 담보로 제공할 만한 것이 마땅하지 않고 특히 보증인 구하기가 현실적으로 매우 어려운 경우가 많다. 주위를 보면 과거에 보증을 섰다가 패가망신한 사례를 종종 볼 수 있다. 그래서 요즘엔 보증을 서 달라고 하는 것은 마치 같이 죽자고 권하는 것과 마찬가지라고 말하는 사람이 있을 정도이다.

보증의 문제점을 보여주는 그림 (그래픽 : lab-t.co.kr)

보증보험은 이러한 담보나 보증인을 대신해 주는 편리한 보험으로, 신원보증보험, 주택임대차보증보험, 보석보증보험, 인·허가보증보험, 리스보증보험 등 다양하게 만들어지고 있다.

재보험(계약)

보험회사가 인수한 보험계약상의 보험금 지급 등 기타 급여책임의 일부 또는 전부를 다시 다른 보험자에게 전가하는 보험(계약)을 말한다. 이는 앞서 설명한 바 있다.

책임보험(계약)

피보험자가 사고로 인하여 제3자에게 배상책임을 지게 됨으로써 발생하는 손해에 관하여 금전 및 그 밖의 급여를 지급할 것을 약속하고 대가를 수수하는 보험(계약)을 말한다.

도난보험(계약)

도난으로 인하여 발생하는 손해에 관하여 금전 및 그 밖의 급여를 지급할 것을 약속하고 대가를 수수하는 보험(계약)을 말한다.

비용보험(계약)

상금, 상품, 소송비용, 기타비용을 발생시키는 사고로 인하여 발생하는 손해에 관하여 금전 및 그 밖의 급여를 지급할 것을 약속하고 대가를 수수하는 보험(계약)이다. 이 경우 법률서비스나 법률서비스의 비용을 발생시키는 사고로 인하여 발생한 손해를 보상하는 법률비용보험(계약)을 포함한다.

날씨보험(계약)

날씨로 인하여 발생하는 손해에 관하여 금전 및 그 밖의 급여를 지급할 것을 약속하고 대가를 수수하는 보험(계약)을 말한다.

기타 : 기술보험(계약), 권리보험(계약), 동물보험(계약), 유리보험(계약), 원자력보험(계약)

기술보험(계약)은 기계설비 및 장치, 전자기기, 조립공사, 건설공사 등 이와 유사한 목적물과 관련된 사고로 인하여 발생하는 손해에 관하여, 권리보험(계약)은 동산 · 부동산에 대한 권리상의 하자로 인하여 발생하는 손해에 관하여, 동물보험(계약)은 동물에 발생한 사고로 인하여 발생한 손해에 관하여, 유리보험(계약)은 유리파손으로 인하여 발생하는 손해에 관하여 보장한다. 원자력보험(계약)은 원자력손해배상법에 의한 배상책임을 지게 됨으로써 발생하는 손해에 관하여 금전 및 그 밖의 급여를 지급할 것을 약속하고 대가를 수수하는 보험(계약)을 말한다.

▶ 제3보험

위험보장을 목적으로 사람의 질병 · 상해 또는 이에 따른 간병에 관하여 금전 및 그 밖의 급여를 지급할 것을 약속하고 대가를 수수하는 계약이다.

상해보험(계약)

사람의 신체에 입은 상해에 대하여 치료에 소요되는 비용 및 상해의 결과에 따른 사망 등의 위험에 관하여 금전 및 그 밖의 급여를 지급할 것을 약속하고 대가를 수수하는 보험(계약)을 말한다.

질병보험(계약)

사람의 질병 또는 질병으로 인한 입원·수술 등의 위험(질병으로 인한 사망을 제외한다)에 관하여 금전 및 그 밖의 급여를 지급할 것을 약속하고 대가를 수수하는 보험(계약)을 말한다.

간병보험(계약)

치매 또는 일상생활장해 등 타인의 간병을 필요로 하는 상태 및 이로 인한 치료 등의 위험에 관하여 금전 및 그 밖의 급여를 지급할 것을 약속하고 대가를 수수하는 보험(계약)이다.

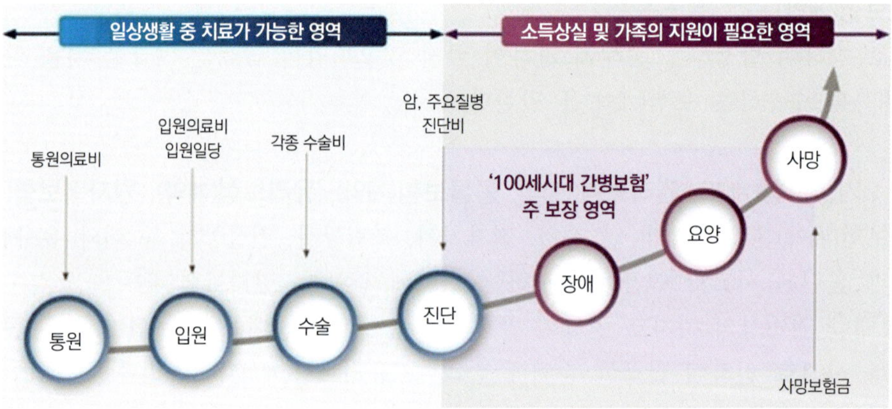

간병보험 기능의 확장 (그래픽 : 현대해상)

장을 마치며

"보험료 낼 여력도 없다"… 남녀노소 '보험사기'의 유혹

급전을 마련하기 위해 최후의 보루인 보험까지 깨는 이들이 속출하고 있다. 돈을 미련하기 위해 '보험사기'에 가담하는 이들까지 늘고 있다. 전분가들은 돈이 급해도 보험을 이용해 돈을 벌 수 있는 방법은 없고, 대부분 보험사기이기 때문에 주의해야 한다고 당부했다.

4일 보험업계에 따르면 지난해 말 보험사 가계대출은 135조 7,000억원으로 전년인 2023년 말 135조원 대비 7,000억원가량 늘었다. 대표적 '불황형 대출'인 보험계약대출 잔액도 역대 최고 수준을 기록했다. 지난해 말 보험계약대출은 71조 6,000억원으로 전년 동기 71조원 대비 6,000억원가량 증가했다.

또 지난해 말 생명보험사의 보유계약액은 2,337조원으로 전년인 2023년 말 2,374조원 대비 37조원, 1.6% 감소했다. 보유계약액 감소는 신계약 감소와 효력상실해약계약이 증가한 탓이다. 지난해 생보사 신계약은 235조원으로 전년 동기 244억원 대비 3.7% 감소했다. 같은 기간 효력상실해약계약은 220조원으로 무려 4.3%나 증가했다.

더 심각한 문제는 경제적으로 취약한 서민들이 보험사기로 인해 피해를 보거나 돈을 마련하기 위해 보험사기에 가담까지 하고 있다는 점이다. 올해 초 미래에셋금융서비스·피에스파인서비스 소속 설계사들 등 97명이 보험영업을 빌미로 보험계약자 765명에게 유사 수신자금 1,406억원을 모집했고, 이 중 342억원 폰지사기가 발생했다. 이들은 '월급 관리' 명목으로 청년들을 모아 재무상담을 하고, 대부업체인 피에스파이낸셜에 돈을 투자하게 했다.

또 최근 금감원은 SNS상에 '대출', '고액알바' 등 게시글로 유인해 가입한 보험을 이용해 손쉽게 돈을 벌 수 있다고 제안하는 신종 보험사기에 대해 소비자 경보 '주의' 단계를 발령했다. 금감원이 소비자 경보를 발령한 신종 보험사기도 SNS를 주로 활용하고 경제적으로 취약한 20~30대 청년층이 주요 대상이었다. 이들은 보험사기 공모자가 가입한 보험상품 및 보장내역 등을 면밀히 분석해 보험사기를 기획하고 허위 보험금 청구에 필요한 위조 진단서까지 제공하는 치밀함을 보였다.

금감원은 "온라인 커뮤니티, SNS 등을 통해 고수익 및 원금 보장을 약속하며 투자를 유도하면 불법 유사수신 업체일 가능성이 매우 높다"며 "SNS상의 대출, 고액알바 등 게시글을 통한 상담 중 보험을 이용해 돈을 벌 수 있다면 보험사기이니 무조건 상담을 중지해야 하고, 브로커가 제공한 위조 진단서를 이용한 보험금 청구는 보험사기 행위로 중대 범죄이다"라고 강조했다.

실제 보험사기액은 매년 증가하는 추세다. 지난해 보험사기액은 1조 1,503억원으로 전년 동기 1조 1,164억원 대비 339억원, 3% 증가했다. 보험사기액의 가장 절반 가까이는 자동차보험사기에서 발생했다. 지난해 자동차보험사기액은 5,704억원으로 전년 동기 대비 4.2% 증가했다.

지난해 보험사기 직업별 적발인원은 회사원이 2만 6,509명으로 가장 많았고, 뒤를 이어 무직자 및 일용직이 1만 2,025명, 전업주부 1만 6명, 학생 4,559명 순이었다. 눈길을 끄는 점은 회사원의 보험사기 적발이 전년 동기 대비 3,000명 이상 크게 증가한 반면, 무직자 및 일용직, 전업주부, 학생의 보험사기 인원은 소폭 감소했다.

특히, 지난해 보험사기는 60대 이상의 고령층을 중심으로 크게 증가했다. 지난해 보험사기 연령별 적발인원은 60대가 2만 7,998명으로 가장 많았고, 50대가 2만 4,528명, 40대 2만 1,055명, 30대 1만 9,746명, 20대 1만 4,884명, 10대 이하 786명 순이다. 60대 이상의 보험사기 적발인원은 전년 동기 대비 3,200명 넘게 증가했고, 2022년 대비 무려 5,000명 넘게 증가했다.

최근 보험사기의 특징은 20~40대 직장인과 주부부터 50~60대 이상 고령층까지 남녀노소를 불문한 전 연령층이 보험사기 피해자와 가해자에까지 노출돼 있다는 점이다.

이렇게 전 연령층이 폭넓게 보험사기에 노출된 이유는 급전이 필요한 서민들이 많아진 탓이기도 하다. 보험사기의 피해자와 가해자는 모두 '돈을 쉽게 벌 수 있다'는 유혹에 현혹됐다.

한 보험사 관계자는 "최근 보험사기는 주변에 누구라도 가해자나 피해자가 될 수 있는 구조로 벌어지고 있어 소비자들의 각별한 주의가 필요하다"며 "보험은 대부분 장기 보장성 상품으로 보험을 이용해 급전을 벌 수 있는 방법은 없으며, 이를 유도하는 것은 모두 보험사기다"라고 말했다.

(Seattle N, 2025.5.4)

주요 용어

- 보험
- 보험자
- 피보험자
- 보험료
- 보험금
- 보험료납입기간
- 전기납입보험
- 보험기간
- 보험료기간
- 대수의 법칙
- 수지상등의 원칙
- 급부, 반대급부의 원칙
- 렉시스의 법칙
- 위험분담의 원칙
- 이득금지의 원칙
- 예정위험률
- 예정이율
- 예정사업비율
- 순보험료
- 위험보험료
- 저축보험료
- 부가보험료
- 보험가격지수
- 환급률
- 적립률
- 공영보험
- 사영보험
- 원보험
- 재보험
- 인보험
- 손해보험
- 제3보험

연습문제

1. 보험료와 보험금의 관계를 설명하라.
2. 보험의 원리 중 수지상등의 원칙에 대하여 설명하라.
3. 보험료를 결정할 때 사용되는 세 가지의 예정률에 대하여 설명하라.
4. 부가보험료란 무엇이며, 어떻게 구성되어 있는가?
5. 불필요하게 비싼 보험료를 내지 않는 방법은?
6. 우리나라 보험법은 보험을 어떻게 구분하고 있는가?

CHAPTER

6

꼭 필요한 보험 가입하기

전 세계 도시의 의료 수준. 진한 녹색일수록 높고, 진한 적색일수록 낮다. 서울은 대만의 가오슝과 타이베이, 태국 치앙마이에 이어서 네 번째로 높다. (자료 : NUMBEO)

"연 10%씩 오른 실손보험료, 보험사 배만 불려"

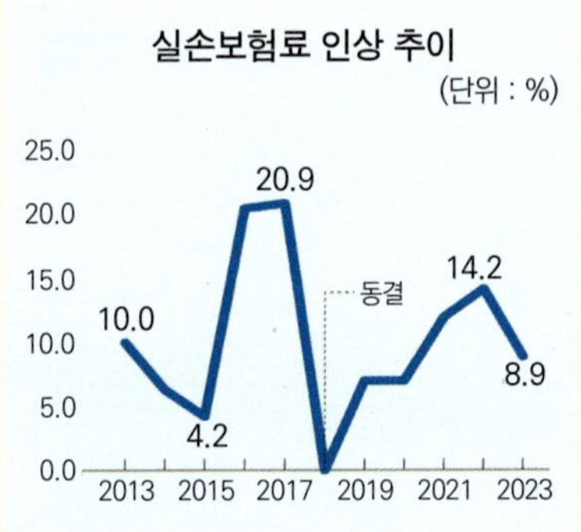

(자료 : 국민건강보험노동조합)

실손의료보험이 본래 취지인 공적 건강보험의 한계를 보완하는 역할을 넘어, 과잉 진료를 유발해 건보 재정에 심각한 부담을 지운다는 조사 결과가 잇따랐다.

감사원의 전날 발표를 보면 2022년 실손보험 가입자가 추가 의료 서비스를 이용하면서 총진료비가 12조 9,400억~23조 2,800억원 더 발생했다.

이로 인해 건강보험이 부담한 비용은 3조 8,300억~10조 9,200억원이었다. 물리치료 · 백내장 등 상위 9개 비급여 항목에서 3조 5,201억원의 추가 진료비가 발생했다.

건강보험은 이와 연계한 진찰료, 혼합진료비 등으로 7,210억원을 추가 부담했다. 실손보험 가입자가 비급여 검사나 치료를 받으려면 건강보험이 적용되는 급여 항목도 함께 소비할 수밖에 없는 구조다. 실손보험 가입자가 비가입자와 비슷한 수준으로 의료 서비스를 이용했다면 건보 재정을 그만큼 아낄 수 있었다는 뜻이다.

노조는 보험사들이 건강보험 본인부담상한제를 이용해 이익을 본다고 했다. 본인부담상한제는 1년간 병원비로 일정액 이상 초과 부담하면, 건강보험에서 초과분만큼 돌려주는 제도다. 그런데 보험사들은 건보공단이 돌려주는 초과금을 실손보험금 지급에서 제외한다. 그만큼 환자 몫은 줄고, 보험사 배만 불린다는 것이다.

보험사는 2024년 기준 201만명에게 환급된 2조 6,278억원의 이익을 얻었지만 오히려 보험료는 올렸다.

(경향신문, 2025.5.15)

1 알아두어야 할 아름다운 우리나라의 사회보장제도들

필수보험과 권장보험 총괄

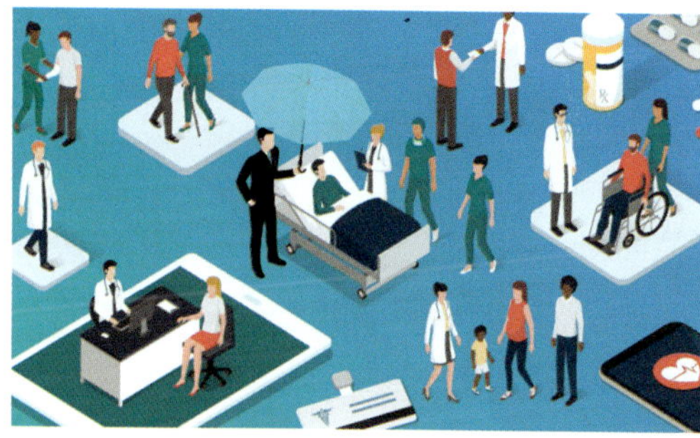
어떤 보험에 가입할지는 늘 고민거리이다.
(그래픽 : b-journal.co.kr)

보험에 가입해야 한다면 수많은 보험 중에서 어떤 보험을 선택해야 할까? 가능하면 많은 보험에 가입하면 좋겠지만 현실적으로 재정에 한계가 있기 때문에 우선순위를 정하여 가입할 수밖에 없다. 전문가들은 보험료로 납부하는 적정금액을 가처분 소득의 7~8% 내외 정도로 보고 있다. 이 금액 범위 내에서 우선순위를 정해놓고 가입하면 된다.

어떤 보험에 우선적으로 가입해야 할까? 이를 결정하기 전에 한 가지 다시 기억해야 할 점은 보험이라는 상품의 특성이다. 보험은 앞 장에서 살펴본 것처럼 미래의 예상하지 못했던 불행한 일에 대한 대비책이다. 보험이 갖는 본래의 목적은 '저축'이 아니라 '보장'이라는 뜻이다.

그렇다면 어떤 보험에 가입해야 할까? 아래 그림이 그 결론이다.

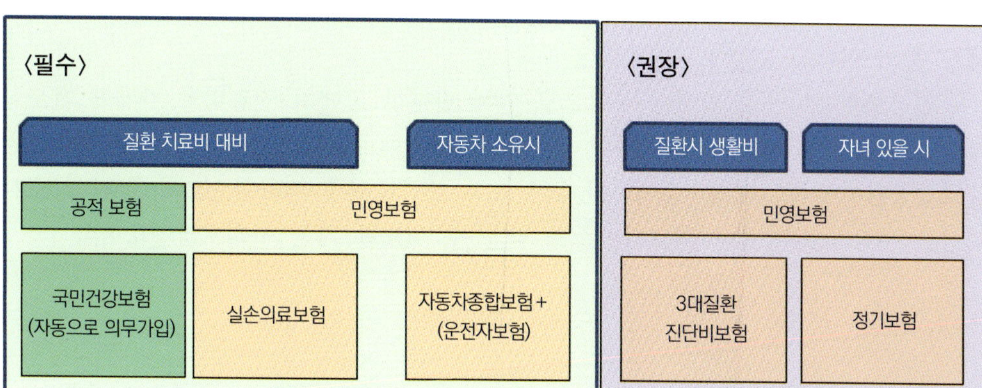

반드시 가입해야 할 민영보험은 실손의료보험이다. 이 보험은 국가에서 운영하는 국민건강보험과 함께 우리가 병에 걸렸을 때 드는 의료비의 대부분을 커버해 준다. 그래서 국가에서는 사실상 공적 보험처럼 관리하고 있다.

자동차가 있다면 반드시 자동차종합보험에 가입하고 운전자보험도 가능하면 가입하자. 여기까지는 필수적으로 가입해야 하는 보험이고, 여력이 된다면 다음으로 가입해야 할 보험은 3대질환진단비보험이다. 이 보험은 중대 질환에 걸렸을 때 그 병환이 낫는 동안의 병원비가 아닌 생활비를 확보할 목적의 보험이다. 마지막으로 정기보험은 미성년 자녀가 있을 경우, 보호자의 갑작스러운 사망시 자녀가 최소한의 생활을 할 수 있도록 사망보험금 수령 목적의 보험이다.

POINT

- 보험의 본래 목적은 미래의 예상치 못했던 불행한 일로부터 본인의 삶을 보호하고자 하는 보장 목적이다. 즉 보장성 보험이 진정한 보험이다.
- 실손의료보험은 무조건 가입한다. 자동차가 있다면 자동차종합보험에 가입한다. 여유가 된다면 이어서 3대질환진단비보험 정도면 보험 가입은 사실상 충분하다.

의료 관련 우리나라의 공적 보장제도

▶사회보장제도로서의 건강보험

사회보장이란 출산, 양육, 실업, 노령, 장애, 질병, 빈곤 및 사망 등의 사회적 위험으로부터 모든 국민을 보호하고 국민 삶의 질을 향상시키는 데 필요한 소득·서비스를 보장하는 사회보험, 공공부조, 사회서비스를 말한다. 우리나라 사회보험의 대표적인 제도 중의 하나가 건강보험제도이다.

건강보험제도는 질병이나 부상으로 인해 발생한 고액의 진료비로 가계에 과도한 부담이 되는 것을 방지하기 위하여, 국민들이 평소에 보험료를 내고 보험자인 국민건강보험공단이 이를 관리·운영하다가 필요시 보험급여를 제공함으로써 국민 상호간 위험을 분담하고 필요한 의료서비스를 받을 수 있도록 하는 사회보장제도이다.

〈표 6-1〉 사회보험과 사보험(민영보험)의 비교

구 분	사회보험	사보험(민영보험)
책임주체	국가	개인
원칙	사회연대성	계약성
법적 근거	사회보험법	상법(보험법)
가입	의무	임의
운영 · 관리체계	국가 또는 공법인(공단)	사기업(회사)
보험료의 부담	소득수준에 따른 능력비례 부담	위험크기에 따른 부담
보험급여	균등급여	계약에 따라 급여
급여형태	현금 또는 현물	현금

건강보험제도는 몇 가지 특징이 있다.

① 먼저 일정한 법적 요건이 충족되면 본인의 의사와 관계없이 건강보험 가입이 강제되며 보험료 납부의무가 부여된다. 보험 가입 기피가 허용될 경우 질병위험이 큰 사람만 보험에 가입하여 국민 상호간 위험분담 및 의료비 공동해결이라는 건강보험제도의 목적을 실현할 수 없기 때문이다.

② 부담능력에 따라 보험료가 부과된다. 반면 민간보험은 보장의 범위, 질병위험의 정도, 계약의 내용 등에 따라 보험료를 부담한다.

③ 내는 보험료는 사람마다 다를 수 있지만 모든 사람에게 균등한 보험급여가 이루어진다.

▶우리나라 의료 관련 3단계 보장성 제도

우리나라의 의료 관련 보장성 제도는 다음과 같은 3단계로 체계가 만들어져 있다. 먼저 기본적인 건강보험제도가 있다. 이는 위에서 설명한 바와 같다.

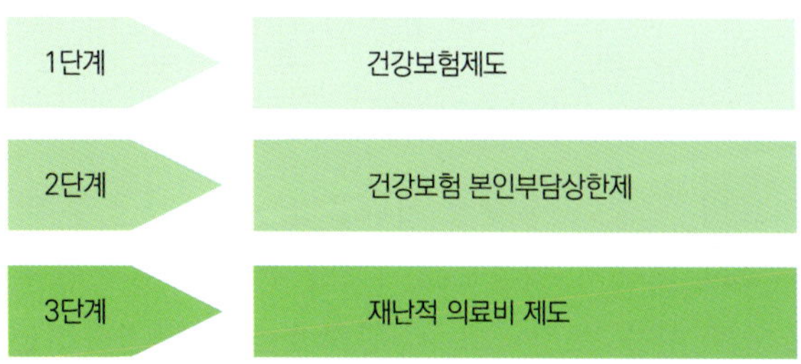

건강보험 본인부담상한제

(그림 : 국민건강보험공단 유튜브)

이 제도의 핵심은 소득수준별로 건강보험 적용 질환 치료를 위하여 지나치게 많은 지출을 한 사람을 지원하는 것이다.

우리가 병원을 가면 건강보험이 적용되더라도 일정수준의 본인부담금을 병원비로 내게 된다. 건강보험이 적용되는 질환이라도 건강보험에서 100% 부담하는 것은 아니기 때문이다. 이러한 건강보험 본인부담금을 합산하여 개인이 1년간 일정액 이상을 냈을 경우, 그 일정액을 초과하는 금액을 국민건강보험공단이 국민들에게 돌려주는 제도가 '본인부담상한제'이다.

〈표 6-2〉에서 보는 바와 같이 예를 들어 소득수준 4분위에 해당하는 경우, 연간 건강보험 본인부담금이 170만원을 초과하면 국가가 초과하는 금액을 가입자와 피부양자에게 돌려주는 제도이다.

〈표 6-2〉 소득분위별 건강보험 본인부담상한제 (단위 : 만원, 2025년 기준)

소득분위	1분위	2분위	3분위	4분위	5분위	6분위	7분위	8분위	9분위	10분위
구간	1구간	2구간		3구간		4구간		5구간	6구간	7구간
소득수준	하위 50%					상위 50%				
기본	89	110		170		320		437	525	826
요양병원 120일 초과 입원	141	178		240		396		569	684	1,074

POINT 우리나라 국민이 건강보험이 적용되는 질병을 갖고 있다면 그 질병을 치료하느라 무한정 의료비를 지출하는 일은 없다. 이 제도가 건강보험 본인부담상한제이다.

재난적 의료비 제도

이 제도는 과도한 의료비 지출로 경제적 어려움을 겪는 가구의 의료비 부담완화를 위한 건강보험 보장성 강화 대책의 일환으로 「재난적 의료비 지원에 관한 법률」 시행을 통해 국민들의 의료 접근성을 보장하고, 건강보호에 이바지하려는 목적이 있다.

정부가 '재난적 의료비 지원사업'에서 정하고 있는 재난적 의료비 내용은 다음과 같다.

▶재난적 의료비 지원대상

선정기준을 모두 충족해야 한다. 질환, 소득, 재산, 의료비 부담수준의 네 가지의 기준이 있다.

① 질환기준 : 입원, 외래 구분 없이 모든 질환에 대해 동일 질환 진료시 지원(2023년 3월부터 외래도 모든 질환으로 확대됨)한다. 다만, 질환특성과 의료적 필요성을 고려해야 하는 경우, 예컨대 치과, 한방병원, 정신병원 진료 등에 대해서는 개별심사를 통해 선별 지원한다.

② 소득기준 : 가구소득이 기준중위소득 100%(소득하위 50%) 이하가 지원대상이다. 이때 '가구'란 환자기준으로 주민등록표(등본)상에서 표시된 생계 · 주거를 같이하는 자를 말한다. 가구소득의 구간을 쉽게 파악하는 방법은 매월 납부하는 건강보험료로 알아보는 것이다. 〈표 6-3〉은 2025년 기준으로 이를 정리한 것이다. 표에서 보험료가 '혼합'인 경우는 한 가구 내에서 직장보험료를 내는 사람과 지역보험료를 내는 사람이 섞여 있을 경우를 말한다.

③ 재산기준 : 지원대상자가 속한 가구의 재산 과세표준액 7억원 이하

④ 의료비 부담수준 : 가구의 소득구간별로 본인이 부담한 의료비 총액이 기준금액을 초과시 지원한다. 〈표 6-4〉에 자세히 나와 있다.

선정기준 적용의 예시를 들어보자.

먼저 기초생활수급자나 차상위계층은 월 건강보험료 관계없이 지원 제외 항목을 차감한 본인부담의료비가 80만원을 초과하면 재난적 의료비 지원대상이 된다. 다른 예로, 직장가입자 1인 가구의 월 건강보험료가 79,240원 이하인 기준중위소득 100% 이하 가구는 지원 제외 항목을 차감한 본인부담의료비가 280만원 초과 발생시 재난적 의료비 지원대상이 된다. 만약 지역가입자와 직장가입자로 구성된 2인 가구의 월 건강보험료 합산이 112,770원 이하이고 기준중위소득이 85% 이하인 가구라면 지원 제외 항목을 차감한 본인부담의료비가 400만원 초과 발생시 역시 지원대상이 된다.

〈표 6-3〉 소득구간(기준중위소득)별 건강보험료 수준 기준금액(2025년 기준) (단위 : 원)

소득구간 (기준중위소득)	인원수	보험료(원단위 절상)		
		직 장	지 역	혼 합
기초생활수급자, 차상위계층				
50% 이하	1인	41,890	10,460	43,340
	2인	66,420	14,930	67,340
	3인	83,790	21,520	84,670
	4인	101,580	34,150	102,550
	5인 이상	119,660	63,160	120,660
50% 초과 70% 이하	1인	55,640	14,360	57,100
	2인	91,600	22,790	92,160
	3인	117,390	60,090	118,470
	4인	142,350	93,620	144,020
	5인 이상	167,880	125,950	169,860
70% 초과 85% 이하	1인	67,340	15,730	67,790
	2인	111,690	50,950	112,770
	3인	142,350	93,620	144,020
	4인	173,770	129,920	175,970
	5인 이상	205,290	155,840	202,380
85% 초과 100% 이하	1인	79,240	20,460	79,850
	2인	130,910	75,770	132,130
	3인	167,880	125,950	169,860
	4인	205,290	159,280	208,160
	5인 이상	239,080	199,020	243,100

〈표 6-4〉 재난적 의료비 지원수준 충족을 위한 소득수준별 의료비 부담수준

소득수준	의료비 부담수준	지원비율
기초생활수급자, 차상위계층	본인부담의료비 총액이 80만원 초과	80%
기준중위소득 50% 이하	• 1인 가구 : 본인부담의료비 총액이 120만원 초과 • 2인 가구 이상 : 본인부담의료비 총액이 160만원 초과	70%
기준중위소득 50% 초과~100% 이하*	본인부담의료비 총액이 연소득 10% 초과	60%
기준중위소득 100% 초과~200% 이하	본인부담의료비 총액이 연소득 20% 초과 (개별심사 대상)	50%

* 기준중위소득 50% 초과~100% 이하 수준을 세분하면 다음과 같다.

소득수준	인원수	의료비 부담수준
50% 초과~70% 이하	1인	200만원
	2인 이상	330만원
70% 초과~85% 이하	1인	240만원
	2인 이상	400만원
85% 초과~100% 이하	1인	280만원
	2인 이상	470만원

▶재난적 의료비 지원범위

지원하는 금액은 연간 5,000만원 한도 내에서 〈표 6-4〉의 지원비율에 따라 차등 지원한다. 지원일수는 동일 질환별 입원과 외래 진료일수의 합이 연간 180일 이내(투약일수 제외)이다. 만약 진료일수 합산이 180일에 이르지 못했는데 지원상한 금액인 5,000만원에 도달하면 해당연도는 종료된다.

재난적 의료비 지원금 계산법은 다음과 같다.

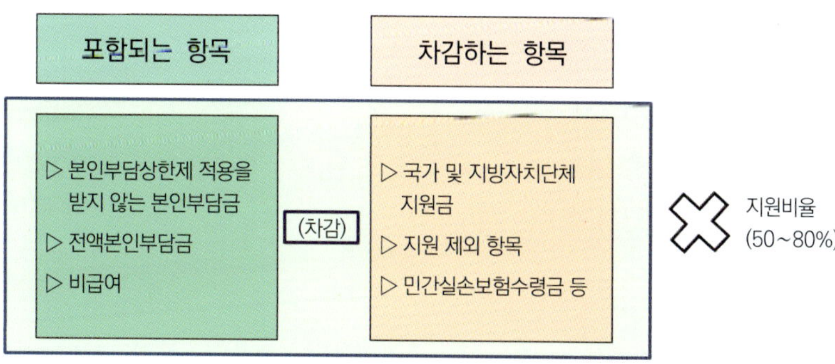

단, 본인부담상한제 적용을 받지 않는 본인부담금은 다음과 같다.

① 예비급여, 선별급여
② 노인틀니(의료급여 수급권자에 한함), 65세 이상 임플란트
③ 추나요법(급여적용 건에 한함)
④ 병원 2·3인실 입원료

▶재난적 의료비의 지원 제외 및 개별심사

일상생활에 지장이 없거나 대체진료와 비용편차가 큰 치료, 제도 취지에 부합하지 않는 의료비는 지원에서 제외한다. 대표적으로 미용 · 성형, 특 · 1인실 병실료, 간병비, 한방첩약, 요양병원에서 발생한 의료비, 다빈치로봇수술, 도수치료, 보조기, 증식치료 등이 이에 해당한다. 국가 · 지자체 지원금 및 민간보험금(실손 · 정액형 모두 포함) 수령 등 중복수급이 확인되면 지원금을 환수한다.

그런가 하면, 기준에 다소 못 미치거나 금액이 초과하더라도 반드시 지원이 필요한 사례의 경우인 경우에는 심사를 통해 선별하여 개별적으로 지원하기도 한다. 대표적으로 기준중위소득 100% 초과 200% 이하 가구로서 의료비 부담이 큰 경우나 질환 특성을 고려하여 지원 여부 판단이 필요한 경우가 이에 해당한다.

▶재난적 의료비의 조회 및 신청

국민건강보험 홈페이지 의료비지원에서 지원도우미를 통해 지원받을 수 있는 금액을 조회할 수 있으며, 실제 지원신청은 환자 또는 대리인이 국민건강보험공단 지사에 직접 방문하여 지급신청을 해야 한다. 퇴원일(최종진료일) 다음날부터 180일(토 · 공휴일 포함)까지만 가능하므로 늦지 않도록 한다.

POINT 일반적인 서민인데, 의료비가 가계를 위협할 정도에 이르면 별도의 지원제도가 있다. 이 제도가 재난적 의료비 제도이다.

공적 보장제도의 한계

앞서 설명한 건강보험제도가 갖는 사회보장적 성격 때문에 국가가 운영하는 건강보험이 모든 질병을 보장하는 것이 가장 바람직할 것이다. 우리나라의 현재 상황은 어떨까?

우리나라의 경상의료비[1] 증가율은 최근 10여 년(2011~2022년)간 연평균 8.4%에 이른다. 최근 경제성장률이 2~3%도 쉽지 않음을 생각한다면 매우 높은 비율이다. 의료비 지출이 크게 증가하고 있는 것은 인구의 고령화, 생활수준의 향상, 의료기술의 발전 등이 복합적으로 영향을 미쳤기 때문이다. 다음 그림은 시사하는 바가 크다. 환

1) 경상의료비 : 보건의료서비스와 재화의 소비를 위하여 국민 전체가 1년간 지출한 총액

자 1인당 외래진료 횟수를 보면, OECD 국가 중 우리나라가 단연 1위로 연 17.5회에 이른다. OECD 평균을 보면 6.4회에 불과하다.

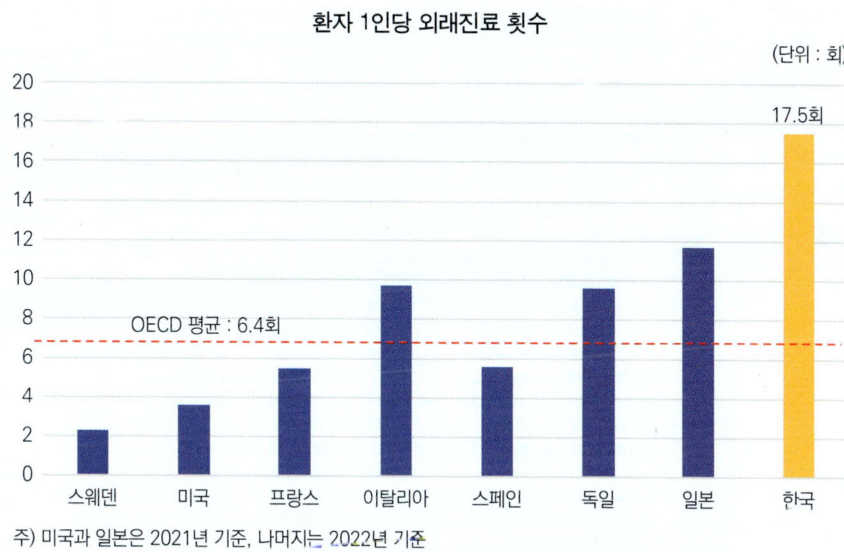

(자료 : OECD Health Statistics, https://data-explorer.oecd.org, Healthcare utilisation, 2024.8)

이처럼 병원도 많이 다니고 의료비도 매년 큰 폭으로 늘어나고 있는데 의료비 중 민간이 부담하는 비중은 오히려 높다. 경상의료비를 누가 얼마의 비중으로 맡고 있는지를 OECD 국가별로 정리한 다음 그림을 보면 이러한 내용이 잘 드러난다. '정부·의무가입제도'가 책임지고 있는 비율은 가계, 즉 개인이 아닌 공적인 부분에서 책임지고 있는 의료비 비중이다. 독일이 가장 높아서 86.7%에 이른다. 나머지 13.3%만 개인이 책임을 지면 된다. 대개 유럽 복지국가들의 해당비율이 높다. OECD 평균은 75.5%이다. 1,000만원의 의료비가 발생하면 OECD 국가 국민들은 평균적으로 공적인 영역에서 755만원을 책임지고 개인은 245만원을 책임지는 것이다. 우리나라는 이 비율이 64.1%로 꼴찌에서 다섯 번째이다. 그나마 그동안 지속적으로 개선된 수준이 이 정도이다.

이 부분이 민간보험의 영역이다. 재난적 의료비 제도가 도움이 될 것이긴 하지만 여전히 실손의료보험의 중요성이 강조되고 있다.

OECD 국가의 경상의료비 중 주체별 부담 비율

(단위 : %)

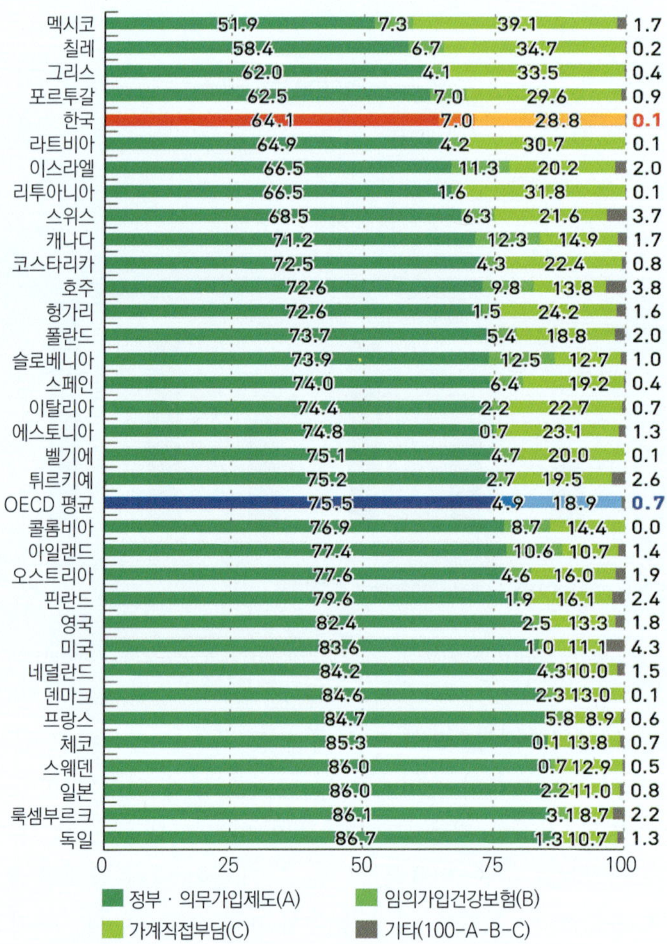

주) OECD 평균은 2022년(혹은 인접 과거 연도) 통계가 있는 회원국(정부 · 의무가입제도, 가계직접부담 38개국, 임의가입건강보험 35개국)의 평균

(자료 : OECD 보건의료통계 2024)

POINT 우리나라는 건강보험제도가 잘 되어 있고 의료비를 지원하는 제도도 양호하다. 하지만 건강보험제도가 커버하지 못하는 의료비 비중이 너무 높다. 이 부분은 결국 민영보험으로 준비하는 수밖에 없다.

2 가입이 권장되는 보험들

POINT
- 보험을 딱 한 개만 가입해야 한다면 실손의료보험이다. 최초 가입하는 청년들의 경우 보험료가 월 1만원에도 미치지 않는다.
- 자동차 보유자는 자동차종합보험에 필히 가입하고 운전자보험에 가입하기를 권한다.
- 추가로 보험 가입을 고려한다면 3대질환진단비보험을 권한다.

실손의료보험

▶ 실손의료보험의 강점

실손의료보험의 강력한 장점은 적은 보험료만으로 예외 사항만 빼고 보험금을 나 지급해 준다는 점이다. 이 보험을 제외한 모든 보험은 특정요건을 충족해야 보험금을 지급한다. 앞서 설명한 국민건강보험과 지금부터 설명하는 실손의료보험만 있으면 우리가 평생 살아가면서 발생할 병원 치료비의 90% 이상은 해결된다고 보면 된다.

▶ 실손의료보험의 의의

실손의료보험은 보험가입자가 병원 · 의원에서 치료를 받고 부담한 의료비 중 일부를 보험회사에서 보장해 주는 보험이다. [환자가 의료기관에 납부한 본인부담금+비급여(국민건강보험의 보장대상이 아닌 것)] 금액에서 일정부분을 실비로 보장한다. 실손의료보험은 실제 지출한 비용에 대한 보장을 하기 때문에 실손보험, 의료실비보험, 민영의료보험이라고도 한다.

이 보험은 왜 만들어졌을까? 우리가 살다 보면 갑작스러운 상해나 질병, 특히 장기간의 입원을 할 경우가 생길 수 있다. 이때에는 많은 의료비가 들 뿐만 아니라 소득원에 문제가 생겨 서민 가정의 평화를 깨뜨릴 수 있다. 실손의료보험은 평소에 적은 보험료를 납입하여 이러한 불상사를 막는 데 도움이 된다.

실손의료보험의 주요 보장항목은 입원의료비, 질병통원의료비, 상해통원의료비 등이다. 통상 국민건강보험법에서 정한 요양급여 중 본인부담금과 비급여 부분의 합

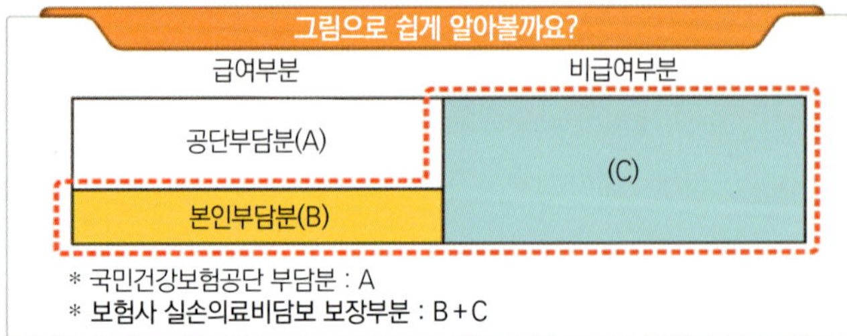

실손보험의 보장 부분 (자료 : 금융감독원)

계약 중 70~80%(4세대 기준)에 해당하는 금액을 보장받을 수 있다.

이러한 실손보험은 2003년 공보험을 보조하는 형태로 도입되어 현재 가입자가 4천만명에 달하는 제2의 국민건강보험이 되었다. 보험 가입이 까다롭고 보험료가 비싼 노년층을 제외하면 대부분의 국민들이 가입했다고 할 수 있을 정도이다.

▶실손의료보험의 구분

실손의료보험은 공영보험인 국민건강보험을 보조하는 성격이 있기 때문에 다른 보험과 달리 정부가 그 운영에 적극적으로 개입하고 있다. 그러다 보니 몇 번의 큰 변화를 겪었다. 변화의 핵심 초점은 수익성을 유지하려는 보험사의 목표와 공공성을 확보하려는 정부의 목표가 상충하는 부분에 대한 균형점을 찾고자 하는 부분이다.

실손보험의 역사를 보면 크게 네 개의 세대로 나누어진다. 2009년 9월 이전의 보험은 1세대 실손보험으로 본다. 1세대 실손보험은 정부 관여가 적어 보험사가 사실상 자유롭게 설계하고 판매했던 시기이다. 표준화실손보험으로 불린 2세대 실손보험은 2009년 10월부터 2017년 3월까지 판매되었던 보험으로 본격적으로 정부가 관여를 시작했다. 정부의 접근방법은 보험의 표준화였다. 보장받을 수 있는 내역을 표준화하기 시작한 것이다. 이때의 실손보험을 표준화실손보험이라고 부른다. 2세대 실손보험부터는 자기부담금이라는 제도가 도입되었다. 자기부담금은 보험사가 지급하는 보장금액의 일부를 보험계약자가 부담하도록 하는 제도이다.

이 시기는 다시 두 개로 나누어진다. 2013년 이전에는 실손의료보험은 한 가지뿐이었으나 이후에는 '단독실손의료보험'과 '통합형(또는 특약형) 실손의료보험'으로 나뉘어서 판매되었다. 단독실손의료보험은 다른 보장은 하나도 없이 오직 실손의료비만 보장받을 수 있는 상품인 반면, 통합형 실손의료보험은 실손의료보장 외에 사망, 후유장해, 암, 입원, 수술 등 다른 보장을 같이 가입할 수 있는 상품을 말한다.

2021년 7월 이후 현재까지 판매되고 있는 실손보험을 4세대 실손보험이라고 한다. 4세대 실손보험의 특징은 보험료를 대폭 내리고 자동차보험처럼 이용한 만큼의 보험료 할인이나 할증을 적용해 비급여 부분의 보험료 차등제를 도입했다는 점이다.

▶4세대 실손의료보험으로 갈아탈 것인가? 5세대 실손보험?

4세대 이전 기존 가입자가 4세대로 전환한다면 당장은 보험료를 낮출 수 있으나 동시에 자기부담금이 확대될 수 있고 더 불리한 가입조건이 적용될 가능성이 충분히 있다. 병원을 자주 가는 사람이라면 전환하는 것이 불리할 가능성이 크다는 뜻이다.

한편, 실손보험을 믿고 필요 이상으로 병원을 찾는 사람이 많아지고 이에 따라 건강보험 재정도 악화되고 일부 병원이 과잉 진료를 부추긴다는 주장이 꾸준히 있어왔다. 이에 2025년 들어서 본격적으로 5세대 실손보험 도입을 포함한 실손보험 개편 논의가 시작되었다.

▶갱신주기와 재가입주기

3세대 실손보험은 재가입주기가 15년이었는데 4세대 실손보험은 5년으로 크게 줄었다. 그런데 갱신주기는 1년으로 같다. 재가입주기와 갱신주기란 무엇일까?

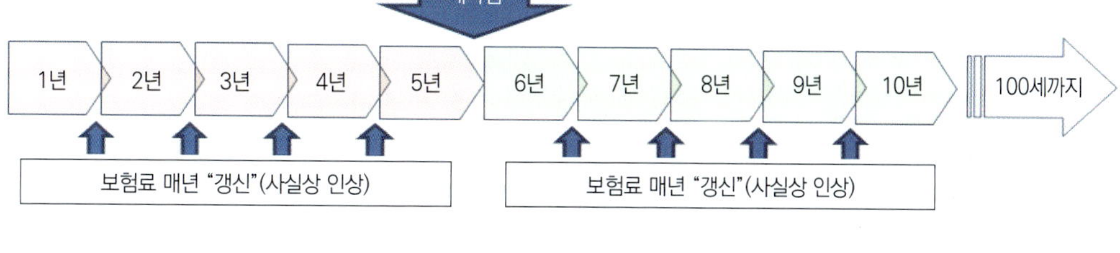

갱신은 동일한 보장내용을 적용받으면서 보험료가 갱신된다는 뜻이다. 그러나 재가입은 보험을 새롭게 가입하는 것으로 보장내용이 달라질 수 있다. 그동안의 경향을 보면 새로 만들어지는 보험은 보험료를 싸게 하기 위하여 보장은 그만큼 더 축소시킬 가능성이 많다. 1세대부터 4세대까지 실손보험이 변경되어 온 역사를 보면 그렇다는 사실을 쉽게 알 수 있다.

▶가입요령

정부가 실손의료보험을 관리하고 있어서 보장내역은 모든 보험사가 사실상 동일하게 표준화되어 있다. 그러나 보험료는 다르다.

전문가들이 추천하는 가입요령 일부를 제시하면 다음과 같다.

- 온라인 상품으로 가입한다. 모든 실손의료보험의 보장내용이 동일하기 때문에 고민할 필요가 없다. 온라인이 저렴하다.

- 보험가격비교사이트에서 가격을 비교하여 보험료가 저렴한 곳에서 가입한다. 동일한 보장임에도 보험료가 같지 않다. 여러 지표 중 보험료를 기준으로 우선순위를 정한다.

- 보험 가입시 개인정보나 보험사가 묻는 질문에는 정확하게 대답을 해야 한다. 부정확한 정보를 제공했을 경우, 나중에 보험금을 받을 때 문제가 발생할 수 있다.

- 보험금 부지급률이 낮은 보험회사를 선택한다. 보험금 부지급률이란 보험금을 신청했으나 보험회사가 지급하지 않는 비율을 말한다. 아무리 다른 조건이 좋아도 보험금을 받는 데 어려움이 있다면 곤란하다. 보험금 부지급률에 관해서는 본장 마지막 부분에서 자세히 설명한다.

- 다른 대부분의 보험도 마찬가지이지만 이 보험 역시 하루라도 빨리 가입하는 것이 유리하다. 건강할 때 그리고 일찍부터 가입해야 보험료가 적다.

- 여러 보험회사에 중복가입하지 않는다. 중복가입되어 있을 경우 중복보장이 되지 않기 때문이다. 참고로 일반 질병보험은 중복보장이 된다.

• 최종적으로 가입하기 전에 가능하면 세부적인 내용에 대해서 해당 보험회사에 문의해 본다.

▶일반 정액형 보험과의 비교

실손형은 입원 또는 통원을 통해 치료를 받았을 때, 실제로 본인이 지출한 의료비를 보험 가입금액 한도 내에서 지급하는 보험이다. 그러나 일반 정액형 보험은 치료비 금액과 상관없이 보험사고가 발생하면 계약 당시 보상하기로 약정한 금액을 보험금으로 지급하는 보험이다. 따라서 보험금 중복 지급이 된다.

〈표 6-5〉 실손의료보험과 일반 정액형 보험의 비교

구 분	실손보험	정액형 보험
보험목적	실제 발생 비용손해 (금액으로 측정가능)	질병 또는 재해 (금액으로 측정 부적절)
보상금액	실제 지불한 의료비에서 일부 자기부담금을 차감한 금액	사전에 약정한 금액
보상범위	포괄주의(보상하지 않은 항목 열거)	열거주의(보상하는 항목 열거)
다수계약 가입시 처리	각 계약의 지급액 합이 실제로 부담한 금액을 초과하지 않도록 비례보상	중복에 관계없이 각 계약의 사선약정금액을 보상

▶주의해야 할 것이 있다

실손보험은 1년 단위로 보험료가 계속 "갱신"된다. 어떤 사람의 보험료가 얼마나 오를까? 4세대 보험부터는 보험금을 자주, 많이 받으면 보험료가 오르게 설계되어 있다. 이를 개인 단위로 적용한다. 그렇다고 병원비 부담을 줄일 목적으로 실손보험에 가입했는데 보험료 오를 걱정에 보험금을 받지 않는다면 보험에 가입한 이유가 퇴색될 것이다.

필자 판단으로는 소소한 수준의 병원비, 크게 부담이 되지 않는 병원비는 굳이 실손보험금을 청구하여 받을 필요가 없다고 본다. 나이가 젊어서 갱신시 인상된 보험료를 내는 기간이 길수록 더욱 그렇다. 보험이 갖는 원래의 목적 그대로, 예상하지 못한 큰 금액의 의료비 지출이 발생하여 생활에 지장이 있을 정도일 때 보험금을 청구하는 것이 차라리 유리할 수 있다.

POINT 실손의료보험은 동일한 보장조건에 대해 보험료가 천차만별이므로 반드시 인터넷 등에서 정보를 수집한 후 보험상품을 결정한다.

▶유병력자 실손의료보험

유병자나 고령자는 보험 가입이 거부되는 경우가 많다. 그러나 실손보험은 유병자도 가입이 가능하다. 유병력자 실손의료보험은 치료 이력이 있거나 경증만성질환을 가진 유병력자를 대상으로 하는 실손의료보험이다.

유병력자 실손의료비는 1년마다 갱신되고 3년마다 재가입한다. 통상 일반 실손의료보험보다 보험료가 비싸다. 자기부담금비율도 30%나 된다. 가입할 때 약간의 확인 절차가 있다. 3개월 이내의 입원, 수술, 치료 여부, 2년 이내에 입원, 수술, 계속하여 7일 이상 치료했는지 여부, 5년 이내에 암 진단, 입원, 수술, 치료 여부 등 세 가지 질문을 통과하면 가입이 가능하다. 이 때문에 이 보험을 3-2-5보험이라고도 한다.

이 보험도 보험다모아에서 비교 조회가 가능하다. 한 가지 유의할 점은 2022년 1월 이전에 가입한 유병력자 실손보험의 경우 보험회사가 계약자에게 매 3년마다 재가입안내문을 등기우편으로 발송하여 재가입 의사를 확인하는데, 의사를 표시하지 않으면 종료 처리된다.

3대질환진단비보험

▶3대질환과 질환진단비보험의 필요성

먼저 우리나라 사망원인을 보자. 우리나라 사망원인 중 단연 1위는 암이다. 통계청이 발표한 가장 최신 자료(2023년 사망원인 통계, 2024. 10.4)에 의하면 매년 인구 10만명당 암에 의한 사망자수는 166.7명으로, 이를 남녀로 구분해 보면 남자는 204.9명, 여자는 128.9명 정도이다. 2위는 심장질환으로 64.8명이며 남녀로 보면 각각 64.9명, 64.7명이다. 3위는 폐렴질환으로 57.5명이며 4위는 뇌혈관질환으로 47.3명이다. 나이가 들어감에 따라 자연스러운 노쇠현상이 반영되는 폐렴질환을 제외하면 암, 심장질환, 뇌혈관질환 순으로 사망자수가 많다. 이를 3대질환이라고 한다.

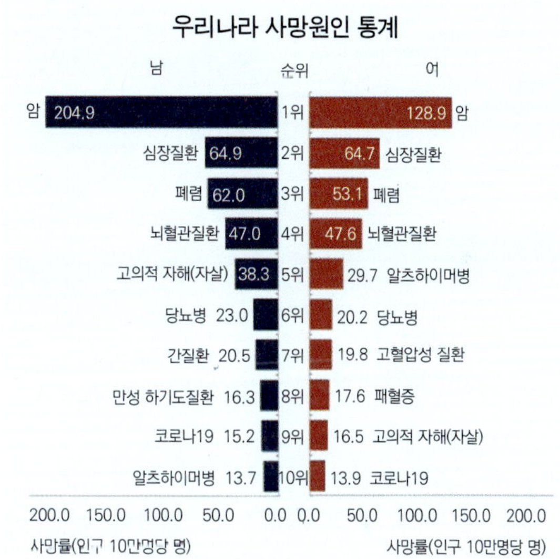

(자료 : 통계청, 2023년 기준)

이들 질환은 우리가 흔히 뉴스를 통하여 듣게 되는 자동차 사고로 사망하는 수에 비해 압도적으로 많다. 우리나라가 OECD 국가 중에서 10년째 자살률 1위의 불명예를 안고 있는데, 자살에 의한 사망률 역시 이들과는 비교가 되지 않는다. 그만큼 이들 질환은 우리의 안정적인 삶에 큰 위협이 되고 있다.

이 중에서 암에 대해서는 조금 더 살펴보자.

암이 발병했을 때 5년 상대생존율(이하 암 생존율)은 어떻게 될까? 〈표 6-6〉은 중앙암등록본부가 2023년 12월에 발표한 '2021년 암등록통계'의 5년 생존율을 전체 생존율과 함께 각 암 종류별로 구분하여 정리한 것이다.

5년 생존율이란 성별과 나이가 같은 일반인과 비교했을 때 암 환자의 5년 뒤 생존율을 뜻한다. 이 비율이 100%이면 일반인과 생존율이 같다는 뜻이다.

먼저 알 수 있는 것은 과거에 비해 전체적으로 암 생존율이 높아지고 있다는 점이다. 최근 5년간 발생한 암 환자의 5년 생존율은 72.1%이다. 2000년대 초반의 54.1%

〈표 6-6〉 5년 암 상대생존율 변화

(단위 : %)

암 종	암 생존율	
	2001~2005년	2017~2021년
모든 암	54.1	72.1
위	58.0	77.9
대장	66.6	74.3
갑상선	98.4	100.1
폐	16.6	38.5
유방	88.7	93.8
간	20.5	39.3
전립선	81.0	96.0
췌장	8.4	15.9

에 비해 크게 높아졌다. 국내 암 환자 3명 중 2명 이상은 일반인처럼 5년 이상 생존한다는 것이다. 의료계에선 암 환자가 치료 후 5년 넘게 재발 없이 생존하면 사실상 완치 판정을 내린다. 암종별로는 갑상선암 생존율이 100.1%로 가장 높았다. 전립선암과 유방암도 높은 생존율을 보였다. 반면 간암과 폐암, 췌장암은 생존율이 낮았다.

▶ 질환진단비보험이란?

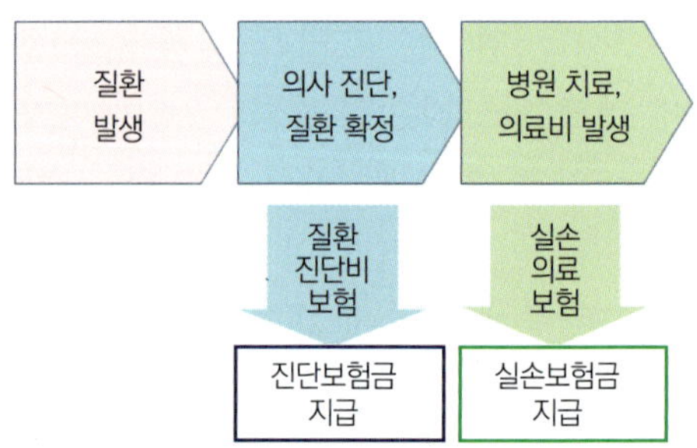

진단비보험이란, 해당질병이 발생했다고 "진단"이 내려지면 보험사로부터 보험금을 받을 수 있는 보험을 말한다. 일반적으로 병에 걸리면 치료를 받게 되는데 이 보험에 가입하면 실제 지출된 병원 의료비와 상관없이, 사전에 보험약관에 정해진 해당병명으로 의사 진단만 내려지면 보험 가입시 정해진 보험금액을 받는 것이다. 예를 들어 어떤 A라는 질병에 대해 진단비 3,000만원의 조건으로 보험에 가입을 했는데 해당질병 진단이 확정되었고, 의료비로 300만원을 지불했다고 가정했을 때 이 지불된 의료비 금액에 상관없이 무조건 3,000만원을 받는 식이다.

앞서 설명한 실손의료보험은 실제로 지출한 의료비 금액에 대해 일부를 보험금으로 주는 보험이다. 앞서의 예에서 지불된 의료비 300만원 중 일부 금액(자기부담금과

공제금액을 제외한 금액)을 돌려받는다. 진단비보험은 진단이 확정되면 보험금을 정해진 금액 전부를 받는 것이고 실손보험은 지출된 의료비 중 일부 금액을 돌려받는 것이다. 두 보험은 당연히 중복 보장이 된다.

▶3대질환진단비보험의 필요성

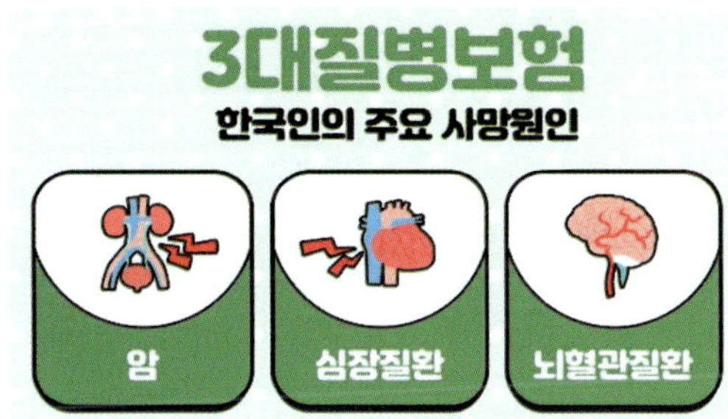

(자료 : 통계청)

3대질환진단비보험은 병원비 외에 추가로 필요한 생활비, 간병비, 요양비 등을 준비하는 차원이다. 큰 질병에 걸려 휴직이나 퇴직을 해야 하는 경우에 대비한 보험의 기능을 할 수 있도록 가입해야 한다.

특히 발병률과 생존율은 점차 개선되고 있지만 여전히 암은 우리나라 사망 원인 1위이다. 암 환자와 가족이 받는 고통이 상당하고 사회·경제적 비용도 막대하다. 암 치료에는 비교적 많은 돈이 든다. 또한 소득생활을 계속하기 힘들기 때문에 이중의 고통이 따른다. 국가의료체계인 국민건강보험에서 일정부분 도움이 되고 있으나 현실적으로 가정의 정상적인 운영이 어려워지는 경우가 많다. 한 조사에 의하면 암 진단을 받은 후 실직하는 환자 비율이 84%를 넘었고, 의료비 마련을 위해 재산을 처분한 경험이 있는 비율도 14.4%에 달했다고 한다. 이러한 상황에 대비하기 위하여 이 보험이 필요한 것이다.

▶가입요령

대부분의 보험회사에서 판매하고 있으나 보험회사마다 보험 구성이 워낙 다양해서 실손보험이나 자동차보험처럼 보험다모아 사이트에서 별로 도움을 주지 못하고 있다. 가입시에는 다음의 내용을 참고하여 시간을 좀 들여야 한다.

일반적인 가입요령

먼저 일반적인 가입요령이다.

- 전기납으로 가입한다. 전기납은 보험기간 내내 보험료를 내는 방식이다. 다른 방식으로 예를 들어 20년납이라면 보험 가입 후 초기 20년 동안 보험료를 내는

방식이다. 전기납을 선택하면 보험료를 오랜 기간 나눠서 내게 되어 월 보험료가 저렴해진다. 보험을 오래 유지할 확률이 높고 시간이 많이 지나면 화폐가치가 떨어져서 상대적인 부담이 줄어든다. 납부 총금액은 좀 비싸지만 납부 도중 암 진단 등을 받으면 납부 면제 혜택도 주어지기 때문에 유리하다.

유튜브 '반값 보험료 만들기' 채널의 한 화면

- 표준형이 아닌 무해지환급형에 가입한다. 보험은 보장이 목적이다. 표준형이라는 단어에 혹하면 안 된다. 두 유형은 동일한 보장을 제공한다. 차이는 납입기간 중 해지시 해지환급금을 주느냐의 여부인데, 표준형은 환급되는 것이 있기 때문에 이를 위해 보험가입자는 더 많은 보험료를 내야 한다. 환급되는 것이 더 유리하다고 생각할 수 있겠지만 환급되는 금액을 보면 그렇지 않다는 것을 알게 된다. 보험료가 저렴한 무해지환급형보험에 가입한다.

- 100세 시대가 되고 있다. 100세 만기 상품으로 가입한다.

- 다른 보험과 달리 본 보험은 보험대리점 설계사의 도움을 받는 것을 권한다. 특정 보험회사 상품만을 취급하는 곳이 아닌 여러 보험을 취급하는 보험대리점에서 상담을 받는다. 이러한 곳은 여러 보험사의 상품을 관리하고 판매하는 곳이어서 보장을 다양하게 설계할 수 있고, 보장이 똑같은 보험이라도 보험료가 회사마다 다를 수 있기 때문이다. 때로는 조건이 매우 좋은 특판상품을 팔기도 한다. 만약 한 보험회사 상품만을 취급하는 대리점이 있다면 몇 개의 별개의 대리점에서, 최소한 세 곳 이상에서 상담을 받아보는 것을 권한다.

- 보험 가입시 중요한 점은 갱신형과 비갱신형 중 하나를 선택해 가입하는 것이다. 늘 고민스러운 부분이다. 비갱신형은 보험료가 보험기간 동안 오르지 않지만 초기에 보험료가 많다. 갱신형은 보험료가 갱신되면서 오르게 되는데 초기 보험료는 적고 나중에는 많아진다. 보험 전문 사이트인 밸류챔피언이 추정한 암 전문보험의 경우를 비교한 자료는 다음 그림과 같다.

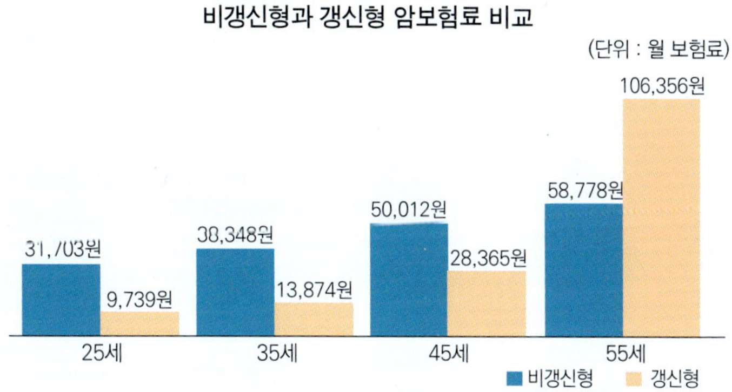

(자료 : 밸류챔피언, 남성 기준)

그렇다면 어떤 유형에 가입하는 게 좋을까? 결론부터 말하면 20, 30대의 경우는 비갱신형에 가입하는 것을 고려할 만하다. 초기 보험료가 다소 비싸 부담이 될 수 있지만, 100세(또는 80세)까지 사실상 평생 보장이 가능하다는 점, 나이가 들어가면서 보험료가 상대적으로 싸진다(갱신하지 않기 때문에)는 점, 보험료 납입기간이 종료되어도 약속된 나이까지는 보장이 된다는 점 등이 장점이다. 보장기간이 장기간일 경우, 흔히 말하는 가성비도 좋아서 내는 보험료 대비 받는 보험금도 더 크다.

	비갱신형	갱신형
보험료	끝까지 일정함. 초기에 비쌈	초기에 약 30% 저렴. 인상됨
보장기간	계약기간(80~100세)까지 유지	보험료 납입 종료시 끝남
보험금	상대적으로 많음	상대적으로 적음
기간 전략	장기간 가입시 유리	단기간 가입시 유리
권장 세대	20~30대	40~50대

- 가입시기는 빠를수록 좋다. 젊을수록, 건강체일수록 보험료가 적기 때문이다. 그래도 조금이라도 보험료 부담을 낮추고 싶다면 고연령대별 세 가지 질환 중 상대적으로 더 중요한 암의 발생률을 보자. 다음 그림에서 보듯이 30대 이후부

터 본격적으로 증가한다. 경제성만을 기준으로 판단한다면 본격적인 증가추세 시기 직전에 가입하는 것이 유리할 것이다. 그러나 보험이 갖는 고유의 기능을 생각하면 직장생활을 시작하면서 가입하는 것을 적극 고려할 필요가 있다.

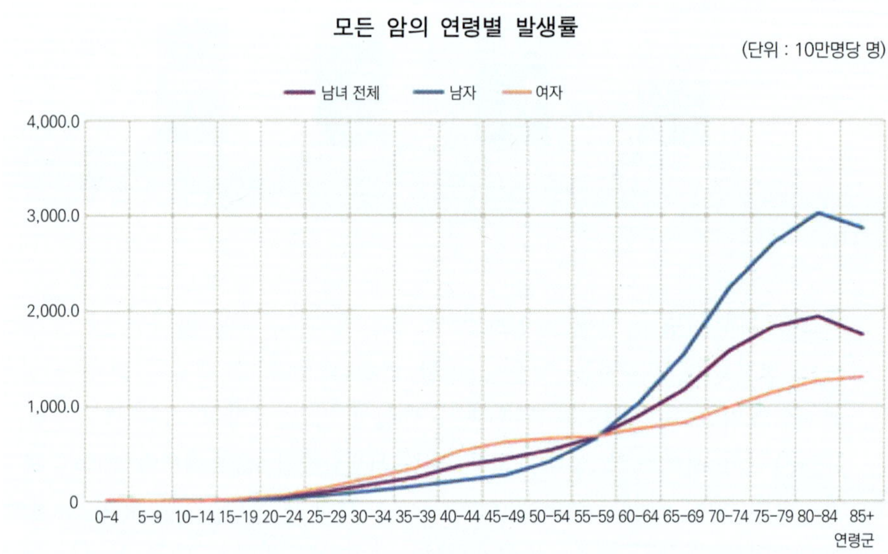

(자료 : 국가암정보센터, 2022년)

암 진단비 부분 설계요령

다음은 구성내용별 가입요령이다. 먼저 암 진단비 부분이다.

- 암 진단비는 가입금액이 같아도 보험사별, 상품별로 암을 구분하는 방식과 암 종류에 따른 차등적 지급방식 등 보험금 지급내용이 서로 다를 수 있어 사전에 비교해 보고 가입하는 것이 좋다.

- 일반적으로 보험 가입시 암은 유사암, 소액암, 고액암, 일반암 등으로 구분한다.
  - **유사암** : 경계성 종양, 제자리암, 갑상선암, 기타 피부암 등
  - **소액암** : 유방암, 방광암, 전립선암, 자궁암 등 생식기암을 포함
  - **고액암** : 뼈암, 췌장암, 뇌암 등 발병시 치료비가 많이 드는 암
  - **일반암** : 이상을 제외한 나머지 암

암 진단비 보장을 설계할 때에는 가장 포괄적으로 보장되는 일반암을 우선으로 준비하고 보험료 수준을 고려하면서 추가적으로 고액암을 고려한다. 보험회사에 따라 오른쪽 그림처럼 고액암을 일반암에 포함시켜 진단보험금을 100% 지급하는 경우도 있고, 고액암을 위의 설명처럼 별도로 구분하여 진단보험금을 고액으로 주는 경우도 있다. 참고로 상대적으로 발병빈도가 높지만 치료비가 적게 드는 유사암은 일반암 진단비의 약 10~20% 정도만 지급하고 소액암도 유사한 이유로 10~40% 정도 지급하는 것이 일반적이다.

암 종류와 진단 보험금

구분	일반암	소액암	유사암
종류	폐암, 간암, 위암 등 유사암과 소액암을 제외한 모든 암	전립선암, 방광암 유방암, 자궁경부암 등 남녀생식기암	갑상선암, 경계성종양 제자리암, 기타 피부암
진단 보험금	100%	일반암의 10~40%	일반암의 10~20%

• 일반암 기준으로 암 진단비는 본인 연봉의 2년치 정도를 권장하며 최소한 5,000만원은 되도록 설계할 것을 권한다.

• 상품 또는 보험회사에 따라 소액암을 일반암에 포함시켜서 보장해 주거나 대장점막내암을 유사암이 아닌 일반암으로 보장하는 상품도 있으므로 이때는 이를 선택하는 것이 유리하다. 최근에 본격적으로 도입되고 있는 치료방식인 표적항암치료비 보험특약 가입도 경제적 여건이 된다면 고려해 볼 만하다.

• 암은 재발하거나 다른 부위로 전이될 수 있으며, 새로운 암이 발생할 수도 있다. 이러한 경우를 대비하여 재발암, 전이암, 2차암 등에 대한 보장이 포함된 상품을 고려하기를 권한다.

뇌질환 부분 설계요령

• 뇌질환 관련 보장을 선택할 때 고려할 점을 살펴보면, 우선 뇌출혈 진단비보다 뇌경색까지 보장해 주는 뇌졸중 진단비가 유리하고 기타 뇌혈관질환까지 보장받을 수 있는 뇌혈관질환 진단비를 가입하는 것이 보장범위가 더 넓다. 뇌혈관질환 진단비

의 경우 보장범위가 오른쪽 그림에서 보는 것처럼 뇌출혈, 뇌졸중, 뇌혈관질환 순으로 커지기 때문에 대부분의 뇌질환을 다 포함한 뇌혈관질환 진단비로 가입하는 것이 바람직한 것이다.

- 진단비는 최소 1,000만원 이상을, 가능하면 2,000만원에서 3,000만원 수준으로 할 것을 권장한다.

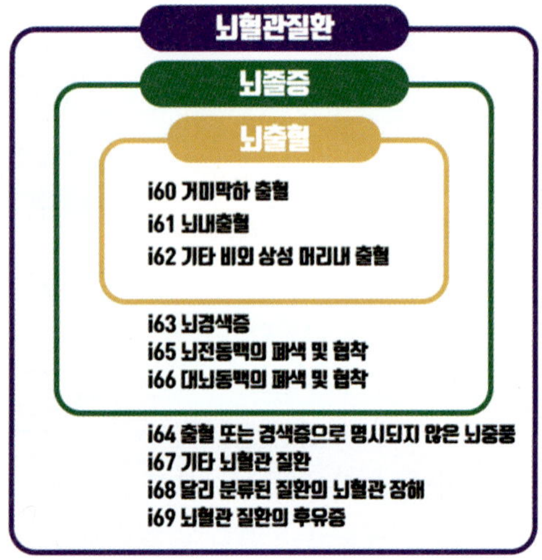

뇌혈관질환 보장범위 (그래픽 : 네이버포스트 보험닷컴)

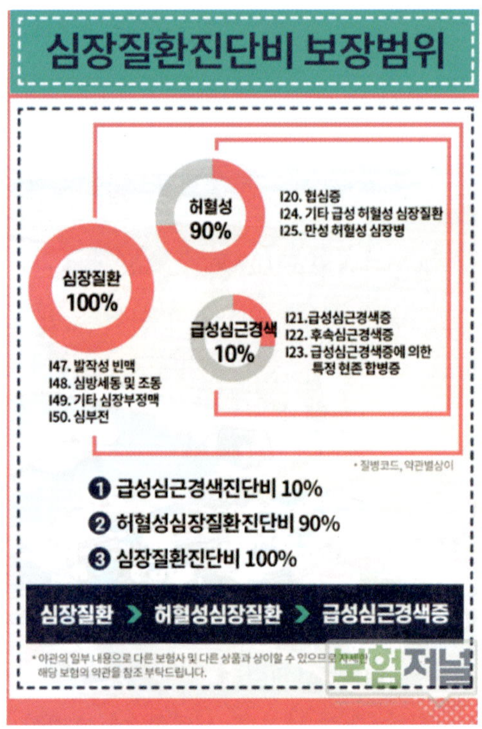

심장질환 부분 설계요령

- 심장질환 관련 보장을 선택할 때에는 급성심근경색증 진단비보다는 허혈성심장질환 진단비, 나아가 심혈관질환(심장질환) 진단비로 가입하는 것을 권한다. 심혈관질환 진단비의 경우가 심장혈관 질환의 가장 큰 범위의 위험까지 보장해 주기 때문이다. 예를 들어, 심장질환 중 심부전까지 보장받을 수 있다.

- 이 부분 역시 진단비는 최소 1,000만원 이상을, 가능하면 2,000만원에서 3,000만원 수준으로 할 것을 권장한다.

추가 검토 사항

- 3대질환진단비보험에 가입하면서 별도의 특약을 넣을 수도 있을 것이다. 이때에 포함시키면 좋은 특약으로는 상해·질병 후유장해 특약과 가족 일상생활 배상책임 특약이다. 다치거나(상해) 병에 걸려(질병) 몸에 영구적인 장애가 남은 경우 보험금을 받을 수 있는 후유장해 특약은 보험료가 비싸지 않으면서 여러 신체에 중

복보상이 가능하고 보장범위도 넓다는 장점이 있다.

- 가족 일상생활 배상책임 특약을 넣는 것도 권한다. 일반적으로 불과 월 1,000원이 안 되는 매우 적은 추가 보험료로, 우연히 남에게 피해를 주는 수많은 경우의 재정적 피해를 보장할 수 있기 때문이다. 보험료가 부담된다면 상해 · 질병 후유장해 특약은 넣지 않더라도 가족 일상생활 배상책임 특약은 권장한다.

피보험자가 자전거를 타고 가다가 실수로 넘어지며 길가에 주차되어 있던 자동차를 파손한 경우

➔ 피해차량 수리비

피보험자가 길을 걷다 실수로 행인의 손을 쳐서 행인의 휴대폰이 바닥에 떨어져 파손된 경우

➔ 휴대폰 수리비

피보험자가 애완견을 산책시키던 중 애완견이 지나가던 행인을 물어 다치게 한 경우

➔ 피해자 치료비

피보험자가 거주하고 있는 주택에서 누수가 발생하여 아랫집에 피해를 준 경우

➔ 아랫집 수리비

가족 일상생활 배상책임 특약에서 보상하는 몇 가지 손해 예시들 (그래픽 : 엠디저널)

- 사망보장을 가입해야 하는 경우가 있다면 이 보장은 적게 해서 가입한다. 특히 자녀가 없는 경우와 같이 본인 사망 후에 대한 부담이 없다면 가능하면 사망보장은 가입하지 않는 것이 좋다. 사망보장을 늘리면 보험금 부담이 커진다.

POINT 3대질환진단비보험까지 가입했다면 꼭 필요한 보험은 다 가입한 셈이 된다. 충분히 공부하고 준비하여 가입한다.

하나 더 알기 **암보험금, 생각보다 보상받기 어렵다**

암보험은 생각보다 보험금 받기가 어렵다. 병원에 입원했다고 무조건 암 입원비를 지급하지 않는다.

- **암 치료가 직접 목적이어야 한다 :** 보험약관에는 피보험자가 암 치료를 "직접" 목적으로 병원에 입원해 치료가 필요한 경우에 한해 입원비를 지급하도록 정하고 있다. 자택 등에서 치료가 곤란하고, 입원 후 의사의 관리가 필수적인 상황이어야 한다는 것이다. 또한, 입원치료를 받은 적이 있어도 피보험자가 통원만으로 치료가 충분히 가능한 상태이거나 의료 관례상 통원치료가 타당하다고 인정되는 경우에는 입원비 지급이 거절될 수 있다.
  "직접" 목적이라는 조건 때문에 종종 분쟁이 일어나고 있다. 이는 병원 입원 목적이 암 수술이나 항암치료 등 암의 치료를 직접 목적으로 해야 한다는 것을 의미하는데, 암 치료에 따른 후유증을 완화하거나 합병증을 치료하기 위한 목적으로 입원했을 경우 암 입원비가 지급되지 않는다는 뜻이다.
- **누가 진단했는지도 매우 중요하다 :** 암 진단비 지급은 '보험약관에서 정한 방법'에 따른 방법으로 암 진단이 확정되어야만 가능하다. 통상 암보험의 약관에서는 "암 진단이 해부병리나 임상병리 전문의사 자격증을 가진 의사에 의해 내려져야 하고, 이 진단은 조직 또는 혈액 검사에 대한 현미경 소견을 기초로 해야 한다"고 규정하고 있다. 진단서상 병명이 암이라고 기재되어 있어도 소용이 없다. 대표적으로 병원 진단서에 'C코드(악성 신생물)'라고 기재돼 있는 경우가 그것이다. 심지어 개별적·의학적 판단은 의사에 따라 다를 수 있다고 보고, 보험사가 보험금 지급 여부 결정을 위해 다른 의사의 의학적 소견을 확인하는 경우까지 있다.

자동차보험

▶자동차보험의 내용

어느 집이나 자동차가 있는 세상이 되었다. 국토교통부가 발표한 2024년 말 기준 현재 우리나라 자동차 등록대수는 2,630만여 대로 인구 약 2명당 1대의 자동차를 보유하고 있는 것으로 나타났다. 자동차는 대표적인 문명의 이기이다. 그러나 사고가 발생했을 경우에는 신체적으로든, 경제적으로든 그 후유증이 작지 않다. 그래서 국가에서도 자동차보험 중 일부는 강제적으로 가입하도록 하고 있다. 즉 자동차보험은 반드시 가입해야 하는 책임보험과 임의로 가입 여부를 결정할 수 있는 종합보험으로 구성되어 있다.

의무보험만 가입하는 경우도 있는데, 이는 잘못된 판단이다. 종합보험의 성격이 비록 임의보험이라고는 하지만 사실상 반드시 가입해야 한다. 특히 〈표 6-7〉에 제시된 항목 중에 대인배상II와 대물대상은 더욱 그렇다.

〈표 6-7〉 자동차보험의 종류와 내용

보험구분	성 격	명 칭	내 용
책임보험	의무보험	대인배상 I	타인신체 손해배상
종합보험	임의보험	대인배상II	책임보험보상한도를 초과하는 타인신체 손해배상
		대물배상	타인재물 손해배상
		자기신체 사고보상	가족이나 본인이 다친 사고보상
		자기차량 손해보상	자기차량의 파손손해보상
		무보험자동차에 의한 상해보상	본인과 가족이 무보험차에 다친 사고보상

▶대물배상 한도 증액

자동차 사고에 의해 타인의 재물 훼손 등의 사유로 배상하는 것이 대물배상이다. 그 한도는 과거에는 통상 2억원이었다. 지금도 보험에 가입하려고 하면 보험회사에서는 일반적으로 2억원 정도를 제시하고 보험료를 산출한다. 조금이라도 보험료를 낮추어서 경쟁력 있게 보이려는 의도일 수 있다. 그러나 근래 초고가 외제차가 많아지면서 한도금액을 증액하는 것이 권장되고 있다. 최소한 5억원 정도는 가입하기를 권하며, 가능하다면 10억원도 고려할 만하다. 중요한 것은 배상한도가 2억원인 경우와 10억원인 경우의 보험료 차이가 크지 않다는 점이다. 보험사마다 차이는 있지만 몇 천원에서 시작해서 많아야 몇 만원이 채 안 된다. 한도 증액에 망설일 필요가 없는 이유이다.

경남 거제에서 있었던 교통사고. SM7 차량이 람보르기니 차량을 뒤에서 들이받는 사고였다. 수리비만 1억 4,000만원에 하루 렌트비가 200만원에 이른다고 한다. (사진 : 이데일리)

▶자동차보험료를 낮추는 방법

'보험다모아' 사이트를 활용한다

어차피 가입해야 할 보험이라면 보장은 많고 보험료는 낮추는 방법이 없을까? 이에 자동차보험료를 낮추는 다양한 방법이 제시되고 있다. 일부 연구에 의하면 지금부터 설명하는 모든 혜택을 모두 적용받는다면 80% 이상을 줄일 수 있다고 한다. 100만원을 내야 하는 사람이 20만원만 내도 된다는 뜻이니 꼭 챙겨볼 일이다. 자동차보험료를 낮추는 방법을 찾아보자.

유사한 조건의 보험에 대해 보험료를 비교할 수 있는 사이트 '보험다모아'를 개설하면서 치열한 보험료 경쟁이 시작되었다. 이 사이트는 온라인전용 자동차보험에 가입할 때 특히 유용한데, 접근성이 좋기 때문에 각 보험사들은 이 사이트에서 판매하는 온라인 자동차보험을 경쟁사보다 싸게 판매하면서 오프라인 보험료는 올리는 식으로 대응하고 있다.

오른쪽 그림은 자동차보험료를 비교해 볼 수 있는 '보험다모아' 사이트이다.

자동차보험료를 비교해 볼 수 있는 '보험다모아' 사이트

'다이렉트' 자동차보험에 가입한다

다이렉트 자동차보험이란 오프라인 자동차보험과 동일한 서비스와 보장을 하면서도 온라인을 통해 가입해 보험료를 할인받을 수 있는 보험을 말한다. 다이렉트(direct)라는 말은 중간에 보험설계사가 개입하지 않고 보험가입자가 '온라인으로 직접' 가입한다는 의미이다.

통상 오프라인보다 12~18% 정도 저렴하다. 예를 들어 오프라인에서 계산된 보험료가 100만원이었다면 12만원에서 18만원 정도가 할인되는 것이다. 금액이 적어 보이는가? 18만원을 기준으로 본다면 원금 600만원에 연이자율 3%짜리 정기예금에 가입해야 얻을 수 있는 이자수익이다. 이 정도면 꼭 챙겨볼 만하지 않겠는가?

이미 오프라인에서 가입한 사람도 온라인으로 갈아탈 수 있으며 이 경우 남은 보험기간 동안 보험료가 할인된다.

KB손해보험의 자동차보험 초기 화면. 화면 하단 오른쪽을 보면 다이렉트 보험으로 가입할 경우 18.1% 저렴하다고 안내하고 있다. (자료 : KB손해보험, 2023.7.9)

무사고

자동차보험료를 줄이는 가장 확실하고 효과가 큰 것은 법규 준수 및 무사고 운전이다. 무사고 기록이 매년 늘어날 때마다 보험료가 줄어드는데, 3년 무사고시 대략 9~17%, 18년 무사고이면 보험료가 최대 70%까지 할인된다. 반면에 보험료가 할증되는 중대위반, 예를 들어 속도위반, 신호위반, 중앙선 침범 등의 경우 과거에는 그 기록을 1년 단위로 평가했는데, 이제는 2년 동안의 위반기록으로 따지기 때문에 교통법규를 준수하는 것도 보험료를 낮추는 한 방법이 된다.

각종 특약의 활용

보험료를 낮추는 여러 가지의 특약이 개발되어 있다. 잘 활용하면 상당히 큰 금액을 줄일 수 있다.

▶서민우대 자동차보험, 장애인 보험도 있다

서민에게는 보험료를 할인해 주는 자동차보험제도가 있다. 여기서 말하는 서민이란 다음 요건을 충족하는 사람을 말한다.

- 기초생활수급자
- 다음 요건을 모두 충족하는 저소득자
  ① 기명피보험자 연령 : 만 30세 이상
  ② 만 20세 미만의 부양자녀 : 있어야 함
  ③ 가계 연소득 : 4,000만원 이하
  ④ 피보험차량 : 5년 이상 경과하고, 1,600cc 이하 승용차 또는 1.5톤 이하 화물차 중 1대만 소유
  (다만, 기명피보험자의 연령이 만 65세 이상이고, 배우자 포함 합산 연소득이 2,000만원 이하인 경우 ② 부양자녀 요건은 적용하지 않음)

한편 다음의 장애인 또는 장애인 관련 차량에 대해서도 이 보험혜택을 주고 있다.

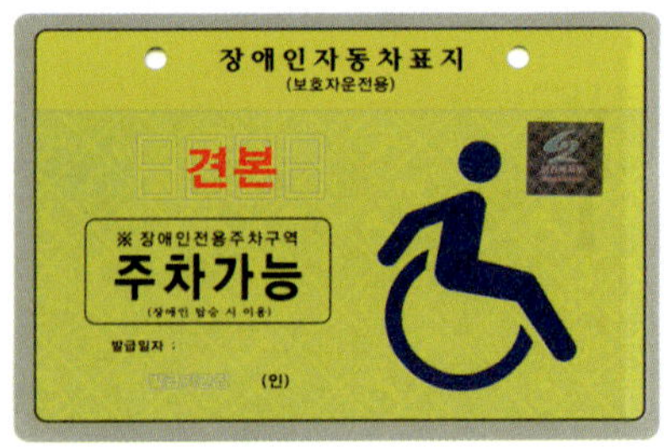

- 본인 또는 동거가족이 3급 이상 장애인
- 장애인 운송용 휠체어 리프트나 슬로프가 설치되어 있는 차량

금융감독원 설명에 의하면 이 보험에 가입하면 일반적인 보험보다 15~17% 저렴하며, 온라인으로 가입하는 다이렉트 보험인 경우에는 3~5% 정도가 더 저렴하다. 다만 이 보험은 보험설계사 수당을 줄여 보험료를 낮추는 방식으로 운영되기 때문에 보험회사에서 적극적으로 홍보를 하고 있지는 않아서 모르는 사람들이 많다.

POINT 운전자는 자동차보험에 가입해야 한다. 다이렉트 보험으로 가입하고 보험료를 줄일 수 있는 특약을 선택적으로 활용한다. 대물배상은 5억원 또는 10억원으로 가입할 것을 권한다. 가장 중요한 것은 안전운전, 즉 무사고 운전이다.

▶어떤 보험사에 가입할까?

우리나라에는 12개의 자동차보험회사(손해보험회사)가 있다. 일부에서는 자동차 사고 시 출동서비스와 기타 서비스 때문에 대형사 또는 유명회사가 유리하다고 하는 주장이 있는데, 그 주장이 맞는지는 생각해 볼 필요가 있다. 중요한 것은 보장내역과 보험

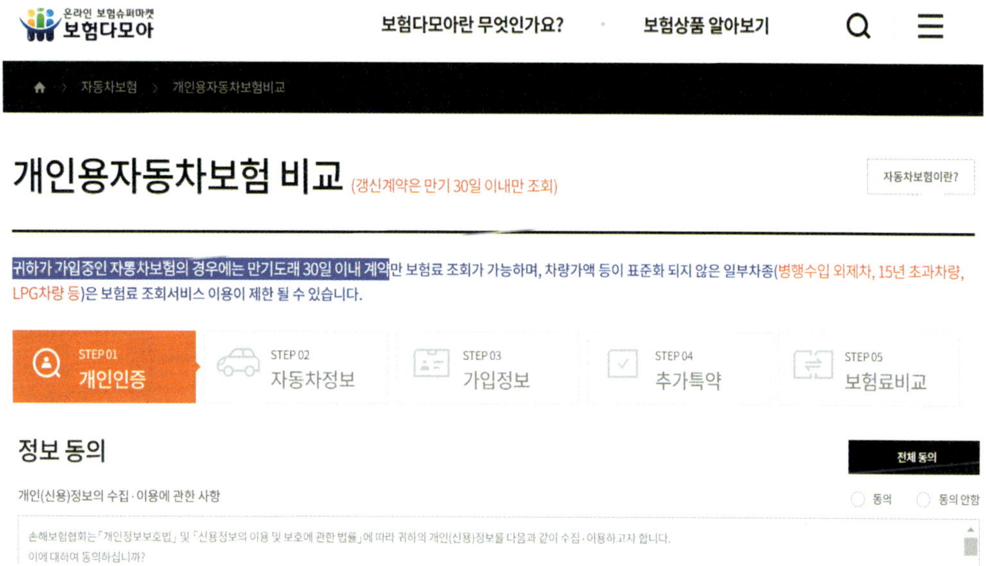

보험다모아 자동차보험 비교 화면. 신규 가입의 경우와 기존계약 만기가 30일 이내 남은 기존 가입자에 한하여 비교 조회가 가능하다.

료를 꼼꼼히 비교해 볼 필요가 있다는 것이다.

- 1단계 : 먼저 앞서 인용했던 '보험다모아' 사이트에서 조회해서 비교해 본다. 상대적으로 보험료가 저렴한 회사들이 어디인지 확인한다.
- 2단계 : 보험료가 낮은 회사를 몇 개 후보로 정한다. 본장 마지막에 있는 보험금 부지급률이 높은 회사는 제외한다.
- 3단계 : 각 보험회사 사이트에서 다이렉트로 보험 가입을 시도해 본다. 최종 결제 직전까지만 진행한다. 1단계에서 조회된 금액과 비교해 본다.
- 4단계 : 3단계에서 가장 저렴하게 제시된 보험사에 가입한다.

▶운전자보험의 필요성이 커지고 있다

운전자보험은 위에서 설명한 자동차보험만으로는 대비하기 어려운 교통사고 발생시 운전자가 겪을 수 있는 법적·경제적 위험으로부터 자신을 보호하기 위해 가입하는 보험이다.

운전자보험이 필요한 이유

스쿨존에서의 사고는 벌금이 더 많을 가능성이 크다.

위에서 설명한 자동차보험은 민사상 책임(대인/대물 배상, 자기 차량 손해 등)을 보장한다. 즉, 사고로 인한 타인의 피해나 내 차의 손해를 보상하는 데 초점이 맞춰져 있다. 그러나 운전자보험은 교통사고 발생시 운전자에게 발생하는 형사적 및 행정적 책임에 대한 비용을 보장한다. 특히 12대 중과실 사고나 중상해 사고 발생시 형사처벌의 대상이 될 수 있는데, 이때 발생하는 비용을 보장받을 수 있다.

월 1, 2만원으로 보장되는 운전자보험의 핵심 보장 내역은 다음과 같다.

- 형사합의금(교통사고처리지원금) : 피해자와의 합의금
- 변호사 선임비용 : 수사 및 재판 과정에서 변호사를 선임할 때 발생하는 비용
- 벌금 : 법원에서 부과하는 벌금

가입 요령

- 핵심 보장 위주로 가입한다. 형사합의금(교통사고처리지원금), 변호사 선임비용, 벌금 특약은 반드시 가입하는 것이 좋다. 한도는 충분히 설정한다. 예를 들어, 벌금은 일반 사고시 최대 2,000만원, 스쿨존 사고시 최대 3,000만원, 형사합의금 2억원 등이다.
- 순수보장형으로 가입하여 보험료를 절감한다.
- 기존 보험과의 중복 여부를 확인한다.
- 각 보험사마다 운전자보험의 보장 내용, 보험료, 특약 구성이 다르므로 여러 보험사의 상품을 비교 분석한다.

3 그 외 보험

보험 중에는 노후를 대비할 목적과 장기성 보험으로 설계된 보험이 적지 않다. 그중 '연금' 명칭이 붙은 보험은 다른 연금성 상품과 함께 제11장에서 다루기로 한다. 이하에서는 이들 보험을 제외한 장기성 보험에 대하여 살펴보기로 한다.

종신보험

▶종신보험의 의의

종신보험은 보장기간이 말 그대로 '평생(종신)'이며 사망원인에 관계없이 보험금이 지급되는 대표적인 보장성 보험상품이다. 각 개인의 재무상황 및 필요성에 따라 맞춤형으로 설계하여 각종 특약을 조립함으로써 다양한 보장을 받을 수 있다.

가입에 앞서 설계사와의 상담을 통해 향후 자녀교육비 · 자녀결혼자금 · 가족생활비 등 본인의 필요자금과 퇴직금 · 적금 · 연금 등의 준비자금을 결정한 후, 생활설계프로그램을 통해 분석되어 나타나는 필요 보장자금에 따라 가입금액, 보장금액과 지급범위 및 기간 등을 산정할 수 있다.

상품설계방식에 따라 사망보험금이 체증, 체감하도록 설계한 상품도 있으며, 계약자의 사정에 따라 감액완납보험 및 연장정기보험으로의 전환이 가능한 상품도 있다.

(그림 : 네이버 포스트, 레몬클립)

▶종신보험 가입요령

종신보험은 대부분 보험료가 월 10만원 이상으로 비싼 편이므로 무해지 또는 저해지 상품을 고려한다. 무해지종신보험은 중도에 해지해도 해지환급금을 지급하지 않는다.

저해지환급형은 다른 종신보험에 비해 적은 해지환급금을 돌려준다. 그 대신 일반 종신보험에 비해 보험료가 저렴하다. 보통 무해지환급형은 20~30%, 저해지환급형은 10~20% 정도 보험료가 저렴하다. 보험계약을 중도에 해지할 가능성이 낮다면 무해지 또는 저해지 상품에 가입을 검토한다.

또 하나 챙길 것으로 '건강체 할인특약'이 있다. 비흡연자, 정상혈압, BMI지수 정상 등 보험사가 정한 건강체 요건에 부합되면 보험료를 할인해 준다. 통상 납입보험료의 2~8% 정도 할인해 준다. 보험회사가 적극적으로 안내하지 않는 경우가 많기 때문에 가입 전 반드시 할인특약이 적용되는지 문의하도록 한다.

▶종신보험에 대한 일부의 오해 : 연금보험인가?

(그림 : 유튜버 초특급의 유튜브)

종신보험은 보장성 상품이지만 연금보험은 저축성 상품이다. 둘은 목적이 다르다. 그래서 두 상품의 사업비 차이가 크다. 저축성 보험은 보통 보험료의 10~15%인 데 반하여 종신보험은 20~30% 정도로 두 배 정도나 크다. 연금전환 기능이 있는 종신보험을 홍보하면서 마치 강점처럼 강조를 하고 있는데, 정작 연금전환을 신청하면 종신보험을 해지하고 해지환급금을 재원으로 연금을 지급한다. 같은 보험료를 납입한 연금보험보다 수령액이 적을 가능성이 크다. 애초 보험에 가입하는 목적이 연금 수령, 노후대비 등이라면 연금보험을 선택하는 것이 낫다.

또한 종신보험이라고 해서 특약까지 무조건 평생 보장되는 것은 아니라는 점도 유의해야 한다. 대다수 소비자는 종신보험에 가입할 때 암, 상해, 입원비 등을 보장받을 수 있는 특약을 추가하는데 이것은 갱신형인 경우가 많다. 종신보험의 주계약인 사망보험금만 평생 보장이 되는 것이다.

정기보험

▶정기보험의 의미와 필요성

정기보험은 원인에 상관없이 사망시에 무조건 보험금을 받을 수 있는 상품으로, 종신보험과 함께 가장이 사망시 유족의 생계를 위하여 가입하는 대표적인 보험상품이다.

종신보험은 처음 도입되고 나서 상당한 인기를 끌었었다. 그러나 보장받는 혜택에 비해 매달 내는 보험료가 적지 않아 부담이 큰 점, 사망을 해야만 보험혜택이 생기기 때문에 당장 많은 보험료 내는 것이 쉽게 동의되기 힘든 점과 더불어 무엇보다 실손의료보험과 암보험이 발달함에 따라 상대적으로 소비자들의 관심에서 멀어졌다. 이에 보험회사들이 대체안으로 정기보험을 개발하여 판매하고 있다.

정기보험 역시 건강인 할인특약을 활용하면 납입금의 6~38%를 할인받는다.

▶종신보험과 다른 점은?

가장 큰 차이점은 보장해 주는 사망시기가 종신보험은 사망할 때까지 제한이 없지만 정기보험은 기간을 정한다. 예를 들어 10년 만기, 20년 만기 또는 만기 60세, 70세, 80세 등 일정한 기간까지만 보장받는 것이다. 그 대신 종신보험에 비해 보험료가 매우 저렴하다.

〈표 6-8〉은 한 보험사가 과거에 팔았던 종신보험과 정기보험의 보험료를 참고로 비교 예시한 것으로, 표를 보면 종신보험에 비하여 정기보험의 보험료가 상당한 수준으로 저렴하다는 것을 알 수 있다.

(그림 : 0420kdb.tistory.com)

〈표 6-8〉 정기보험과 종신보험의 비교

구 분		정기보험(갱신)	정기보험(비갱신)			종 신
			10년 만기	20년 만기	30년 만기	
남	40세	24,000원	33,000원	63,000원	111,000원	214,000원
		11%	15%	29%	52%	–
여	40세	12,000원	18,000원	31,000원	56,000원	175,000원
		7%	10%	18%	32%	–

• 정기 : A생명 정기보험(비갱신 순수보장형), A생명 갱신 정기보험(10년 갱신)
• 종신 : A생명 종신보험
주) 각 주보험은 1억원, 납입기간은 20년, 단 갱신형은 10년납. 백분율은 종신보험료에 대한 비율

▶정기보험의 설계요령

정기보험은 가장이 사망했을 때 남은 유족의 최소한의 경제생활을 위한 보험이다. 그래서 보험금은 도시가구 월평균 소비지출 금액을 감안했을 경우 최소한 3년 내지 5년 정도를 커버할 수 있는 1억원은 되어야 한다.

만기(보장기간)는 자녀들이 독립할 시기에 맞추는 것이 일반적인데, 통상 60세 내지 70세까지를 많이 선택한다. 물론 보장받는 기간에 따라 보험료에 차이가 나므로 본인이 원하는 시기와 보험료 수준 등을 함께 고려하여 선택하는 것이 좋다.

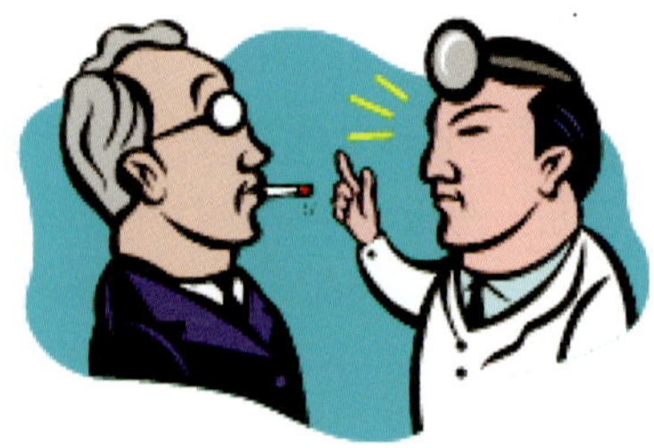

정기보험 역시 종신보험과 마찬가지로 건강체 할인이 있다. 건강체 할인 서비스는 가입하는 사람의 건강상태가 일정한 요건을 충족하면 보험료를 일정비율 할인해 주는 제도이다. 건강체의 요건으로는 흡연 여부, 혈압, 체격, 심전도, 기타 병력(과거력 등) 등이 있다.

고액보험료 할인 서비스가 있는 경우도 있다. 고액보험료 할인은 주보험의 가입금액이 5,000만원 또는 1억원 이상일 경우 가입금액에 따라 정해진 할인율을 적용해 주는 서비스이다. 이 경우 1~3% 정도의 보험료 할인을 받을 수 있다.

마지막으로 사망보장이라는 주보험에 암, 입원, 수술 등 특약을 추가로 선택하는 경우가 있는데, 이때에 정기보험의 보험기간이 짧은 경우에는 특약의 보험기간도 같이 짧게 되어 원하는 시기에 보장을 못 받는 경우가 발생할 수 있다. 따라서 특약의 내용은 다른 실손의료보험이나 암보험에 별도로 가입하거나 기존에 가입되어 있는 것과 비교하여 선택하는 것이 좋다.

▶어떤 보험회사에 가입하는 것이 좋을까?

정기보험은 상품별로 보장하는 내용이 동일하므로 보장금액을 동일하게 맞추어 놓고 보험료를 비교하여 저렴한 상품을 선택하는 것이 좋다. 다만 일반적으로 제시되는 조건 말고 자신의 조건에 부합되는 조건으로 비교해야 한다. 예를 들어 생명보험의 경우 건강체 할인을 받을 수 있으면 건강체 조건으로 비교해야 하고, 손해보험의 경우 직업 등의 위험등급에 따라 보험료 차이가 많이 나므로 본인의 조건에 맞는 보험료를 가지고 확인하는 것이 필요하다.

보험다모아에서 정기보험도 비교 검색해 주고 있으므로 이를 적극 활용한다.

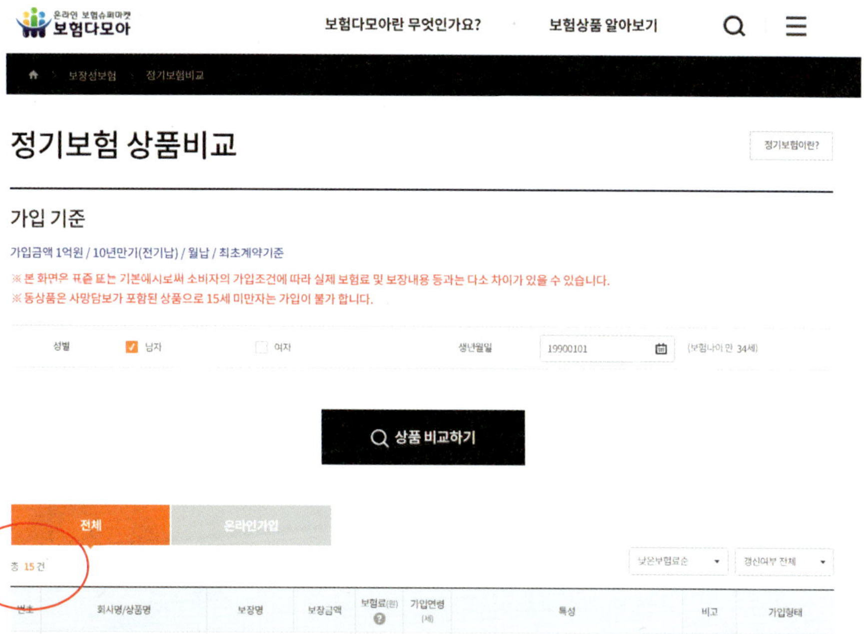

보험다모아에서는 정기보험도 비교하여 검색해 준다. 화면 하단 왼쪽을 보면 15개 상품이 비교되어 있음을 알 수 있다. 지면 관계상 실제 비교된 내용은 잘랐다.

저축성 보험

▶변액보험

변액보험은 보험의 기능에 투자의 기능을 추가한 일종의 간접투자상품으로, 보험 고유의 보장을 받으면서 높은 투자수익도 기대할 수 있는 보험상품이다. 일반적으로 보장금액이 가입 당시 정해져 있는 정액보험과 달리 변액보험은 지급되는 보험금이 투자수익에 따라 달라지는 것이 주요 특징이다.

기존의 다른 금융권 간접투자상품과 같이 보험료 중 투자부분에 해당하는 보험료를 주식이나 채권 등에 운용하여 얻은 이익을 고객에게 실적 배당해 준다는 측면에서, 은행권의 금전신탁이나 자산운용회사의 투자신탁, 뮤추얼펀드와 유사하다. 하지만 보험의 특성상 변액보험은 다른 간접투자상품과 달리 위험보장이 기본적으로 전제되며 보험특약을 통해 다양한 보장을 추가로 받을 수 있다.

변액보험에는 크게 세 가지가 있다. 즉 예금보장기능이 있는 보험으로 변액연금

보험, 변액종신보험이 있고, 보험료 자유납입 및 중도인출이 가능한 대신 원금보장이 되지 않는 변액유니버셜보험이 있다.

변액보험의 특징은 투자성 보험이기 때문에 인플레이션으로 인한 보장자산 가치 하락에 대한 보완기능이 있다는 것이다. 그러나 투자성 보험이기 때문에 투자에 따른 관리비용, 즉 사업비 차감비율이 높아 상당히 오랜 기간 보험을 유지할 경우에만 가입을 고려한다. 통상 10여년으로 주장을 하지만 필자의 생각으로는 10년으로도 짧다고 본다. 또한 투자성 보험의 성격상 원금손실이 발생할 수도 있다.

▶장기저축성 보험

장기저축성 보험은 보험회사에서 판매하는 저축성 보험상품으로서 저축기능과 보장성 기능을 겸한 실세금리연동형 또는 금리확정형 상품이 있다. 장기저축성 보험은 기본적인 위험보장과 함께 최저금리 보장기능이 있어 장기적으로 목돈을 마련하거나 목돈을 안정적으로 운용하기에 좋은 상품이며 10년 이상 가입시에는 비과세혜택도 받을 수 있다.

장기저축성 보험은 많은 인내와 시간을 필요로 한다. (사진 : 블로그 '시간여행')

▶적금인가, 보험인가?

매월 일정한 금액을 모아서 목돈을 만드는 저축을 목적으로 할 때 적금이 좋을까? 장기성 보험이 유리할까? 〈표 6-9〉는 금감원에서 발표한 것으로 참고할 만한 자료이다.

〈표 6-9〉 저축성 보험과 적금의 수익률 비교 (단위 : 천원)

경과 기간	납입보험료/적금액	저축성 보험		적 금		우월한 선택
		환급금	환급률	원리합계	환급률	
1년	6,000	3,997	67%	6,110	102%	적금
5년	30,000	30,830	103%	32,668	109%	적금
10년	60,000	71,791	120%	71,295	119%	거의 비슷
15년	60,000	91,284	152%	84,203	140%	보험

주) • 저축성 보험 : 남자 40세, 10년납, 월보험료 50만원, 공시이율 5.0% 적용
• 적금 : 월적금액 50만원, 연이자율 4.0%, 1년 만기 적금. 1년 만기 후 같은 연이자율로 예금을 한다고 가정

(자료 : 금융감독원)

표를 보면 10년까지는 은행의 적금이 유리하고 10년부터는 보험이 유리함을 보여주고 있다. 물론 몇 가지 가정하에서 계산한 것이지만 우리에게 시사점을 주고 있다.

표에서는 제시되고 있지 않지만 납입기간이 3년인 경우 저축성 보험에 가입하였다가 환급받으면 원금도 채 되지 못한다. 이러한 현상이 발생하는 이유는 저축성 보험은 보험회사가 일정비율의 사업비를 별도로 떼어내고 나머지만을 원금으로 하여 투자운용을 하기 때문이다. 다만 원금이 적긴 하지만 10년이 넘어서면 비과세혜택도 누릴 수 있기 때문에 초장기 저축을 할 때에는 장기저축성 보험이 유리할 수 있다.

POINT 노후대비성 보험 중에서는 정기보험을 검토할 만하다. 그 외의 노후대비성 보험이나 장기저축성 보험은 최소한 10년보다 훨씬 장기간 동안 아무런 생각 없이 보험료를 납부할 수 있으면 고려할 만하다.

4 보험의 유지와 보험금 받기

보험금 청구에 관한 몇 가지 팁

▶내가 가입한 모든 보험계약과 휴면보험금 찾기

보험을 무작정 가입하거나 일정기간이 지나면 본인이 가입한 보험에 대해 놓치는 경우가 있다. 특히 받았어야 할 보험금을 놓치는 경우도 있다. 이런 경우에 한 번에 확인할 수 있는 곳이 있다.

이미 익숙한 금융감독원 파인 웹사이트의 '내 돈 관리' 메뉴에서 이들을 찾을 수 있다.

숨은 보험금은 중도보험금, 만기보험금, 휴면보험금으로 구분할 수 있는데 소비자들이 본인의 보험금을 찾지 못한 주된 이유는 보험금 발생 사실을 모르고 지나가기 때문이다. 원칙적으로 보험금 발생 또는 계약 만기 7일 전에 보험계약자에게 안내하

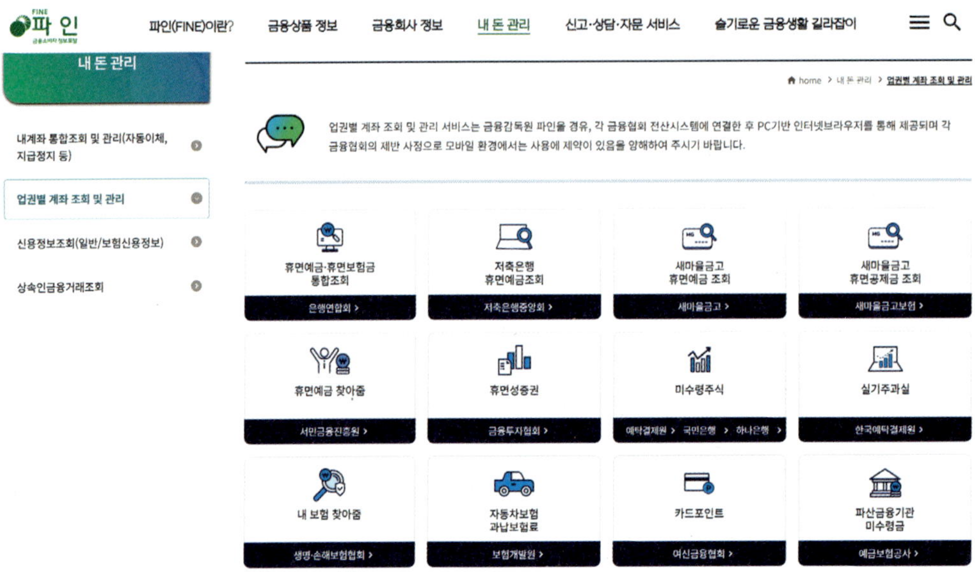

고 있으나 가입자가 주소 변경 등을 제대로 신고하지 않으면 안내를 정상적으로 받을 수 없게 된다. 피상속인의 보험계약 내역도 확인이 가능하다.

2025년 6월 현재 아직도 찾아가지 않은 보험금이 11조 2천억원에 이르고 있다.

▶보험금 지급계좌 사전등록제도

앞서 살펴본 것처럼 보험금을 받을 때가 되었는데도 어떤 이유로든 보험금 수령이 되지 않고 방치되는 것을 방지하기 위한 제도로, 사전에 보험금을 받을 계좌를 지정해 두면 만기보험금이 발생했을 때 사전에 등록해 놓은 지정계좌로 자동으로 이체받는 제도이다.

▶보험금 지급심사가 길어지는 경우

보험금 지급심사가 길어져 치료비 등을 본인이 부담해야 하는 경우에는 '보험금 가지급제도'를 활용할 수 있다. 이 제도는 보험회사의 조사가 완료되기 전이라도 추정하고 있는 보험금의 일부를 먼저 지급하는 제도이다. 생명보험이나 실손보험, 화재보험 등 대부분의 상품에서 규정하고 있으나 약관에 따라 지급기준 등이 달라질 수 있다.

한편, 생명·질병·상해보험 등 '인(人)보험'은 보험금 청구 접수 뒤 영업일 기준 3일 이내에 보험금을 지급해야 하고 화재·배상책임보험과 같은 '물(物)보험'은 보험금

결정일로부터 7일 이내에 지급해야 한다. 만일 정해진 기간까지 지급하지 않으면 지연이자를 보험가입자에게 주어야 한다. 바로 '보험금 지급 지연이자'제도이다. 정당한 이유 없이 보험사가 보험금 지급기한을 넘기면 기간별로 지연이자를 주어야 하는 것이다. 이자는 기간별로 다른데 늦어질수록 가산이자율이 높아진다. 보험금액 기준으로 보험업계 평균 지연비율은 25% 내외인 것으로 알려져 있다.

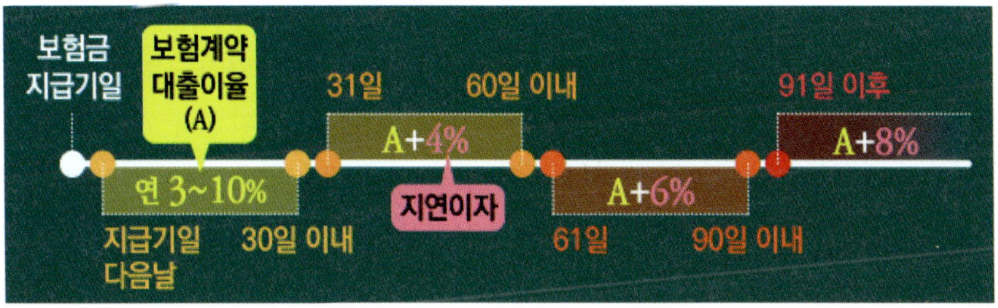

보험금 지급 지연이자 지급체계 예시 (자료 : 금융감독원, 그래픽 : 비즈워치)

▶보험의 상속

돌아가신 부모님이 채무가 많아 상속을 포기하는 경우 대부분의 상속인은 '사망보험금'도 상속재산으로 생각해 보험금을 청구하지 않는 사례가 많다. 그러나 사망보험금에 대한 청구권은 보험수익자의 고유권리인 만큼 상속인이 보험수익자로 지정되어 있다면 사망보험금을 청구할 수 있다.

보험의 해약과 해지

▶보험의 해약과 해지, 실효

보험계약은 보험가입자(피보험자)와 보험계약을 인수한 보험사(보험자) 간의 합의로 이루어지는 계약이다. 이처럼 보험 가입도 하나의 계약이기 때문에 파기될 수 있다. 이때 누가 계약을 파기했느냐에 따라 사용하는 용어가 달라진다. 즉, 계약의 주체에 따라 '해약'과 '해지'가 달리 사용된다.

(사진 : inab.tistory.com)

먼저 해약은 피보험자가 개인적인 사정으로 계약을 그만두는 것을 일컫는다. 주로 경제적 사정으로 보험료를 납부할 수 없어 계약을 깨면 보험 해약이 되는 것이다. 반면 해지는 보험자가 어떤 사유가 있어 계약을 중지시키고 계약이 없었던 원래의 상태로 되돌리는 것을 뜻한다. 가입 30일 이내에 청약을 철회하거나 불완전하게 판매가 이루어졌을 때 해지시키는 경우가 있다.

해약이나 해지 모두 계약이 깨지는 것이지만 보험자가 피보험자에게 돌려주는 금액은 같지 않다. 해약시에는 환급금이 원금보다 적을 가능성이 훨씬 더 큰 반면, 해지시의 환급금은 납입보험료 전액과 약간의 이자가 더해져서 책정되는 게 일반적이다.

참고로, 보험료가 한 달 정도 밀리면 보험의 혜택은 유지된다. 그러나 2개월 연속 보험료가 미납되면 보험계약이 '실효(효력 상실)' 상태, 즉 보험계약의 효력이 없어진다. 이 상태가 되었다고 하여 보험이 해지되지는 않는다. 이후 보험회사가 소정의 절차를 거쳐 해지하기로 하고 보험가입자가 해약(해지) 요청을 해서 해지절차를 진행하기도 한다.

실무에서는 해약과 해지를 구분하기도 하고 최종 결과의 상황은 동일하기 때문에 편의상 같은 의미로 사용하기도 한다.

> 해지
>
> **해지(해약)는 언제 가능한가요?**
>
> 해지
>
> **해지시 납입보험료보다 해지환급금이 적은 이유는 무엇입니까?**
>
> 해지
>
> **해지(해약) 절차를 안내해 주십시오.**
>
> 가입하신 보험을 해지(해약)하는 방법으로는
> ☐ 홈페이지 이용
> - 가능금액 : 유지계약 증번별 500만원 이하, 실효계약 증번별 2천만원 이하 (1회당 5건까지 처리가능, 1일 1억원 이하)
> - 이용시간 : 매일 08:00~23:30(공휴일 포함)
> - 사전요건 : 공인인증서, 보안카드(OTP) / 송금계좌 보유, 이체실적 계좌

모 보험회사 FAQ의 일부이다. 보험가입자 입장에서는 해지와 해약을 굳이 구분하지 않는 경향이 있다. 이를 반영하여 실제 보험사에서도 혼용하여 사용하기도 한다.

▶해약(해지) 상황

보험계약 유지율이라는 것이 있다. 이는 특정시점에 유입된 전체 보험계약 중 해지되지 않고 일정기간까지 유지되고 있는 계약의 비율로, 보험회사의 고객관리 · 고객만족도 · 경영성과 지표로 활용되고 있다.

보험계약 유지율에는 보험계약자의 경제적 요인과 산업 내부요인이 복합적으로 영향을 미친다. 경기 침체기에는 소비자들의 보험료 납부 여력의 감소로 보험상품을 유지하는 것이 어려워져 결과적으로 보험 해지 가능성이 커진다. 경기 변화에 상대적으로 민감한 영향을 받는 중·하위소득계층을 중심으로 보험 해약이 늘어나게 된다.

소비자 민원이 높은 상품과 보험제도 변경에 직접적 영향을 받는 상품의 경우도 장기적으로 유지율이 낮을 수 있다. 심지어 어떤 방법으로 가입했느냐에 따라 유지율이 다르기도 하다.

유지율은 13개월, 25개월 유지율을 주로 보고 37개월 유지율을 따지기도 한다. 13개월을 보는 이유는 12개월, 즉 1년이 경과 후 첫 달에 보험료를 냈다면 2년 차에도 계속 보험을 유지할 것이라고 보기 때문이다.

개인생명보험과 장기손해보험을 중심으로 유지율 추이를 보면 다음과 같다. 국내 보험산업의 25회차 보험계약 유지율은 70%보다 약간 낮은 수준으로 보험상품가입자 10명 중 약 3명은 보험계약 체결 후 2년을 넘기지 못하고 보험계약을 해지하고 있다. 개인생명보험의 25회차 보험계약 유지율은 2024년 기준 68.9%이다. 손해보험의 유지율은 69.6%이다.

2024년 회차별 유지율 현황

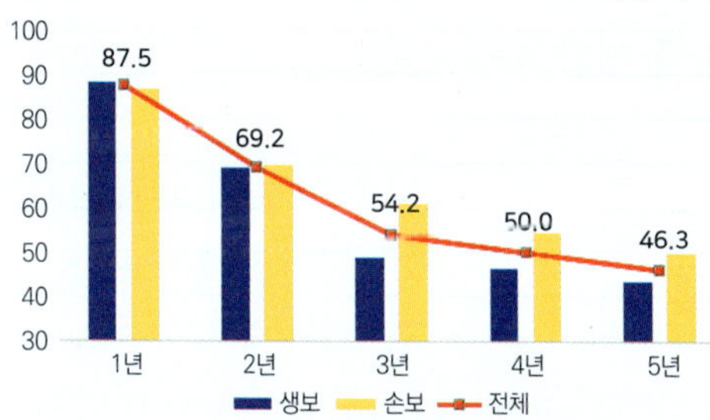

(2024년 기준)

구 분	1년 (13회차)	2년 (25회차)	3년 (37회차)	4년 (49회차)	5년 (61회차)
생보	88.2	68.9	48.8	46.2	43.4
손보	86.7	69.6	61.1	54.7	49.9
전체	87.5	69.2	54.2	50.0	46.3

보험의 회차별 유지율 추이 (자료 : 금융감독원, 단위 : %)

보험상품에 따라 유지율에 차이가 있기도 하다. 소비자 민원이 많은 상품, 고액 보험료 상품, 제도 변경에 직접적 영향을 받는 보험상품의 장기유지율이 상대적으로 낮다. 다음 그림을 보면 개인생명보험의 경우, 변액보험과 종신보험 등과 같이 소비자들이 상대적으로 고액의 보험료를 지불하는 보험상품의 유지율이 낮다. 수익률을 고려한 대체 금융상품으로의 전환 등도 유지율에 영향을 미치는 것으로 보인다. 장기손해보험상품 중 운전자보험의 장기유지율이 낮은 이유는 도로교통법 개정(일명 '민식이법') 등의 영향으로 보인다. 2020년 3월부터 어린이 보호구역 내 교통사고 발생시 기존보다 처벌이 강화되면서 자동차보험에서 보상하지 않는 사고로 인한 형사상 책임

상품별 유지율의 상대비율. 왼쪽은 어린이보험을 100으로 할 때의 개인생명보험들의 상대유지율이고 오른쪽은 상해보험을 100으로 할 때의 장기손해보험들의 상대유지율이다. (자료 : 금융감독원, 단위 : %)

등의 비용손해를 보장하는 신규 운전자보험상품으로의 전환 사례가 늘어난 까닭이다.

▶해약하면 손해다

보험유지율이 낮은 것은 보험가입자에게는 여러 가지로 좋은 현상은 아니다. 왜냐하면 합리적인 판단에 기초하여 보험 가입을 한 것이 아니거나, 아니면 합리적인 의사결정을 하였다 하더라도 보험을 더 이상 유지하기 어려운 상황이 되었기 때문이다. 어떤 경우이든 경제적인 손실이 수반된다. 보험 해약으로 인한 환급금이 기대보다 많지 않을 가능성이 크기 때문이다.

앞서 설명한 바와 같이 보험회사는 보험료 중에서 사업비를 떼어내기 때문에 해약시에 이 부분은 회복할 수 없다.

〈표 6-10〉은 29세 남성이 월 20만원씩 불입하기로 한 변액연금보험상품의 해약환급금을 모의실험한 결과이다. 투자수익률을 4%로 가정했을 경우 6개월 이내에 해약하면 환급금이 거의 없고, 1년 후에 해약하면 원금 240만원의 47.5%인 114만원 정도만 돌려받을 수 있다. 8년이 경과해야 해약환급금이 비로소 납입보험료를 초과한다. 물론 이 금액은 화폐의 시간적 가치를 고려하지 않은 것이다.

따라서 보험 가입은 신중하고 꼼꼼히 따져보되, 가능하면 해약을 하지 않는 것이 좋다. 다만 불필요한 보험 가입이 있다고 생각되면 하루라도 빨리 해약하는 것이 바람직하다.

POINT 보험 가입은 신중하게 하되, 일단 가입하면 가능한 한 해약하지 않는 것이 좋다. 해약하려면 하루라도 빨리 하는 게 유리하다.

〈표 6-10〉 변액연금의 해약환급 보기(29세 남성, 월보험료 20만원의 경우)

경과기간	나 이	납입보험료	중도인출	특별계정 투입금액누계	투자수익률 0% 가정시 (순수익률 −0.9%)		투자수익률 4% 가정시 (순수익률 3.1%)	
					해약환급금	환급률	해약환급금	환급률
3개월	29세	600,288	0	533,376	186	0.0	186	0.0
6개월	29세	1,200,676	0	1,066,752	370	0.0	370	0.0
9개월	29세	1,800,864	0	1,600,128	523,465	29.0	549,766	30.5
1년	30세	2,401,152	0	2,133,504	1,095,645	45.6	1,141,317	47.5
2년	31세	4,802,304	0	4,266,696	3,372,446	70.2	3,549,401	73.9
3년	32세	7,203,456	0	6,399,636	5,630,630	78.1	6,026,393	83.6
4년	33세	9,604,608	0	8,532,252	7,870,280	81.9	8,574,353	89.2
5년	34세	12,005,760	0	10,664,532	10,091,527	84.0	11,195,456	93.2
6년	35세	14,406,912	0	12,796,464	12,294,488	85.3	13,891,932	96.4
7년	36세	16,808,064	0	14,928,048	14,479,297	86.1	16,666,099	99.1
8년	37세	19,209,216	0	17,059,164	16,474,531	85.7	19,348,791	100.7
9년	38세	21,610,368	0	19,189,740	18,451,672	85.3	22,113,817	102.3
10년	39세	24,011,520	0	21,319,596	24,000,000	99.9	24,963,517	103.9

▶해약을 피하는 방법들 : 보험유지 지원제도

경제적인 어려움으로 보험료 납입이 어려운 경우 보험계약을 유지할 수 있는 다음과 같은 다양한 제도를 활용해 볼 필요가 있다.

보험료 지출을 줄여야 하는 상황 : 감액제도

향후 납입해야 할 보험료 수준을 줄여 보험료 납입의 부담을 줄이는 방법이다. 단, 보험료가 감액된 비율만큼을 해약으로 보며, 향후에 지급받을 보험금도 줄어든다.

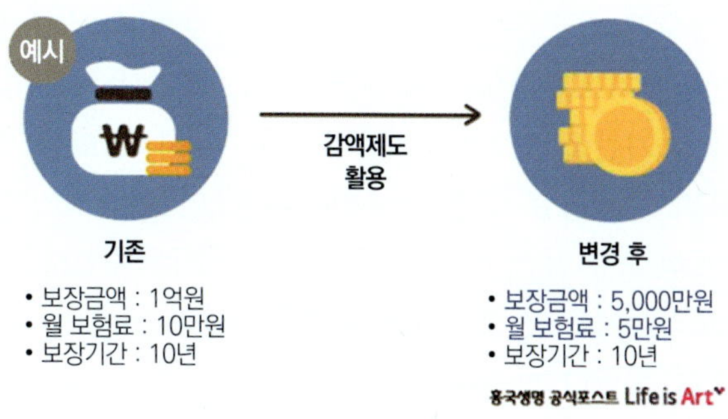

보험료 납부가 "일시적으로" 어려운 상황 : 보험료 납입유예제도, 보험료 자동대출납입제도

보험료 납입유예제도는 일정기간 동안 보험료를 납입하지 않고 보험계약을 유지하는 제도로, 계약자가 지금까지 납입한 보험료가 사실상 해지환급금이 되기 때문에 그 금액 안에서 계약을 유지하는 데 필요한 위험보험료와 사업비 등을 차감하여 보험을 유지하는 방식이다. 따라서 이 제도는 보험에 가입한 지 얼마 지나지 않은 계약자라면 활용하지 못하거나 납입유예기간이 짧을 수 있다. 해지환급금을 바탕으로 하기 때문에 납입유예가 무한정 가능하지는 않다. 그럼에도 불구하고, 보험료 납입이 일시 중시된 기간 동안에도 보험 혜택은 동일하게 받을 수 있다는 점이 매우 큰 장점이다.

보험료 자동대출납입제도는 보험료를 연체했을 때 보험회사의 최고(催告)기간이 끝나기 전에, 보험계약자가 서면신청을 하여 보험계약대출금으로 보험료가 자동대출됨으로써 보험료를 납입하게 하여 계약을 유지하는 제도이다. 자동대출납입기간은 최초 자동대출납입일로부터 1년을 한도로 한다. 다만, 이 제도 역시 해약환급금의 범위 내에서만 대출이 가능하기 때문에 해약환급금이 부족할 경우 1년 이내라도 자동대출납입이 중단될 수 있다.

더 이상 보험료 납부하기가 어려운 상황 : 감액완납제도, 연장정기보험제도

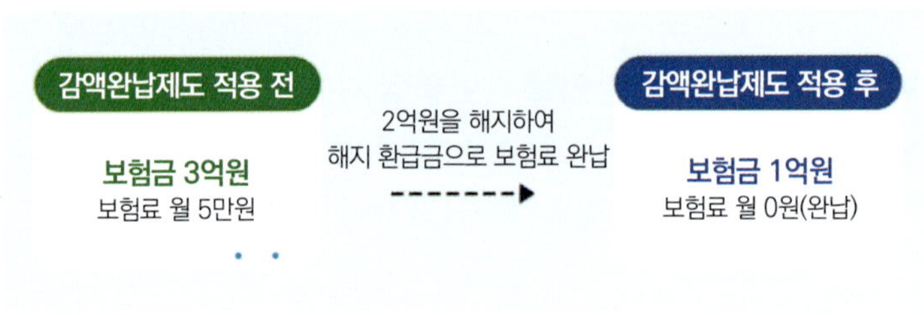

(그래픽 : 비즈워치)

감액완납제도는 추가의 보험료 납입을 하지 않고 보험금을 감액하는 방법이다. 향후 받을 수 있는 보험금은 해약환급금 상당액을 일시납으로 납입하는 경우와 같은 수준으로 감소된다. 보험의 보장기간은 동일하다.

연장정기보험제도는 보험금액은 그대로 유지하되 추가의 보험료를 납입하지 않고 보험(보장)기간을 축소하는 방법이다. 앞서 설명한 감액완납제도가 보험(보장)기간은 유지하면서 보험금 수준을 줄인 것이라면 연장정기보험제도는 보험금 수준은 유지하면서 보험(보장)기간을 줄이는 것이다. 주로 종신보험에 부가되는 기능이다. 보장기간이나 보장금액은 변경시점의 해약환급금의 규모에 따라 달라지며, 종신보험에서 정기보험으로 전환하는 것과 비슷하다.

긴급자금이 필요한 상황 : 보험계약대출제도

긴급자금이 필요하다면, 보험계약을 해지하지 않고 유지하면서 해약환급금의 범위 내에서 보험계약대출을 받아서 사용할 수 있는 제도이다.

▶해지된 보험 되살리기 : 보험 부활 또는 보험 효력 회복

만일 보험이 해지(해약이 아님)되었을 경우에는 어떤 방법으로 되살릴 수 있을까? 다음과 같은 방법들이 있다.

보험료 연체로 인한 해지시

보험료 연체로 인하여 계약 해지되었을 경우에는 해지된 후 3년 이내에 부활을 신청하면 되살릴 수 있다. 보험료 미납으로 해지시 보험사는 14일(보험기간 1년 미만인 경우 7일) 이상의 '납입최고기간'을 정해 계약자에게 이 사실을 알려야 한다. 만일 이 기간중에 보험사고가 발생하면 이에 대해서는 보장을 받을 수 있다.

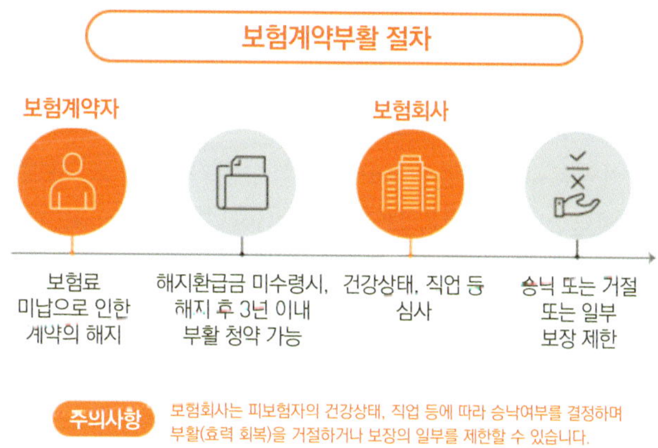

(그래픽 : 한화생명 블로그)

되살릴 의사가 있으면 이 기간 내에 연체된 보험료와 이자를 납입하면 동일한 조건으로 보장을 받을 수 있다. 다만 해지된 보험을 되살리는 것만이 반드시 유리한 것이 아닐 수도 있다. 반드시 기존 보험과 새로 출시된 보험상품을 비교해 유리한 것을 선택할 필요가 있다.

설계사의 부당한 권유로 인한 해지시

보험모집인인 설계사가 기존 계약을 해약하고 새로운 계약을 가입하도록 권유하는 경우가 종종 있다. 설계사의 말을 듣고 보험을 해약하고 신규로 계약하는 경우 보장범위가 달라지거나 보험료 인상 등의 불이익이 생길 수 있다.

이러한 상황이 발생했을 경우에는 기존 보험의 계약 소멸시 6개월 이내에 부활을 신청할 수 있다. 다만, 부당하게 소멸된 계약의 기준은 ① 기존 계약 해약 후 1개월 이내 신계약 가입시, ② 기존 계약 해약 후 6개월 이내 신계약 가입시 보험기간 및 예정이율 등 중요사항을 알리지 않은 경우를 말한다.

압류 등으로 인한 해지시

(사진 : netster.co.kr)

채무불이행으로 인한 압류·담보권 실행 등으로 보험계약이 해지된 경우에는 보험수익자(보험사고가 발생했을 경우 보험금을 받는 사람)가 보험계약자의 지위를 이어받아 보험계약을 유지할 수 있다.

보험료를 납부할 사람이 채무불이행 상태가 되어 해지가 되는지를 보험수익자는 알 수 없는 경우가 있기 때문에 보험회사는 해지일로부터 7일 이내에 보험수익자에게 그 사실을 알려야 한다. 다만 앞서 설명한 '연체로 인한 해지'시와는 달리 이 경우에는 최고기간에 보험사고가 발생해도 보장을 받을 수 없다. 해지 후 15일이 경과되면 계약이 완전히 소멸되므로 보험을 되살리려면 반드시 15일 이내에 부활시켜야 한다.

5 보험금을 잘 주지 않는 보험사는 어딜까?

보험가입자가 보험료를 내는 이유는 보험사고가 발생했을 때 받게 되는 보험금 때문이다. 그런데 막상 보험사고가 발생했는데 보험금 받는 것이 쉽지 않다면 보험가입자 입장이 어떨까?

이러한 것과 관련하여 보험 선택시 보장내용 및 보험료만큼 중요할 수 있는 항목이 몇 가지 있다. 예를 들면 보험금 부지급률, 불만족도, 보험 관련 소송건수, 보험금 지급지연율 등 보험판매 및 보험금 수령과 관련된 지표 등이다. 이들 항목은 각각 생명보험협회 홈페이지 내의 메뉴 중 '소비자' 메뉴의 서브 메뉴인 '소비자포털'(http://

consumer.insure.or.kr) 링크에서, 손해보험협회 홈페이지 중 '소비자포털'(https://consumer.knia.or.kr/main.do) 링크에서 확인할 수 있다. 이 지표들을 보면 어떤 보험회사가 보험 가입자와 보험 관련 분쟁이 많은지, 어떤 보험회사가 보험금 지급에 인색한지를 대략 파악할 수 있다.

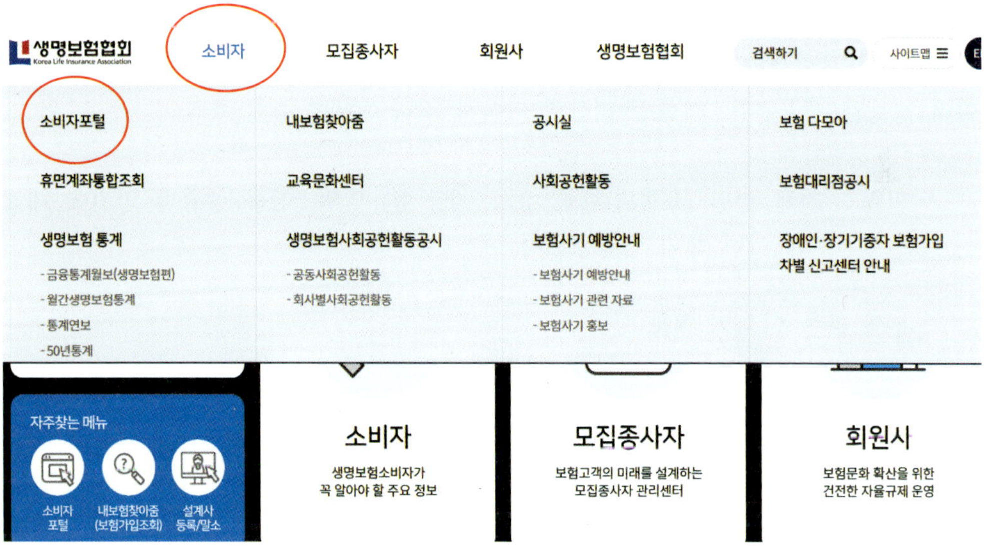

생명보험회사들의 보험금 지급 민원 관련 통계를 볼 수 있는 소비자포털 링크

손해보험회사들의 보험금 지급 민원 관련 통계를 볼 수 있는 소비자포털 링크

각각의 소비자포털에서는 우리가 궁금한 정보들을 자세히 보여준다. 매우 중요한 사항들이다. 손해보험협회 공시실은 비슷한 내용을 공시함에 있어서 생명보험협회보다 친절하고 자세하다.

제공되는 정보들은 다음과 같다.

▶제공되는 정보

보험회사가 보험가입자를 얼마나 배려하는지 보험가입자 입장에서 생각해 볼 수 있는 여러 정보가 제공된다. 이를 정리하면 다음과 같다.

- **민원**: 전체 민원, 유형별(판매, 유지, 지급 등) 민원, 상품 종류별 민원에 대해 민원건수와 전년 대비 증감률

- **분쟁 관련 소 제기 현황**

- **금융소비자보호실태평가**: 2개 계량평가 항목 및 6개 비계량평가 항목, 총 8개 항목으로 평가하여 5등급인 우수-양호-보통-미흡-취약 등급으로 평가

- **불완전판매비율 등**
  - 불완전판매비율: (품질보증해지건수+민원해지건수+무효건수)/신계약건수×100
  - 불완전판매 계약해지율: (품질보증해지건수+민원해지건수)/신계약건수×100
  - 청약철회비율: 청약철회건수/신계약건수×100

- **보험금 지급 관련**
  - 보험금 부지급률 및 불만족도
  - 보험금 지급기간 및 지급지연율
  - 보험금 부지급사유 및 지급지연 사유별 건수

- **의료자문 관련 비교 공시**: 의료자문을 통한 보험금 부지급건수 등

- **보험금 청구지급 관련**
  - 보험금 청구지급 관련 소송제기건수
  - 보험금 청구지급 관련 소송제기비율

이들 정보 중에 중요한 몇 가지만 생명보험회사를 대상으로 조회해 보면 다음과 같다.

▶분쟁 관련 소 제기 현황

보험과 관련하여 분쟁이 발생하였고 이에 대한 소 제기를 한 현황 통계를 보여준다. 소(訴) 제기란 법원에 본안재판을 구하는 소송행위를 말한다. 쉽게 말해서 소송을 시작하는 것으로 이해하면 된다.

공시 자료에는 신청 전 소 제기, 신청 후 소 제기로 구분하여 공시하고 있는데, 전자는 분쟁조정 신청건을 말한다. 이때 소 제기는 금융회사 또는 신청인 중 일방이 다른 당사자를 피고로 소송을 제기한 경우이다.

다음 자료를 보면 가장 많은 소 제기가 있었던 회사는(2025년 1분기 기준) 삼성생명으로 274건이고 이어서 한화생명이 229건, 교보생명이 202건이다. 나머지 회사는 200건 미만이다.

	2025.1.1~2025.3.31							
구분	신청건	중·반복 신청건 제외 건수	신청전 소제기		신청후 소제기		합계	비율(%)
	(a)		신청인	금융사	신청인	금융사	(b)	(b/a)
한화	229	218	0	0	0	0	0	0.0
ABL	34	32	0	0	0	0	0	0.0
삼성	274	199	0	0	0	0	0	0.0
흥국	96	78	0	0	0	0	0	0.0
교보	202	158	1	0	0	0	1	0.5
신한라이프	149	118	0	0	0	0	0	0.0
푸본현대생명	7	5	0	0	0	0	0	0.0
iM라이프	21	19	0	0	0	0	0	0.0
KDB	45	32	0	0	0	0	0	0.0
미래에셋	30	20	0	0	0	0	0	0.0
IBK연금보험	0	0	0	0	0	0	0	0.0

생명보험회사의 보험 분쟁 관련 소 제기 현황 (자료 : 생명보험협회 소비자포털)

▶보험금 부지급률과 보험금 불만족도

보험금 부지급률이란 보험사고를 당한 소비자들이 보험사에 보험금을 청구한 건수 대비 보험사가 보험금을 지급하지 않은 비율을 말한다. 보험금을 받으려고 보험회사에 요구를 했으나 보험회사가 지급하지 않는 비율인 것이다. 따라서 이 비율이 높을수록 보험가입자 입장에선 불리하다.

$$\text{보험금 부지급률} = \frac{\text{보험사 부지급건수}}{\text{고객 청구건수}}$$

보험금 불만족도는 다음과 같이 청구 계약건수 대비 청구 후 해지건수 비율이다.

$$\text{보험금 불만족도} = \frac{\text{청구 후 해지건수}}{\text{청구 계약건수}}$$

〈표 6-11〉은 2024년 하반기 기준으로 생명보험회사를 대상으로 이들 지표를 조회한 결과이다. 실제로 조회된 자료는 훨씬 복잡한데 저자가 간단하게 합계만 정리한 것이다.

표를 보면 부지급률이 가장 높은 회사는 BNP파리바카디프생명인데 13.04%이다. 다만 건수로 보면 23건 청구에 3건이 부지급되어 판단 자료로서의 가치 여부는 별개로 생각해야 할 것 같다. 다음으로는 하나생명으로 3.41%이다. 보험금 불만족도도 BNP파리바카디프생명과 하나생명 순으로 높다. 본인이 가입하고자 하는 보험회사 후보가 있다면 이 지표들을 참고한다. 표의 마지막에 있는 평균 수치도 참고한다.

〈표 6-11〉 생명보험회사의 부지급률과 보험금 불만족도

(단위 : 건, %)

보험회사명	청구건수	부지급건수	부지급률	청구 계약건수	청구 후 해지건수	보험금 불만족도
한화	109,659	1,273	1.16	70,053	341	0.47
ABL	11,557	73	0.63	8,861	61	0.50
삼성	252,323	2,606	1.03	180,509	409	0.24
흥국	41,651	292	0.70	30,994	121	0.47
교보	79,028	713	0.90	47,905	251	0.48
신한라이프	38,568	653	1.69	29,566	193	0.56
푸본현대생명	875	6	0.69	655	2	0.00
KB	–	–	–	–	–	0.77
DGB	290	0	0.00	148	0	0.00
KDB	4,042	29	0.72	2,765	14	0.81
미래에셋	12,260	100	0.82	9,296	24	0.14
IBK연금보험	0	0	0.00	0	0	0.00
NH농협	49,424	328	0.66	39,439	82	0.18
교보라이프플래닛	1,284	13	1.01	1,128	14	0.36
라이나	323,304	1,411	0.44	138,251	740	0.41
AIA	29,197	194	0.66	19,170	53	0.49
KB라이프	1,817	12	0.66	1,377	8	0.13
하나	176	6	3.41	162	4	1.89
DB	8,367	73	0.87	6,349	30	0.95
메트라이프	3,839	53	1.38	3,401	10	0.07
동양	26,625	266	1.00	26,397	91	0.24
처브라이프	77	0	0.00	59	0	0.00
BNP파리바카디프	23	3	13.04	20	3	5.56
업계 평균	45,199	368	0.81	28,023	111	0.36

(자료 : 생명보험협회 소비자포털)

▶보험금 부지급 사유별 건수

앞서 보험금 부지급률을 보았다. 그렇다면 부지급 사유는 주로 무엇일까? 보험금 부지급 사유별 건수를 조회해 본 결과는 〈표 6-12〉와 같다. 건수가 많지 않은 보험사기,

〈표 6-12〉 생명보험회사의 부지급 사유 (단위 : 건)

보험회사명	약관상 면·부책	고지의무 위반	계약상 무효	기 타	계
DB생명	35	34	4	0	73
ABL생명	2	62	8	0	73
AIA생명	124	70	0	0	194
KDB생명	12	14	2	1	29
iM라이프	0	0	0	0	0
교보생명	314	343	56	0	713
동양생명	183	83	0	0	266
삼성생명	1,911	682	13	0	2,606
하나생명	2	0	1	3	6
한화생명	601	585	81	1	1,273
흥국생명	166	126	0	0	292
NH농협생명	252	75	1	0	328
라이나생명	322	1,013	66	0	1,411
IBK연금보험	0	0	0	0	0
KB라이프생명	7	5	0	0	12
미래에셋생명	57	32	1	10	100
푸본현대생명	3	3	0	0	6
메트라이프생명	21	22	10	0	53
신한라이프생명	336	213	104	0	653
처브라이프생명	0	0	0	0	0
BNP파리바카디프생명	0	3	0	0	3
교보라이프플래닛생명	0	11	2	0	13
합계	4,348	3,376	349	15	8,104
업계 평균	132	105	25	0.43	263

(자료 : 생명보험협회 소비자포털)

보험기간 만료 등 몇 가지 항목은 제외했으므로 회사별로 항목들의 합계가 '계' 건수와 다를 수 있다. 전체적으로 보면 약관상 면책이 되거나 책임이 없는 경우가 가장 많아서 업계 평균은 132건이고 가장 많은 삼성생명은 1,911건이다. 고지의무 위반의 경우도 적지 않다. 라이나생명이 1,013건으로 가장 많다. 삼성생명과 한화생명이 다음 순이다. 여기에서 보듯이 열심히 보험료를 납부했으나 보험가입자가 고지의무를 위반하여 보험금이 부지급되는 경우가 많으니 반드시 정해진 고지의무를 이행해야 한다.

이상에서 설명한 지표 외에도 다른 공시사항에도 관심을 기울여야 할 필요가 있다.

장을 마치며

보험금 못 받는 이유는? 금감원 민원 · 분쟁 사례 보니

약관을 제대로 몰라서, 해지시점을 놓쳐서 보험금을 못 받은 사례들이 잇따르고 있다. 금융감독원은 실손보험, 치아보험, 건강체 할인 등 다양한 보험 · 카드 상품에서 발생한 실제 민원 · 분쟁 사례 9건을 통해 보험 가입자들이 주의해야 할 점을 안내했다.

금감원이 25일 공개한 '2025년 1분기 주요 민원 · 분쟁 사례'에는 실제 소비자들이 겪은 계약 해지, 환급 제한, 약관 해석 관련 민원 사례들이 담겼다.

먼저 보험 가입시 한국표준질병 · 사인분류(KCD)에 따라 질병의 보험보장 여부가 결정될 수 있는 점을 유의해야 한다. 예컨대 A씨는 지난 2009년 암 특약(경계성 종양 보장)에 가입한 뒤 최근 '요로상피성 유두종' 진단을 받았다. 하지만 현행 KCD(8차)에서 해당질병이 양성종양으로 분류된다는 이유로 보험금이 거절됐다.

금감원은 이에 대해 "계약 당시 적용키로 한 KCD(5차)에서는 경계성 종양으로 분류돼 있었고, 판단 시점 등에 대한 별도 조항을 언급하지 않았기 때문에 보험사가 보험금을 지급해야 한다"고 판단했다. 다만, 일부 보험은 진단 시점의 KCD 기준으로 보험보장 여부를 결정하는 경우도 있으니 가입 약관을 확인해야 한다.

또한, 보험상품에 따라 등기우편이 아닌 전자문서로 보험료 납입최고(독촉)를 할 수 있고 이후에도 보험료를 내지 않으면 보험계약이 해지될 수 있다. B씨는 실손보험료가 연체됐다는 안내를 카카오톡 전자문서로 받았지만, 이를 확인하지 못했다며 계약 해지를 취소해 달라고 요구했다. 그러나 금감원은 보험 규정에 '전자문서로 독촉가능' 조항이 있고, 실제로 B씨가 전자문서를 열람한 기록(전자문서 유통증명서)까지 확인됐다며 보험사 손을 들어줬다.

보험 가입시 각 보험기간의 보장 대상에 본인이 대비하고자 하는 질병이 포함되는지를 꼼꼼히 확인해야 한다. 연금보험에 암진단 특약을 붙인 C씨는 55세 이후 혈액암(다발성 골수종) 진단을 받고, 보험금을 청구했지만 거절당했다. 이 상품은 55세 이전 제1보험기간에만 암 진단비를 주도록 설계돼 있었기 때문이다. 금감원은 "보험기간이 둘로 나뉘어 있으면 보장범위가 달라질 수 있다"며 약관 확인을 강조했다.

금감원은 이 외에도 ▶건강(우량)체 환급금은 일부만 즉시 지급될 수 있고 ▶텔레마케팅으로 가입한 카드 부가서비스는 유료 · 무료 여부와 결제주기를 반드시 확인해야 한다고 강조했다. 자세한 내용은 금감원 홈페이지 '분쟁조정정보'에서 확인할 수 있다.

(헤럴드경제, 2025.6.25)

주요 용어

- 실손의료보험
- 3대질환진단비보험
- 운전자보험
- 장기저축성 보험
- 유지율
- 감액완납제도
- 보험계약대출제도
- 보험다모아
- 자동차보험
- 정기보험
- 해약과 해지
- 감액제도
- 연장정기보험제도
- 보험금 부지급률

연습문제

1. 반드시 가입해야 할 보험과 추가적으로 가입하면 좋을 보험을 제시하라.
2. 우리나라 국민건강보험제도의 특징을 설명하라.
3. 실손의료보험 가입요령을 정리하라.
4. 3대질환진단비보험의 특징을 설명하라.
5. 운전자보험에 가입해야 하는 이유를 설명하라.
6. 정기보험의 장단점에 대하여 설명하라.
7. 해약과 해지의 차이점에 대하여 설명하라.
8. 보험 가입 후 갑자기 경제적으로 어려워졌을 때 보험계약을 해약하지 않고 유지할 수 있는 방법에 대하여 설명하라.
9. 보험이 해지되었을 경우 되살리는 각각의 경우에 대하여 설명하라.
10. 보험회사 선택시의 유의사항을 설명하라.

PART Ⅲ

이제, 투자를 시작해 보자

미국 월 스트리트(Wall Street)에 있는 황소(bull) 상. 황소는 상승장을 의미한다. (자료 : WSJ)

제Ⅲ부에서는 본격적인 투자 이야기를 해본다. 물론 상대적으로 위험이 따르는 직접투자보다는 간접투자 중심이다. 다만, 근래 전 세계적으로 사실상 직접투자대상이 되고 있는 ETF에 대해서는 자세히 다룰 것이다.

CHAPTER 7

간접투자의 시작, 펀드

미래에셋자산운용이 출시한, 전 세계를 투자대상으로 하는 펀드 중 하나인 TIGER 토탈월드스탁액티브 ETF를 설명하고 있다. (자료 : 한국금융)

"미국에만 투자하지 마세요"… 미래에셋운용, 전 세계 담은 '토탈 ETF' 출격

미래에셋자산운용이 전 세계 주식시장에 한 번에 투자할 수 있는 상장지수펀드(ETF)를 선보인다. 미국 중심의 자산배분 구조에서 벗어나, 글로벌 증시 전체의 성장을 추종하려는 투자 수요를 겨냥한 상품이다.

23일 금융투자업계에 따르면 미래에셋자산운용은 이날 오전 서울 을지로 미래에셋센터원에서 신상품 출시를 기념하는 기자간담회를 개최했다. 이 자리에서 오는 24일 유가증권시장에 상장 예정인 'TIGER 토탈월드스탁액티브 ETF'를 소개했다.

이번 ETF는 선진국과 신흥국을 포함한 48개국, 약 1만 개 이상의 주식에 투자하는 구조로 설계됐다. 비교지수는 FTSE 러셀이 산출하는 'FTSE Global All Cap Index'로, 이는 전 세계 투자가능한 주식의 약 98%를 커버하는 가장 광범위한 글로벌 주식 벤치마크다. 미국과 비미국 국가의 비중은 6 : 4로 조정해, 특정국가 쏠림 없이 균형 잡힌 포트폴리오 구성이 가능하다.

(한국금융, 2025.6.23)

1 전형적인 간접투자는 펀드이다

수익증권의 의의

증권은 어떤 권리나 의무를 나타낸 증서로서 금융투자상품을 말한다. 현재 우리나라의 관련 법률에서 증권으로 보는 금융상품에는 여섯 가지가 있는데, 그중에서 가장 기본적이고 대중적인 것은 주식(지분증권), 채권(채무증권), 수익증권이다.[1)]

수익증권은 주식, 채권 등의 증권 또는 선물·옵션 등의 파생상품 및 부동산 등에 직접투자할 전문지식이 부족하거나 시간적 여유가 없는 사람들을 위하여 전문투자기관인 투신운용회사가 투자자의 자금을 받아 대신 투자해 주는 간접투자상품을 의미한다. 투자자의 자금을 위탁받았다는 증서를 의미하기도 한다.

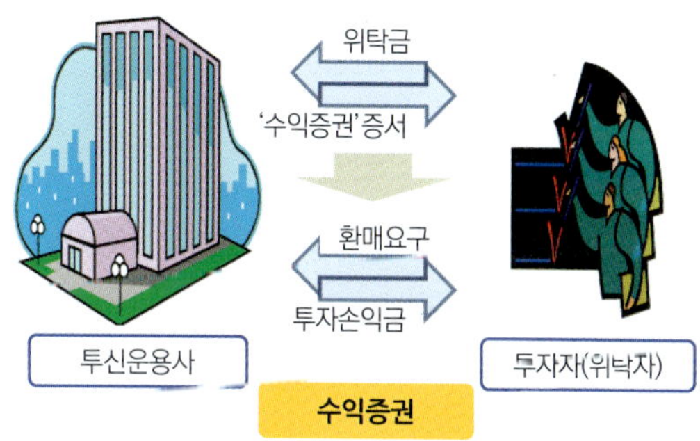

수익증권은 증권이지만 주식이나 채권처럼 증권의 형태가 아닌 통장의 형태로 되어 있다. 그 이유는 수익증권 가입자(자금위탁자)가 자신의 투자금이 현재 얼마가 되어 있는지 통장을 찍어보면 알 수 있도록 하기 위함이다.

수익증권은 주식이나 채권 등의 직접투자에 대한 전문지식이 부족하지만 이들 증권에 투자하고 싶은 일반투자자들에게 권장되는 상품이나, 투자수익은 실적배당에 의하고 특히 원금손실 발생가능성이 있음에 주의해야 한다.

---

1) 나머지 증권으로는 투자계약증권(주로 공동으로 사업을 할 때 맺는 투자계약을 증빙하는 증권), 파생결합증권, 증권예탁증권이 있다.

수익증권과 펀드의 관계

수익증권은 특정 금융상품을 규정짓는 법적 용어이다. 그러나 현장에서는 수익증권이라는 용어보다는 펀드라는 용어를 더 많이 사용한다. 엄밀히 말하면 수익증권과 펀드에는 작은 차이가 있지만 사실상 동의어로 사용되기 때문에 본 책의 이하에서는 펀드라는 용어로 통일하여 사용하기로 한다.

펀드(fund)라는 말은 자금, 기금이라는 의미를 갖고 있다. 그래서 '펀드'라는 금융상품은 일반투자자들의 '자금'을 모아서 전문가가 대신 투자해 주기 때문에 '펀드'라는 용어의 원래 의미를 잘 담고 있는 셈이다.

펀드에 가입하는 것, 즉 펀드를 이용하여 투자하는 것을 한마디로 요약하면 전문가에게 투자를 위탁하고 그 대신 수수료를 주는 것이라고 할 수 있다. 따라서 펀드투자의 장단점은 모두 이러한 펀드의 특성에서 기인한다.

펀드투자의 장점

펀드투자가 갖는 장점으로는 첫째, 소액의 수수료로 투자전문가를 고용하는 효과가 있다는 점이다. 주식투자가 유망해 보이지만 자신이 없을 경우 주식으로 구성된 펀드에 가입하면 된다. 해당분야 전문가가 대신 투자해 주기 때문이다.

둘째, 적은 투자금액으로도 분산투자 효과를 볼 수 있다. 예를 들어 50만원으로는 삼성바이오로직스 주식 1주도 사기 힘들다(2025년 7월 15일 현재 1주에 102만원 수준

분산투자의 이점을 설명하는 그림 (그래픽 : life.miraeasset.com)

이다). 그러나 '삼성그룹주' 펀드에 가입하면 50만원으로도 삼성그룹의 여러 회사 주식에 분산투자하는 효과를 얻을 수 있다.

셋째, 펀드 상태를 실시간으로, 객관적으로 볼 수 있다. 매일매일 가격이 발표되기 때문에 현재 내가 가입한 펀드의 가격이 어떤 상태인지 알 수 있다.

펀드투자의 한계점

펀드투자가 갖는 가장 큰 단점은 대부분의 펀드에서 원금보전이 불가능하다는 점이다. 특히 주식형 펀드에 가입했을 경우에는 큰 이익을 볼 수도 있지만 반대로 그만큼 큰 손실이 날 수도 있다. 주식시장이 침체되고 전체적으로 주가가 계속 떨어지면 아무리 뛰어난 펀드매니저도 방법이 없다. 주위에 펀드에 투자했다가 원금이 회복되기만을 기다리고 있는 사람을 종종 보았을 것이다.

수익발생 여부와 상관없이 수수료를 계속 내야 하는 점도 부담이다. 뒤에서 살펴보겠지만 펀드는 가입할 때 또는 청산할 때 한 번 수수료를 내는 것이 있는가 하면, 펀드가 운용되는 기간 동안은 이익발생 여부와 관계없이 '보수'라고 하는 수수료를 매일 지불하는 것도 있다. 1,000만원으로 펀드에 가입했는데 주가가 계속 떨어져 펀드 평가금액이 500만원이 되었다고 해도, 500만원에 대해서는 펀드를 운용해 주는 전문가(회사)에게 운용에 대한 '보수'를 계속 주어야 한다.

2 수많은 펀드를 분류해 보자

펀드는 정말 많다. 우리나라 펀드 수는 2만개를 넘나든다. 개수만 보면 세계 최고 수준이다. 한쪽에서는 정리되고 다른 한쪽에서는 계속 새로 만들어지고 있다. 그러나 이 수많은 펀드도 몇 가지 기준에 의해서 분류, 정리할 수 있다.

펀드를 나누는 주요 기준으로는 다음과 같은 것들이 있다.

- 펀드가 투자하는 투자대상 자산의 종류 : 어떤 자산에 투자하는가?
- 펀드의 운용제한방식 : 어떤 자산투자를 제한하는가?
- 펀드에서 주식이 차지하는 비중 : 주식에 투자하는 비중은 얼마인가?
- 펀드가 투자하는 주식의 성격 : 어떤 성격의 주식에 투자하는가?
- 펀드 투자자산의 지역적 위치 : 어떤 지역의 자산에 투자하는가?
- 펀드자금 불입방식 : 펀드에 저축하는 방식은 어떤 식인가?
- 펀드자금 모집방식 : 누구를 대상으로 하여 펀드자금을 모으는가?
- 펀드자금 불입 제한여부 : 펀드자금을 2회 이상 불입할 수 있는가?

이제 이상의 기준을 중심으로 펀드의 종류를 정리해 보자. 이들 중 일부는 뒤에서 별도로 자세히 설명하겠다.

▶투자대상에 따른 분류

펀드를 투자대상에 따라 분류해 보면 〈표 7-1〉과 같다. 〈표 7-1〉은 펀드를 투자대상에 따라 분류할 때 가장 일반적으로 분류하는 방식이다.

〈표 7-1〉 투자대상에 따른 분류

분 류	상품내용
증권펀드	투자자산의 50% 이상을 증권에 투자하는 펀드
부동산펀드	투자자산의 50% 이상을 부동산에 투자하는 펀드
MMF	단기금융상품(CD, 단기대출 등)에 투자하는 펀드
혼합자산펀드	투자대상자산(증권, 부동산, 특별자산)과 투자비율의 제한을 받지 않고 운용할 수 있는 펀드
특별자산펀드	투자자산의 50% 이상을 특별자산(증권 및 부동산을 제외한 상품)에 투자하는 펀드

▶운용제한에 따른 분류

펀드자산의 운용에 제한을 두는 범위에 따라 구분하는 방법도 있다. 이는 위의 투자대상에 따른 분류와 유사한 면이 있으나 우리나라에서는 이를 구분하고 있다. 파생형펀드와 재간접펀드가 그것으로 구체적인 내용은 〈표 7-2〉와 같다.

〈표 7-2〉 운용제한에 따른 분류

분 류	상품내용
파생형 펀드	투자하는 파생상품 평가가액이 펀드자산의 10%를 초과하는 펀드
재간접펀드	펀드 자산의 50% 이상을 다른 펀드에 투자하는 펀드

▶주식투자 비중에 따른 분류

펀드에서 주식이 얼마나 차지하는지에 따라 구분하면 〈표 7-3〉과 같이 나눌 수 있다.

특징적인 것은 펀드자산총액의 60% 이상을 채권에 투자하면 채권형 펀드라고 부르는데, 이때 주식은 하나도 편입하지 말아야 한다. 또 하나, 주식 50%－채권 50%에 투자하는 펀드는 주식혼합형 펀드로 구분한다. 그 이유는 채권보다는 주식의 투자위험도가 더 커서 주식에 더 의미를 두기 때문이다.

〈표 7-3〉 주식투자 비중에 따른 분류

<table>
<tr><th colspan="2">분 류</th><th>상품내용</th></tr>
<tr><td colspan="2">채권형 펀드</td><td>운용대상에 주식은 편입하지 않고 펀드자산총액의 60% 이상을 채권(금리선물 포함)에 투자하여 운용하는 펀드</td></tr>
<tr><td colspan="2">주식형 펀드</td><td>자산총액의 60% 이상을 주식(주가지수선물, 옵션 포함)에 운용하는 펀드</td></tr>
<tr><td rowspan="3">혼합형 펀드</td><td>주식혼합형 펀드</td><td>자산총액의 50% 이상, 60% 미만을 주식(주가지수선물, 옵션 포함)에 운용하는 펀드</td></tr>
<tr><td>채권혼합형 펀드</td><td>자산총액의 50% 미만을 주식(주가지수선물, 옵션 포함)에 운용하는 펀드</td></tr>
<tr><td>기타혼합형</td><td>주식, 채권 이외의 자산(CP 등)에 주로 투자하는 펀드</td></tr>
</table>

▶주식의 성격에 따른 분류

주식형 펀드 혹은 주식혼합형 펀드는 주식을 50% 이상 펀드에 담게 된다. 이때 펀드에 담긴 주식의 성격에 따라 펀드를 구분할 수 있다. 〈표 7-4〉는 그 예이다. 예를 들어 대형주식에 주로 투자하면 대형주펀드라고 부르고, 배당을 많이 하는 주식에 주로 투자하는 펀드라면 배당주펀드라고 부른다.

이 분류기준은 절대적인 것은 아니다. 전문가들이 새로운 명칭을 개발하여 붙이기도 한다. 예를 들어 대형성장주펀드라는 명칭을 사용할 수도 있는데, 이는 대형주 중에서 성장성이 클 것으로 예상되는 주식에 투자하는 펀드라는 의미이다.

〈표 7-4〉 주식의 성격에 따른 분류

분 류	상품내용
대형주펀드	증권시장 종목 중 시가총액을 기준으로 기업규모가 100위 안에 드는 기업 주식에 투자하는 펀드
중소형주펀드	기업규모가 중하위권에 속하는 기업에 투자하는 펀드
가치주펀드	기업의 가치에 비해 현재의 주가가 저평가되었다고 판단되는 주식에 투자하는 펀드
성장주펀드	매출액과 이익의 성장성이 클 것으로 예상되는 주식에 투자하는 펀드
배당주펀드	배당금을 많이 주는 주식에 투자하는 펀드
인덱스펀드	종합주가지수나 반도체지수와 같은 특정지수를 추종하도록 주식을 구성하여 투자하는 펀드

▶펀드 투자자산의 지역적 위치에 따른 분류

국내펀드와 해외펀드로 나눌 수 있다. 해외펀드는 해외 어느 지역에 펀드 자산을 투자하여 운용하는지에 따라 다양하게 펀드 명칭을 붙인다.

해외에 투자하는 펀드의 성과는 환율이 주요 변수가 될 수 있다. 환율에 영향을 받는 펀드인지 아닌지, 환헤지가 되어 있는지를 확인하여 투자해야 한다. 환헤지가 되어 있지 않으면 단순히 환율 변동에 따라서 손익이 발생하기도 한다. 예를 들어 해외펀드에 1달러를 투자하여 1달러를 돌려받았는데(즉 투자 자체의 손익은 없다), 환율이 1,200원에서 1,100원으로 하락할 경우 1,200원을 투자하여 1,100원을 받게 되므로 100원의 손실이 발생하게 된다. 이때의 100원은 순수히 환차손으로 발생하는 손실이다. 반대로 환율이 상승하면 환차익을 추가로 얻을 수 있다.

〈표 7-5〉 펀드 투자자산의 지역적 위치에 따른 분류

분 류	상품내용
국내펀드	국내의 주식이나 채권, 부동산 등에 투자하는 펀드
해외펀드	해외의 투자자산에 투자하는 펀드

▶펀드자금 불입방식에 따른 분류

일반투자자가 펀드에 불입할 때 은행의 정기예금처럼 금액을 한 번에 넣을 수도 있고 적금처럼 매월 불입할 수도 있다. 전자와 같이 입금하는 펀드를 거치식펀드라고 하고 후자와 같은 펀드를 적립식펀드라고 한다. 거치식과 적립식 펀드의 수익률에 대해서는 논란이 뜨겁다.

〈표 7-6〉 펀드자금 불입방식에 따른 분류

분 류	상품내용
거치식펀드	펀드에 가입할 때 목돈을 한꺼번에 넣는 펀드
적립식펀드	매월 펀드에 자금을 넣는 펀드. 마치 은행의 적금과 같다.
임의식펀드	투자기간이나 금액이 정해져 있지 않고 자유롭게 입출금하는 펀드

▶펀드자금 모집방식에 따른 분류

펀드는 투자자의 자금을 모아야 성립한다. 투자자들이 자금을 제공하는 방식, 즉 펀드 운영주체가 자금을 어떻게 모으느냐에 따라 두 가지로 나눈다.

〈표 7-7〉 펀드자금 모집방식에 따른 분류

분 류	상품내용
공모펀드	불특정 일반인이 가입할 수 있는 펀드
사모펀드	소수의 특정인에게서 사적으로 펀드자금을 모집하는 펀드

▶펀드자금 불입 제한여부에 따른 분류

펀드자금을 딱 한 번만 불입하는지 아니면 추가로 언제든지 불입할 수 있는지의 여부에 따라 단위형, 추가형으로 구분한다.

〈표 7-8〉 펀드자금 불입 제한여부에 따른 분류

분 류	상품내용
단위형 펀드	투자자금을 한 번만 넣고 그 이후로는 추가로 넣을 수 없는 펀드
추가형 펀드	언제든지 펀드에 추가로 자금을 넣을 수 있는 펀드

흔히 단위형 펀드는 클래식공연장으로, 추가형 펀드는 일반공연장으로 비교된다. 전자는 한 번 입장하면 재입장이나 추가입장이 되지 않지만 일반공연장은 자유롭다. (사진 왼쪽 : artsbeat.blogs.nytimes.com, 오른쪽 : seltang.com)

▶중도환매 여부에 따른 분류

중도환매 여부에 따라 환매가 가능한 개방형, 환매가 불가능한 폐쇄형으로 나눈다. 후자는 펀드 정산일 이전에는 환매가 원칙적으로 인정되지 않는 펀드이다.

POINT 수많은 펀드가 있다. 그러나 모든 펀드는 몇 가지 기준으로 분류하면 해당펀드가 어떤 성격의 펀드인지 쉽게 파악할 수 있다.

3 수수료가 펀드 이름이 된다

펀드수수료와 수익률

▶펀드수수료의 중요성

펀드는 투자자의 자금을 위탁받아 투신운용사가 대신 운용해 주기 때문에 자금을 맡긴 투자자는 수수료를 지불해야 한다. 그런데 그 수수료가 천차만별일 뿐만 아니라 펀드가 적자인 상태라고 하더라도 반드시 지불해야 한다. 또한 어떤 두 개의 펀드가 동일한 수익을 냈다 하더라도 수수료 크기에 따라 투자자의 최종적인 수익은 달라지게 된다. 이처럼 수수료는 펀드의 수익률에 중요한 영향을 미치며 종종 분쟁도 발생하고 있다.

이처럼 펀드에 있어서 수수료가 매우 중요하기 때문에 펀드상품명을 정할 때부터 수수료 체계를 투자자들에게 알릴 수 있도록 하고 있다. 그 수수료 체계가 곧 펀드의 클래스가 된다. 이하에서는 먼저 펀드수수료 체계에 대해서 살펴보고 이어서 클래스에 대하여 알아보기로 한다.

▶ 펀드수수료 : 펀드에서 떼어가는 돈

펀드에 투자한 투자자 중 많은 사람이 펀드투자수익에 대하여 불만을 토로하고 있다. 막상 손에 쥐게 되는 수익이 예상하는 것보다 적기 때문이다. 그 이유는 무엇일까? 결론부터 이야기하면 펀드에는 각종 수수료가 붙기 때문인데, 이 수수료가 0%대에서 3%에 가까운 수준까지 아주 다양하다.

그러나 펀드에 가입하는 투자자 중 상당수는 자신이 가입한 펀드에 얼마만큼의 수수료가 붙는지, 그리고 어떤 펀드의 수수료가 더 저렴한지 알지 못한 채 가입하는 사람들이 많다. 펀드수수료는 종류도 많고 체계가 복잡해 보여 펀드 가입시 이를 설명하려는 창구에서조차 자세히 듣지 않고 그냥 넘어가는 경우가 많은 게 현실이다.

펀드수수료의 종류

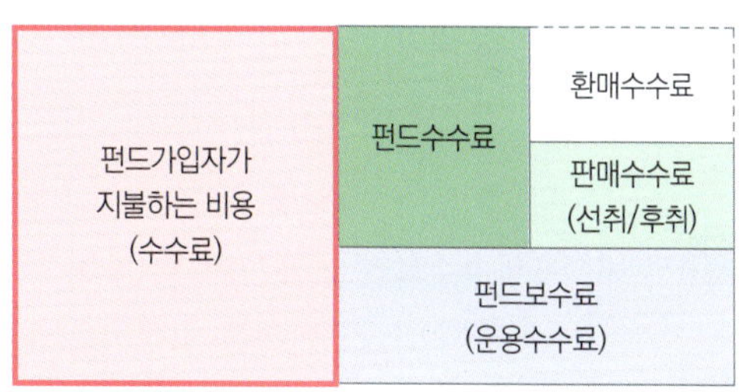

펀드에 가입한 사람이 비용으로 지불하는 돈은 종류도 많고 복잡해 보이지만 크게 펀드수수료와 펀드보수료로 나눌 수 있다.

펀드수수료는 판매수수료와 환매수수료로 구성된다. 그런데 이들 수수료 중에서 환매수수료는 특정한 상황에서만 물기 때문에 일반적으로 말하는 펀드수수료는 판매수수료를 말한다.

▶판매수수료

수수료를 부과하는 시점에 따라서 다시 선취수수료와 후취수수료로 나뉜다. 선취수수료는 펀드 가입시에 수수료를 징수하는 것인데, 불입금액에서 일정금액을 공제한 후 나머지 금액을 펀드에서 운용한다. 후취수수료는 불입된 금액 전부를 투자운용하다가 나중에 수수료를 뗀다.

▶환매수수료

가입 후 펀드를 환매하는 시기가 90일 미만인 경우 90일을 기준으로 이익금의 70% 정도를 환매수수료로 내야 한다. 안정적인 펀드운용을 해야 하는 펀드운용회사 입장에서는 펀드환매가 자꾸 일어나면 펀드관리에 어려움이 따르기 때문에 펀드환매에 대해서 일종의 벌칙을 부여하는 것이다. 통상 펀드 가입기간이 90일 이상이면 환매수수료를 내지 않는다. 또한 정해진 기간, 예컨대 90일 내에 손해를 보고 있으면 환매수수료를 내지 않고 언제든지 투자자금을 회수할 수 있다. 다만, 세제혜택 등이 부과되는 펀드나 채권형 펀드의 경우 최장 5년까지 환매수수료를 부과하는 펀드도 있다.

▶펀드보수료

다음으로 투자기간 내내 매년 지불해야 하는 수수료로 보수료가 있다. 이는 펀드를 계속 운용해 주는 대가로 지불하는 것으로 총보수라고 부르기도 한다. 이 펀드보수는 투자기간 중 펀드평가 잔액에 일정비율을 계산하여 기준가에서 차감하는 형식으로 자동으로 지급하게 되어 있다.

판매수수료와 펀드보수료의 가장 큰 차이점은 전자는 정해진 비율에 따라 가입시 또는 나중에 한 번만 내지만, 후자는 계속 내야 한다는 점이다. 펀드수수료뿐만 아니라 펀드에 대한 상세한 수많은 정보는 금융감독원이 운영하고 있는 '펀드정보 One-Click 시스템'에서 찾아볼 수 있다.

POINT 판매수수료인 선취수수료나 후취수수료는 한 번만 내는 1회성 비용이지만 보수료는 매일 떼어가는 반복성 고정비용이다. 이러한 수수료는 펀드에서 이익이 나는지의 여부에 상관없이 떼어간다.

펀드수수료는 물론이고 펀드에 대한 거의 모든 정보를 볼 수 있는 '펀드정보 One-Click 시스템' 홈페이지. 금융투자협회가 운영한다.

펀드의 수수료와 클래스

▶펀드 명칭의 구조

펀드의 명칭은 일반적으로 다음과 같이 구성된다.

> 자산운용사명+펀드상품명+투자대상+번호+클래스

구체적인 예를 들어보자. 다음과 같은 펀드가 있다. 그 뜻은 바로 아래에 표기했다.

미래에셋 코리아대표 증권자투자신탁 1호 [주식] C

[자산운용사명 : 미래에셋]+[펀드상품명 : 코리아대표]+[투자대상 : 증권자투자신탁 '주식'(국내 주식에 투자), 번호 1호]+[클래스 : C]

여기서 클래스는 주로 알파벳으로 표기되며, 각 알파벳이 특정 수수료 체계나 판매 방식을 의미한다. 이에 대해서 이어서 설명한다.

▶펀드 클래스의 종류

어떤 펀드가 선취수수료를 떼고 어떤 펀드가 후취수수료를 징수하는지 일반투자자들이 알기는 쉽지 않다. 그래서 아예 펀드를 수수료가 부과되는 형태에 따라 여러 클래스(class)로 나눠 알기 쉽게 구분하고 있다. 〈표 7-9〉는 이를 정리해서 보여주고 있으며 아래에는 예시가 있다.

〈표 7-9〉 펀드의 클래스

분 류	펀드 클래스	부과되는 수수료
1차 분류 : 판매수수료 부과 방식	A	최초 가입시에 원금에 선취수수료가 부과되는 펀드
	B	펀드 환매시 총적립액에 후취수수료가 부과되는 펀드
	C	선취수수료와 후취수수료가 없는 대신 총적립액에 대한 보수료가 높은 펀드
	D	선취수수료와 후취수수료가 모두 부과되는 펀드
2차 분류 : 판매경로	e	온라인을 통해서만 가입가능한 온라인 전용 펀드
	S	수수료가 매우 저렴한 한국포스증권(구 펀드슈퍼마켓) 전용 펀드
	J	직판 펀드
	–	오프라인에서 판매하는 펀드
3차 분류 : 기타 분류	CDSC	펀드 보수가 체감하는 펀드
	W	전문가가 포트폴리오 조정을 해주는 랩(Wrap) 전용 펀드
	G	무권유 저비용 펀드
	P1	개인연금
	P2	퇴직연금펀드

주식형펀드의 클래스 명칭부여 체계(예시)

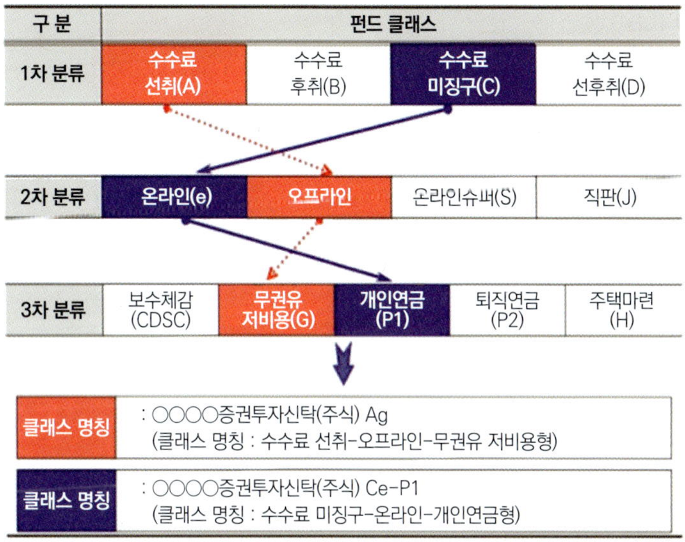

(자료 : 금융감독원의 공식 블로그)

위의 펀드는 조합이 이루어지기도 한다. 예를 들어 Ae는 선취수수료부과펀드(클래스 A)로 온라인에서만 가입가능한 펀드이다. A-e로 표기하기도 한다. 마찬가지로 Ce는 온라인에서 판매하는 클래스 C 펀드를 의미한다. 예시에 있는 것처럼 Ag는 1차 분류에 의거 수수료를 선취(A)하며, 2차 분류에서는 특이사항이 없고 3차 분류에 따라 무권유 저비용 펀드(g)임을 알 수 있다. 개인투자자인 경우에는 특히 A, C, e, S에 관심을 갖자.

▶주요 펀드 클래스의 비교

어떤 클래스의 펀드가 우리에게 유리할까? 성격이 유사한 클래스별로 비교하여 정리함으로써 쉽게 이해해 보자.

A클래스와 C클래스

가장 많은 판매가 이루어지는 펀드는 A클래스 혹은 C클래스이다. 이 클래스의 성격은 다음과 같이 비교할 수 있다. 보통 일시납(거치식)펀드의 경우에는 A클래스가 많다. 수수료를 선취하는 대신 보수료가 일반적으로 적다. C클래스는 선취수수료가 없는 대신 계속해서 보수료를 내야 한다.

어떤 클래스를 선택해야 할까? 이는 투자기간에 따라 달라지는데, 일반적으로 투자기간이 장기이면 A클래스를 선택하는 것이 유리하다.

No	펀드명	소유형 설정일
1	미래에셋TIGER200IT레버리지상장지수(주식-파생)	기타인덱스 2016.05.12
2	미래에셋TIGER200IT상장지수(주식)	기타인덱스 2011.04.05
3	한국투자KINDEX삼성그룹주SW 상장지수(주식)	기타인덱스 2009.01.23
4	미래에셋TIGER소프트웨어상장지수(주식)	기타인덱스 2012.05.15
5	한국투자삼성그룹적립식 2(주식)(A)	테마주식 2007.10.17
6	우리모아드림삼성그룹자 1(주식)ClassA	테마주식 2006.08.21
7	한국투자골드적립식삼성그룹 1(주식)(C5)	테마주식 2004.07.20
8	한국투자삼성그룹 1(주식)(C 1)	테마주식 2004.07.06
9	한국투자삼성그룹적립식 1(주식)(C1)	테마주식 2004.11.01
10	한국투자삼성그룹자 1(주식)(A)	테마주식 2006.04.24

펀드전문 사이트인 펀드닥터에서 주식형 펀드만을 조회한 결과 중 일부. 펀드의 명칭에는 그림에서 보는 것처럼 클래스가 표기되어 있다. 처음 네 개는 지수형임을 나타내고 있으며 오른쪽 칸을 보면 어떤 성격의 주식으로 구성되어 있는지를 알 수 있다.

A클래스냐, C클래스냐?

앞서 살펴본 바와 같이 A와 C 두 클래스는 수수료 징수방식이 다르다. 펀드가입자 입장에서는 수수료를 적게 내는 것이 유리하다. 그렇다면 어떤 클래스를 선택해야 할까? 결론부터 얘기하면 다음과 같다.

POINT

- 거치식으로 가입할 때 : 1년 이상 투자할 계획이면 A클래스, 1년 미만이면 C클래스
- 적립식으로 가입할 때 : 2년 이상 투자할 계획이면 A클래스, 2년 미만이면 C클래스

A와 C 클래스 중 하나를 선택할 때 흔히 장단기로 구분하면서 1년을 기준으로 말하는 경우가 많다. 그러나 이는 잘못된 것이다. 목돈을 한 번에 투자하는 거치식펀드는 1년 이상 유지하면 1회성의 선취수수료를 먼저 내는 A클래스가 유리한 것이 맞다.

	A클래스	C클래스
선취수수료	○	×
보수료	낮다	높다
투자기간	장기	단기

하지만 매월 수수료를 나눠 내는 적립식펀드의 경우는 상황이 조금 다르다. 즉 마지막 달까지 선취수수료를 꼬박꼬박 내야 하기 때문에 최소 2년 이상을 유지해야 선취수수료를 떼는 A클래스 상품이 선취수수료 없는 C클래스 상품보다 순자산이 커지게 된다. 즉 적립식펀드 상품에서는 2년을 기준으로 판단하는 것이 옳다.

B클래스와 D클래스

B, D클래스는 우리나라에서는 사실상 거의 없는 종류이다. 자세한 설명은 생략한다. 다만 오른쪽 표를 참고하면 이해하기 쉬울 것이다.

	B클래스	D클래스
선취수수료	×	○
후취수수료	○	○

기타 클래스

나머지 클래스 중에서 눈여겨봐야 할 것은 e클래스이다. e클래스는 온라인 전용 펀드여서 인터넷으로만 가입이 가능하다. 판매사를 통해 펀드에 가입하는 것이 아니기 때문에 보수료가 일반펀드의 70~80% 수준으로 낮다는 장점이 있다. 이 장점은 판매사의 조언을 들을 수 없다는 점, 상품 선택의 폭이 비교적 좁다는 점과 같은 단점을 극복하고도 남기 때문에 펀드에 대해 약간의 지식만 있다면 추천할 만한 펀드이다. S클래스 펀드는 제8장에서 따로 설명한다.

▶펀드비용 절약하는 방법

대체적으로 보아 해외펀드 주식형, 주식형, 인덱스형, 채권형 순으로 수수료율이 낮아진다. 즉 위험이 높은 펀드의 수수료가 비싸다고 보면 된다. 공격적인 액티브형 펀드는 수수료가 높고, 보수적인 투자스타일의 인덱스펀드는 수수료가 싸다. 즉 선물과 옵션 등 파생상품에 투자하거나 외화투자로 외환거래비용이 추가되는 해외펀드 등과 같이 거래비용이 높은 성격의 펀드는 수수료가 높게 책정된다.

반면 재간접펀드나 지수를 추종하는 인덱스펀드의 경우에는 수수료가 싸다. 제9장에서 배울 상장지수펀드는 판매보수와 환매수수료가 없다. 엄브렐러펀드는 펀드간 전환시 환매수수료가 없다. 금융기관 창구에서 가입하는 것보다 인터넷뱅킹, 스마트폰 등 전자금융으로 가입하는 것이 수수료가 더 싸다.

한 가지 주의할 점은 펀드 가입자가 추가로 지불하는 숨은 수수료가 있다는 점이다. 일종의 '숨은 비

TDF2035의 총보수와 '숨은 비용' 비교

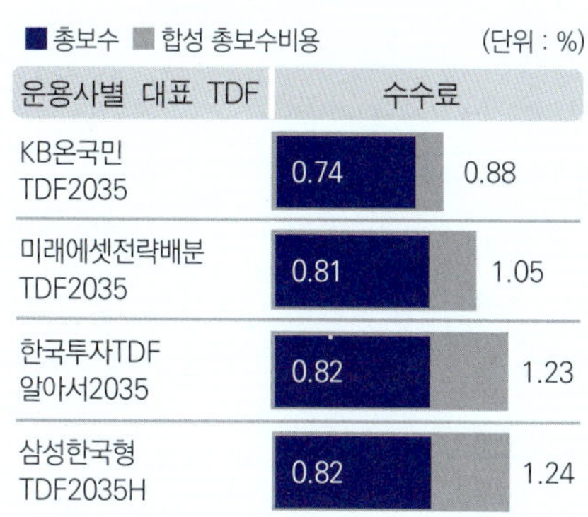

* 퇴직연금 오프라인 클래스 기준

(자료 : 각 운용사)

용'으로 회계감사비, 세금 등 기타 관리비용 등이 있다. 이러한 모든 비용을 합한 것을 총보수비용비율(TER : Total Expense Ratio)이라고 하는데 이 비율도 꼭 따져 봐야 한다. 위의 그림은 청년세대가 많이 가입하는 TDF의 사례를 보여주고 있다. TDF 같은 장기 투자 상품에서는 비용 차이 0.01%도 수익률 차이에 크게 영향을 미칠 수 있다. 가입자 입장에서는 숨은 비용을 포함한 전체 비용을 보아야 한다.

▶펀드비용과 수익률의 관계

지금까지 살펴본 바와 같이 펀드에 있어서 수수료는 펀드 명칭에 반드시 포함되어야 할 정도로 매우 중요하다. 그런데 동일한 조건의 펀드라도 수수료에 차이가 얼마든지 있을 수 있다. 예를 들어 다음과 같이 KOSPI200을 추종하는 인덱스펀드 및 상장지수펀드(ETF)의 총비용을 보면 현실을 알 수 있다.2)

그림에서 보는 것처럼 1년 수수료가 0.2%에서 0.7% 사이에 많이 몰려 있는데, 가장 높은 것은 1.95%나 되는 반면 가장 낮은 것은 0.03%에 불과하다. 평균값은 0.69%, 중앙값은 0.60% 정도이다.

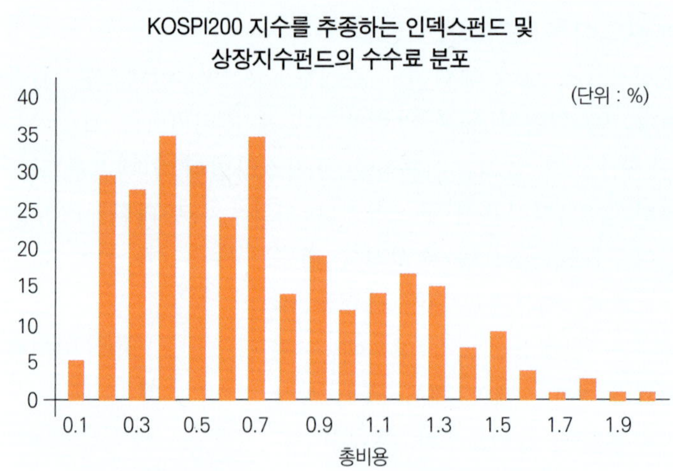

(그래픽 : Henry's Quantopia)

만일 펀드의 수수료 전 수익률이 1.5%라고 한다면, 수수료율이 1.9%인 펀드는 단순 계산하면 0.4%의 적자가 나지만 수수료율이 0.6%인 펀드는 0.9%의 이익이 발생한다. 이처럼 수수료는 펀드의 수익률에 직접적인 영향을 미친다. 이러한 단순 계산은 같은 자료원에 의해서 실증되고 있다.

2) 자료는 Henry's Quantopia에서 가져왔다. 인덱스펀드와 ETF는 다음 장에서 설명한다. 여기에서는 다음과 같이 이해하자. 'KOSPI200을 추종하는 펀드'라는 의미는 주식시장 지수 중의 하나인 KOSPI200 지수와 동일한 수익률이 나도록 펀드를 구성하고 운용한다는 의미이다. 이러한 펀드는 비교적 관리가 쉽기 때문에 일반적으로 수수료가 낮다.

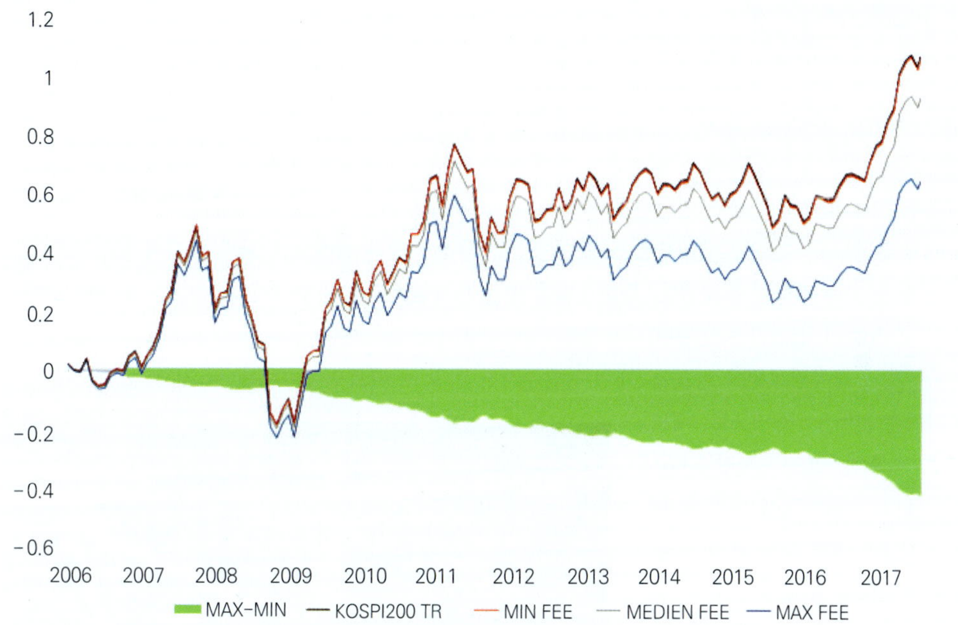

수수료 차이에 따른 수익률 차이를 보여주는 시뮬레이션. 가장 위의 선이 수수료가 0.03%로 가장 낮은 경우이고 중간의 선은 수수료가 0.6%인 경우이며, 아래의 선은 수수료가 1.95%로 가장 높은 경우이다. (그래픽 : Henry's Quantopia)

위 그림은 KOSPI200 지수를 대상으로 수수료가 가장 낮은 경우(0.03%), 중앙값인 경우(0.60%), 가장 높은 경우(1.95%)를 적용하여 펀드의 연평균 수익률을 시뮬레이션 해 본 것이다. 그림을 보면 시간이 지나면 지날수록, 비용(수수료)이 비싸면 비쌀수록 KOSPI200 지수 대비 성과는 계속해서 낮아진다는 것을 알 수 있다. 또한 시간이 지날수록 수수료가 높은 펀드와 수수료가 낮은 펀드의 수익률 차가 커진다는 것도 알 수 있다. 수익률 차이는 X축 아래에 면적으로 표시되어 있는 부분이다.

장을 마치며

'6억 개미' 전문투자자 포트폴리오 들여다보니…

전문투자자들의 투자성향이 일반투자자들과 뚜렷하게 구분되는 것으로 나타났다. 주식과 채권, 펀드에 고르게 분산투자하는 포트폴리오를 구축하면서도, 국내 주식을 중심으로 보다 보수적이고 구조화된 자산 운용을 하는 경향이 뚜렷했다. 특히 1인당 평균 투자금액은 일반투자자의 20배를 넘기며 '고액 · 고지식' 투자층의 실체가 확인됐다.

6월 22일 금융감독원이 발표한 '개인 전문투자자 현황'에 따르면, 2023년 말 기준 등록된 개인 전문투자자는 2만 5,438명으로, 제도 개선 직후인 2019년 말(2,961명) 대비 무려 7.6배 증가했다. 제도 도입 이후 가파르게 늘던 전문투자자는 2022년 3만 명을 정점으로 최근 다소 감소세로 전환했다. 2023년 들어 전문투자자 보호를 위한 규제 강화와 지정 요건 보완 조치가 시행된 영향이다.

자본시장법상 전문투자자는 ▲연 소득 1억원 이상(부부 합산 1억 5,000만원) ▲순자산 5억원 이상 ▲변호사 · 회계사 등 전문자격 보유 등의 조건을 충족하면 지정받을 수 있으며, 이에 따라 금융상품 투자시 일반투자자보다 완화된 규제를 적용받는다.

이번 분석에 따르면 전문투자자는 투자상품 선택과 자산배분 면에서 일반투자자와 확연히 다른 면모를 보였다. 포트폴리오 구성에서 주식 · ETF가 69.9%, 채권이 14.5%, 펀드가 14.3%를 차지해 비교적 균형 잡힌 분산투자 양상을 띠었다. 반면 일반투자자는 주식 · ETF가 88.8%를 차지해, 특정 자산군에 쏠림 현상이 뚜렷했다. 특히 채권(6.5%)과 펀드(3.8%)에 대한 투자비중은 매우 낮았다.

투자규모에서도 격차가 뚜렷했다. 전문투자자 1인당 평균 금융투자상품 투자금액은 6억 2,000만원으로, 일반투자자(평균 3,000만원)의 20.7배에 달했다. 해외주식 열풍에도 불구하고, 전문투자자들은 여전히 국내 주식에 집중하는 경향을 유지하고 있는 것으로 나타났다. 지난해 말 기준 전문투자자의 해외주식 비중은 전체 주식투자금액의 13.3%에 불과했으며, 이는 2019년(8.7%) 대비 4.6%p 증가하는 데 그쳤다. 반면 일반투자자의 해외주식 비중은 같은 기간 2.6%에서 17.6%로 빠르게 확대됐다.

채권투자에서도 국내 중심 전략이 강하게 나타났다. 전문투자자의 전체 채권투자액 8조 6,000억원 중 국내 채권이 5조 9,000억원으로 68.6%를 차지했다. 이는 환 리스크와 금리 변동성 등을 고려해 안정성을 중시하는 전략으로 풀이된다.

펀드투자에서는 사모펀드 선호가 두드러졌다. 전문투자자의 펀드투자 중 83.4%가 사모펀드였고, 일반투자자는 78.4%가 공모펀드를 선택해 대조를 이뤘다. 다만 전체 포트폴리오에서 사모펀드가 차지하는 비중은 11.9%로, 2019년 말(17.1%)에 비해 다소 하락했다. 이는 일부 사모펀드 운용사 부실 사태 이후 나타난 수요 조정의 영향으로 보인다.

고위험 금융상품인 차액결제거래(CFD) 투자에 대해서는 최근 들어 뚜렷한 위축세가 감지됐다. 2021년 5조 1,000억원에 달했던 CFD 명목잔고는 2023년 말 1조 6,000억원으로 급감했다. CFD는 가격변동에 따라 차액만 정산하는 파생거래 상품으로, 2023년부터는 전문투자자 등록 요건이 강화되며 진입장벽이 높아졌다.

금감원은 이번 자료에서 "전문투자자의 손실 감내 능력과 자산 운용 전문성은 대체로 양호한 수준으로 판단된다"고 평가했다. 이어 "전문투자자 제도가 벤처 투자 등 모험 자본 공급이라는 본래 취지에 부합하도록 지속 개선하겠다"며 "투자자들이 전문투자자 전환에 따른 위험성과 권리를 충분히 이해할 수 있도록 '대표 위험 고지 안내문' 마련도 추진하겠다"고 밝혔다. (주간현대, 2025.6.27)

주요 용어

- 수익증권
- 펀드
- 혼합자산펀드
- 특별자산펀드
- 주식형 펀드
- 주식혼합형 펀드
- 채권혼합형 펀드
- 가치주펀드
- 성장주펀드
- 거치식펀드
- 적립식펀드
- 공모펀드
- 사모펀드
- 펀드수수료
- 판매수수료
- 환매수수료
- 펀드보수료
- A클래스 펀드
- C클래스 펀드

연습문제

1. 펀드와 수익증권의 관계를 설명하라.
2. 펀드투자의 장점에 대해서 설명하라.
3. 주식투자 비중에 따른 펀드의 분류기준에 대해 설명하라.
4. 펀드의 수수료가 중요한 이유는 무엇인가?
5. 펀드가입자가 부담하는 비용을 수수료 개념을 중심으로 설명하라.
6. 펀드에서 클래스의 의미를 설명하라.
7. 투자자 입장에서 가입기간에 따라 어떤 클래스 펀드가 유리한지 설명하라.

CHAPTER

8

펀드 실전

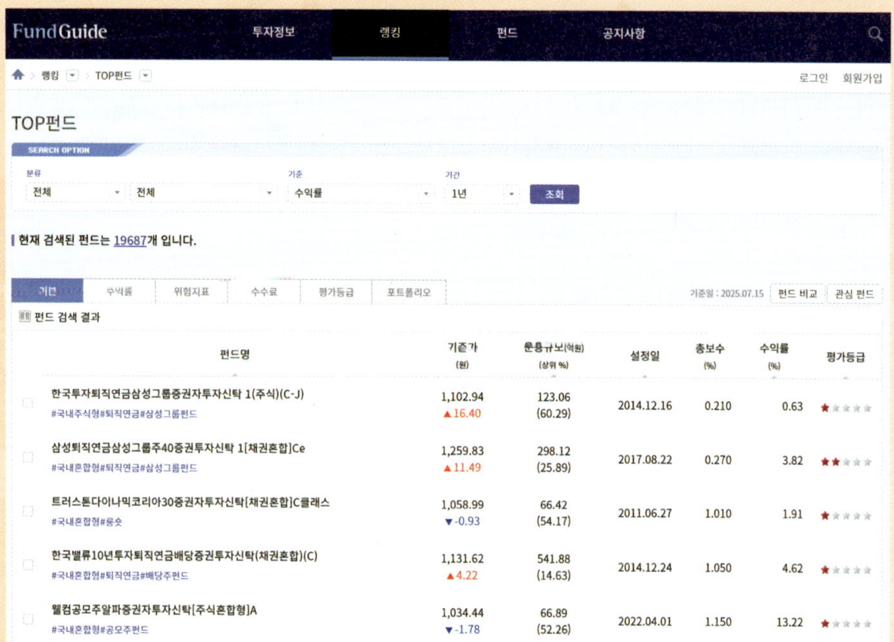

펀드정보 One-Click 시스템에서 제공되는 펀드정보의 일부

1 펀드투자(가입)를 위한 사전 준비
2 펀드를 고른다
3 펀드를 선택하는 데에도 요령이 있다

동학개미 5% 수익낼 때, 서학개미 −20%

해외 주식 투자자의 손실이 눈덩이처럼 불고 있다. 국내 주식 투자자가 올 들어 5% 가까이 수익을 낸 반면 해외 주식 투자자는 원금을 약 14% 까먹고 있다. 미국 주요 기술주가 큰 폭으로 하락한 데다 2~3배짜리 레버리지형 상장지수펀드(ETF) 비중이 높기 때문이라는 분석이 나온다.

21일 NH투자증권에 따르면 해외 주식 거래 계좌의 평균 수익률은 −13.96%를 기록중이다. 특히 미국 주식에 투자하는 서학개미 손실률은 19.64%에 달했다. 이 증권사 해외 주식 계좌 68만 6,462개(63만 9,607명)의 올해 수익률을 평균 낸 결과다. 해외 투자에서 미국 비중은 91.6%를 차지했다.

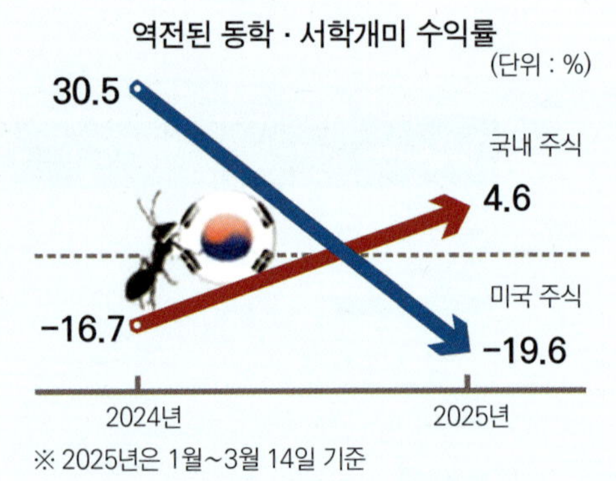

(자료 : NH투자증권)

반면 국내 주식 거래 계좌 301만 8,350개(257만 4,507명)의 같은 기간 수익률은 4.67%였다. 작년과 비교하면 완전히 달라진 결과다. 작년 국내 주식 계좌 평균 수익률은 −16.79%, 미국 주식 계좌는 30.53%였다.

서학개미는 테슬라 등 일부 종목 편중이 심하고, 고위험 상품 비중이 높다는 의미여서다. 고위험 레버리지 ETF를 대거 담은 것도 수익률 악화의 원인이다. 올해 서학개미 순매수 상위 10개 종목 중 4개가 레버리지 ETF였다.

(한국경제, 2025.3.21)

1 펀드투자(가입)를 위한 사전 준비

펀드투자를 하기 전에 꼭 기억하자

▶펀드는 위험상품이다

펀드에 가입하는 것도 투자이다. 원금이 줄어들 수 있다는 의미이다. 투자에 따르는 결과는 100% 본인 몫이다.

주가가 오를 것으로 예상되면 주식구성비율이 큰 펀드가 유리할 것이고, 금 가격이 오를 것으로 예상되면 금펀드가 수익을 낼 것이다. 그러나 주식의 미래가격이나 금 가격의 추세를 알기란 전문가에게도 매우 어려운 일이다. 펀드투자가 간접투자이긴 하지만 펀드투자의 성패는 펀드를 구성하고 있는 투자자산의 가격 움직임에 따라 결정되기 때문에 직접투자와 마찬가지로 항상 가격변동 위험에 노출되어 있다.

▶먼저 자신에 대하여 파악하자

어떤 펀드에 투자하든, 가장 먼저 해야 할 일은 자신의 투자 목표와 성향을 정확하게 파악하는 것이 중요하다.

자신의 투자목표를 확인한다

- 투자목표 설정 : 무엇을 위해 투자하는지 구체적인 목표를 설정한다. 예를 들어 결혼준비, 노후대비, 주택마련, 자녀교육비 등 여러 가지가 있을 수 있다.
- 투자기간 설정 : 단기, 중기, 장기 중 어느 정도의 기간을 투자할 것인지 정한다. 투자기간은 펀드 선택에 직접적 영향을 미친다. 예컨대, 1년 안에 돈이 필요해서 펀드를 환매할 상황이라면 가치주펀드는 피하는 것이 좋다. 가치주펀드는 현재 증권시장에서 그 가치를 인정받지 못하고 있지만 언젠가는 그 가치를 인정받을 주식에 주로 투자하는데, 그 가치를 제대로 평가받기까지 시간이 얼마나 걸릴지 모르기 때문이다.
- 자금운용상황 파악 : 투자에 사용할 수 있는 여유자금의 규모를 확인하고, 생활에 지

장을 주지 않는 범위 내에서 투자금액을 결정한다. 좋은 펀드가 있어도 대출을 받아서 투자하는 것은 신중해야 한다.

자신의 투자성향을 파악한다

투자자금 원금이 줄어드는 것을 수용하지 못하는 정도의 투자성향이라면 펀드에 가입해서는 안 된다. 원금 감소에 대해 수용이 되더라도 자신의 성향이 위험회피적이라면 주식형 펀드보다는 채권형 펀드가 바람직할 것이다. 자신이 위험회피형인지 위험선호형인지에 대해서 직관적으로 파악할 수 있는 방법 중의 하나는 원금손실에 대한 태도이다. 이익이 적게 나더라도 원금손실 가능성을 줄이고 싶으면 위험회피형 쪽이고, 원금손실 가능성이 있더라도 이익이 크게 나기를 원한다면 위험선호형 쪽이라고 할 수 있다.

펀드 가입절차

펀드에 가입하고 관리하는 과정은 다음과 같다.

▶사전정보수집 단계

펀드에 관련된 거의 모든 정보는 금융투자협회의 '펀드정보 One-Click 시스템' 홈페이지(fund.kofia.or.kr)에서 파악할 수 있다. 이는 공적으로 운영하는 것이므로 신뢰성이 있다고 할 수 있다.

▶온라인 또는 펀드 영업점 방문, 가입 단계

펀드를 판매하는 온라인 창구 또는 영업점, 예컨대 은행이나 증권사 등을 방문하여 다음과 같은 가입절차에 들어간다.

투자성향 정보수집 → 투자성향 진단 → 투자성향에 따른 상품권유 → 상품가입 → 사후관리

첫 번째로 할 일은 자신의 개인정보를 제공하는 일이다. 예를 들어, 투자목적, 재산상황, 투자경험 등을 제공하게 되며 투자자정보확인서를 작성하고 서명한다.

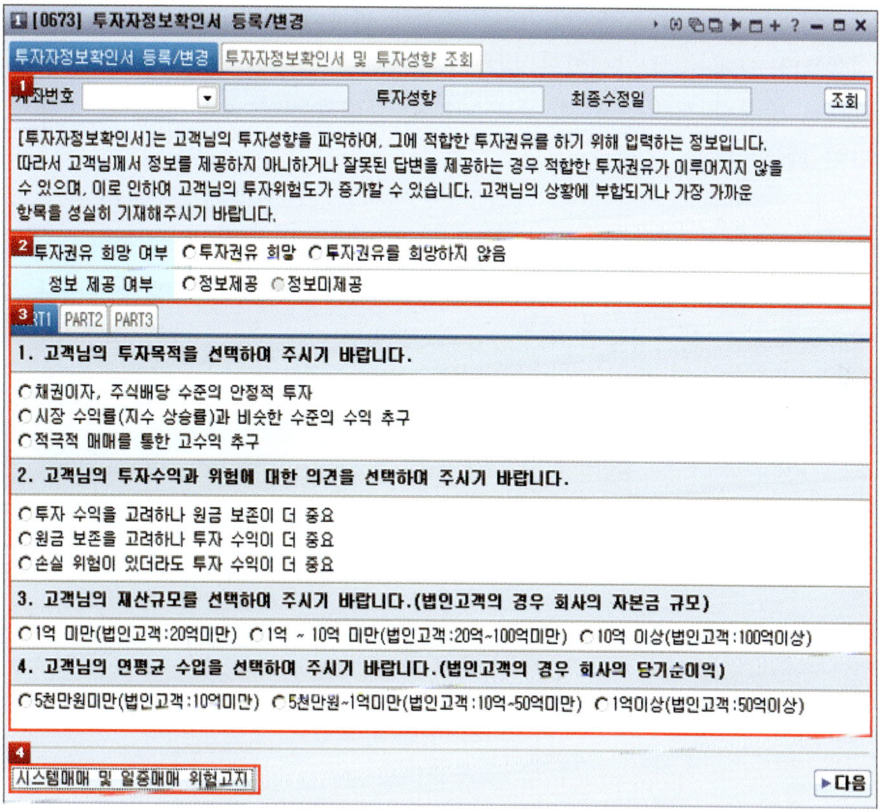

투자자정보확인서의 예. 각 물음에 답을 하면 자동으로 자신의 투자성향이 판정된다.

판매자는 작성된 서류를 근거로 점수를 매겨 투자자를 다음 다섯 가지 중의 한 유형으로 분류한다.

안정형, 안정추구형, 위험중립형, 적극투자형, 공격투자형

왼쪽에서 오른쪽으로 갈수록 위험이 커진다. 그래서 본인의 등급보다 더 위험한 유형의 펀드에 가입하기 위해서는 별도의 서명절차를 거친다.

이어서 판매자는 펀드에 대하여 운용전략, 펀드의 위험, 수수료 체계, 환매방법 등에 대하여 안내를 하고 투자자에게 펀드 가입 의사를 묻는다. 이러한 과정을 거치는 것은 판매자가 펀드가입자의 상황을 고려하지 않고 자신의 이익에 유리한 펀드를

권유하는 행위를 막기 위해서이다. 또한 동시에 판매자 입장에서는 후에 펀드 평가금액이 원금보다 크게 줄어 가입자와 분쟁이 발생했을 경우에 대비하는 것이기도 하다. 펀드에 대한 충분한 설명을 하지 않고 펀드를 판매하는 '불완전 판매'에 대한 소송이 종종 있기 때문이다.

이어서 고객의 투자성향에 따른 고객의 투자등급에 부합하는 적합한 금융상품을 추천해 준다. 아래 그림은 신한투자증권에서 가져온 것으로, 고객의 투자성향별로 가능한 상품위험등급, 투자상품별 위험등급을 보인 것이다.

상품 위험등급		1등급 (매우높은위험)	2등급 (높은위험)	3등급 (다소높은위험)	4등급 (보통위험)	5등급 (낮은위험)	6등급 (매우낮은위험)
고객 투자자성향	공격투자형	○	○	○	○	○	○
	적극투자형		○	○	○	○	○
	위험중립형				○	○	○
	안정추구형					○	○
	안정형						○

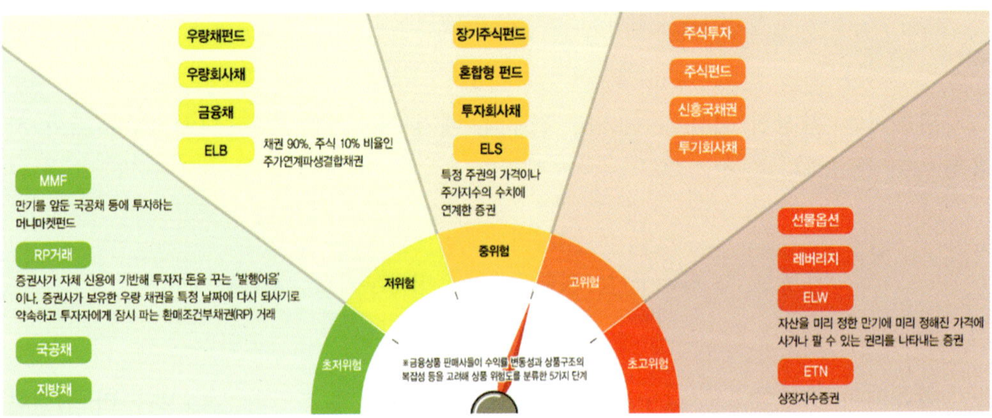

상품가입 단계에서는 상품에 관한 내용 및 투자위험 등을 듣고, 동의하여 가입을 하게 된다. 고객의 투자성향보다 고위험 상품의 가입을 원할 경우, 추가적인 확인서를 작성해야 한다.

▶사후관리 단계

금융투자협회 홈페이지에 가서 수시로 펀드의 상태를 확인할 수 있다. 또한 분기마다 펀드의 운용 결과를 통지해 주므로 주의 깊게 읽어볼 필요가 있다.

2 펀드를 고른다

시장에는 수많은 펀드가 난립해 있다. 본장에서는 비교적 중요하다고 할 수 있는 펀드를 중심으로 살펴보기로 한다. 일부는 앞 장에서 펀드를 분류할 때 언급된 내용일 수도 있다.

일반적인 펀드

▶대형주펀드, 중소형주펀드

대형주는 시가총액(=주식수×주가)이 상대적으로 큰 주식을 말한다. 한국거래소 유가증권시장에서는 시가총액순으로 1~100위이면 대형주로 구분한다. 대형주펀드는 이 주식들로 펀드를 구성한다.

대형주는 일반적으로 거래대금이 많아 큰 자금을 운용하는 기관투자자가 거래할 때 손쉽게 매매할 수 있다. 또한 이미 어느 정도 성장 후 안정화된 기업들이므로 위험부담이 적은 편이다. 대형주들은 상대적으로 높은 주가 때문에 개인투자자가 직접적인 주식투자를 하기가 쉽지 않으므로 펀드가 하나의 대체 투자안이 된다.

중형주는 시가총액순으로 101~300위인 주식을 말하고 그보다 낮으면 소형주로 분류된다. 중소형주펀드는 이러한 중형주와 소형주에 투자하는 펀드이다. 중소형주는 주가가 싸서 직접투자를 하는 개인투자자들이 투자하는 경우가 많다. 그러나 거래대금이 적기 때문에 주가조작에 이용되는 경우가 적지 않다.

▶배당주펀드

배당주펀드는 경기에 민감하지 않고 배당을 많이 주는 주식을 주로 편입한 상품이다. 이 펀드는 일반 주식형 펀드에 비해 상대적으로 안정적인 상품으로 특히 배당을 많이 주는 종목들을 편입하는데, 이들 기업의 대부분이 기업가치가 뛰어난 우량주이기 때문에 시세차익도 기대할 수 있으나 이보다는 연말 배당수익을 목표로 안정적으로 운용되는 펀드이다.

배당주펀드의 인기는 다음 장에서 설명하는 ETF, 레버리지펀드, 라이프사이클펀드 다음 순서일 정도로 늘 관심의 대상이 되고 있다.

중도환매가 가능하긴 하지만 원금손실 가능성도 있다. 배당주펀드는 편입종목의 주가가 예상 배당수익률 이상으로 상승하면 주식을 팔아 시세차익을 얻고, 주가가 오르지 않으면 배당시점까지 주식을 보유해 배당금을 받음으로써 주가하락에 따른 손실을 만회하는 방식으로, 주식형보다는 안전하다고 하지만 주가하락에 안전한 것은 아니므로 분산투자가 필요하다.

▶스폿펀드, 섹터펀드, 테마펀드

스폿펀드(spot fund)

스폿펀드란 인기 주식으로 부상할 가능성이 있는 특정한 테마군의 주식들을 소규모로 묶어 단기간의 고수익을 노릴 수 있도록 고안된 펀드이다. 펀드 중에는 투자기간이 1년, 2년 등과 같이 정해진 경우가 많다. 이런 경우 만기가 되기 전에 자금을 찾으면 중도환매수수료를 물어야 한다. 스폿펀드는 이와 달리 사전에 정해진 목표수익률을 달성하면 환매수수료 없이 조기상환할 수 있다. 이 때문에 보통 50억원 안팎의 소규모로 설정되어 목표수익률이 달성되면 곧바로 중도상환된다.

스폿펀드에서 활용하는 테마의 예로는 배터리펀드, 2차전지펀드, 태양광펀드, 금융주펀드, 하이테크펀드 등을 들 수 있다.

섹터펀드(sector fund)

섹터펀드란 특정산업, 특정업종에만 투자하는 펀드를 말한다. 이 펀드는 업종별 특성을 이용해 주식시장의 평균 수익률을 웃도는 성과를 추구한다. 예를 들어 유가가 상승할 것으로 예상되면 유가 관련 산업에 속한 기업에 집중투자하는 식이다. 섹터펀드는 해당업종의 현황을 분석하고 향후 전망을 할 수 있는 능력이 필요하다. 실물경제가 급변하는 상황이 생기면 펀드의 수익률도 급변하기 때문이다.

앞서의 스폿펀드와 유사하나 스폿펀드는 단기간에 소규모로, 소수의 기업에 집중투자한다는 점에서 약간 차이가 있다.

테마펀드(theme fund)

테마펀드는 특정 투자대상군에 집중투자하는 펀드로 일반적으로 펀드설정액이 100억~300억원 정도의 중소규모인 경우가 많다. 테마라는 용어 그대로, 시장 변화나 이슈에 대응하여 수익을 내려고 하는 펀드로서 스폿펀드나 섹터펀드와 유사한 면이 많다. 국내외나 산업군, 기업 규모 등 어떤 것도 구애받지 않고 테마가 되는 것을 찾아서 펀드를 만든다. 예를 들어, 최근에 설정된 테마펀드 중에는 2차전지펀드, 전기차펀드라는 것도 있다.

▶액티브펀드, 패시브펀드, 시스템펀드, 퀀트펀드

액티브펀드(active fund)

펀드매니저의 적극적이고 과감한 종목선정과 운영방식으로 투자가 이루어지는 펀드이다. 펀드매니저가 시장 예측을 통해 탄력적으로 자산을 배분하고, 좋은 종목 및 매매시점을 찾아 적극적으로 움직이기 때문에 일반적으로 높은 판매수수료·보수·거래비용이 수반된다.

패시브펀드(passive fund)

액티브펀드에 대응되는 것은 패시브펀드이다. 펀드매니저가 적극적으로 개입하지 않고 수동적(passive)으로 운용하는 펀드를 말한다. 패시브펀드는 일반적으로 비교대상지수(bench mark)를 초과하는 수익률을 내는 것이 목표이다. 대표적으로 시스템펀드, 퀀트펀드, 인덱스펀드, ETF 등이 있다. 아래에서는 앞의 두 개를 설명한다. 인덱스펀드와 ETF는 제9장에서 설명한다.

시스템펀드(system fund)

펀드매니저의 자의적인 판단을 최대한 배제하고 일정한 매매규칙이나 사전에 만들어 놓은 시스템에 따라 운용되는 펀드를 말한다. 액티브펀드가 펀드매니저의 의존도가 극대화된 것이라면 시스템펀드는 그 의존도를 극소화한 것이라고 할 수 있다.

시스템펀드는 파생상품이나 차익거래 등 프로그램매매를 통해 펀드의 수익률 변동 위험을 최소화시킬 수 있도록 고안된 것이다. 프로그램매매방법은 앞으로 발생할 수 있는 시장상황을 사전에 시스템에 입력한 뒤 시장변동에 따라 자동적 · 기계적으로 주식이나 채권 매매가 이루어지도록 하는 것이다.

퀀트펀드(quant fund)

수학적 모델을 이용한 계량분석기법을 통해 투자대상을 찾아내는 펀드를 말한다. 이 펀드 역시 시스템펀드처럼 펀드매니저의 주관적인 판단을 가능하면 배제하고자 하는 기법이지만, 시스템펀드와 다른 점은 시스템펀드가 사전에 정해진 규칙을 중시한다면 퀀트펀드는 과거 데이터를 기반으로 한다는 점이다.

즉 경기선행지표, 유가, 기업실적, 시장지표 등의 과거 데이터를 수학적 모델에 대입하여 투자대상이 고평가 또는 저평가되었는지를 판단한 후 고평가된 자산은 매도하고 저평가된 자산은 매수하도록 설계되어 있다.

인간의 개입 없이 수학적 모델을 컴퓨터 알고리즘화하여 종목을 매매하는 펀드도 퀀트펀드라고 한다. 2008년 금융위기 때부터 본격화되었다. 이 펀드의 강점은 시장을 중립적이고 냉철하게 볼 수 있다는 점이다. 기계가 수학식이나 컴퓨터 알고리즘에 따라 판단하므로 사람이 흔히 저지를 수 있는 행동, 예컨대 분위기나 감정에 따라 투자하다가 기회를 놓치는 상황을 막을 수 있다는 것이다. 이러한 특성으로 인하여 하락장에서 상대적으로 더 좋은 실적을 내는 것으로 알려져 있다. 한 예로, 2008년 금융위기 당시 미국 S&P500 지수가 약 40% 하락하는 동안 퀀트펀드는 18% 수익을 올리기도 했다.

그러나 한계점도 있다. 과거의 데이터 기반으로 매매를 하다 보니 새로운 변수에는 대응에 한계가 있다. 대표적으로 코로나19와 같은 전 세계적인 전염병에는 대응할 과거 데이터가 없어 이 기간 동안의 펀드실적은 상대적으로 저조했다. 현재 전 세계 헤지펀드(이 펀드는 뒤에서 설명한다) 중 22% 정도가 퀀트 기법으로 관리하는 것으로 알려져 있다.

한편 앞의 사진처럼 액티브 성격을 묶기도 하는데, 예를 들어 기업실적을 기반으로 저평가된 가치주를 찾는 과정에서 펀드매니저가 적극 개입하는 식이다.

시스템펀드와 퀀트펀드의 장점은 펀드매니저의 주관을 가급적 배제할 수 있다는 점인데, 이는 동시에 단점이 되기도 한다. 능동적인 판단에 따라 고수익을 올릴 수 있는 기회를 막고 있기 때문이다.

쉬어가기 투자의 귀재, 미국 대표 퀀트펀드 르네상스 테크놀로지스 창업자 '짐 사이먼스'

천-사이먼스 이론으로 수학계에 길이 남을 업적을 남겼으며, 미국의 대표적인 퀀트펀드 '르네상스 테크놀로지스'의 창업자이기도 한 '짐 사이먼스(Jim Simons)'. 르네상스 테크놀로지스는 투자 역사상 가장 높은 수익률을 기록한 펀드 중 하나이며 30년간 무려 연 평균 66%에 육박하는 수익률을 올린 것으로 유명하다. 또한 사이먼스는 역사상 가장 부유한 과학자 중 한 명이기도 하다.

매사추세츠주에서 태어난 사이먼스는 매사추세츠 공과대학

에서 수학학사 학위를 받았으며 캘리포니아 대학교 버클리에서 수학박사 학위를 받았다. 주로 기하학 및 위상학 분야에서 일하면서 뛰어난 수학자로서의 입지를 다진 그는 독특한 기하학적 측정법을 고안해 중국계 수학자 '천성선'과 함께 천-사이먼스 이론을 만들어냈으며 기하학과 토폴로지를 양자장 이론과 결합하는 이론적 틀을 제공함으로써 끈 이론의 발전에 크게 기여했다. 기하학과 토폴로지에 대한 기여로 미국수학협회가 주는 오즈월드 베블런상을 수상하기도 했다.

수학과 같은 학문에 파묻혀 살던 그가 돌연 학계를 떠나 시장에 진출한다. 사이먼스는 자신이 연구한 패턴 인식 이론 등의 순수수학 이론을 실제 금융시장에 적용해 보기 위해 헤지펀드매니저로 직업을 전향하고, '르네상스 테크놀로지스(Renaissance Technologies)'라는 헤지펀드 회사를 설립했다. 르네상스 테크놀로지스는 복잡한 수학적 모델을 사용한 알고리즘 트레이딩을 이용하여 수익을 내며 세간의 주목을 받았는데, 르네상스 테크놀로지스는 투자 역사상 가장 높은 수익률을 기록한 펀드 중 하나로 기록된다. 30년간 무려 66%에 육박하는 수익률을 올렸기 때문이다.

미국 뉴욕주에 있는 르네상스 테크놀로지스의 본사 전경 (사진 : Pinterest)

르네상스의 헤지펀드는 수학적 모델을 사용해 거래를 분석하고 실행했으며 대부분 자동화시키는 데 성공했다. 방대한 양의 데이터에 기반한 트레이딩 알고리즘을 만들기 위해 해당분야에 정통한 수학자, 물리학자, 프로그래머 등의 다방면에 걸친 인맥을 형성했다. 또한 사이먼스는 인터넷이 대중화되기도 전에 도서관 구석에 있는 서부개척시대 금리나 날씨 같은 온갖 데이터를 손으로 하나하나 베껴와 모델에 집어넣어가며 모델링을 끊임없이 보완해 나가는 끈기와 집념도 갖췄다. 새 인력을 뽑을 때도 상경계 못지않게 자신과 같은 수학 전공자를 비롯한 이공계생을 많이 뽑는 것으로 알려져 있다.

지난 2014년 사이먼스는 회사의 관리 및 성과 수수료, 현금 보상, 스톡 및 옵션 보상을 포함하여 12억 달러를 벌어들인 것으로 알려졌다. '포브스'에 따르면 사이먼스의 2017년 순자산이 180억 달러로 포브스 400대 부자 목록에서 24위에 올랐다. 2019년 그의 순자산은 216억 달러로 추정되었고 2019년에는 포브스가 선정한 최고 수익 헤지펀드매니저 및 트레이더 중 한 명으로 선정되었다. 그는 기부활동도 활발히 하고 있으며 학문의 연구나 건물 건설 등 훌륭한 인재를 양성하기 위한 프로그램에도 힘을 쏟고 있다.

다방면에 걸친 시각과 호기심, 끈기 등을 장점으로 수학자이자 펀드매니저로 부유한 과학자 중 한 명으로 꼽히는 '짐 사이먼스'. 그의 장기 총투자수익으로 인해 '월스트리트에서 가장 위대한 투자자' 혹은 '역사상 가장 성공적인 헤지펀드매니저'로 묘사된다.

(sisunnews.co.kr, 2023.2.22)

▶로보어드바이저펀드

로보어드바이저펀드는 로봇(robot)과 조언가(advisor)를 합쳐 이름을 붙인 것으로, AI 알고리즘과 빅데이터를 바탕으로 자산을 관리해 주는 펀드이다.

도입 초기에는 정확한 예측과 매매 타이밍에 대한 기대감이 높았다면, 최근에는 업계 최저 수준의 저렴한 수수료가 매력 포인트로 작용하고 있다. 대다수 로보어드바이저펀드는 0.1% 이하 수준의 수탁·사무 수수료만 받고 운용보수와 판매보수가 무료인 경우가 많다.

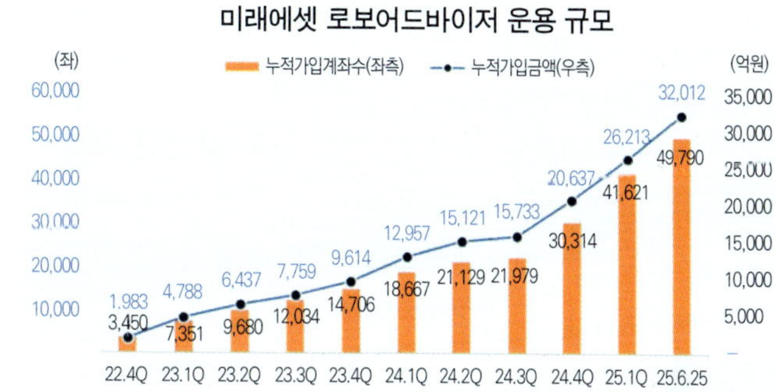

(자료 : 머니투데이)

펀드의 낮은 비용은 복리효과와 결합하면 장기 투자에 유리하기 때문에 젊은 세대들의 적립식 장기 투자에 적합하다는 주장도 있다. 그러나 수익률은 들쑥날쑥이다. 2025년 7월 6일 기준으로, 로보어드바이저 섹터에서는 미래에셋TIGERAI코리아그로스액티브증권상장지수투자신탁만 유일하게 상반기 코스피 상승률(28%)보다 큰 폭(31.23%) 오르며 체면치레를 했다. 이어진 수익률 상위 2위 펀드인 대신로보어드바이저는 수익률이 10%대 초반에 머물며 다소 아쉬운 실적을 보였다. 수익률 꼴찌인 KB올에셋AI솔루션펀드는 오히려 수익률이 마이너스를 기록했다.

▶롱숏펀드(long short fund)

롱숏펀드의 롱과 숏은 각각 주식 매수와 매도를 의미한다. 주가전망에 따라 사고팔기를 동시에 진행하는 운용전략으로 상승장보다 박스권 장(주식가격 변동이 별로 크지 않는 상태)에서 적정수익을 내기 좋다. 저금리가 계속되는 경제 상황에서 투자 패턴이 중위험-중수익 위주로 전개될 때 인기 있는 펀드이다.

(그래픽 : 삼성자산운용 블로그)

▶엄브렐러펀드, 라이프사이클펀드

엄브렐러펀드(umbrella fund)

엄브렐러펀드는 투자자가 시장상황에 따라 다른 펀드로 자유롭게 전환할 수 있는 펀드이다. 하나의 약관 아래 여러 개의 하위(sub)펀드가 있는 모양이 마치 우산 같다고 해서 엄브렐러라는 이름이 붙게 되었다.

엄브렐러펀드의 특징은 장세변화에 탄력적으로 대응하여 펀드를 갈아탈 수 있다는 점이다. 하위(sub)펀드로 머니마켓펀드(MMF), 채권형 수익증권, 안정형 수익증권, 성장형 수익증권, 주식혼합형 수익증권, 채권혼합형 수익증권, 그룹주펀드, 배당주펀드, 공모주전용펀드 등 수많은 펀드를 다양하게 편입할 수 있다. 수익률을 높이기 위해서는 금리와 주가의 움직임을 보고 전환시점을 잘 포착해야 한다. 일반적으로 최저가입금액 제한이 없으나 일부 제한하는 경우도 있다. 중도환매가 가능하고 판매수수료는 가입금액의 1~2% 수준이다.

라이프사이클펀드(lifecycle fund)와 타깃데이트펀드(target date fund)

라이프사이클펀드는 특정시점에 특정목적을 가진 투자자를 위하여 생애주기(lifecycle)에 따라 펀드에 편입되어 있는 투자자산을 자동으로 재구성해 주는 펀드를 말한다. 펀드가입자가 젊을 때에는 상대적으로 주식의 구성비율을 높게 하고 나이가 들어갈수록 채권처럼 안정적인 투자자산의 비중을 높여가는 식이다. 펀드가입자 상황에 맞도록 펀드가 재구성된다는 점과 펀드 구성 재산 재설정시 환매수수료가 없는 점을 강조하고 있는 펀드이다.

TDF라고 부르는 타깃데이트펀드(target date fund)도 라이프사이클펀드와 거의 유사하다. 젊을 때, 즉 은퇴시점이 멀 때에는 주식의 투자 비중이 높았다가 점차 주식의 비중을 낮춰간다. 다음 그림은 이러한 투자 패턴을 잘 보여준다. 즉, 투자자의 은퇴시점(date)에 맞춰서(target) 펀드(fund) 내의 자산 구성을 알아서 조정해 주는 일종의 노후대비 상품이다. 펀드 명칭은 TDF2050, TDF2055식으로 되어 있는데 숫자가 은퇴시기를 의미한다.

이 펀드는 재간접펀드(이는 뒤에서 설명한다) 형태로 운영되기 때문에 운용수수료가 높다는 점이 단점으로 꼽힌다.

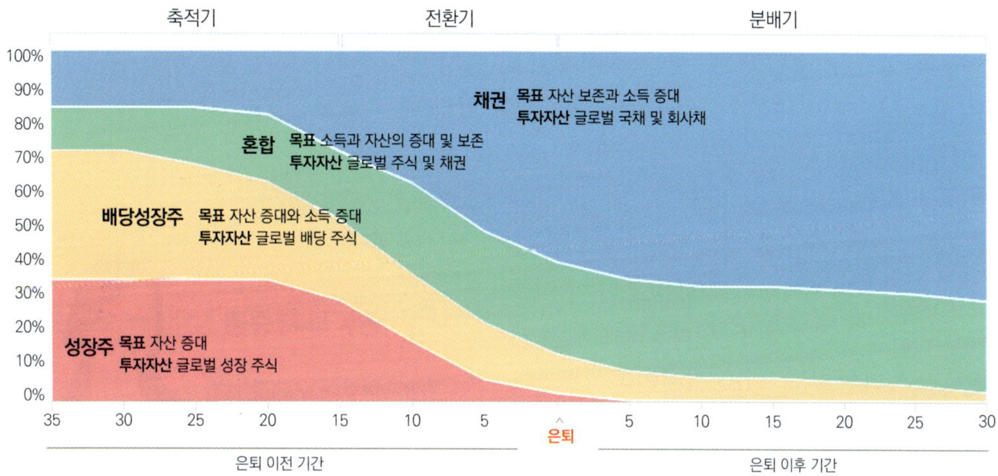

TDF의 투자 패턴을 잘 보여주는 예시 (그래픽 : sema.or.kr)

▶자산배분펀드, 인컴펀드(income fund), 타깃인컴펀드(TIF : Target Income Fund)

자산배분펀드는 시장의 환경변화에 따라 투자 자산과 비중을 탄력적으로 수시로 조절하는 펀드이다. 투자지역은 국내외를 넘나들고 투자대상 역시 주식, 채권, 부동산, 실물 등 카멜레온처럼 변한다.

한편 인컴펀드는 펀드를 운용함에 있어서 주식 등의 가격상승에 따른 차익보다는 인컴(income), 즉 수입을 중시하는 중위험-중수익 펀드이다. 안정적이고 고정적이며 일정수준 이상의 수입을 위하여 주식에서는 고배당주, 우선주에 주로 투자하고 하이일드채권, 국공채, 해외채권 등에 골고루 투자한다. 콜이나 어음 등의 단기금융상품에도 투자한다.

인컴펀드에 편입되는 투자대상이 매우 다양하기 때문에 인컴펀드에 가입할 때에는 펀드의 운용전략을 확인해야 하고 자신의 투자성향과 맞는지 점검해야 한다. 설정액이 적은 펀드도 많으므로 가능하면 설정액이 100억원 이상인 펀드를 권한다.

인컴펀드 역시 지역과 투자대상을 자유롭게 설정하기 때문에 이 펀드를 자산배분펀드의 하나로 본다. 최근 관심이 커지고 있는 타깃인컴펀드(TIF)는 TDF 성격과 인컴펀드 성격을 혼합한 것으로 평생 일정한 목표소득을 지급하는 것을 목표로 하는 펀드이다. 은퇴자들의 노후자산의 가치 고갈의 고민을 해결할 수 있는 솔루션으로 안정적인 인컴소득(현금흐름)을 발생시키면서 물가상승률 이상의 수익률을 추구할 수 있다.

▶ 럭셔리펀드(luxury fund)

글로벌 명품 기업에 투자하는 펀드로 일종의 테마펀드이다. 비교적 양호한 수익률을 내는 것으로 알려져 있다. 국내에 출시된 럭셔리펀드는 'IBK럭셔리라이프스타일', '에셋플러스글로벌리치투게더', '한국투자글로벌브랜드파워', '삼성픽테프리미엄브랜드' 펀드 등이 있다. 이 중 'IBK럭셔리라이프스타일'펀드는 럭셔리 상품이나 서비스 등을 제공하는 기업이 주요 투자대상으로, 테슬라, 에스티 로더, 구찌·보테가베네타·발렌시아가 등을 소유한 케링그룹, LVMH, 페라리, 에르메스인터내셔널 등에 투자하고 있다.

다만, 럭셔리펀드도 결국 명품 기업의 주가에 의해 수익률이 결정되기 때문에 해당기업의 주가가 하락하는 기간에는 펀드 수익률도 하락할 수밖에 없다.

실물펀드

실물펀드는 증권, 즉 주식이나 채권 등을 투자대상으로 하는 기존의 펀드와는 다르게 부동산, 선박, 철광, 금속 등 실물상품에 투자하는 일종의 대안투자(alternative investment)이다.

국내에서 판매되고 있는 실물자산 관련 펀드는 실물 그 자체에 투자하기보다는 일종의 간접적인 투자형식을 띤다. 즉 원자재 관련 기업의 주식에 투자하게 되는 펀드와 원자재 선물(先物)에 투자하는 펀드로 구분된다. 대부분의 상품들은 일반인들이 쉽게 이해하고 투자할 수 있도록 해당실물과 관련된 회사의 주식이나 산업지수에 간접투자할 수 있도록 설계되어 있다.

특수펀드

이상에서 설명한 펀드와는 구조부터가 다른 특수펀드로 다음과 같은 펀드가 있다.

▶ 재간접펀드(fund of funds)

재간접펀드란 펀드에 투자하는 펀드이다. 펀드자산을 다른 펀드가 발행한 집합투자증권에 50% 이상 투자한다.

현재 우리나라에서 설정된 펀드수는 2만여 개에 내외이다. 일반투자자로서는 어떤 펀드에 가입할 것인지를 결정하는 것이 쉬운 일이 아니다. 이러한 고민의 해결방안으로 재간접펀드가 등장한 것이다. 이 펀드는 이미 설정된 펀드 중에서 우량펀드(해외투자 포함)만 골라 분산투자하는 것으로 영문이름 그대로 '펀드오브펀즈(fund of funds)'라고 부르기도 한다.

재간접펀드에 가입하면 여러 자산운용사들이 운용하는 다양한 펀드에 동시에 가입한 것과 유사하기 때문에 분산투자 효과와 다양한 투자전략의 효과가 있다. 그러나 실적배당을 하기 때문에 원금손실이 발생할 수 있다.

그런데 재간접펀드는 펀드에서 또 다른 펀드에 투자하는 구조이므로 판매보수 및 운용보수를 이중으로 지급하는 결과를 초래하는 등 비용부담이 일반펀드에 비해 높을 수 있다. 가입 전 펀드투자목적, 펀드유형, 판매·운용보수 등 투자자가 부담하는 비용 등의 확인이 필요하다. 보수적인 펀드 가입을 원하는 경우 고려해 볼 만한 펀드이다.

▶ 헤지펀드(hedge fund)

헤지란?

헤지(hedge)의 의미는 '울타리'이다. 금융시장에서는 자산가격의 급격한 변동으로부터 '울타리'를 쳐서 막는 수단 또는 행위라는 의미로 사용된다. 그래서 선물과 옵션이 제공하는 주요한 기능 중의 하나로 현물시장에서의 위험회피기능, 즉 헤지가 언급된다.

헤지펀드란?

헤지펀드란 무엇일까? 위험을 회피하는 펀드일까? 맞기도 하고 틀리기도 하다. 이 펀드는 원래는 분산투자를 통하여 위험을 회피한다는 의미에서 활용되기 시작했는데, 펀드의 특성상 위험회피보다는 다양한 투자전략을 활용하면서 고수익을 추구하는 특성이 더 강해졌다.

오늘날의 헤지펀드들은 투기적인 투자를 하는 일이 많아졌고, 그래서 헤지펀드 자금을 투기적인 자금으로 분류한다. 고수익을 추구하는 헤지펀드는 주식, 채권, 파생상품, 통화, 금, 원유, 천연가스, 곡물 등 거의 모든 분야에 투자를 행하며 때로는 시장을 왜곡하기도 한다. 세계적인 헤지펀드로는 조지 소로스(George Soros)의 퀀텀펀드(Quantum fund), 론스타(Lone Star), 칼라일(Carlyle) 등이 있다. 우리에게도 귀에 익은 펀드들이다.

기본적으로 헤지펀드는 100명 미만의 투자자들로부터 개별적으로 자금을 모아 파트너십(partnership)을 결성한 뒤, 카리브 해의 버뮤다와 같은 조세회피지역에 위장 회사를 두고 자금을 운용한다. 이 때문에 각국 정부의 규제를 거의 받지 않아서 파생금융상품을 교묘히 조합해 도박성이 큰 신종상품을 개발, 국제금융시장을 교란시키는 하나의 세력으로 지목받기도 한다.

자신들만의 '울타리'를 만들어놓고 자금조달 및 투자행위를 한다는 의미에서 헤지펀드라고 보는 시각도 있다. 대부분의 국가에서 최소 가입금액을 높게 설정해두고 있다.

헤지펀드와 사모펀드

헤지펀드와 사모펀드는 유사한 점이 많다. 두 펀드 모두 소수의 투자자로부터 자금을 모아 고수익을 추구한다. 다만 헤지펀드는 의미상 운용 측면을 강조하여 운용시 온갖 방법과 수단을 이용하여 고수익을 추구하는 투기적인 면이 강한 펀드라고 한다면, 사모펀드는 주로 자금모집방식에 초점을 두는 용어라고 보면 된다. 사모펀드 중에는 헤지펀드도 있지만 거의 모든 헤지펀드들은 사모펀드이다.

한국형 헤지펀드

헤지펀드의 가장 중요한 특징은 최대한 규제를 피하려고 한다는 점이다. 공모펀드는 다수의 투자자를 대상으로 자금을 모집하고 투자대상자산이나 투자전략, 거래수단에

제한이 있다. 또한 펀드 운영에 정부의 관리 감독을 받는다. 그러나 헤지펀드는 이러한 규제에서 자유롭다. 이는 한국에 들어오는 외국계 헤지펀드도 마찬가지이다.

사정이 이렇다 보니 국내의 펀드들은 각종 규제에 묶여 있고 외국계 헤지펀드는 자유롭게 활동을 할 수 있어 역차별 논란이 있어 왔다. 국내에서는 헤지펀드를 운용할 수가 없었기 때문이다.

이에 2011년 12월부터는 인가를 받은 자산운용사나 증권사, 그리고 투자자문사에 한해 등록심사를 거쳐 헤지펀드를 운용할 수 있도록 허용했다. 이와 같이 국내 금융당국의 인가를 받은 운용업자들이 등록심사를 거쳐 국내에 설립한 헤지펀드를 한국형 헤지펀드라고 한다.

외국계 헤지펀드와 근본적으로 다른 점은 외국계는 자생적인 펀드인 반면 한국형 헤지펀드는 처음부터 정부 주도로 만들어진 것이라는 점이다. 선진국형 제도를 도입하되 정부가 최소한의 관리 규제를 함으로써 부작용을 미연에 막자는 것이다. 그러나 최근에는 부작용도 나타나서 현장에서는 논란에 휩싸이는 경우도 있다. (본장 끝의 사례 참조)

회사형 펀드

이상에서 설명한 금융상품이 특정회사에서 개발한 여러 상품 중의 하나라면 지금 설명하는 금융상품은 회사 그 자체가 하나의 상품인 경우이다.

▶뮤추얼펀드(mutual fund)

뮤추얼펀드란 개인, 법인 등 투자자들로부터 주식을 발행하여 모은 자본금을 전문가(자산운용회사)에게 맡겨 유가증권, 파생상품, 부동산, 특별자산 등에 투자하도록 한 뒤 그 운용성과를 배당금 형태로 투자자에게 돌려주는 회사형 투자신탁을 말한다.

이전까지 설명했던 펀드는 특정회사가 수많은 펀드를 설정한 후 자금을 투자받아 운용하면서 수수료를 받는 형태였다. 그러나 회사형 뮤추얼펀드는 펀드 자체가 하나의 주식회사가 된다. 동일한 금액을 투자했다 하더라도 일반펀드에 투자하면 단순히 투자를 위임한 위탁자 신분이지만 회사형 펀드에 투자하면 주주 신분이 된다.

뮤추얼펀드는 펀드 자체가 주식회사로 설립되지만 이는 서류상의 회사(paper company)로서 실체가 없고, 실제 뮤추얼펀드의 자산운용은 자산운용 전문회사가 담당하며 투자자는 회사의 주주로 참여하게 된다는 점에서 투자신탁회사의 수익증권과 다르다. 투자자는 주주로서 배당을 받게 된다. 물론 운용실적에 따라 원금에 손실이 발생할 수 있으므로 가입 후에도 펀드의 상황을 수시로 확인하는 것이 바람직하다.

투자금을 회수하기 위해서 일반펀드는 환매를 하지만 뮤추얼펀드는 주식매매하듯이 다른 사람에게 매각하면 된다.

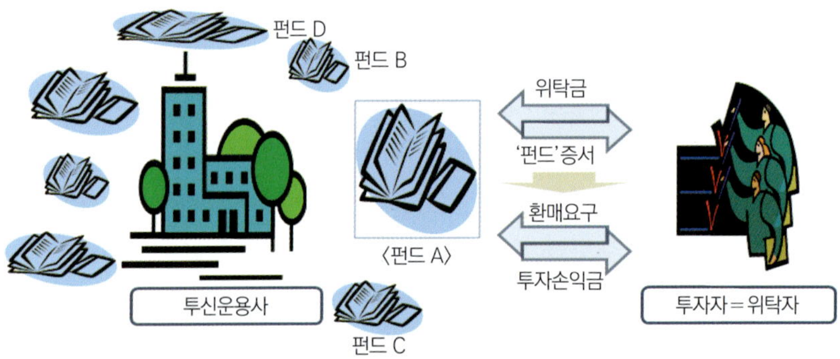

일반펀드

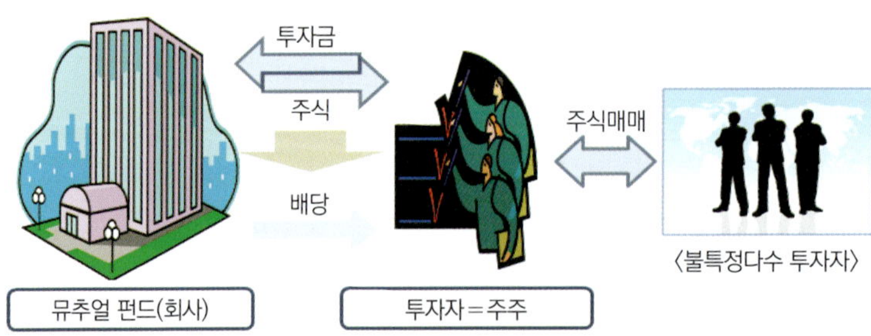

뮤추얼펀드

▶리 츠

리츠(REITs : Real Estate Investment Trusts)란 다수의 투자자로부터 자금을 모집하여 부동산 또는 부동산과 관련된 유가증권에 투자·운용하여 발생한 수익을 투자자에게 배당하는 부동산 간접투자 방식이며 부동산투자신탁으로도 불린다.

리츠 또한 주식회사 형태를 띤다. 일반 부동산펀드에 비교하여, 부동산에 투자하는 뮤추얼펀드라고 생각하면 이해하기 쉽다.

일반투자자는 리츠 주식에 공모하거나 거래소에 상장된 리츠 주식의 매매를 통해 투자에 참여할 수 있다. 리츠는 부동산 매입 시 발생하는 취득세와 등록세 감면을 통한 세제상의 혜택은 물론 수익성, 안정성, 부동산 투자기회 확대 측면에서 장점을 가진 부동산 간접투자 상품인 것이다.

수익이 발생하는 방식은 일반 뮤추얼펀드와 마찬가지로 리츠의 운용 및 청산에 따라 주주에게 배당을 하는 형식이다. 투자위험의 관점에서 보면 투자대상이 실물자산인 부동산이므로 물가가 상승해도 투자가치의 하락위험이 적고, 최악의 경우 보유 부동산의 처분으로 투자원금의 손실을 최소화할 수 있다. 부동산의 유동성을 증대시키고 소액 투자자의 대형 부동산 투자기회를 확대하는 상품이다.

2025년 5월 말 기준 우리나라 리츠 업체수는 415개로, 자산은 107조원이 넘는다.

투자원금이 보장되지 않으며, 운용실적에 따라 손실이 발생할 수 있으므로 리츠 운용회사의 과거 운용실적과 투자전략, 투자설명서 등을 확인한 후 자신의 투자성향, 투자기간 및 투자규모 등을 감안하여 투자결정을 내려야 한다.

POINT 펀드투자가 전문가에게 맡기는 간접투자라고 하지만 직접투자와 크게 다를 바 없다. 단지 위험이 조금 줄었을 뿐이다. 펀드투자는 마치 주식투자하듯이 매우 신중하고 조심스럽게 해야 한다. 펀드투자에 관심이 있다면 다음 장에서 설명하는 ETF를 눈여겨보라.

주가지수 추종 펀드

이 펀드는 중요해서 잘 알 필요가 있다. 대표적인 주가지수 추종 펀드로는 인덱스펀드, 상장지수펀드(ETF) 등이 있다. 이들에 대해서는 다음 장에서 별도로 설명한다.

3 펀드를 선택하는 데에도 요령이 있다

펀드 종류별로 수익-위험구조를 다시 생각한다

이상에서 설명한 수많은 펀드의 수익과 위험의 구조는 다음 그림과 같이 정리될 수 있다. 이 그림은 KDB자산운용에서 만든 그림으로 전체적인 윤곽을 파악하는 데 도움이 될 것으로 판단되어 인용한다. 일부 분류가 다소 애매한 부분이 있어 보이지만 전체적인 방향을 이해하는 데 도움이 된다.

왼쪽 아래로 갈수록 저위험-저수익 펀드군이고 오른쪽 위로 갈수록 고위험-고수익 펀드군이다. 중간의 'income 추구형'이라는 의미는 정액소득 성격의 수익을 추구한다는 의미이다. 본장의 앞부분에서 보인 신한투자증권의 상품군에서도 유사한 정보를 얻을 수 있다.

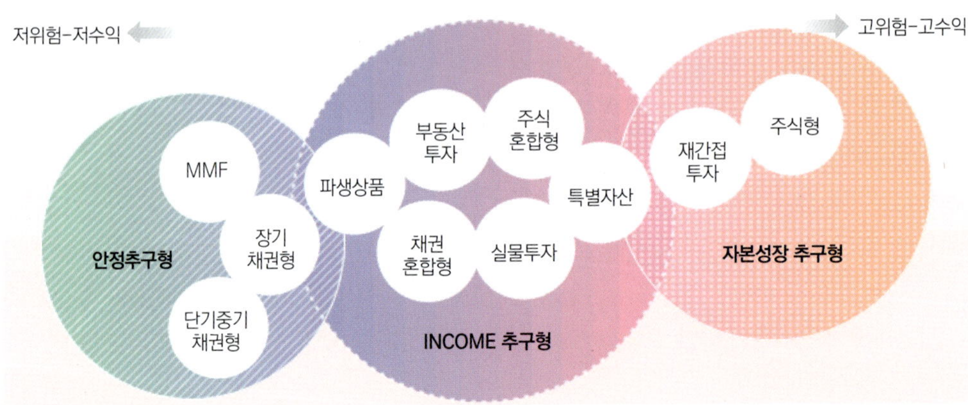

위험-수익에 따른 펀드의 분류 (그래픽 : KDB자산운용)

수수료가 적은지 꼼꼼히 따진다

▶수수료가 적은 펀드를 고른다

우선 수수료가 적어야 한다. 수수료에 따라 이익과 손실이 결정되는 경우도 있을 정도로 수수료는 중요하다. 수수료를 낮추기 위해 '펀드슈퍼마켓'을 활용하는 것도 좋은 방법이다. 통상 펀드슈퍼마켓에서 가입하면 금융회사 지점에서 직접 가입하거나 홈페이지에서 가입할 때보다 수수료가 30~50% 정도 저렴하다. 다만 펀드슈퍼마켓에서 가입하면 직접적인 펀드관리 서비스를 받기 어려운 면은 있다.

▶펀드슈퍼마켓을 활용하는 방법도 있다

우리투자증권이 운영하는 '펀드슈퍼마켓'에서는 온라인 상품에 가입할 수 있다. 2025년 6월 현재 1,187개의 펀드가 판매되고 있다.[1)]

펀드슈퍼마켓에서는 온라인에서 판매하고 있는 펀드에 대해 투자자들이 참고할 만한 정보를 최대한 다양하고 보기 쉽게 제공한다. 과거 수익률 상위 펀드나 판매 상위 펀드, 평가등급 우수펀드 등을 일목요연하게 찾아볼 수 있다. 각 펀드에 들어가면 펀드의 특징과 투자하고 있는 포트폴리오, 수익률 추이, 펀드비용 등의 자세한 정보가 나온다.

1) 펀드슈퍼마켓을 운영하는 펀드온라인코리아는 2014년 예탁결제원과 자산운용사 40곳, 펀드평가사 4곳 등이 자본금 218억원을 공동출자해 설립됐다. 이후 2018년에 한국증권금융이 지분을 5%에서 54.99%로 늘리면서 최대주주가 되었고, 이후 한국포스(FOSS)증권으로 명칭을 바꾸었다. 다시 우리금융지주에 매각되어 우리투자증권으로 바뀌었다.

무엇보다 펀드슈퍼마켓의 강점은 저렴한 비용이다. 자산운용사들은 펀드슈퍼마켓을 위해 기존 펀드들의 'S클래스'를 따로 만들어 출시했다. S클래스 펀드는 펀드슈퍼마켓에서만 파는 펀드로 선취수수료가 없으며, 펀드 판매보수도 기존 펀드들에 비해 훨씬 저렴하다.

펀드의 과거 성과를 본다

과거 실적이 미래의 실적을 보장하지는 않는다. 과거 실적이 좋았다고 하여 무조건 가입하는 것은 피해야 한다. 그러나 수익률 순위가 지속적으로 상위권에 드는 펀드는 앞으로도 그럴 가능성이 크다. 펀드매니저의 능력일 수도 있고 운용회사가 집중적으로 관리하고 있을 수도 있다.

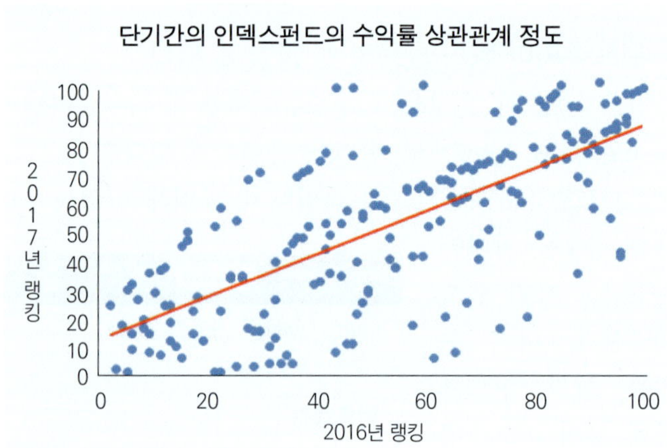

(자료 : Henry's Quantopia)

기간별 성과간의 상관관계를 분석한 자료도 이를 뒷받침한다. 위 그림은 비록 과거의 자료이긴 하나 좋은 사례로서, 2016년 인덱스펀드(ETF 포함)의 1년 수익률 순위와 2017년 인덱스펀드의 1년 수익률 순위를 비교한 것이다. 두 순위의 상관관계는 0.72로 상당히 높은 수준이다. 즉, 전년도에 수익률이 높은 펀드는 다음 해에서 수익률이 높을 가능성이 매우 큰 것이다.

펀드매니저 정보를 확인한다

▶펀드매니저가 관리하는 펀드수가 적을수록 좋다

펀드에 가입할 때에는 해당 펀드매니저가 몇 개의 펀드를 운용하는지에 대해서도 관심을 가질 필요가 있다. 매니저 1인당 펀드수가 많을수록 운용수익률이 떨어진다는 조사 결과가 있기 때문이다.

한 명의 펀드매니저가 운용하고 있는 펀드수는 '금융투자협회'의 전자공시실에서 조회할 수 있다. 다음 그림은 2025년 7월 14일 기준으로 조회해 본 것이다. 총 59건이 조회되는데, 아래는 그중 일부만 보인 것이다. 그림을 보면 골든브릿지자산운용은 펀드매니저 1인당 9개, 교보악사자산운용은 4개, 디비자산운용은 3개임을 알 수 있다.

기준년월 2025 07 (월초일 기준)

검색 초기화

조건검색 숨기기

검색결과: 59 건

(단위 : 억원) 다운로드 넓게보기

	회사명	펀드 매니저수	평균 경력	현회사 평균 경력	설립일자	최근3개월 변경횟수		펀드매니저 1인당		수탁고공모펀드기준		
						등록	말소	펀드 수	설정 원본	펀드 수	설정 원본	순자산 총액
01	골든브릿지자산운용	1	3년1개월	3년1개월	1999-02-···	0	0	9	878	9	878	272
02	교보악사자산운용	20	7년4개월	4년11개월	1988-07-07	13	12	4	6,002	78	120,040	130,186
03	다올자산운용	17	5년5개월	2년9개월	1999-09-11	33	33	3	2,392	49	40,670	46,880
0···	대신자산운용	17	6년1개월	4년7개월	1988-03-···	13	10	3	1,812	54	30,796	33,803
05	더제이자산운용	9	3년1개월	2년5개월	2007-10-22	0	0	1	41	1	372	511
0···	디더블유에스자산운용	2	16년10개월	16년10개월	2002-02-···	0	0	3	93	6	185	43
07	디비자산운용	27	4년10개월	3년5개월	1997-01-10	28	28	3	1,692	72	45,692	47,042
0···	디에스자산운용	2	1년7개월	1년7개월	2008-04-···	0	0	1	166	1	332	485
0···	마이다스에셋자산운용	18	6년11개월	5년0개월	1999-02-01	18	6	3	1,090	49	19,617	25,849
10	맥쿼리자산운용	2	7년6개월	7년6개월	2002-10-17	0	0	1	16,486	1	32,972	34,757
11	머스트자산운용	2	1년0개월	1년0개월	2015-09-···	0	0	1	371	1	741	1,045

'금융투자협회'의 전자공시실에서 조회한 펀드매니저 현황 정보

▶펀드매니저의 교체가 적은 펀드

한 명의 매니저가 특정펀드를 오래 운용한다는 것은 그만큼 운용을 잘하기 때문에 펀드운용사에서 믿고 계속 맡기는 것이다. 매니저 교체가 잦은 펀드들은 대체로 수익률이 좋지 않다.

▶펀드매니저의 실력을 본다

앞서 소개한 '금융투자협회'의 전자공시실에는 자료가 매우 많다. 이런 정보를 공개해도 될까 싶을 정도의 정보까지 있다. 그중에는 특정 펀드매니저가 운용하고 있는 펀드에 대한 상세 정보가 있으며, 수수료율은 물론이고 기간별로 수익률이 어떤지까지 보여주고 있다. 펀드매니저의 실력이 어떤지 가늠해 볼 수 있는 것이다. 다음 그림은 해당 공시실에서 2025년 7월 기준으로 조회되는 펀드매니저에 대한 정보의 일부이다.

펀드매니저 상세정보

기준일자 2025/07/01

펀드매니저 기본정보

펀드매니저명	
소속사	골든브릿지자산운용
총 운용경력	3년1개월
현 회사 운용경력	3년1개월
자격번호	

과거 회사 운용이력 검색결과: 총 2 건 다운로드

회사명	운용기간	
	From	To
*****	2021-11-22	2022-12-13
*****	2023-06-30	2025-07-01

운용펀드(기준일) 운용펀드(과거3년)

검색결과: 총 39 건 다운로드

	펀드명	매니저 구분	설정일	운용시작일	펀드규모(백만원)		펀드유형	투자
					설정원본	순자산총액		
1	GB100년공모주증권자투자신탁 2[채권…	책임	2018-01-22	2023-06-30	58	59	혼합채권형	국
1-1	ㄴ▷GB100년공모주증권자투자신탁 2[…	책임	2018-01-22	2023-06-30	6	6	혼합채권형	국
1-2	ㄴ▷GB100년공모주증권자투자신탁 2[…	책임	2018-01-22	2023-06-30	33	33	혼합채권형	국
1-4	ㄴ▷GB100년공모주증권자투자신탁 2[…	책임	2018-01-22	2023-06-30	19	20	혼합채권형	국

'금융투자협회'의 전자공시실에서 조회한 펀드매니저에 대한 정보의 일부

펀드 크기도 참고한다

펀드 설정액의 크기와 과거 수익률은 대체적으로 비례한다. 수익이 좋았기 때문에 투자자들이 해당펀드에 믿고 자금을 많이 맡겼기 때문이다. 어느 정도 규모가 적당할까? 설정액이 500억~1,000억원 정도의 펀드가 유리할 때가 많다.

설정이 된 지 시간이 많이 지났는데도 설정액이 50억원 이하에 머물러 있거나 규모가 너무 큰 펀드도 피하는 것이 좋다. 전자는 갑작스럽게 폐지가 될 가능성과 관리 부실 가능성이 있고, 후자는 매매하는 자금의 규모가 너무 커서 시장에 적절히 대응할 수 없다는 단점이 있다.

장을 마치며

홈플러스 사태 일파만파… 사모펀드가 손댄 기업들 보니

기업회생절차에 돌입한 홈플러스 사태의 후폭풍이 거세다. 국회에서는 여야 구분 없이 홈플러스 사태의 원인으로 사모펀드(PEF) 운용사 MBK파트너스를 지목하며 긴급 현안 질의를 개최하기로 했다. 이에 사모펀드가 보유한 기업들에 관심이 모인다. 대부분 사업구조가 단순해 수익성을 끌어올리기 좋은 외식 프랜차이즈였지만, 갑질 문제가 뒤따른 것으로 나타났다.

남양유업 · bhc · 버거킹 · 투썸 사들여… '갑질 논란' 뒤따라

버거킹 청담점

사모펀드는 기업을 인수해 차익을 실현해 수익을 내는 사업 모델을 갖고 있다. 주로 저평가된 기업을 인수해 운영 · 개선을 통해 기업가치를 높이고 이후 상장이나 재매각을 통해 수익을 창출하는 구조다.

사모펀드들이 주로 사들인 기업은 외식 프랜차이즈다. 사업구조가 비교적 단순해 단기간에 수익성을 올리기 좋아서다.

▲MBK파트너스가 치킨 프랜차이즈 bhc를 ▲케이엘앤파트너스가 맘스터치를 ▲칼라일그룹이 투썸플레이스를 ▲어피니티에쿼티파트너스가 버거킹을 ▲한앤컴퍼니가 남양유업을 각각 보유하고 있는 것이 대표적이다.

이들 기업의 영업실적은 양호한 것으로 나타났다. 아직 지난해 실적을 발표하지 않은 bhc의 2023년 매출은 5천356억원으로 전년 대비 5.5% 증가했다. 2022년 업계 1위에 오른 이후 2년 연속 선두 자리를 지키는 데 성공했다. 맘스터치도 지난 2023년 영업이익이 전년 대비 14.9% 늘었고 버거킹(비케이알)은 2023년 매출이 전년 대비 소폭 감소했지만, 영업이익이 204.5% 급증하면서 수익성 개선에 성공했다. 투썸플레이스도 2023년 영업이익이 전년 대비 19.3% 늘었다. 지난해 1월 최대주주가 한앤컴퍼니로 바뀐 남양유업은 지난해 연결 기준 당기순이익이 6년 만에 흑자 전환했다.

문제는 사모펀드가 소유한 프랜차이즈의 갑질 문제가 뒤따랐다는 것이다. 단기 실적을 높여 차익 실현이 주목적인 만큼 눈에 띄는 성과를 내기 위해 가맹점을 향한 갑질로 이어진다는 지적이다. 일례로 김동전 맘스터치앤컴퍼니 대표는 지난해 공정거래위원회 국정감사 증인 명단에 오른 바 있다. 본사와 점주 간의 불공정 거래 행위 관련 의견 청취로 출석 요구를 받았다.

당시 국감에서는 가맹 본사가 가맹점주들에게 과도한 이익을 취하고 있다는 지적이 나왔었다. 이강일 더불어민주당 의원에 따르면 가맹점 매출 대비 본사가 가져가는 비율은 15%를 넘었고 가맹점 평균 영업이익률은 11.5%였다. 이에 김 대표는 "글로벌 업체와 경쟁하는 프랜차이즈라 그 정도의 영업이익률은 유지할 필요가 있다"고 답했었다.

홈플러스, 인수 후 점포매각 나서자 영업적자로 이어져

MBK가 홈플러스의 새 주인이 된 것은 지난 2015년이다. 당시 MBK는 영국 유통업체 테스코로부터 약 7조 2천억원 들여 홈플러스를 인수했다. 이 중 4조 3천억원을 인수금융으로 충당했다.

홈플러스 카트

인수 직전인 2014~2015회계연도 연결기준 홈플러스의 매출은 전년 대비 4% 감소한 8조 5,682억원을 기록했다. 같은 기간 영업이익은 28.8% 줄어든 2,409억원으로 집계됐다.

MBK는 이듬해 홈플러스 가좌점 · 김포점 · 김해점 · 동대문점 · 북수원점 등 5개 점포를 세일즈 앤드 리스백(Sales & Lease Back · 매각 후 재임차) 방식으로 일괄 매각했다. 홈플러스 인수를 위해 금융권으로부터 차입한 자금의 분할상환을 위해 자산유동화가 필요했기 때문이다. 이후 MBK는 홈플러스 점포 매각에 속도를 냈다. 민주노총 서비스연맹 마트산업노동조합 홈플러스지부에 따르면 MBK는 2018년부터 현재까지 21개 점포를 폐점하겠다고 발표했고 그중 14개 점포가 폐점했다.

MBK 인수 이후 홈플러스 영업이익은 하락했다. ▲2020년 1,602억원 ▲2021년 933억원 등으로 하락하다 2022년 1,335억원의 손실을 내며 적자 전환했다. 이후 ▲2023년 −2,602억원 ▲2024년 −1,994억원으로 적자를 유지했다.

게다가 자산유동화를 위해 매각한 점포에는 우량 점포가 포함되며 경쟁력마저 잃었다는 지적이다. 한국신용평가는 "자금 유입 효과를 극대화하기 위해 처분가치가 높은 점포 중심으로 매각을 진행했고 이 중에는 사업 수익성이 양호한 점포도 포함됐다"며 "지속적인 점포 정리가 향후 이익창출력 회복 여력을 제약하고 있다"고 평가했다.

홈플러스 사태 후폭풍이 거세지면서 국회가 후속조치에 나설 예정이다. 이러한 분위기에 일각에서는 사모펀드에 대한 규제가 강화되면 글로벌 기업의 국내 기업 투자 매력이 떨어질 수 있다는 우려도 나온다. 황세운 자본시장연구원 선임연구위원은 "사모펀드는 운영의 자율성이 일정부분 보장돼야 하며 고위험-고수익을 추구하는 특성을 가진다"며 "사모펀드가 가진 자율성과 유연성은 존중받을 필요가 있다"고 말했다.

(지디넷코리아, 2025.3.12)

주요 용어

- 투자성향
- 중소형주펀드
- 섹터펀드
- 패시브펀드
- 로보어드바이저펀드
- 라이프사이클펀드
- 인컴펀드
- 재간접펀드
- 뮤추얼펀드
- 펀드매니저
- 상품의 위험등급
- 배당주펀드
- 테마펀드
- 시스템펀드
- 롱숏펀드
- 타깃데이트펀드(TDF)
- 타깃인컴펀드(TIF)
- 헤지펀드
- 리츠
- 대형주펀드
- 스폿펀드
- 액티브펀드
- 퀀트펀드
- 엄브렐러펀드
- 자산배분펀드
- 럭셔리펀드
- 한국형 헤지펀드
- 펀드슈퍼마켓

연습문제

1. 투지자의 투자성향이 중요한 이유는 무엇인가?
2. 스폿펀드와 섹터펀드의 차이점에 대하여 설명하고 각 펀드의 예를 들어보라.
3. 액티브펀드와 시스템펀드, 퀀트펀드를 비교하여 설명하라.
4. 자산배분펀드와 인컴펀드란 무엇인가?
5. 일반적인 헤지펀드와 한국형 헤지펀드의 차이점에 대하여 설명하라.
6. 뮤추얼펀드와 일반펀드의 차이점에 대하여 설명하라.
7. 부동산펀드와 리츠(REITs)의 차이점에 대하여 설명하라.
8. 펀드슈퍼마켓을 활용하는 방법에 대하여 설명하라.
9. 펀드의 선택 요령에 대해서 정리하라.

CHAPTER

9

개인투자자 최종병기 : ETF

전 세계적으로 뜨겁게 부상한 투자대상은 단연 ETF이다. (자료 : cryptoslate.com)

1 다양하게 사용되는 용어, 지수(INDEX)
2 지수 변동을 수익률로 추종하는 지수펀드(인덱스펀드)
3 "직접 투자하는 간접투자"의 꽃, ETF
〈보론〉 주가지수 또는 주가와 수익률이 연동되는 금융상품

ETF 하루 거래금액 코스피 50% 넘어서… 단타 놀이터 된 국장

국내 상장지수펀드(ETF)의 하루 평균 거래금액이 5년 만에 유가증권시장(코스피) 거래액의 50%를 돌파한 것으로 나타났다. 장기 · 분산 투자 수단인 ETF가 높은 변동성과 투자위험이 큰 레버리지 · 인버스 투자 도구로 전락하면서 국내 증시가 단타 공화국이 됐다는 우려가 커지고 있다.

19일 한국거래소에 따르면 올해 4월 ETF의 하루 평균 거래금액은 4조 1,029억원으로 코스피(7조 9,114억원) 대비 51.9%에 달했다. 3월(38.0%) 대비 14%포인트 가까이 급증한 것으로, 코스피 대비 ETF 거래금액 비중이 50%를 돌파한 것은 코로나19 팬데믹의 영향으로 주가가 대폭락했다가 반등했던 2020년 3월(67.9%) 이후 5년 만이다.

문제는 증시 거래량이 대폭 증가했던 팬데믹 당시와 달리 이번에는 국내 증시 자체가 위축되는 가운데 파생상품 ETF 투자만 활발하게 이뤄졌다는 점이다. 올해 4월 코스피 일평균 거래금액은 2023년 1월 이후 2년 3개월 만에 가장 낮은 수준이다. 이날도 글로벌 신용평가사 무디스가 미국의 신용등급을 하향 조정한 여파로 코스피는 전 거래일보다 23.45포인트(0.89%) 내린 2,603.42에 거래를 마쳤고 장중 2,600선이 깨지기도 했다. (서울경제, 2025.5.19)

1 다양하게 사용되는 용어, 지수(INDEX)

지수의 개념

우리는 물가가 얼마나 올랐는가를 말할 때 "몇 % 올랐다" 또는 "몇 배 올랐다"는 표현을 사용한다. 예를 들어 자장면 값은 1980년에는 350원이었는데 2025년 7월에는 평균 7,500원이므로 2,142% 또는 21.42배가 올랐다고 말한다. 이러한 증가율을 달리 표시하는 방법이 있다. 예컨대 1980년의 자장면 값을 100으로 놓고 계산하면 2025년의 자장면 값은 2,142가 된다. 이처럼 어떤 상품의 가격변동이나 경제현상 변화를 기준시점과 대비하여 나타내는 지표를 지수(index)라고 한다.

지수는 거의 모든 재화와 서비스에 적용할 수 있다. 예를 들어 경제적 지수로는 물가지수, 임금지수, 생산지수, 출하지수, 재고지수, 소비지수, 고용지수 같은 것들이 있다(경제지표라고도 한다). 앞의 예에서는 자장면지수로 부를 수 있을 것이다. 이러한 지수의 의미 속에는 시간 개념이 들어 있다. 가격을 비교할 때 기준시점과 비교시점의 가격을 비교하기 때문이다.[1] 지수는 이처럼 특정대상의 가격변동 등을 쉽게 보여주기 때문에 다양한 분야에서 사용되고 있다.

POINT 지수는 기준시점 대비 변화 정도나 단위당 가격변동을 나타낸 것이다.

---

1) 지수는 기본적으로 기준값 대비 비교값이다. 두 개의 값으로 지수를 만들 때 시간 개념이 아닌 공간 개념인 경우도 있다. 대표적으로 빅맥 지수(Big Mac Index)가 그것이다. 이 지수는 전 세계 주요 국가의 통화 가치를 비교하기 위해 영국의 경제 주간지 이코노미스트(The Economist)가 매년 발표하는 비공식적인 환율 지표이다.

주가지수

▶종합주가지수, 코스피

우리는 매일 종합주가지수 또는 코스피가 올랐네, 내렸네 하는 말을 듣는다. 우리나라 주식시장의 가격변동을 한눈에 보여주는 지수가 '한국종합주가지수(KOSPI : Korea Composite Stock Price Index)', 즉 '코스피'이다. '코스피지수'라는 용어도 많이 사용하는데, 코스피라는 단어 속에 이미 지수라는 의미가 담겨 있기 때문에 정확한 말은 아니다. '한국종합주가지수'를 간단히 줄여 '종합주가지수'라고 한다.

종합주가지수 또는 코스피는 우리나라 주식시장 전체의 움직임을 파악하기 위하여 작성하는 지수로, 우리나라 경제상황을 총체적으로 보여주는 가장 대표적인 지표이다.

코스피 (네이버 증권 화면 캡처)

종합주가지수는 1980년 1월 4일을 100으로 하고 이후 주식시장 전체의 가격 움직임을 지수로 표현하고 있다. 2025년 7월 14일 현재 3,202.03이니 우리나라 주식시장 전체의 가격은 45년 동안 약 32배 넘게 오른 셈이다. 오른쪽 그림을 보면, 코스피는 전날보다 26.26포인트, 비율로는 0.83% 상승했음을 알 수 있다.

참고로 우리나라 주가지수에는 코스닥증권시장의 전체적인 움직임을 보여주는 코스닥지수가 있고, 코스피시장 주식 중에서 200개 주식만을 선별하여 이들만으로 만든 지수인 코스피200이 있다.

▶업종별, 산업별 지수

종합주가지수는 우리나라 주식시장 전체의 주가변동을 단 하나의 지표로 보여주는 지수라고 위에서 설명한 바 있다. 그렇다면 특정산업, 예를 들어 통신산업만을 따로 떼어내, 그 산업에 속한 여러 기업들의 전체적인 주가 움직임을 보여주는 주가지수는 없을까?

이를 위한 주가지수가 업종별 지수 또는 산업별 지수이다. 오른쪽 그림에서도 볼 수 있듯이 건축제품, 가정용품, 생명보험 식으로 각 산업별 지수를 만들어서 해당산업에 속한 기업들의 전체적인 주가변동을 보여준다.

I 업종별 시세

업종명	전일대비	전일대비 등락현황				등락그래프
		전체	상승	보합	하락	
건축제품	+4.82%	14	10	0	4	
무역회사와판매업체	+3.63%	5	3	0	2	
판매업체	+2.71%	12	8	3	1	
항공화물운송과물류	+2.52%	13	6	0	7	
항공사	+2.40%	7	7	0	0	
디스플레이장비및부품	+1.51%	90	45	9	36	
가정용품	+1.39%	11	6	2	3	
건강관리기술	+1.35%	10	5	0	5	
건강관리업체및서비스	+1.29%	6	3	0	3	
가구	+1.24%	11	5	2	4	
생명보험	+0.89%	4	3	0	1	
건강관리장비와용품	+0.88%	91	46	13	32	

업종별 지수 (네이버 증권 화면 캡처)

▶테마별 지수

한편 테마별 지수라는 것도 있는데, 업종별 지수의 변형이라고도 할 수 있다. 중형주나 소형주그룹 또는 특정주제로 묶은 주식들을 지수화하는 식이다. 신규상장 시기별로 묶기도 한다. 2차전지 테마의 경우 산업 전체를 보여주기도 하고, 2차전지산업을 다시 세분화해서 보여주기도 한다.

POINT 종합주가지수(코스피), 업종별(산업별) 지수, 테마별 지수 등은 증권시장의 흐름을 보여주는데, 다양한 금융상품 개발에 활용된다.

2 지수 변동을 수익률로 추종하는 지수펀드(인덱스펀드)

사람들이 증권시장 정보 중 가장 많이 듣는 것은 아마도 주가지수, 우리나라의 경우에는 특히 종합주가지수일 것이다. 대부분의 언론매체도 종합주가지수를 보고 주가가 올랐다, 내렸다고 설명을 한다. 이처럼 주가지수는 시장 전체의 상황을 대변하는 대표적인 시황지표이다. 이에 투자수익이 주가지수를 따라 움직이도록 한 펀드가 개발되었다. 그것이 인덱스펀드이다.

인덱스펀드(index fund)는 증권시장의 장기적 성장추세를 전제로 하여 주가지표, 즉 인덱스(예를 들어 코스피200)의 움직임에 연동되게 포트폴리오를 구성하여 운용함으로써 시장의 평균수익을 실현하는 것을 목표로 하는 금융상품이다. 따라서 주식시장 전체의 평균적인 수준의 손익을 원하는 투자자에게 가장 적합한 펀드이다.

헤지펀드 프로테제 파트너스의 홈페이지

인덱스펀드에 관한 재미있는 이야기가 있다. 2007년 7월 '투자의 귀재' 워런 버핏(Warren Buffett)과 헤지펀드 프로테제 파트너스(Protege Partners)의 CEO 테드 지데스(Ted Seides) 회장 두 사람은 100만 달러(당시 환율 기준, 약 11.5억원)의 내기를 했다. 내기 내용은 2008~2017년 10년간 미국의 S&P500 인덱스펀드와 5개의 헤지펀드 중 어느 쪽이 수익률이 높을지에 관한 것이었다. 당시 버핏은 자신의 승률을 60%로, 지데스는 85%로 보았다. 워런 버핏은 자신이 이길 수 있다고 본 근거로, 헤지펀드의 고액수수료를 들었다. 아무리 전문가들이 운용한다고 해도 고액의 수수료 때문에 최종적인 수익률은 인덱스펀드가 더 높을 것이라는 것이다. 결론은? 헤지펀드들은 10년 동안 약 36%의 수익을 낸 반면 S&P500 인덱스펀드는 약 126%의 수익을 냈다. 버핏이 이긴 것이다. 인덱스펀드의 강점을 보여준 사례이다.

인덱스펀드의 강점

인덱스펀드는 사전에 정해진 지수, 예를 들어 코스피를 추종하기 때문에 일반펀드와는 달리 상당한 장점을 가지고 있다.

▶효율적인 분산투자

만일 코스피200을 추종하는 인덱스펀드에 100만원을 가입하면 100만원으로 한국거래소 유가증권시장 상위 200개 주식종목에 골고루 분산투자하는 것과 같다. 100만원으로는 삼성바이오로직스 주식 1주를 사는 것도 불가능한 현실을 감안하면 대단한 투자

효과라고 할 수 있다.

▶수익률 관리 용이

일반펀드와 달리 손쉽게 수익률을 알 수 있다. 예를 들어 코스피200을 추종하는 인덱스펀드에 가입했을 경우 코스피200 등락률만 알면 자신이 가입한 인덱스펀드의 수익률 등락을 알 수 있다.

인덱스펀드 중 코스피200을 추종하는 펀드는 위 그림의 적색선을 따라 수익률이 움직인다고 보면 된다. (자료 : 네이버 증권)

▶저렴한 수수료

일반펀드의 수수료는 2%를 넘는 경우도 흔하지만 인덱스펀드 수수료는 1% 이하인 경우가 많다. 이 정도의 수수료 차이는 적지 않은 것이다. 1% 차이라면 1,000만원당 10만원 정도의 차이가 나는 것인데, 실제 수익률에는 큰 영향을 미친다.

인덱스펀드 투자의 실제

〈표 9-1〉은 펀드닥터 자료이다. 코스피200을 추종하는 인덱스펀드들을 1년간 지불한 총보수를 기준으로 5개의 분위로 나눈 다음 각 분위별로 특정시기의 1년간 총보수,

〈표 9-1〉 코스피200 인덱스펀드 투자비용 5분위별 비용, 추적오차, 초과수익률

분 위	분위별 1년 평균 투자비용률	분위별 평균 추적오차(5년)	초과수익률(5년)
1분위	0.19%	1.53%	1.14%
2분위	0.53%	1.68%	0.63%
3분위	0.73%	1.43%	0.71%
4분위	0.91%	1.65%	0.49%
5분위	1.52%	1.52%	−0.45%

(자료 : 펀드닥터)

추적오차, 초과수익률을 계산했다. 먼저 1분위의 총보수는 0.19%에 불과한 반면 5분위의 총보수는 1.52%에 이른다. 수수료가 싸다고 하여 인덱스펀드에 가입했지만 수수료를 제대로 확인하지 않으면 경우에 따라서는 가장 저렴한 수수료 펀드보다 7~8배에 이르는 수수료를 내야 할 수도 있다는 의미이다.

한편 추적오차란 인덱스펀드 본질과 관련된 부분이다. 인덱스펀드는 기본적으로 특정지수를 추종하게 설계되어 있다. 그러나 펀드매니저의 관심과 능력에 따라 해당 지수를 추종하는 정도에 차이가 생긴다. 해당 지수수익률과 인덱스수익률 간의 차이를 '추적오차'라고 하는데, 이 오차가 클수록 해당 지수수익률과 거리가 멀어진다는 의미이다. 다시 〈표 9-1〉를 보면, 모든 인덱스펀드에서 추적오차가 발생하고 있는데 최소 1.43%에서 최대 1.68%까지이다.

사실 소수의 주식으로 수십, 수백 개 이상으로 구성된 지수를 추종하도록 설계된 것이 인덱스펀드이므로 추적오차는 발생할 수밖에 없다. 따라서 인덱스펀드의 추적오차를 볼 때에는 다른 인덱스펀드의 그것과 비교할 필요가 있다. 즉 〈표 9-1〉에서 추적오차 그 자체보다는 다른 펀드의 추적오차와 비교하는 것이다. 추적오차가 가장 큰 인덱스펀드와 가장 작은 펀드의 차이는 5년간에 걸쳐서 0.25%(=1.68%−1.43%) 차이에 불과하다는 것을 알 수 있다.

클래스 S	5.24	5.55	−5.68	−7.39	−18.11	25.26	15.56
(비교지수대비 성과)	(1.50)	(1.77)	(1.80)	(2.02)	(4.27)	(9.01)	(12.78)
비 교 지 수	3.74	3.78	−7.48	−9.41	−22.38	16.25	2.78

* 비교지수 : KOSPI200 100%

* 클래스별 설정일이 달라 설정 이후 수익률은 클래스 별로 상이하며, 보수 수준 차이로 인해 클래스별 성과는 차이가 날 수 있습니다. 상기 수익률은 단순 누적 수익률이며, 보수 공제 후 세전 수익률 기준입니다.

※위 투자실적은 과거 성과를 나타낼 뿐 미래의 운용성과를 보장하는 것은 아닙니다.

▶추적오차

(단위 : %)

기간	최근 3개월	최근 6개월	최근 1년
추적오차	3.0152	2.1785	1.5754

주) 추적오차란 일정기간 동안 인덱스펀드가 추종하는 특정 비교지수의 변동을 얼마나 충실히 따라갔는지를 보여주는 지표로서 비교지수 수익률 대비 해당 인덱스펀드의 일간 수익률 차이의 표준편차로 기재합니다. 추적오차의 수치가 적을수록 해당 기간 동안 인덱스펀드가 비교지수와 유사하게 움직였음을 의미합니다.

어느 자산운용사의 인덱스펀드 자산운용보고서. 추적오차가 제시되어 있다. (출처 : 이스트스프링자산운용)

더 중요한 것은 초과수익률이다. 추종하는 지수 대비 해당 인덱스펀드가 실현한 초과수익률은 당연히 높을수록 좋다. 표를 보면 총보수(비용)가 낮을수록 초과수익이 크다는 것을 알 수 있다. 그래서 인덱스펀드를 선택할 때에는 총보수율이 얼마나 되는지가 매우 중요하다.

한편 단순히 지수를 따라가는 인덱스펀드의 수익률은 종종 펀드매니저의 적극적 관리를 받는 액티브펀드의 수익률과 비교되곤 한다. 인덱스펀드의 수익률이 액티브펀드보다 우월한 경우가 많다. 오죽하면 투자의 현인인 워런 버핏도 전문적 정보가 부족한 개인투자자들에게 저비용의 인덱스펀드에 투자하는 것이 현명하다며 인덱스 투자를 추천했을까? 이 부분에 대해서는 이어지는 ETF에서 추가적으로 더 살펴보자.

POINT 인덱스펀드는 더도 말고 덜도 말고 주식시장 전체의 평균적인 수준의 손익 또는 특정지수 수준의 손익을 원하는 투자자에게 가장 적합한 펀드이다.

3 "직접 투자하는 간접투자"의 꽃, ETF

상장지수펀드(ETF)의 의의와 장점

ETF! 본장뿐만 아니라 본 책의 전체적인 내용 중에서도 매우 중요한 금융상품 중의 하나이다. 특히 주식에 관심이 있다면 주식에 직접 투자하기 전에 ETF에 관심을 가져보길 권한다.

POINT ETF는 꼭 알아야 할 중요한 금융상품 중의 하나이다.

▶ETF란?

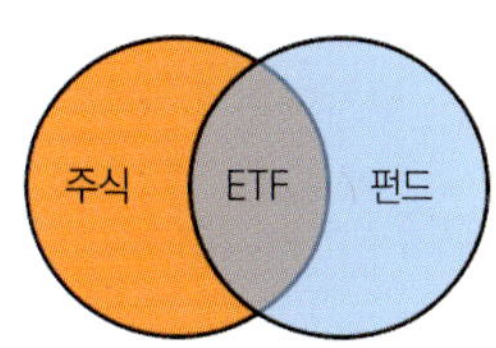

상장지수펀드(ETF : Exchange Traded Fund)는 용어에서 표현되고 있듯이 한마디로 지수를 주식시장에 상장(listing)하여 주식처럼 거래할 수 있도록 한 인덱스펀드이다.

지금까지 우리는 펀드-인덱스펀드 순으로 공부를 했다. 다음 그림에서 보듯이 수많은 펀드 중에 특정지수를 추종하도록 설계된 펀드를 인덱스펀드라고 했다. 이들 인덱스펀드 중에서 증권시장에 주식처럼 상장하여 자유롭게 매매를 할 수 있도록 한 펀드가 상장지수펀드, 즉 ETF인 것이다. 결국 ETF는 펀드이면서 주식거래처럼 실시간으로 자유롭게 거래가 가능한 금융상품인 것이다.[2)]

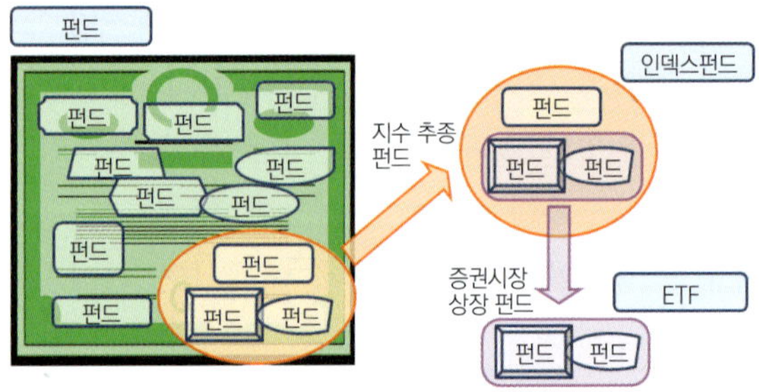

기본적 시장지수인 코스피 ETF와 코스닥 ETF에서부터, 섹터 투자까지 다양한 주식형 ETF가 거래되고 있다. 또한 주식형 ETF 외에도 해외 주식, 통화, 채권, 부동산, 원자재 등에 투자하는 ETF 등 다양한 기초자산으로 만들어진 ETF가 계속 생겨나고 있다.

▶ETF의 장점

ETF가 다른 펀드나 주식에 비해 금융상품으로서 갖는 특장점은 무엇일까?

〈표 9-2〉에서 보는 바와 같이 ETF는 거래가 실시간으로 공개되기 때문에 운용투

〈표 9-2〉 ETF와 다른 투자상품의 특성 비교

구 분	ETF	인덱스펀드	액티브펀드	개별주식
운용목표	특정지수 추종	특정지수 추종	지수 초과수익	지수 초과수익
투명성	높음	보통	보통	높음
유동성	높음	낮음	낮음	높음
결제일 (T : 거래일)	T+2	T+3	T+3	T+2
레버리지 기능	가능	불가	불가	가능
거래비용 순위	(4, 비용 작음)	(3)	(2)	(1, 비용 큼)
전 증권사 거래	가능	판매사 한정	판매사 한정	가능
시장위험	시장 전체 위험	시장 전체 위험	시장 전체 위험 · 개별위험	시장 전체 위험 · 개별위험
분산투자	가능	가능	가능	불가
증권거래세	면제	적용배제	적용배제	매도시

2) 우리나라 증권시장과 달리 자본주의의 산실인 미국증권시장에서는 지수를 추종하는 지수 ETF뿐만 아니라 개별주식 ETF도 거래된다. 예를 들어, 테슬라(Tesla) 주식만을 대상(기초자산)으로 하는 ETF가 있다.

명성이 높고 유동성도 높다. 특히 거래비용이 낮고 증권거래세도 면제되는 등 다른 비교 금융상품들이 갖고 있는 장점들을 골고루 취한 매우 우수한 금융상품이다. 뿐만 아니라 일반투자자에게 좋은 점 중의 하나는 일반주식처럼 쉽게 거래할 수 있다는 점이다. 펀드이면서도 다른 일반펀드와 같이 가입 및 환매 절차를 거치는 것이 아니라 단순히 매매로 거래할 수 있기 때문이다.

지수연동형 상품으로 투자 용이성과 안정성

ETF는 주가지수의 움직임을 추종하도록 설계 및 운용되는 상품이므로 지수가 상승 혹은 하락하면 그 비율만큼 가격이 상승 또는 하락한다. 그러므로 ETF는 주식시장 전체 또는 특정산업의 상황에 따라 수익률이 결정되고 개별기업 투자에 수반되는 투자위험과 가격변동성이 상대적으로 적기 때문에 비교적 안정적인 금융투자상품이라 할 수 있다.

ETF 가격은 주가지수의 움직임과 거의 동일하게 움직이기 때문에 해당 ETF 가격을 일일이 확인하지 않아도 대략의 가격변동을 쉽게 알 수 있다. 매매할 때에도 자신에게 적용되는 가격을 쉽게 알 수 있다.

네이버 증권 화면. ETF가 얼마나 중요한 투자대상인지는 포털에서도 확인할 수 있다. 그림을 보면 주요시세정보에서 코스피부터 그룹사까지는 주식 또는 선물 지수에 관한 것이고 개별상품으로 처음 나오는 것이 ETF이다.

주식투자와 동일한 환금성

ETF는 거래소에 상장되어 거래되기 때문에 언제라도 거래소에서 거래되는 실제 시장가격에 실시간으로 거래횟수 제한 없이 매수·매도를 할 수 있다.

펀드 중에서는 이렇게 쉽게 가입 및 환매할 수 있는 상품은 없다. 이에 따라 급격한 시장변동에 신속하게 대처할 수 있으며, 기존의 주식거래계좌를 이용해 손쉽게 투자할 수 있기 때문에 투자의 접근성도 매우 우수하다.

낮은 거래비용과 펀드 특성에 기인한 우수한 수익성

ETF는 일반 주식형 펀드에 비해 운용보수가 훨씬 저렴하다. 시장평균적인 수익률을 목표로 하는 일반펀드, 인덱스펀드, ETF가 있을 경우 ETF의 거래비용이 단연 낮다. 이러한 차이는 투자가 장기간이 될수록 더욱 큰 수익률 차이를 가져온다. ETF는 펀드나 주식과 비교해도 거래수수료가 저렴하다. 금융투자협회 조사에 따르면 주식형 펀드 운용보수는 평균 1~2%인 반면 ETF의 평균 운용보수는 0.36%로 크게 저렴하다. 주식형 ETF는 매도할 때 주식거래세 0.15%를 내지 않아도 된다.

일반적인 펀드는 투자자의 불시환매에 대한 대응 등 여러 이유로 펀드 내에 일정한 현금을 유지해야 한다. 즉 펀드에서 모집한 전체 금액이 투자에 활용되지 않는 것이다. 이에 반해 ETF는 환매가 현물로 이루어지는 등 (즉 매매가 즉시 이루어지므로) 펀드 내부에 현금을 보유할 이유가 적어, 동일 구조의 인덱스펀드와 비교하면 현금 보유로 인해 상실되는 투자기회비용이 적다.

ETF는 일정요건을 충족해야 한다. 이를 상징적으로 표현한 그림 (그래픽 : 대신증권 블로그)

결과적으로 다른 모든 조건이 동일하다 해도 일반펀드나 인덱스펀드에 비해 투자자에게 돌아오는 수익성이 더 높다. 이러한 차이를 보여주는 분석 사례가 있다. 다음 그림은 한국금융투자자보호재단이 시뮬레이션해 본 결과이다. 그림을 보면 더 이상 설명이 필요 없을 것 같다. 수수료가 얼마나 중요한지 다시 한 번 보여주는 사례이다.

[분석 조건]

- 비교 대상 : 일반펀드와 ETF
- 비용(수수료) : 일반펀드는 2%, ETF는 0.3% 가정
- 수수료 전 수익률 : 두 펀드 5%로 동일
- 투자금액과 기간 : 1,000만원을 10년 동안 투자

수수료가 펀드 수익에 미치는 영향 : 일반펀드와 ETF 비교

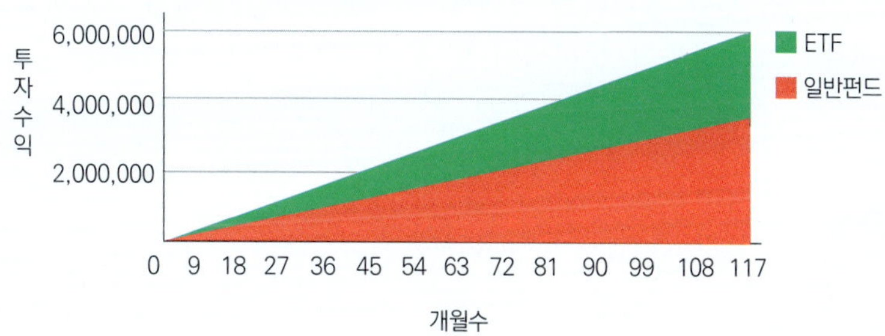

(자료 : 한국금융투자자보호재단)

분산효과에 따른 투자효율성

코스피200 ETF는 코스피200을 구성하는 주식으로 이루어진 것이므로 ETF 1주를 사도 코스피200 전 종목을 사는 것과 똑같은 분산효과를 볼 수 있다. 즉 ETF는 매우 적은 투자자금으로도 분산투자가 가능한 것이다. 코스피200과 같이 시장 전체를 대변하는 지수 이외에도 특정 섹터지수, 테마지수 등 다양한 지수를 추종하는 ETF가 만들어지고 있다.

펀드운용의 투명성

일반펀드는 고객이 자신의 투자목적에 가장 부합하는 펀드를 선택해 가입할 수 있지만 그 운용에는 관여할 수 없다. 또 펀드의 자산구성과 운용내역을 사후적으로만 볼 수 있을 뿐이다. 이 때문에 일부 펀드운용회사는 여러 펀드 중에서 수익률이 좋은 펀드와 나쁜 펀드 간 수익을 조정한다는 의심을 받기도 한다. 그러나 ETF는 일반펀드와는 달리 납입자산구성내역(PDF : Portfolio Deposit File) 공시라는 제도를 통해 펀드의 포트폴리오를 매일 확인할 수 있어 어느 펀드보다도 투명하다.

소액투자 가능

1만원만 있어도 ETF 투자를 할 수 있다. 고가의 우량주 주식도 그 주식과 연결된 ETF를 사는 방식으로 투자가 가능하다. 현재 주식시장에 상장된 ETF의 가격은 일반 고가주식에 비해 비싸지 않기 때문에 소액투자자들이 이용하기 편리하다.

상승장과 하락장 양방향 투자가 가능

일반적으로 개인투자자들에게 있어 펀드나 주식은 상승장에서 투자기회가 주어진다. 그러나 ETF는 상승장뿐만 아니라 하락장에서도 투자가 가능하다. 즉 하락장에서도 수익을 낼 수 있는 ETF 상품이 준비되어 있다.

ETF의 종류

▶ETF 명칭의 구조

일반적으로 ETF 명칭은 다음의 구조를 따른다.

ETF 이름=자산운용사 브랜드+추종하는 지수(기초자산)+주요 특징

ETF 종류를 알아보기 전에 먼저 ETF 브랜드 명칭을 이해하는 것이 필요하다. ETF는 각 운용사별로 고유의 브랜드 이름을 갖고 있다.

TIGER는 미래에셋자산운용에서 운영하는 모든 ETF 앞에 붙는 고유 브랜드 명칭이다. 이처럼 각 자산운용사별로 운용하는 ETF에 자사의 고유 브랜드를 붙이기 때문에 ETF 이름만 보면 어느 자산 운용사에서 운용하는 ETF인지 알 수 있다. 현재 국내에 상장되어 있는 ETF를 운용하는 자산운용사는 23개사가 있다. 상장 종목수가 많은 순서대로 10위까지 해당 브랜드를 정리하면 〈표 9-3〉과 같다.

〈표 9-3〉 자산운용사별 ETF 브랜드명

운용사	브랜드
삼성자산운용	KODEX
미래에셋자산운용	TIGER
KB자산운용	RISE
한국투자신탁운용	ACE
한화자산운용	PLUS
키움투자자산운용	KIWOOM
신한자산운용	SOL
NH아문디자산운용	HANARO
타임폴리오자산운용	KSTOCK
하나자산운용	KTOP

그렇다면 ETF는 어떻게 분류할까? 분류 구조를 이해하면 투자전략 수립시에도 크게 도움이 된다.

▶시장지수 ETF

코스피나 코스닥과 같은 시장지수를 추종하는 ETF이다. 보통 각 종목의 뒤에 50, 100, 150, 200이란 수치가 붙어 있다. 큰 욕심 내지 않고 딱 시장 평균만큼의 수익률을 얻고자 할 때 고려하는 ETF이다. 대표적으로 코스피200 ETF가 있다. 코스피200은 코스피를 대표하는 200개 종목이 편입되어 코스피 전체 시가총액의 70%를 넘고 코스피지수와 거의 같은 방향으로 움직이고 있기 때문에 시장수익률과 거의 비슷한 움직임을 보인다.

코스피200을 기초자산으로 하는 ETF로는 TIGER200, KODEX200, ACE200, RISE200 등이 있다. 다음 그림은 시장지수 ETF 중 일부를 보인 것이다. 앞 알파벳은 해당 ETF를 운용하는 회사를 의미한다는 점은 앞에서 살펴본 바 있다. 뒤의 숫자 200은 코스피200을 추종한다는 의미인데, 엄밀하게 말한다면 코스피200을 정확하게 따라갈 경우 운용회사와 관계없이 이들 ETF 가격은 모두 NAV(뒤에서 설명함)와 같아야 한다.

전체 | 국내 시장지수 | 국내 업종/테마 | 국내 파생 | 해외 주식 | 원자재 | 채권 | 기타

종목명	현재가	전일비	등락률	NAV	3개월수익률	거래량	거래대금(백만)	시가총액(억)
KODEX 200	43,710	▲ 285	+0.66%	43,757	+33.12%	8,416,997	365,390	68,253
TIGER 200	43,675	▲ 245	+0.56%	43,728	+33.20%	2,996,693	129,991	29,153
KODEX 200TR	15,580	▲ 95	+0.61%	15,598	+33.09%	565,292	8,750	28,675
TIGER MSCI Korea TR	18,020	▲ 55	+0.31%	18,082	+30.51%	7,367	132	15,695
RISE 200	43,975	▲ 250	+0.57%	44,039	+33.20%	1,004,337	43,916	15,237

네이버 증권에서 조회한 국내 시장지수 ETF 중 일부

▶섹터(업종) ETF, 테마 ETF

시장 전체가 아니라 한 부분, 즉 은행, 조선, 철강, 반도체 등 각 업종에 투자하는 ETF로 시장지수에 투자하는 상품보다 변동성은 크지만, 한 기업에 투자하는 주식 개별종목보다는 위험을 분산할 수가 있어서 특정업종에 관심이 있다면 투자할 만하다. 일반적으로 주식시장이 상승할 때에는 주도 업종이 있기 마련이다. 예컨대 2020~2021년에는 BBIG(배터리, 바이오, 인터넷, 게임) 업종이 시장을 주도했고, 2022년에는

원자재 업종이, 2025년 상반기에는 엔터테인먼트, 가상자산이 시장 상승을 주도하였다. 이와 같은 주도 업종을 제대로 선택하여 업종 ETF에 투자하면 개별 주식에 투자하는 것보다는 상대적으로 낮은 위험으로 시장 평균을 초과한 수익을 얻을 수 있는 것이다.

한편, 테마 ETF란 주식에 투자할 때에도 가치주나 테마주 또는 우량주에 투자하는 것 같이 주요 가치주, 테마주, 우량주 등을 묶은 지수를 추종하는 ETF이다. 시장지수 ETF나 업종 ETF와는 달리 특정 그룹사를 모으거나 가치주, 블루칩 주식 등을 묶어서 기초자산으로 하여 ETF를 만든 것인데, 일반적으로 섹터 ETF보다는 안정적인 것으로 알려져 있다.

주의해야 할 점은 테마 ETF는 이름만 봐서는 기초자산이 무엇인지 명확하지 않기 때문에 ETF 운용사 홈페이지에서 구성종목을 꼼꼼하게 체크할 필요가 있다는 점이다.

전체 | 국내 시장지수 | 국내 업종/테마 | 국내 파생 | 해외 주식 | 원자재 | 채권 | 기타

종목명	현재가	전일비	등락률	NAV	3개월수익률	거래량	거래대금(백만)	시가총액(억)
KODEX 삼성그룹	9,985	▼ 35	-0.35%	9,988	+26.05%	602,506	5,996	14,079
PLUS 고배당주	21,250	▼ 135	-0.63%	21,218	+51.12%	5,960,907	126,566	13,789
PLUS K방산	49,100	▲ 1,725	+3.64%	49,165	+36.42%	1,202,348	58,401	12,030
TIGER TOP10	13,425	▲ 100	+0.75%	13,411	+31.76%	579,516	7,714	11,613
KODEX 2차전지산업	11,540	▼ 10	-0.09%	11,533	+5.91%	3,400,509	39,197	10,144
SOL 조선TOP3플러스	24,945	▲ 505	+2.07%	24,970	+17.14%	1,911,688	47,245	10,140
TIGER 2차전지테마	14,530	▼ 35	-0.24%	14,484	+7.93%	858,515	12,441	9,016
KODEX Top5PlusTR	27,685	▼ 5	-0.02%	27,743	+37.69%	51,911	1,424	8,832
KODEX 반도체	37,845	▲ 455	+1.22%	37,960	+28.09%	889,522	33,199	7,512
KODEX 200타겟위클리커버드콜	11,305	▲ 55	+0.49%	11,308	+28.91%	2,571,713	28,899	7,371

네이버 증권에서 조회한 국내 시장지수 업종/테마 ETF 중 일부

▶국내파생 ETF

레버리지 ETF

단순하게 지수와 동일한 크기로 수익률이 움직이는 것에 싫증난 투자자들을 위한 ETF이다. 이 상품은 특정지수 수익률 변동폭보다 ETF의 수익률이 일정배수로 움직이게 만든 상품이다.

예를 들어, 레버리지가 두 배인 ETF의 경우, 주가지수가 10% 변동할 때 이 레버리지 ETF의 수익률은 20% 변동한다. ETF가 추종하는 지수가 10% 상승하였을 때 20% 수익을 내고, 반대로 10% 하락하였을 때에는 −20%가 되는 상품이다. 그만큼 위험도가 커진 ETF 상품이다. ETF 명칭에 '레버리지'라는 단어가 포함되어 있어서 구별하기 쉽다.

우리나라에서는 레버리지를 두 배까지만 인정하기 때문에 ETF 명칭에 '레버리지'라는 표현이 들어 있으면 두 배 레버리지가 발생함을 의미한다. '×2'와 같이 표기하기도 한다. 그러나 미국은 레버리지를 세 배까지 인정하기 때문에 '×3'과 같이 표기하는 ETF가 있다.

전체 | 국내 시장지수 | 국내 업종/테마 | 국내 파생 | 해외 주식 | 원자재 | 채권 | 기타

종목명	현재가	전일비	등락률	NAV	3개월수익률	거래량	거래대금(백만)	시가총액(억)
KODEX 레버리지	25,390	▲ 300	+1.20%	25,563	+74.60%	28,167,800	705,661	25,403
KODEX 코스닥150레버리지	8,880	▲ 410	+4.84%	8,974	+22.40%	30,338,081	262,975	20,060
KODEX 200선물인버스2X	1,291	▼ 16	-1.22%	1,291	-44.38%	398,781,645	522,023	14,346
KODEX 인버스	3,460	▼ 20	-0.57%	3,460	-24.92%	42,162,643	146,876	6,830
RISE 200위클리커버드콜	9,590	▲ 45	+0.47%	9,597	+27.08%	1,075,777	10,269	4,023
KODEX 코스닥150선물인버스	3,455	▼ 80	-2.26%	3,467	-10.73%	30,162,819	105,633	2,512
TIGER 200선물레버리지	19,430	▲ 245	+1.28%	19,428	+75.13%	248,635	4,758	1,088
RISE 2차전지TOP10인버스(합…	35,525	▲ 75	+0.21%	35,572	-8.29%	171,913	6,100	968
RISE 국고채3년선물인버스	110,670	▼ 75	-0.07%	110,715	+0.96%	4	0	930
RISE 코스닥150선물레버리지	10,030	▲ 490	+5.14%	10,033	+22.46%	121,054	1,191	858

네이버 증권에서 조회한 국내파생 ETF 중 일부

인버스 ETF

인버스(inverse)라는 말 그대로 반대로 투자를 한다는 것으로, 추종하는 코스피가 하락하면 수익을 내고 반대로 지수가 상승하면 수익이 하락하는 구조의 ETF이다. 주식시장이 전체적으로 하락할 것이라고 예상될 때 유망한 ETF이다. ETF 명칭에 '인버스'라는 단어가 포함되어 있어서 구별하기 쉽다.

▶해외 ETF

해외 국가들의 시장지수나 업종/테마지수를 추종하는 ETF이다. 해외펀드는 일반적으로 운용보수료가 센 편이다. 그러나 최근 상품 경쟁이 치열해지면서 보수료가 많이 낮아졌다. 해외 ETF는 해외펀드에 투자하는 것보다 운용보수가 낮고 환금성도 좋다는 장점이 있다.

주의해야 할 점이 몇 가지 있다. 해외지수 ETF 이름 중 (H)표시가 붙은 것은 환헤지가 되어 있음을 의미한다. 환율 변동에 대한 위험이 제거되어 있다는 의미이다. 환언하면 (H)표시가 없는 ETF는 환위험도 고려해야 한다. 또 해외 ETF 차익에는 15.4%의 세금이 붙는다. 한 국가, 예를 들어 같은 중국이라고 하더라도 추종지수가 다를 수도 있으니 잘 살펴보아야 한다. 또 하나, 해외 ETF라고 단순하게 말하면 혼동할 수 있는 부분이 있다. 여기에서는 우리나라 증권시장에 상장되어 있는 ETF를 말한다. 해외에 직접투자하려고 하는 경우는 이 상품과 무관하다.

전체 | 국내 시장지수 | 국내 업종/테마 | 국내 파생 | 해외 주식 | 원자재 | 채권 | 기타

종목명	현재가	전일비	등락률	NAV	3개월수익률	거래량	거래대금(백만)	시가총액(억)
TIGER 미국S&P500	21,585	▲ 210	+0.98%	21,529	+11.58%	4,869,325	105,023	86,437
TIGER 미국나스닥100	140,750	▲ 1,760	+1.27%	140,182	+15.91%	566,593	79,698	53,105
KODEX 미국S&P500	19,870	▲ 185	+0.94%	19,819	+11.64%	5,202,521	103,325	47,301
TIGER 미국테크TOP10 INDXX	25,200	▲ 270	+1.08%	25,033	+19.11%	2,534,058	63,744	33,377
KODEX 미국나스닥100	21,160	▲ 260	+1.24%	21,082	+16.01%	1,450,750	30,664	28,026
SOL 미국배당다우존스	11,015	▲ 10	+0.09%	11,032	+4.46%	275,440	3,040	8,008
TIGER 미국나스닥100타겟데…	9,825	▲ 115	+1.18%	9,810	+15.13%	645,242	6,327	7,737
KODEX 미국S&P500(H)	14,425	▲ 150	+1.05%	14,378	+14.25%	690,585	9,943	7,638
ACE 미국빅테크TOP7 Plus	18,520	▲ 210	+1.15%	18,403	+18.21%	860,752	15,919	7,297
KODEX 미국빅테크10(H)	52,155	▲ 725	+1.41%	51,807	+24.47%	104,390	5,420	6,858

네이버 증권에서 조회한 국내 상장 해외 ETF 중 일부

▶채권 ETF

ETF의 기초자산이 꼭 시장대표지수나 섹터지수 혹은 테마주 섹터지수이어야 하는 것은 아니다. 채권을 묶어서 하나의 인덱스를 만든 후 이를 추종하는 ETF를 만들 수도 있는데, 이러한 ETF가 채권 ETF이다. 채권 ETF 중 국고채 ETF는 국채가 기초자산이기 때문에 매우 안정적이라고 할 수 있다.

전체 | 국내 시장지수 | 국내 업종/테마 | 국내 파생 | 해외 주식 | 원자재 | **채권** | 기타

종목명	현재가	전일비	등락률	NAV	3개월수익률	거래량	거래대금(백만)	시가총액(억)
KODEX CD금리액티브(합성)	1,074,480	▲ 75	+0.01%	1,074,493	+0.66%	170,813	183,534	84,912
TIGER CD금리투자KIS(합성)	56,295	▲ 5	+0.01%	56,291	+0.65%	314,484	17,702	47,958
KODEX KOFR금리액티브(합성)	110,750	▲ 10	+0.01%	110,741	+0.67%	328,486	36,379	39,430
KODEX 종합채권(AA-이상)액…	118,625	▲ 135	+0.11%	118,641	-0.34%	42,985	5,096	34,368
TIGER KOFR금리액티브(합성)	109,245	▲ 10	+0.01%	109,243	+0.66%	69,160	7,556	28,204

네이버 증권에서 조회한 국내 상장 채권 ETF 중 일부

▶원자재 ETF

금이나 원유, 농산물과 같은 상품지수를 추종하는 ETF를 말한다.

전체 | 국내 시장지수 | 국내 업종/테마 | 국내 파생 | 해외 주식 | **원자재** | 채권 | 기타

종목명	현재가	전일비	등락률	NAV	3개월수익률	거래량	거래대금(백만)	시가총액(억)
ACE KRX금현물	20,985	▲ 30	+0.14%	20,972	+0.05%	787,625	16,500	13,116
KODEX 골드선물(H)	19,900	▼ 25	-0.13%	19,893	+3.00%	100,108	1,986	2,647
KODEX 은선물(H)	6,725	▼ 140	-2.04%	6,723	+21.29%	688,472	4,614	1,358
KODEX 금액티브	9,810	▲ 20	+0.20%	9,779	N/A	434,126	4,255	1,010
TIGER KRX금현물	10,055	▼ 5	-0.05%	10,053	N/A	796,120	7,996	845
KODEX WTI원유선물(H)	14,770	▼ 350	-2.31%	14,757	+15.02%	156,446	2,314	602
TIGER 구리실물	11,930	▼ 85	-0.71%	11,872	+2.08%	78,885	938	376
KODEX WTI원유선물인버스(H)	4,020	▲ 90	+2.29%	4,029	-15.48%	553,066	2,218	293
KODEX 3대농산물선물(H)	7,920	▲ 25	+0.32%	7,884	-9.36%	26,340	208	280

네이버 증권에서 조회한 국내 상장 원자재 ETF 중 일부

ETF 투자의 실제

▶ETF를 매매하는 방법

ETF의 매매방법은 일반적인 주식거래 방법과 거의 동일한 것이 가장 큰 장점이다. 주식거래를 할 때 유가증권시장(코스피) 및 코스닥시장에서는 1주 단위로 거래하며, 마찬가지로 ETF도 1주 단위로 거래한다. 수익증권, 즉 펀드는 '좌' 단위로 거래하지만 ETF는 펀드임에도 불구하고 주식처럼 매매하기 때문에 '주' 단위로 거래한다.

본질적으로는 ETF도 펀드이기 때문에 이를 매매하기 위해서는 투자매매 및 중개업자에게 가야 한다. 그러나 투자자가 이미 주식계좌를 가지고 있으면(없으면 증권사에서 주식매매계좌를 개설한 후), 이 계좌를 통해서 매매하면 된다. 거래주문은 온라인으로 쉽게 할 수 있다.

한편 ETF는 일반펀드와 달리 주식시장에서 실시간으로 거래되기 때문에 투자자가 실제로 ETF를 매수 또는 매도하는 가격은 ETF 시장의 수요와 공급에 의해 결정되는 시장가격이 된다. 이러한 실시간 거래를 돕기 위하여 ETF는 주식처럼 정보가 실시간으로 제공된다.

▶ETF 투자전략

ETF는 적은 금액으로도 손쉽게, 큰 위험부담 없이 주식분산투자 효과를 누리면서 다양한 투자전략을 구사할 수 있다. 가장 대표적인 ETF 투자전략을 살펴보자.

핵심-위성 전략

핵심-위성 전략(core-satellite strategy) 또는 핵심-주변부 전략은 핵심이 되는 ETF에 주로 투자하고 다른 종류의 ETF에 보조적으로 투자하는 전략이다. 예를 들어, 총 1,000만원을 ETF에 투자할 계획이라면, 시장대표지수를 추종하는 ETF(TIGER200 등)에 50%인 500만원을 투자하고 나머지 500만원은 성장이 예상되는 섹터지수 ETF, 금 ETF와 같은 상품 ETF, 레버리지 ETF 또는 인버스 ETF에 적당히 배분하여 투자하는 것이다. 즉, ETF 중에서도 장기적으로 가장 안정적인 상품인 시장지수 ETF를

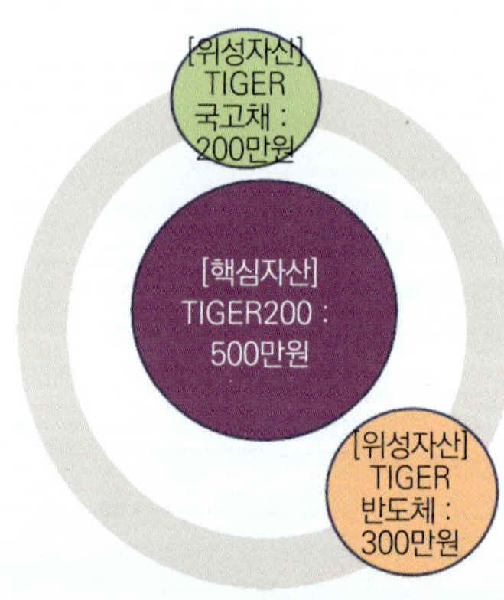

핵심-위성 전략의 예

기본으로 하고 이에 보조적으로 좀 더 공격적이거나 성격이 상이한 ETF에 분산투자하는 전략인 것이다. 위 그림에서 보면 핵심자산은 시장 전체 평균 수익을 추구하고 위성자산 중 국고채 ETF는 투자자산의 안정성을 추구하며, 반도체 ETF에서 초과수익 승부를 보는 것이다.

핵심-위성 전략에서 위성 ETF는 국내뿐 아니라 해외 ETF를 대상으로 할 수도 있다. 또한 이 전략을 기본으로 경기가 상승(하락)하여 반도체 산업의 활황(불황)이 예상되면 반도체 ETF 섹터의 투자비중을 늘려(낮춰가거나 다른 섹터 ETF로 교체)간다. 어떤 경우에도 핵심자산인 코스피200 ETF는 50% 이상을 유지하도록 하는 전략이다.

주식-채권 배분 전략

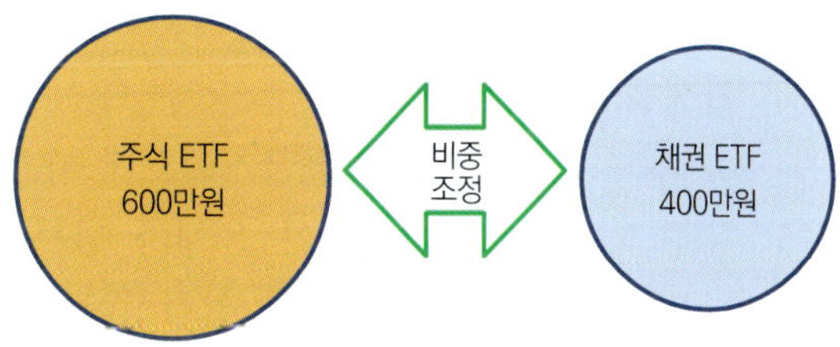

투자대상 중 고위험-고수익 대표상품은 주식이고 저위험-저수익 대표상품은 채권이다. 그런데 두 자산은 서로 상관관계가 낮은 것으로 알려져 있다. 즉 주가가 오르면 채권가격은 하락하고 반대로 주가가 내리면 채권가격이 상승하는 경우가 많아, 주식과 채권으로 분산투자를 하면 분산의 효과가 커진다. 이러한 원리를 이용하여 투자하는 전략이다. 그래서 안전자산-위험자산 배분 전략이라고도 한다.

이 전략에서는 주식 ETF와 채권 ETF 비중을 조정하면서 투자한다. 전형적인 방식으로는 6 : 4전략이 있다. 예컨대, 투자자금이 1,000만원 있다면 주식 ETF에 투자금의 60%인 600만원을 투자하고 채권 ETF에 400만원을 투자하는 식이다. 그러다가 경기 활황으로 주가 상승이 예상되면 주식 ETF의 비중을 높이고 반대로 주가 하락이 예상되면 인버스 ETF로 교체하거나 주식 ETF 비중을 낮추는 식이다.

ETF 투자의 위험

ETF는 그 장점이 매우 뛰어난 상품이지만 다음과 같은 위험에 주의해야 한다.

▶가격변동 위험, 원금손실 위험

주가지수나 원자재 등 기초자산 가격변동에 따라 ETF 가치가 달라지기 때문에 일반 주식보다는 덜하지만 항상 가격변동 위험에 노출되어 있다. 당연히 원금손실 가능성도 항상 존재한다. 따라서 어떤 경우이든 ETF에 투자할 때에는 거시경제 변수에 대해서 관심을 갖고 어느 정도 판단을 한 후 투자하는 것이 정석이다.

▶유동성 위험

ETF의 단점으로 낮은 유동성이 자주 거론된다. 거래량이 적은 ETF는 충분한 수요와 공급이 발생하지 않을 수 있다. 물론 이러한 상황에 대비하여 유동성공급자(LP : Liquidity Provider)를 제도적으로 두고 있긴 하지만 시장에서의 자연스럽고 충분한 거래가 발생하는 것이 바람직하다는 측면에서는 충분한 거래가 이루어지고 있는 ETF에 먼저 관심을 둘 일이다.

2025년 7월 15일 현재 한국거래소에 따르면 당일 거래 자체가 없었던 ETF는 6개이고 10주 거래 이하인 경우가 10개가 넘는다. 이러한 ETF는 거래량의 감소와 거래대금의 감소로 인하여 상장폐지 위험성이 크다. 상장기간이나 투자종목만 보고 섣불리 투자하게 되는 경우 유동성에 문제가 발생할 수 있다.

전체 | 국내 시장지수 | 국내 업종/테마 | 국내 파생 | 해외 주식 | 원자재 | 채권 | 기타

종목명	현재가	전일비	등락률	NAV	3개월수익률	거래량	거래대금(백만)	시가총액(억)
KODEX 200선물인버스2X	1,307	▼ 24	-1.80%	1,309	-44.19%	348,173,530	458,684	14,074
KODEX 인버스	3,480	▼ 30	-0.85%	3,483	-24.76%	48,817,752	170,617	6,640
KODEX 2차전지산업레버리지	1,000	0	0.00%	1,000	+10.74%	27,133,006	26,907	2,743
KODEX 코스닥150선물인버스	3,535	▼ 5	-0.14%	3,560	-12.38%	25,822,844	91,446	2,432
KODEX 코스닥150레버리지	8,470	0	0.00%	8,505	+27.27%	21,857,281	184,993	19,710
HK 26-12 회사채(AA-이상)액티브	102,320	0	0.00%	102,335	+0.88%	0	0	1,233
1Q 종합채권(AA-이상)액티브	101,240	0	0.00%	101,018	-0.01%	0	0	281
ACE 러시아MSCI(합성)	8,535	0	0.00%	49	0.00%	0	0	158
KODEX 최소변동성	12,660	0	0.00%	12,859	+31.34%	0	0	63
HK 종합채권(AA-이상)액티브	111,625	0	0.00%	111,338	+0.05%	0	0	1,657

네이버 증권에서 조회한 ETF 정보 중 일부. 최다거래량과 최소거래량 ETF들이다.

▶단기간에 잦은 거래시 비용증가 위험

ETF의 거래비용이 낮다고는 하지만 단기간에 잦은 거래를 반복하면 거래에 따른 비

용이 적지 않게 발생한다. 따라서 단기간에 지나치게 잦은 매매를 하는 것은 피하는 것이 좋다.

ETF는 주식과 똑같은 방법으로 거래된다. 그러나 주식거래에 매매수수료와 거래세를 부과하는 것과 다르게, ETF는 증권사 매매수수료만 부담하면 된다. ETF가 갖는 또 하나의 매력이다. 매매수수료는 증권사마다 다르지만, 온라인이나 모바일로 주문하면 전체 거래금액의 0.0068~0.3% 수준이다. 그런데 여기에 조심할 부분이 있다. 수수료가 0.1%라고 가정해 보자. 단타매매로 하루에 10여회를 사고판다면 총 20회의 거래가 이루어지고 단순하게 계산하면, 하루에 거래수수료만 2%(=0.1%×20회)를 납부해야 한다. ETF는 원래 단타매매용 투자대상이 아닐뿐더러 이러한 거래수수료를 절약하기 위해서라도 잦은 매매는 지양해야 한다.

▶상장폐지 위험

ETF의 경우도 일정요건이 되면 상장이 폐지된다. 예를 들면, 신탁원본이 50억원 미만이거나 추적오차율이 10%포인트 이상으로 3개월 이상 지속되는 경우에는 상장폐지된다. 다만 ETF는 일반기업의 주식과는 다르게 상장폐지가 되더라도 펀드가 보유하고 있는 주식을 모두 매도해 현금화한 후 이를 투자자에게 지급한다. 따라서 상장폐지되더라도 신탁재산이 남아 있는 한 투자자는 금전적인 손실을 입지 않는 장점이 있다. 이 부분이 주식과는 다른 장점이기도 하다.

근래의 ETF 상장폐지 건수는 2019년 11건, 2020년 29건, 2021년 25건, 2022년 4건, 2023년 14건, 2024년 3사분기 말 기준 32건 등이다.

▶이론가격과 거래가격의 차이 : 괴리율 발생 위험

어떤 상품이든지 상품의 본질적·이론적 가격(가치)을 알면 무조건 이익을 낼 수 있다. 현재 시장에서 거래되는 시장가격이 본질적 가격보다 싸면 매입을 하면 된다. 비싸면 사지 않으면 되고, 이미 보유하고 있으면 팔면 된다. 언젠가는 시장가격이 본질적인 가격으로 수렴할 것이기 때문이다.

하지만 상품의 본질적 가격을 아는 것은 사실상 불가능하다. 그런데 국내 ETF의 경우에는 거래시간 동안 1~10초 간격으로 이론가격(NAV : Net Asset Value, 정확하게는 iNAV임. '하나 더 알기' 참조)이 발표된다. ETF는 여러 자산을 보유하고 있는 펀드이기 때문에, NAV는 ETF의 보유자산가격을 합산해서 계산된 가격을 말한다. NAV와 시장가격의 차이를 괴리율이라고 하는데, 시장에서 일시적으로 수요(매수)-공급(매도) 간에

하나 더 알기 ETF 투자에서 중요한 개념 : 기초자산, NAV, iNAV, 괴리율, 추적오차

ETF는 일반 펀드뿐만 아니라 주식과도 다른 독특한 가격 및 거래 구조를 가지고 있다. 이런 구조를 설명하기 위한 용어(개념)가 몇 가지 있다. 이에 대해서 알아보자.

다음 그림은 삼성자산운용에서 가져온 것으로, 이 개념들의 관계를 잘 보여주고 있다.

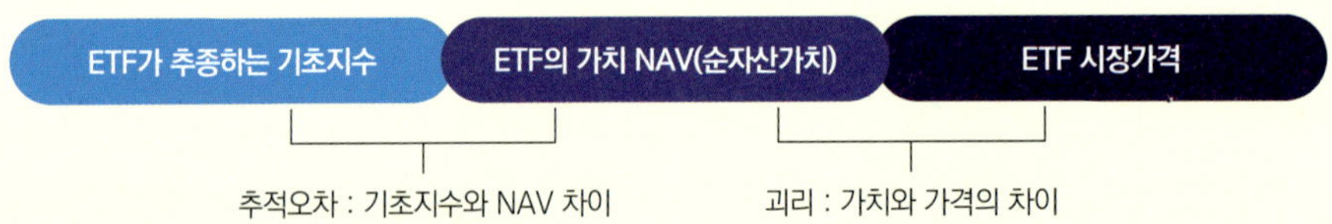

- **ETF가 추종하는 기초자산(기초지수) :** TIGER200 ETF나 KODEX200 ETF는 코스피200 지수가 있기에 존재할 수 있다. 코스피200 지수의 수익률을 동일하게 따라가도록 설계되어 있기 때문이다. 이때 코스피200 지수를 기초자산 또는 기초지수라고 한다. 우리나라에서는 지수에 대해서만 ETF를 만들 수 있지만 미국에서는 개별주식을 기초자산으로 하여 ETF를 만들 수 있다는 차이는 앞서 설명한 바 있다.

- **ETF 순자산가치, NAV :** NAV(Net Asset Value)는 다음과 같이 계산된다.

  NAV=순자산총액÷ETF 증권 발행 수

  순자산총액은 ETF가 추종하는 기초자산을 구성하고 있는 주식, 현금, 배당, 이자소득 등을 포함하여 계산한다. 기초자산의 주가 등은 계속해서 변동되기 때문에 순자산총액도 계속해서 변동한다. ETF 운용보수도 순자산총액에 영향을 미친다.

  만약 가상의 ETF인 TIGER300 ETF의 순자산이 100만원이고 ETF 발행 수가 100주라면 NAV는 1만원(=100만원÷100주)이 된다.

  NAV는 ETF의 이론적인 적정가격이기 때문에 시장가격이 NAV와 같아야 정상적인 상황이라고 할 수 있다.

- **ETF 실시간 추정순자산가치, iNAV :** 위에서 설명한 NAV는 거래소가 매일 장이 끝나고 한 번 계산하는 것이다. 시장에서는 다음날 ETF가 실시간으로 계속해서 거래가 이루어질 것이므로 NAV는 시의성에 한계가 있다. 그래서 나온 것이 iNAV(Indicative Net Asset Value, 실시간 추정순자산가치)이다. 이는 ETF가 실시간 거래될 때 참고할 수 있도록 거래소에서 실시간으로 제공해 주는 추정순자산가치이다.

- **ETF 시장가격 :** 이는 시장에서 ETF가 실시간으로 거래되는 가격으로, 수요 공급 원리에 의해 결정된다. 정상적인 상황이라면 시장가격과 NAV 또는 iNAV는 같아야 할 것이다.

- **추적오차**는 기초지수와 NAV의 차이를 말하고, **괴리율**은 NAV와 시장가격의 차이를 말한다. 전체적으로 볼 때 추적오차와 괴리율이 작아질수록 기초지수의 움직임이 시장가격에 제대로 반영된다고 할 수 있으며 이러한 상황이 정상적인 상황인 것이다.

불균형이 발생하면 괴리율이 커질 수 있다. 즉 수요가 많으면 시장가격이 오르기 때문에 NAV보다 시장가격이 더 커진다. 이론적으로만 본다면 이러한 ETF의 시장가격은 다시 NAV로 수렴할 것이기 때문에 가격이 하락할 것이다.

이처럼 ETF는 특정지수를 추종하도록 설계되어 있으나 운용자가 추종에 실패하여 괴리가 발생할 수 있다. 추종지수와의 괴리율이 커질수록 해당 ETF는 바람직하게 운용되고 있는 것이 아니다. 그래서 한국거래소는 유동성공급자들(LP : Liquidity Provider, 증권사나 자산운용사)로 하여금 ETF와 추종지수의 괴리율을 3% 이내로 유지해야 할 의무를 부과하고 있다. 만일 유동성공급자들이 의무를 다하지 못하는 사례가 20회 이상 기록되면 벌점이 부과되거나 유동성공급자로서 업무를 중단시키는 조치가 취해진다.

하지만 수요 공급이 계속해서 불균형 상태가 되면 괴리율은 줄어들지 않을 수도 있다. 이런 상황에서는 현재의 시장가격이 적정한지 고민을 해야 할 것이다. 즉 시장경제하에서는 사실상 정답은 없다. NAV를 참고할 뿐이다. 모든 ETF 거래 시스템에서는 NAV 값을 보여준다.

다음 그림은 네이버 증권에서 TIGER200 ETF를 조회한 것이다. 현재 시장에서 거래되고 있는 가격이 43,430원인데 NAV는 43,499원으로 거의 같음을 알 수 있다.

네이버 증권에서 TIGER200 ETF에 대해 조회한 화면. NAV가 표시되어 있다. 하단의 'ETF분석' 탭을 클릭하면 자세한 내용이 나온다.

TIGER200 ETF에 대해 화면 하단의 'ETF분석' 탭을 클릭해서 나온 많은 정보 중 NAV와 괴리율 정보는 다음 그림과 같다.

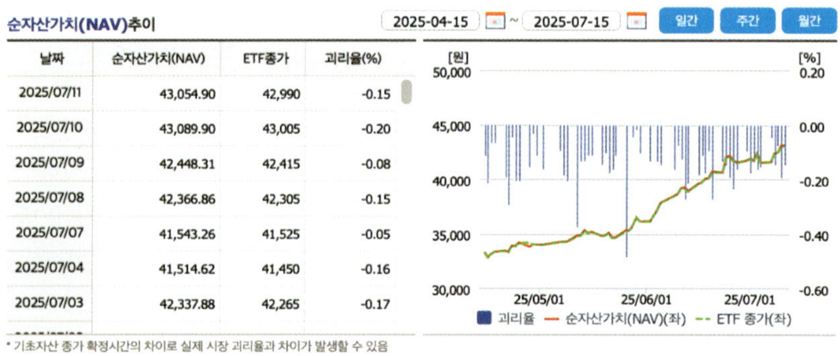

ETF 투자에서도 최종적인 순수익률이 중요하다

ETF 투자 역시 최종적으로 수익률이 중요하다. 위험이 동일하다면 수익이 높은 것을 선택하면 된다. 코스피200을 추종하는 ETF는 사실상 위험은 동일하다고 볼 수 있으므로 선택의 기준은 수익률이 될 것이다. 최종 선택 전에 하나 더 고려할 것은 펀드 비용이다. ETF 역시 펀드이기 때문에 운용보수를 지불하게 된다. 운용보수까지 제외한 최종적인 순수익률을 볼 필요가 있다.

〈표 9-4〉는 과거 특정기간을 기준으로 코스피200 추종 ETF의 수익률, 총보수,

〈표 9-4〉 코스피200 추종 ETF의 수익률, 총보수, 순수익률 비교

종목명	운용사	수익률					총보수	순수익률
		1개월	6개월	1년	3년	5년		
파워200	교보악사자산운용	0.26	11.84	5.25	18.45	11.91	0.150	11.70
KBSTAR200	KB자산운용	0.37	12.61	6.51	20.53	13.28	0.017	12.59
TREX200	유리에셋	0.29	11.79	5.06	21.93	14.42	0.325	11.47
HANARO200	NH아문디자산운용	0.35	12.52	6.11	19.91	13.37	0.036	12.48
TIGER200	미래에셋자산운용	0.34	12.56	6.02	19.94	13.09	0.050	12.51
ACE200	한국투자신탁운용	0.38	12.19	6.42	20.46	13.27	0.090	12.10
KODEX200	삼성자산운용	0.31	12.38	6.06	19.73	12.96	0.150	12.23

순수익률을 일부 비교해 본 것이다. 한국거래소 홈페이지 자료를 가공해서 만들었다.

모든 ETF의 기간별 수익률이 동일해야 하지만 실제로는 다르다. 이 차이가 앞서 살펴본 괴리율 때문이다. 표에서는 기준지수인 코스피200 수익률은 별도로 제시하지 않았고 괴리율도 생략했다. 수익률 관점에서만 판단하기 위해서이다. 동일한 코스피200을 추종하는데 수익률도 다르고 총보수(투자자가 지불하는 비용)도 다르다. 순수익률은 6개월 수익률에서 총보수를 차감한 것으로 이와 같은 정보를 참고할 필요가 있다.

ETF 시장의 현황

실제 시장에서의 ETF 위상은 어떠할까? 다음 그림은 ETF의 순자산규모가 연도별로 어떻게 변화하고 있는지를 단적으로 보여준다. 2002년 10월에 처음 상장된 이래 불과 20여년 사이에 비교할 수 없을 정도로 큰 폭으로 늘어나고 있음을 알 수 있다. ETF 투자가 대세가 되고 있다.

최근 10년간의 변화만 보더라도 큰 폭의 증가세를 보이고 있다. 2015년에 198개였던 종목수가 2025년 6월에는 990개로 크게 늘었다. 순자산도 크게 늘고 있다. 이러한 추세는 당분간 계속될 것으로 보인다.

ETF 현황 (자료 : 한국거래소, 2025년 6월 기준)

해외 ETF 투자

▶해외 직접투자 ETF 현황

근래 해외 직접투자가 많은 투자자의 관심을 끌고 있다. 주식의 해외 직접투자시장 현황은 어떠할까?

한국예탁결제원이 발표한 바에 따르면 해외에 상장된 주식을 직접 사고파는 '직구족'이 늘고 있다. 특히 최근 개인투자자들의 경향은 유망 기술주 중심에서 ETF로 바뀌고 있다. 한국예탁결제원에 따르면, 2025년 7월 기준 해외 ETF 보관금액은 300억 달러에 육박하는데, 상위 15위까지의 ETF를 보면 〈표 9-5〉와 같다. 대부분 미국 ETF임을 알 수 있다.

〈표 9-5〉 보관금액 상위 15위 해외 ETF (단위 : 백만달러)

구 분	티 커	ETF 명	ETF 개요	보관금액
미국 지수	TQQQ US	ProShares UltraPro QQQ	미국 나스닥100 지수 +3배	3,291.2
미국 산업	SOXL US	Direxion Daily Semiconductors Bull 3× Shares	반도체 산업 +3배	2,993.7
미국 지수	QQQ US	Invesco QQQ Trust	미국 나스닥100 지수	2,809.6
기타	TSLL US	Direxion Daily TSLA Bull 2× Shares	[개별 L&I,S] 미국테슬라 +2배	2,676.6
미국 지수	VOO US	Vanguard S&P 500 ETF	미국 S&P 500 지수	2,223.8
미국 배당	SCHD US	Schwab US Dividend Equity ETF	미국 배당 성장(10+Y)	2,172.0
미국 지수	SPY US	SPKR S&P 500 ETF Trust	미국 S&P 500 지수	1,926.3
미국 채권	TMF US	Direxion Daily 20 Year Plus Treasury Bull 3× Shares	미국 국채 장기(20+Y) +3배	969.1
미국 지수	QLD US	ProShares Ultra QQQ	미국 나스닥 100 지수 +2배	943.6
미국 채권	TLT US	iShares 20+ Year Treasury Bond ETF	미국 국채 장기(20+Y)	834.0
미국 채권	SGOV US	iShares 0−3 Year Treasury Bond ETF	미국 국채 초단기(0~3M)	692.5
미국 지수	QQQM US	Invesco Nasdaq 100 ETF	미국 나스닥 100 지수	652.5
미국 채권	2621 JP	iShares 20+ Year US Treasury Bond JYP Hedged ETF	미국 국채 장기(20+Y) (환헤지)	646.4
미국 배당	JEPQ US	JPMorgan Nasdaq Equity Premium Income ETF	나스닥 100+나스닥 100 콜옵 매도(커버드콜) ELN	645.9
테마	BITX US	2× Bitcoin Strategy ETF	비트코인 선물 +2배, A'	596.2

(자료 : 한국예탁결제원 증권정보포털(SEIBro), 미래에셋증권 디지털리서치팀)

▶미국 ETF에 투자하는 두 가지 방법

해외 ETF 중에는 단연 미국 ETF에의 투자가 중심이 되고 있다. 여기에서는 미국 ETF에 투자하는 두 가지 방법에 대해서 알아보자.

구분	미국 ETF(티커명)	국내상장 해외ETF
S&P500 지수추종	SPY IVV VOO 등	TIGER 미국S&P500 KODEX 미국S&P500TR KBSTAR 미국S&P500 등
나스닥100 지수추종	QQQ QQQM 등	TIGER 미국나스닥100 KODEX 미국나스닥100TR ACE 미국나스닥100 등
배당성장	SCHD	TIGER 미국배당다우존스 ACE 미국배당다우존스 SOL 미국배당다우존스
배당귀족	NOBL	TIGER 미국S&P500배당귀족
경제적 해자 기업	MOAT	ACE 미국WIDEMOAT 가치주
미국반도체	SOXX	KBSTAR 미국반도체NYSE
	SOXQ	TIGER 미국필라델피아반도체나스닥
	SMH	KODEX 미국반도체MV
미국테크기업	XLK	KODEX 미국S&P500테크놀로지
AI, 로봇	BOTZ	TIGER 글로벌AI&로보틱스 INDXX

주요 미국 지수를 추종하는 '미국 ETF'와 '국내 상장 미국 ETF' (자료 : 중앙일보)

국내 증권시장에 상장된 미국 지수 추종 ETF 투자

이 방법은 국내 증권사 계좌를 통해 한국 증권거래소에 상장된 ETF 중에서 미국 대표지수를 추종하도록 만들어놓은 ETF를 매매하는 방식이다. 이 ETF들은 주로 미국의 대표 지수인 S&P500이나 NASDAQ100 등을 추종하도록 설계되어 있다.

- 투자하는 방법 : 국내 증권사에 개설된 일반 주식계좌를 통해 국내 주식을 매매하듯이 해당 ETF를 매수하거나 매도할 수 있다. 환전 없이 원화로 거래가 가능하며, 일반적인 주식거래시간과 동일하게 이용할 수 있다.

- 장단점 : 먼저 장점으로는 편리한 접근성을 들 수 있다. 국내 주식투자하듯이 거래하면 되기 때문이다. 당연히 원화로 거래하기 때문에 직접적인 환전절차도 필요 없다. 증권사들이 생산하는 국내 투자자들을 위한 정보와 분석자료를 쉽게 찾아볼 수 있다.

  단점은 실제 미국 증시에 직접 투자하는 것이 아니라, 국내 운용사가 발행한 ETF를 통해 간접적으로 투자하는 방식이라는 점에서 비롯된다. 미국 증시에 상장된 수많은 ETF 중에서 인기 있는 소수만 국내에 상장되어 있다. 투자 대상에 한계가 있다. 또한 간접적으로 미국 지수를 추종하기 때문에 미국 지수와의 수익률 괴리율이 발생할 수 있다.

- **투자시 유의할 점** : 수익률에 직접적으로 영향을 미치는 운용보수를 확인한다. 2025년 7월 현재까지는 국내 경쟁이 치열하여 해외 직접투자보다 보수료가 적다. 또한, 국내 상장 ETF가 추종하는 미국 지수의 움직임을 완벽하게 따라가지 못하고 오차가 발생할 수 있으므로 이를 모니터링할 필요가 있다. 마지막으로 일반 ETF와 동일한 위험으로, 거래량이 적거나 수익성이 저조할 경우 상장폐지될 위험이 있다는 점에 유의한다.

전체 | 국내 시장지수 | 국내 업종/테마 | 국내 파생 | **해외 주식** | 원자재 | 채권 | 기타

종목명	현재가	전일비	등락률	NAV	3개월수익률	거래량	거래대금(백만)	시가총액(억)
TIGER 미국S&P500	21,475	▼ 110	-0.51%	21,522	+12.91%	3,772,158	81,108	85,975
TIGER 미국나스닥100	140,465	▼ 285	-0.20%	140,858	+18.47%	237,692	33,446	52,997
KODEX 미국S&P500	19,765	▼ 105	-0.53%	19,808	+12.92%	3,987,435	78,900	47,031
TIGER 미국테크TOP10 INDXX	25,260	▲ 60	+0.24%	25,343	+23.32%	2,308,804	58,456	33,305
KODEX 미국나스닥100	21,120	▼ 40	-0.19%	21,182	+18.44%	1,664,763	35,226	27,942
TIGER 미국필라델피아반도체…	20,750	▲ 10	+0.05%	20,849	+38.35%	1,788,688	37,250	26,000
ACE 미국S&P500	21,700	▼ 120	-0.55%	21,749	+12.84%	575,275	12,502	21,635
TIGER 미국배당다우존스	11,880	▼ 135	-1.12%	11,880	+3.89%	973,533	11,579	21,265
ACE 미국나스닥100	24,155	▼ 40	-0.17%	24,218	+18.51%	375,426	9,082	16,208

국내 증권시장에 상장된 미국 지수 추총 ETF. 첫 행의 TIGER미국S&P500은 미국 S&P500 지수를 추종하는 미래에셋자산운용(TIGER)의 ETF이다. 세 번째 행의 KODEX미국S&P500은 동일 지수를 추종하는 삼성자산운용(KODEX)의 ETF이다. (자료 : 네이버 증권)

- **세금 및 환율 관계** : 국내 상장 해외 ETF에는 ETF에서 발생하는 분배금(배당)에 대해 15.4%의 배당소득세가 부과된다. 매매차익은 비과세이다.

  한편, 원화로 거래하기 때문에 직접적인 환전은 필요 없으나 ETF 가격에 환율 변동이 반영되므로 실질적인 수익률에 영향을 미칠 수는 있다. 달러 강세시 수익이 증가하고, 달러 약세시 수익이 감소할 수 있다.

미국 증시에 직접 투자하는 방법

이 방법은 국내 증권사를 통해 주식계좌를 개설한 후, 직접 미국 증시에 상장된 ETF를 매매하는 방식이다.

- **투자하는 방법** : 먼저 국내 증권사를 통해 해외 주식거래가 가능한 계좌를 개설해야 한다. 계좌 개설 후에는 원화를 달러로 환전하여 해외 주식계좌에 입금하

고, 원하는 미국 상장 ETF를 매수/매도하는 방식으로 투자한다. 미국 증시는 한국 시각으로 밤에 열리기 때문에 시차를 고려해야 한다.

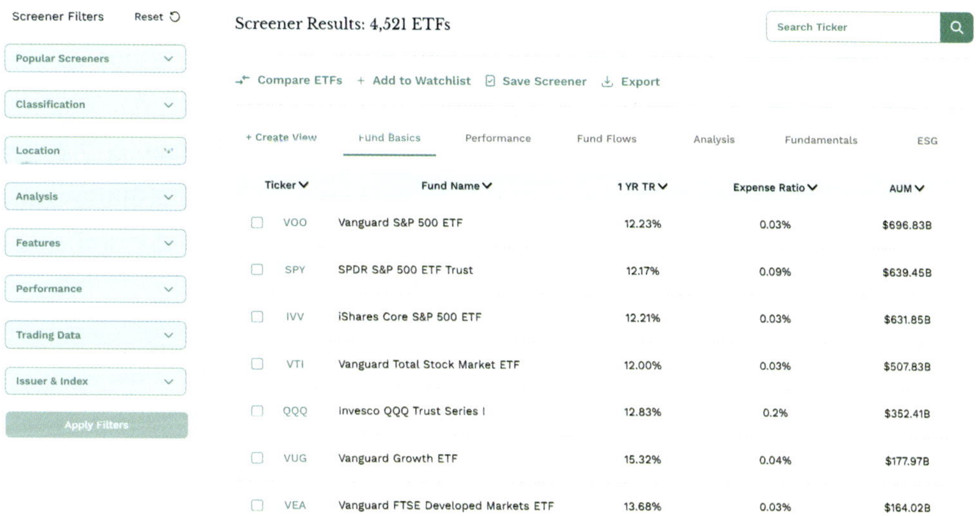

etf.com에서 가져온 미국 ETF 정보 초기화면. 4,521개의 ETF 정보가 수록되어 있다. 첫 행에 미국 뱅가드사가 운용하는 S&P500 지수 추종 ETF가 있음을 알 수 있다.

- **장단점** : 장점으로, 먼저 미국 증시에 상장되어 있는, 전 세계에서 가장 다양하고 혁신적인 ETF들에 대한 선택폭이 매우 넓다는 점이다. 일반적으로 장기 투자를 통한 자산 증식에 유리하다고 평가된다.

  단점으로, 해외 주식계좌 개설절차가 국내 계좌보다 다소 복잡할 수 있으며, 원화를 달러로 환전하는 과정이 필요하다. 또한 국내 투자 정보보다는 해외 시장 정보나 영문 자료를 직접 찾아봐야 할 경우가 많다.

- **주의할 점** : 원화를 달러로 환전할 때 환전수수료가 발생하며, 이는 투자비용에 포함된다. 2025년 7월 기준으로 대부분의 증권사가 환전수수료를 사실상 받지 않는 이벤트 중이나 환전수수료가 발생할 수 있음에 유의해야 한다. 미국 증시 개장 시간이 한국과는 달라, 심야 시간에 거래를 해야 한다. 영어가 익숙하지 않거나 해외 금융시장 정보에 대한 이해도가 낮다면 투자에 어려움을 겪을 수 있다.

• **세금 및 환율 관계** : 연간 매매차익이 250만원을 초과할 경우, 초과분에 대해 22%의 양도소득세가 부과된다. 이는 다른 금융소득과 합산되지 않고 분리과세된다. 또한 ETF에서 발생하는 배당금에 대해 15%의 배당소득세가 원천징수되어 미국 국세청에 납부되기 때문에 이를 제외한 금액이 들어온다. 해외주식 투자수익은 금융소득으로 분류되지 않아 건강보험료에는 영향을 미치지 않는다는 점도 고려한다.

환율은 매우 중요한 투자판단 요소이다. 달러로 직접 투자하기 때문에, 환율 변동은 투자수익률에 직접적인 영향을 미친다. 예컨대, 투자수익에서는 10%의 수익이 났는데 달러 강세일 때 매수했다가 달러가 약세일 때 매도하여 환율에서 15% 손해를 봤다면 전체적으로는 5%의 손실을 볼 수 있다.

이상의 두 방법을 간략하게 비교 정리하면 〈표 9-6〉과 같다.

〈표 9-6〉 미국 증시 ETF에 투자하는 두 가지 방법 비교

분 류	국내 상장 미국 지수 추종 ETF 투자	미국 증시 ETF 직접 투자
투자방법	국내 증권사 계좌로 국내 주식처럼 매매	국내 증권사에서 해외 주식거래 가능 계좌 개설 후 미국 시장에서 직접 매매
장점	편리한 접근성, 한화 투자가능, 투자정보 획득 용이, 환전 불필요	투자가능한 상품 다양, 실시간 환율 반영, 장기 투자 유리
단점	간접투자 효과, 종류의 제한, 일부 종목의 추적오차 발생가능	복잡한 계좌 개설, 수수료, 해외 투자 정보 탐색 필요, 환전 필요
주의할 점	운용보수, 괴리율 및 추적오차, 상장폐지 위험	환전수수료, 시차 고려, 언어 및 정보의 장벽
세금 및 환율	배당소득세(15.4%), 매매차익 비과세, 환율변동위험 노출가능성	양도소득세(250만원 초과시 22%), 배당소득세(15%), 환율변동위험 노출

두 가지 방법 모두 장단점이 명확하므로 투자 편의성, 세금 문제, 그리고 시장 및 환율 변동에 대한 이해도 수준 등을 종합적으로 고려하여 자신에게 더 유리한 방법을 선택하도록 한다. 또한 세금 혜택을 주는 ISA에서 투자하는 경우를 포함하여 종합적으로 판단할 필요가 있다.

보론 주가지수 또는 주가와 수익률이 연동되는 금융상품

지수 중에 재테크와 가장 가까운 거리에 있는 것은 주가와 관련된 지수, 즉 주가지수이다. 이하에서는 수익률이 주가지수의 움직임과 연동하여 결정되도록 개발한 금융상품들을 소개하고자 한다.

여기서 소개하고자 하는 상품은 ELD, ELS, ELF이다. 우선 세 상품의 공통점과 차이점을 용어를 중심으로 간략하게 살펴보고 이어서 각 상품별로 자세히 알아보기로 한다. 다음 그림은 세 상품의 차이를 간결하게 보여준다.

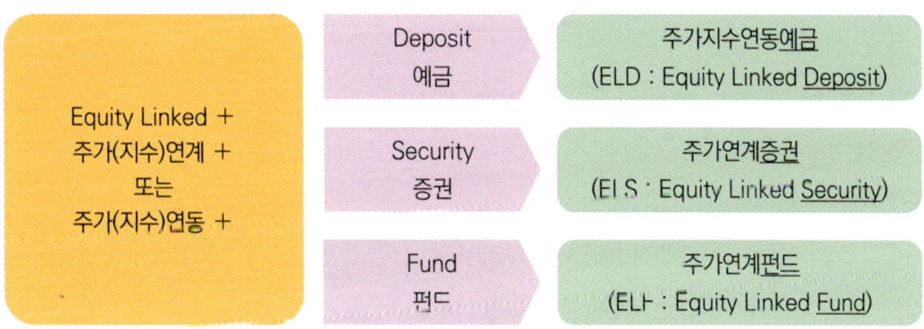

하나 더 알기 ELD, ELS, ELF의 한국어 명칭

본문에서 설명하는 것처럼 세 용어는 공통적으로 'equity linked'라는 표현이 들어 있다. 차례로 Equity Linked Deposit, Equity Linked Security, Equity Linked Fund이다. 그런데 이들의 가장 일반적인 한국어 명칭은 차례로 주가지수연동예금, 주가연계증권, 주가연계펀드이다. 동일한 원어에 대해 실무적으로는 약간 다르게 부르고 있는 것이다. 초기에는 'equity'를 모두 '주가지수'로 번역하여 차례로 '주가지수'연동예금, '주가지수'연계증권, '주가지수'연계펀드라고 불렀으나 각 상품의 투자대상이 주가지수에서 일반 주식으로 확장되면서 첫 번째를 제외한 나머지는 명칭이 바뀌었다. 필자가 보기에는 주가지수연동예금에도 주가지수 외에 일반 주식상품이 편입되고 있으므로 '주가'연동예금이라는 표현이 맞을 것 같다.

한편 'linked'라는 단어는 '연동'으로 번역하여 사용하기도 하고 '연계'로 번역하여 사용하기도 하는 것이 현실이다. 즉 같은 용어라고 보면 된다.

세 상품 모두 Equity에 Linked되어 있다. 어떤 자산(equity)에 연계(연동)되어 있다는 뜻이다(이러한 이유로 본 책에서는 이 금융상품들을 모아서 정리하였다). 이때의 어떤 자산은 주가지수일 수도 있고 개별주식일 수도 있다(본 책은 이 중에서 주가지수를 주 대상으로 하여 설명한다). 여기까지는 세 상품 모두 공통적인데 위 그림에서 보는 바와 같이 ELD는 '예금'이고 ELS는 '증권'이며 ELF는 '펀드'이다. 이러한 차이로 인하여 각 상품은 비슷한 듯하면서도 차이도 있다.

주가지수연동예금(ELD)

▶ELD란?

주가지수연동예금(ELD : Equity Linked Deposit)은 일반예금과 달리 주가지수에 따라 수익이 결정되는 예금이다. 예금이기 때문에 1억원까지는 원리금이 보장된다. 예금이자를 대출이나 파생상품에 투자하여 수익을 낸다.

이 상품의 수익률은 0%에서 시작하여 최고수익률은 상품설계방식에 따라 달라지지만 통상 정기예금 이자율의 1.5배 내지 3배 수준이다. 그래서 이 금융상품은 원금보장은 원하면서 기존의 은행권 정기예금 이자율에 만족하지 못하고 주가지수에 따라 추가적인 수익을 원하는 사람에게 적당하다.

주가지수 전망에 따라서 주가지수 상승형, 하락형 또는 횡보형 등 다양한 구조의 상품구성이 가능하다. 수익은 사전에 정해진 룰에 따라 결정된다. 예를 들어, 예금 만기까지 코스피가 20% 이상 오르면 이자를 7% 지급하는 식이다.

실제로 판매되는 ELD 상품은 크게 안정형과 양방향형으로 나뉜다.

- 안정형 ELD : 주가지수가 몇 % 이상 오르면 약속된 수익률을 지급하는 유형의 ELD이다. 주가지수의 '상승'에만 조건이 걸려 있다.

예 코스피200 안정형의 경우를 예로 들면, 1.5%의 금리를 보장하고 20% 상승률 내에서 최고 6.5%의 수익을 제공한다. 코스피200이 20% 이상 상승한 적이 있으면 연 2% 수익이 확정된다.

- 양방향형 ELD : 주가지수가 몇 % 이상 오르거나 내리면 약속된 수익률을 지급하는 유형의 ELD이다. 주가지수의 '상승'과 '하락' 양쪽에 조건이 걸려 있다.

  예 코스피200 양방향형의 경우를 예로 들면, 코스피200이 가입기간 동안 20% 이상 하락하거나 20% 이상 상승한 적이 없으면 최고 연 5.8% 수익을 지급한다. 20% 이상 상승 또는 하락한 적이 있다면 3% 금리가 확정된다.

ELD는 중도해지시 중도해지이율을 적용하여 산정된 금액에서 중도해지수수료를 차감한 후 지급하는데, 수수료가 원금의 2%에서 10%에 이르기 때문에 중도해지하면 원금보다 적은 금액을 받을 가능성이 크다.

POINT ELD는 원금보장은 원하면서, 은행의 정기예금 이자율에 만족하지 못하는 사람에게 적당하며 최소한 100만원 이상은 저축해야 한다.

▶ELD 투자의 실제

ELD의 판매기간은 상품 판매개시 후 보통 1~2수일 정도이며 일부 시중은행에서 판매한다. 대부분 ELD 상품의 가입조건은 100만원 이상, 6개월 또는 1년 만기이다. 수익률을 좌우하는 기초자산은 코스피나 코스피200에 연동하는 경우가 많지만 삼성전자, 현대차 등 개별종목 주가에 투자하는 상품도 있다. 최근에는 증시 주변 환경변화로 인하여 별로 관심을 받지 못하고 있어서 상품판매를 하지 않는 시중은행들도 많다.

오른쪽 그림은 한 시중은행에서 판매한 '상승형 ELD'의 수익구조이다. X축의 기초자산 변동률은 기초자산, 대표적으로 코스피200의 상승 또는 하락률이다. Y축은 수익률이다. 참여율은 기초자산 변동률 중 ELD 수익에 미치는 영향

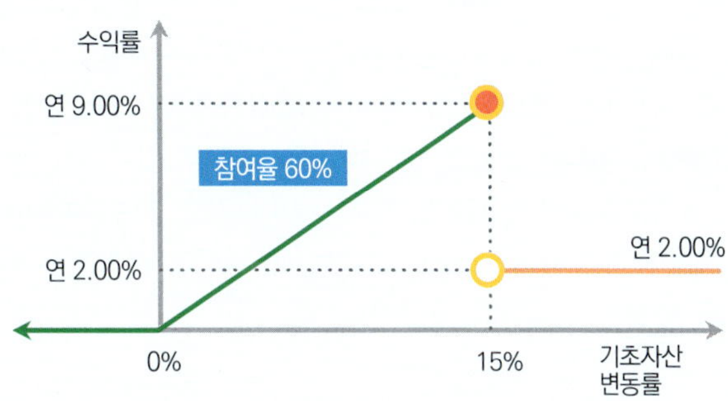

정도이다. 100%이면 기초자산 변동률이 100% 반영된다는 뜻이다. 상승형 ELD이기 때문에 코스피200이 상승하면 일정구간에서는 ELD의 수익률도 상승하도록 설계되어 있다.

상품 설계는 코스피200 상승폭을 크게 두 개의 구간으로 나누어 놓았다. 첫 번째 구간은 0~15%이고 두 번째 구간은 15% 이상이다. 각각의 수익률을 정리하면 다음과 같다.

ELD에 가입할 때와 비교하여 ELD 만기시에 코스피200의 상승률이

- 0% 이하일 때 : ELD의 수익률은 0%, 즉 원금만 보존된다.
- 0~15%일 때, 예를 들어 10%일 때 : 지수 상승률 10%×참여율 60%
  =수익률 6%
- 15% 이상일 때 : 수익률 2%

▶ELD 투자 정리

저금리 시대에는 일반 정기예금의 투자대안이 될 만한 충분한 가치가 있는 상품이라고 볼 수 있다. 이처럼 주가지수연동예금은 주가지수의 향배에 따라 수익률이 결정된다. 이 외에도 다양한 형태의 ELD가 있는데, 매번 은행에서 새로운 ELD를 개발하여 판매(가입자를 모집하는 것)하고 있으므로 관심을 갖고 있으면 투자할 수 있다.

ELD는 은행들이 일정기간 투자자들을 모집하는 형태로 판매한다. 정기예금처럼 투자기간과 조건이 동일하지 않고 상품 하나하나가 투자기간과 상품조건이 다르므로 수익률도 주가지수의 오르내림과 조건에 따라 차이가 난다.

하나 더 알기 ELD? 주가지수연동예금? 지수연동예금?

ELD는 주가지수뿐만 아니라 다양한 지수를 활용하여 상품을 설계하기도 한다. 이 때문에 '주가지수연동예금'이라는 상품명보다 '지수연동예금'으로 부르는 경우도 있다. 좀더 포괄적인 명칭이다. 또한 ELD 상품 중에는 지수가 아닌 삼성전자나 현대자동차와 같은 개별주식과 연동하는 금융상품도 있기 때문에 '주가연동예금'이라고 불러야 옳다고 주장하는 사람도 있다.

이런 식으로 연동되는 주가지수나 각종 지수, 개별주식을 '기초자산'이라고 한다. ELD는 다양한 기초자산과 연동하지만 본문에서는 주가지수만을 대상으로 설명하고 있다. 상대적으로 가장 안정적이기 때문이다.

주가연계증권(ELS)

▶ELS란?

주가연계증권(ELS : Equity Linked Securities)이란 주가지수나 특정기업의 주가에 연동해 수익률이 결정되는 금융상품(유가증권)을 말한다. 투자원금과 수익이 주가지수 또는 개별주가에 연계되어 결정된다. 특정한 주식이나 주가지수가 사전에 지정한 수준에 도달하게 되면 약속한 수익률을 제공하는 금융상품이다.

수익발생 구조나 명칭 등 앞서 설명한 ELD와 유사한 면이 많아 보이지만 ELD와는 근본적으로 다른 점이 있다. 즉 ELD는 주가에 연계된 '예금'인 데 반해 ELS는 주가에 연계된 '증권'이다. ELD는 예금이기 때문에 은행에서 판매하고 예금자보호대상이지만 ELS는 증권회사에 판매하고 예금자보호대상이 아니다.

거래되는 ELS 상품에는 여러 가지가 있으며 각 상품에 따라 수익구조가 다르므로, 가입하고자 하는 상품의 특성을 정확히 파악해야 한다. 상승시 수익이 발생하는 상승형과 하락시 수익이 발생하는 하락형, 일정수준 상승과 하락시 양쪽에서 수익이 발생할 수 있는 양방향형 등 다양한 상품 구성이 가능하다. 아래에서 보는 바와 같이 어떤 상품은 원금이 보장되는 것이 있는가 하면 그렇지 않은 것도 있다. 이 때문에 ELS 판매와 관련하여 불완전판매 논란이 끊이지 않고 있다.

한편, ELS는 중도 매매나 헤지가 불가능하다.

▶ELS의 종류

원금보장 여부에 따라

ELS 상품은 원금보장 여부에 따라 원금보장형과 원금비보장형으로 나눌 수 있다. 원금보장형은 안정성은 높은 대신 수익성은 상대적으로 낮다. 원금보장형은 대부분 '녹아웃형'(아래에서 설명)이다. 원금비보장형은 커다란 원금손실이 발생하는 경우도 있다. 원금비보장형은 대부분 '스텝다운형'(아래에서 설명)이다.

모집방법에 따라

ELS 상품은 모집방법에 따라 공모형과 사모형으로 나눌 수 있다. 공모형은 불특정 다수의 투자자를 대상으로 판매하는 ELS이다. 최저 가입금액은 100만원 이상이다. 사모형은 고객이 원하는 ELS 조건을 증권사에 요구하면 즉석에서 만들어 주는 상품이다.

최저 가입한도는 3,000만원에서 1억원 정도로 일반 소액 개인투자자는 가입하기 쉽지 않다.

상품구조에 따라

ELS 상품은 매우 다양한 수익률 구조 설계를 하여 상품이 판매되고 있다. 그중 최근 들어 주로 판매되고 있는 중요한 유형 두 가지만 소개하면 다음과 같다.

- **녹아웃형**(knock out) **ELS** : 주가가 상승함에 따라 일정부분 수익이 늘어나지만 일정수준 이상 상승하면 그 후 주가의 상승 또는 하락 여부와 무관하게 사전에 약정한 수익을 지급하는 유형이다. 미래에 주가가 어느 정도 상승할 것이라고 예측하는 경우에 적합한 상품으로, 일반적으로 원금보존을 추구한다.
  예 주가지수가 향후 1년 안에 한 번이라도 2,500 포인트에 도달하면 7%의 수익을 줌
- **스텝다운형**(step down) **ELS** : 보통 두 개의 주식을 기초자산으로 하고 투자기간을 2~3년 정도로 한다. 6개월마다 두 주식 모두 최초 설정시점의 가격과 비교해 일정한 가격 이상이면 약정수익률을 지급하고 조기상환한다. 하나라도 설정시점의 가격 이하로 떨어지면 다음 6개월 이후의 상황을 본다. 투자자 입장에서는 두 개의 기초자산 중 하나라도 사전에 약속된 가격 이하로 떨어지면 안 되기 때문에 상대적으로 위험한 상품이다.

ELS는 사진처럼 수시로 출시된다.

▶ELS 투자시 유의사항

ELS 투자에서 가장 조심해야 할 것은 원금 100%를 잃을 수도 있다는 사실이다. 그렇다면 실제 ELS 투자시에 유의해야 할 사항에는 어떤 것이 있을까? ELS는 종류가 아주 많기 때문에 다음과 같은 기준에 의하여 판단하면 큰 실수는 줄일 수 있을 것이다. ELS 상품에 가입할 때에는 반드시 다음의 사항을 확인해야 한다.

원금보장 여부 확인

위험선호도에 따라 원금보장형과 원금비보장형 중 하나를 선택한다. 원금보장형은 안정성이 높은 반면 수익성이 낮고, 원금비보장형은 안정성이 낮지만 수익성이 높다는 점을 유의한다. 원금비보장형의 수익성이 높다는 것은 가능성만을 말하는 것이다. 투자결과에 따라 원금을 잃게 되는 경우가 생길 수 있다.

기초자산이 무엇인지 확인

ELS는 기초자산의 가격변동에 의하여 수익률이 결정되기 때문에 기초자산이 무엇인지 반드시 확인한다. 본인의 위험에 대한 태도가 위험회피형이라면 기초자산이 코스피200과 같이 상대적으로 안정적인 ELS를 선택하는 것이 좋다.

상품 만기 및 조기상환 여부 확인

ELS 종류에 따라 조기상환이 되는 상품이 있고, 그렇지 않은 상품도 있다. 조기상환을 할 수 있는 상품이라도 조건이 까다로우면 만기까지 가야 할 가능성이 커진다. 손실이 발생한 상태에서 만기까지 가입상태를 유지해야 하는 경우조차 있다. 그래서 상품의 만기와 조기상환 가능 여부, 그 조건 등에 대하여 반드시 확인한다.

▶ELS 투자의 실제

연도별 ELS 추이를 살펴보면 오른쪽 그림과 같다. 2020년부터 2024년까지 최대 72조원에서 최저 55조원 정도의 발행금액을 유지하고 있다. 통상 증권시장이 약세면 감소하는 경향이 있다. 종목수를 보면 최고 1만 6천여 개에서 최저 1만 2천여 개 수준으로 꽤 많음을 알 수 있다.

연도별 ELS 발행금액

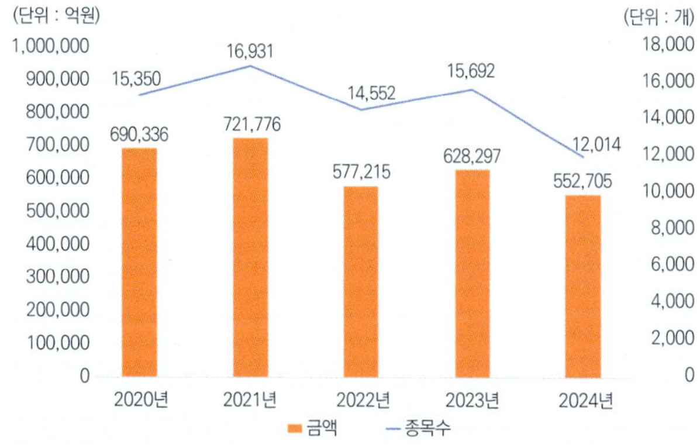

(자료 : 한국예탁결제원)

모집구분별로 보면 공모발행이 전체 발행금액의 90%에 가까울 정도로 많은 수준이어서 공·사모 발행비율은 약 9 : 1 정도이다. 그만큼 일반 개인투자자들의 관심을 받고 있다고 볼 수 있다. 기초자산별로 구분해 보면 주가지수형을 기초자산으로 하는 ELS가 전체의 35.6%를 차지한다. 나머지는 국내외 주식 등을 기초자산으로 한다. 주식형 ELS는 일반적으로 원금손실 가능성이 지수형 ELS에 비해 상대적으로 더 크다고 알려져 있다.

한편 원금보장형과 비보장형의 비율을 보면 평균적으로 원금비보장형이 60~70% 수준을 유지하고 있다. 이는 원금비보장형이 '중위험-중수익' 상품이기 때문인 것으로 보인다. 이들 상품을 은행에서 판매하는 것에 대해서는 예·적금 등 안정적 금융상품을 주로 다루는 은행까지 중위험 상품을 팔아야 하는가라는 시각도 있으나 지점망 많은 은행이 사실상 판매 창구역할을 하고 있다고 봐야 할 것이다.

ELS의 재테크 실제

ELS는 주가지수연계증권으로 기초자산이 일정수준 이하로 하락하지 않으면 원금이 보존되면서 이자를 받는 구조이다. 따라서 변동성이 큰 개별종목형보다는 기초자산의 변동성이 작은 주가지수를 기초자산으로 하는 ELS를 권한다. 중수익 정도의 목표수익을 추구하기에 적당하다. 그러나 다시 말하지만 원금비보장형은 언제든지 손실이 날 수 있으며, 특히 상대적으로 높은 수익을 추구하는 경우에는 고위험-고수익 원리에 따라 큰 손실이 날 수도 있다는 사실을 명심해야 한다.

주가연계펀드(ELF)

주가연계펀드(ELF : Equity Linked Fund)는 앞서 설명한 ELS 상품들에 투자해 운용하는 펀드이다. 상품 구조는 ELS와 같지만 일반투자자를 위해 펀드 형태로 만든 상품이라고 보면 이해하기 쉽다. 이 때문에 이 금융상품을 ELS펀드라고 부르기도 한다.

이 상품도 ELS와 마찬가지로 수익이 주가지수 또는 개별주가에 연계되어 결정된다. 그러나 펀드이기 때문에 앞서 배운 펀드의 성격을 그대로 가지고 있다. 즉 중도환매는 가능하나 원금손실 가능성이 상존한다. 일반펀드와 마찬가지로 자산운용회사에서 상품을 만들어 은행 등에서 판매하고 수수료 체계도 일반펀드와 동일하다. 그런데 자금의 일부를 ELS에 투자하기 때문에 펀드수수료 자체도 부담해야 하고 ELS에서 발생하는 수수료를 또 부담해야 한다.

상품구조가 복잡하기 때문에 주로 고액 자산가 위주로 판매되고 있으므로 자세한 설명은 생략한다.

이상에서 설명한 ELD(주가지수연동예금)와 ELS(주가연계증권), ELF(주가연계펀드)를 동시에 비교하면 〈표 보9-1〉과 같다.

〈표 보9-1〉 주가지수연동예금과 주가연계증권, 주가연계펀드의 주요 특징 비교

구 분	주가지수연동예금(ELD)	주가연계증권(ELS)	주가연계펀드(ELF)
상품성격	예금	유가증권	투자신탁펀드
발행기관	은행	증권회사	자산운용회사
만기수익	기초자산인 지수나 주식가격에 따라 사전에 제시한 수익 확정지급	지수나 주식가격에 따라 사전에 제시한 수익 확정지급	운용실적에 따라 실적배당
예금보호	보호	원칙적으로 비보호 (상품 자체적으로는 보호되는 경우 있음)	원칙적으로 비보호 (실적배당 상품)
중도해지	가능 (중도해지시 원금손실 가능)	불가능 (유가증권시장에서 매도, 원금손실 발생가능)	가능 (중도해지시 원금손실 가능)
장점	은행 제시수익 보장	증권사가 제시한 수익을 달성할 수 있도록 상품 구성	추가수익 발생가능
단점	추가수익 없음	추가수익 없음	제시수익 보장 없음

POINT 원금보장이 필수적이면 ELD나 원금보장형 ELS, 중위험-중수익을 원하면 지수 연계 ELS를 고려한다.

하나 더 알기 DLS? DLF?

파생결합증권(DLS : Derivative Linked Securities), **파생결합펀드**(DLF : Derivative Linked Funds)
ELS와 비슷한 상품으로 DLS라는 것이 있다. 파생결합증권이라고 하는 이 상품의 기본 구조 자체는 ELS와 유사하다. 즉 기초자산이 무엇인지만 다를 뿐 수익구조는 거의 같다. ELS의 주가나 주가지수가 기초자산이다. DLS는 이자율, 환율, 금이나 원유 등과 같은 실물자산, 파생상품 등의 가치, 특정회사의 신용도 등 다양한 상품을 기초자산으로 한다. DLS는 ELS에 비해 기초자산의 성격이 더욱 복잡하고 기초자산의 특성과 손익결정 구조에 대한 충분한 이해가 필요하기 때문에 본문에서는 별도로 설명하지 않았다.

DLF도 같은 방식으로 설명할 수 있다. ELS-DLS의 관계가 ELF-DLF에서도 그대로 적용된다. 즉 ELF와 DLF는 기초자산이 다르다.

장을 마치며

유수의 증권사들은 종종 모의투자 또는 실전투자 게임을 개최한다. ETF 등의 투자에 관심이 있는 독자를 위하여 모의투자게임을 할 수 있는 사이트를 하나 소개한다. 대학생모의투자대회도 있다.

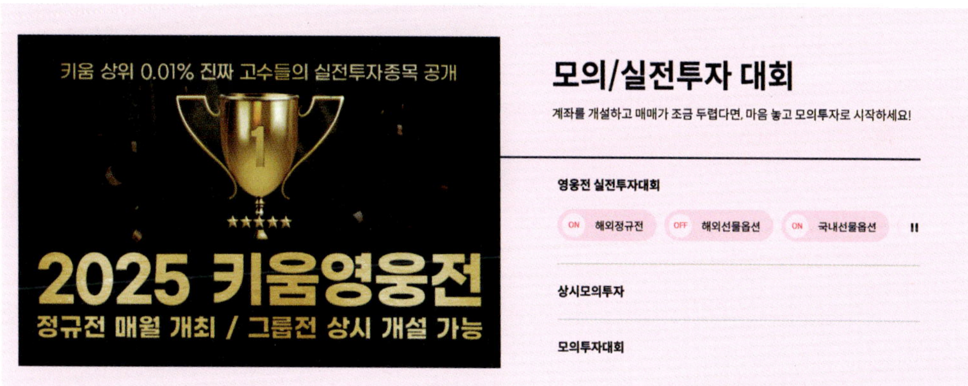

주요 용어

- 지수
- 주가지수
- 종합주가지수
- 코스피
- 업종별, 산업별 지수
- 테마별 지수
- 인덱스펀드
- 추적오차
- 상장지수펀드(ETF)
- 시장지수 ETF
- 섹터 ETF
- 테마 ETF
- 레버리지 ETF
- 인버스 ETF
- 해외 ETF
- 채권 ETF
- 원자재 ETF
- 핵심-위성 전략
- 주식-채권 배분 전략
- 괴리율

연습문제

1. 주가지수의 종류를 설명하라.
2. 주가지수연동상품을 제시하고 각각의 특징을 설명하라.
3. 인덱스펀드의 장점을 설명하라.
4. ETF를 유사 금융상품과 비교하고, ETF의 장점을 제시하라.
5. ETF의 종류를 설명하라.
6. 인버스 ETF와 레버리지 ETF에 대하여 설명하라.
7. ETF 투자전략을 제시하라.
8. 괴리율을 설명하라.

PART IV

미래를 준비하자 그리고 당장 시작하자

제IV부에서는 20대부터 미래를 준비하는 내용을 담았다. 먼저 주거 문제를 다루고 이어서 노후준비에 대해서 살펴본다. 마지막에는 지금까지 배운 모든 내용에 현실을 녹여 넣어서 당장 무엇을 해야 하는지를 정리했다.

CHAPTER

10

삶의 공간, 주거

누구나 아름다운 집을 꿈꾼다. 사진은 프랭크 로이드 라이트(Frank Lloyd Wright)가 1935년에 미국 펜실베이니아에 지은 폴링워터(Falling water). 이 건물은 미국 내 24개 유네스코 세계문화유산 중 하나로 등재되어 있다. (자료 : golaurelhighlands.com)

1. 주택청약통장을 만들어서 다양하게 활용하자
2. 거주지 마련을 위해 대출받는 요령
3. 주택거래시 위험 줄이기

화순 '1만원아파트' 청년 늘자… 서울 · 인천도 도입

지방자치단체들이 월 임차료 1만원만 내면 거주할 수 있는 '만원 주택'을 잇달아 도입하고 있다. 이 주택이 청년인구 유입과 지역정착에 효과가 있는 것으로 입증되면서 전국으로 확산하는 추세다.

14일 각 지자체에 따르면 전남 화순군은 지난 2023년 청년 · 신혼부부(18~49세 이하)를 대상으로 만원 주택을 도입한 이후 인구감소세가 둔화한 것으로 나타났다. 화순 인구는 2022년과 2023년 전년보다 각각 600명, 770명 감소했으나, 지난해에는 519명이 감소하며 감소폭이 줄었다. 출생아 수는 2022년 178명, 2023년 212명, 지난해 255명으로 늘었다. 만원 주택 도입 이후 생긴 변화다.

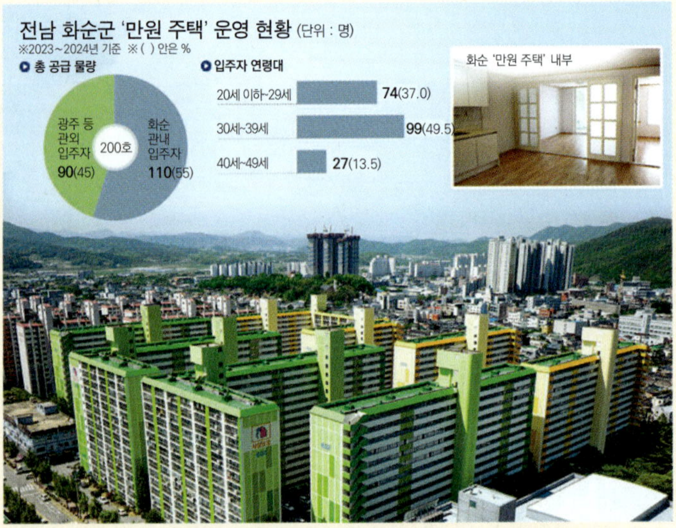

(자료 : 화순군)

화순군의 만원 주택이 성공을 거두자 전남도는 신혼부부 · 청년이 최장 10년간 거주할 수 있는 '전남형 만원 주택'을 건립중이다. 인천시는 올해부터 '1,000원 주택' 사업을 추진한다. 인천도시공사가 보유한 공공주택 500호를 신혼부부에게 하루 1,000원씩, 월 3만원의 임대료를 받고 공급한다. 경북 청도군은 올해 '청도 만(萬)원 주택사업'을 도입했다.

지방뿐 아니라 서울 한복판에도 '월세 1만원' 임대주택이 등장했다. 최근 동작구가 7세대를 모집한 '신혼부부 만원 주택'에 100여 명이 몰려 14대 1의 경쟁률을 기록했다. (문화일보, 2025.1.14)

1 주택청약통장을 만들어서 다양하게 활용하자

누구나 자신만의 집을 꿈꾼다

누구나 자신의 집을 갖고 싶어 한다. 하지만 제1장에서 밝힌 바와 같이 주택보급률에 비해 실제로 자신의 집을 갖고 있는 사람의 비율은 그렇게 높지 않다. 본장에서는 부동산에 대해 다룬다.

집을 장만하기 위하여 준비해야 하는 것은 무엇일까? 가장 중요한 것은 자금을 모으는 일이다. 우리가 절약에 힘쓰고 재테크를 강조하는 것은 결국 돈을 모아야 하기 때문이다.

자금 준비와 함께 주택을 청약할 수 있는 자격을 갖추는 것도 중요하다. 주택청약 자격이 없다고 해서 집을 사지 못하는 것은 아니지만 자격을 갖추고 있는 것이 여러 가지로 유리하므로 가능하면 준비해 놓는 것이 좋다.

또한 대부분의 사람들은 월세, 전세를 거쳐 자금을 모은 다음 집을 구매하는 과정을 거치게 된다. 이 과정에서 어떻게 하면 유리한 대출을 받을 수 있는지에 대한 지식도 필요하며, 특히 그동안 모아온 자금을 한순간에 잃는 사태는 미리 막아야 한다. 이를 위해서 사전에 알아 두어야 할 것들이 있다.

본장에서는 이러한 내용을 중심으로 설명하고자 한다. 참고로 미리 강조해 둘 것은, 부동산은 일반서민뿐만 아니라 부자들과도 매우 밀접한 이해관계가 있기 때문에 부동산정책은 다른 정책에 비해 자주 바뀌는 편이다. 하지만 본장에서 공부한 기본 틀이 근본적으로 바뀌지는 않는다. 주택의 신청 자격 또는 금액이 바뀌는 경우가 많고 동일한 정책이 명칭만 바뀌는 경우도 있다. 따라서 본장의 내용을 기반으로 하여 부동산 거래에 필요한 준비를 하면 적지 않은 도움이 될 것이다.

본장이 다루는 부동산 재테크의 범위는 적극적 투자(투기에 가까운) 대상이 아닌 소극적·방어적 대상으로 한정한다. 즉 본장에서 공부하는 것은 주거를 마련하기 위한 준비와 주의사항들이다.

우리나라의 청약제도와 청약통장

▶청약제도란?

청약을 하기 위한 인파들 (사진 : speedbank.tistory.com)

주택을 마련하려면 기존의 주택을 매입하거나, 국가 또는 민간건설회사가 새로 지어서 분양하는 주택을 분양받으면 된다. 임대주택에 들어갈 수도 있다. 그런데 우리나라는 국가나 민간건설회사가 주택을 "새로 지어서" 분양 또는 임대할 때 정부에서 분양·임대 과정을 관리하고 있는데, 이것이 바로 '청약'이라는 제도이다. 조합을 결성하여 지은 주택을 제외한 대부분의 주택 분양과 임대는 이 제도의 규제를 받는다.

간단히 말하면 우리나라에서 새 집을 분양받거나 임대하기 위해서는 '청약'을 해야만 한다.

POINT 신규로 건설된 주택을 분양받거나 공공임대를 받기 위해서는 '청약'을 해야 한다.

▶청약에 필요한 통장이 있다 : 주택청약종합저축[1)]

우리나라의 청약제도는 주택분양시 청약통장 가입자 중 일정한 자격(순위)을 갖춘 자에게 청약신청을 받아 당첨자를 선정하는 방식으로 이루어진다. 이때 이러한 일정한 자격을 갖춘 자가 주택을 분양 또는 임대받겠다고 신청하는 것이 '청약'이다.

청약을 하기 위해서는 '청약통장'이 필요하다. 정확한 명칭은 '주택청약종합저축'이다. 주택청약종합저축은 주택에 관하여 모든 청약이 가능한 '청약만능통장'인 금융상품이다. 민간건설회사, 정부 및 지자체와 공공기관 등에서 공급하는 민영주택, 국민주택 등을 분양받거나 임대받기 위하여 청약을 할 때 필요한 금융상품이다. 개인적으로 자금을 모아 주택을 산다면 필요 없을 수도 있지만 가능하면 반드시 가입하기를 권하는 통장이다.

다만 여기에서 청년을 위한 상품으로 파생된 것은 있다. 이는 뒤에서 보기로 한다.

가입조건과 저축 금액, 금리

주택소유 여부, 가구주 여부, 미성년자 여부에 관계없이 누구나 가입할 수 있다. 전 금융기관 통틀어 1인 1계좌만 가입가능하다.

한 달에 2만~50만원 범위 내에서 5천원 단위로 자유롭게 저축할 수 있으며, 24회 이내 선납도 가능하다. 잔액이 1,500만원 미만인 경우 월 50만원을 초과하여 잔액 1,500만원까지 일시예치도 가능하며 잔액이 1,500만원 이상인 경우 월 50만원 이내에서 자유적립한다.

신한은행, 하나은행, 우리은행, 농협은행, 기업은행, 국민은행, 대구은행, 부산은행, 경남은행 등에서 가입할 수 있다. 금리는 가입기간에 따라 차등 적용되는데, 가입기간이 24개월 이상이면 3.1%의 이자를 준다(2025년 7월 기준). 다만 이자지급은 복리가 아닌 단리식이며 만기일시지급으로 이루어진다.

또 한 가지 주의할 점은 금리를 정부에서 정해주기 때문에 취급 은행 모두에서 동일한 금리가 적용된다는 것이다. 즉 이 금융상품은 어떤 은행이든지 동일한 조건으로 가입할 수 있다.

---

1) 주택청약종합저축이 나오기 전, 과거에는 세 가지의 청약통장이 있었으며 각 통장은 각기 특정한 목적이 있었다. 청약저축, 청약예금, 청약부금이 그것이었다.

상품의 유효(계약)기간과 소득공제 혜택

계약기간은 입주자로 당첨될 때까지이다. 물론 도중에 해약도 가능하다. 예금은 예금자보호법에 의하여 보호되지는 않으나, 국민주택기금의 조성 재원으로 정부가 관리하고 있으므로 사실상 위험하지 않다고 봐도 된다. 소득공제 혜택도 있는데, 소득공제 대상자는 무주택자인 세대원으로서 해당 과세연도 납부분(연간 300만원 한도)의 40%(120만원 한도)까지 소득공제가 가능하다.

▶가입자 추이

주택청약종합통장은 2009년에 도입되어 첫해에만 무려 800만명이 넘는 가입자가 몰렸다. 2025년 6월 말 기준 주택청약종합저축 가입자 수는 총 2,511만여 명이다. 서울 1순위자는 약 375만명 수준이고 인천 · 경기 1순위자는 587만명 정도로 서울보다 더 많다.

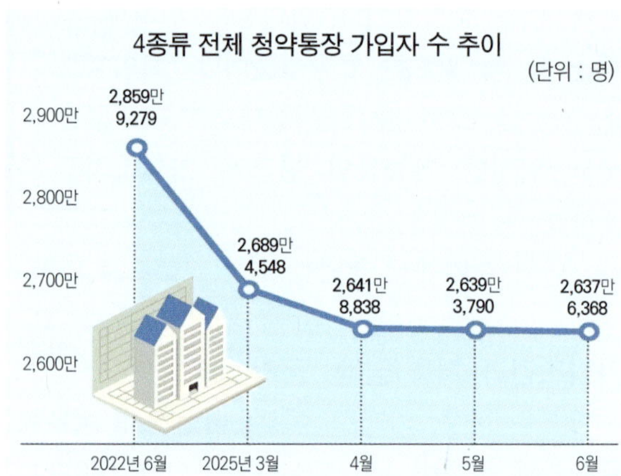

(자료 : 한국부동산원 청약홈)

▶청년은 '청년주택드림청약통장'에 무조건 가입한다

청년주택드림청약통장은 무주택 청년층의 목돈 마련을 돕고 내 집 마련을 지원하기 위해 정부가 기존의 주택청약종합저축 통장을 청년용으로 새로 출시한 것이다. 앞서 청년용으로 먼저 출시했던 '청년우대형 주택청약종합저축'의 혜택을 확대하고 가입대상을 넓힌 상품이다.

가입요건

청년주택드림청약통장에 가입하려면 다음 요건을 모두 충족해야 한다.

- 연령 : 무주택자인 만 19세 이상 34세 이하인 자이다. 다만, 병역 이행 기간은 최대 6년까지 인정되어 만 34세 초과시에도 병역복무기간만큼 차감하여 가입할 수 있다.
- 소득 : 직전연도 연소득이 5,000만원 이하인 무주택 세대주 또는 세대원이다.

직전연도 소득이 확정되지 않은 기간에는 전전년도 소득을 인정하며, 비과세 소득만 있는 현역병 등은 군 복무 사실이 확인되면 가입이 가능하다.

적립금액

매월 2만~100만원 사이에서 저축하면 된다. 경제적으로 넉넉하지 않을 경우에는 매월 25만원 정도를 권장한다.

주요 혜택

- 높은 금리 : 〈표 10-1〉과 같이 일반 청약저축에 비해 금리가 높다.

〈표 10-1〉 주택청약종합저축과 청년주택드림청약통장 연이자율 비교

기 간	주택청약종합저축	청년주택드림청약통장
1개월 이내	무이자	무이자
1개월 초과 1년 미만	2.3%	3.7%
1년 이상 2년 미만	2.8%	4.2%
2년 이상 10년 이하	3.1%	4.5%
10년 초과	3.1%	3.1%

- 소득공제 : 연소득 3,600만원 이하인 경우 납입금액의 40%까지, 최대 120만원 한도로 소득공제 혜택이 주어진다.
- 이자소득 비과세 : 이자소득 500만원까지는 비과세 혜택을 받을 수 있는데 이를 누리려면 가입기간 2년 이상, 연소득 3,600만원 이하 등의 요건을 충족해야 한다.
- 대출연계 : 해당통장을 통해 청약에 당첨된 후 입주까지 완료하면 '청년주택드림대출'을 신청할 수 있는 자격이 부여되며, 최저 연 2.2%의 금리로 주택구매 자금을 지원한다.

가입방법 및 기존 통장 가입자의 전환

신한은행, 하나은행, 우리은행, 농협은행, 기업은행, 국민은행, 대구은행, 부산은행, 경남은행 등에서 가입할 수 있다. 기존 주택청약종합저축 가입자는 가입조건이 충족되면 은행을 방문하여 전환 신청할 수 있다. 한편, 기존 청년우대형 주택청약종합저축 가입자는 별도 신청 없이 청년주택드림청약통장으로 자동 전환된다.

POINT 주택청약종합저축 통장은 모든 주택의 분양과 임대주택 일부에 청약을 할 수 있다. 가능하면 빨리 가입한다. 청년은 '청년주택드림청약저축'에 무조건 가입한다. [임대주택 청약+분양주택 청약+고금리로 목돈 마련]의 기능이 있다. 능력이 된다면 매월 최소 25만원을 불입하는 것을 권장한다.

임대주택제도를 활용하자

공공임대주택 또는 공적 기관이 지원하는 임대주택 종류와 청년들이 활용할 수 있는 제도를 알아보자.

▶임대주택의 종류와 청약저축

임대주택은 크게 구분하여 공공임대주택과 민간임대주택이 있다. 공공임대에는 영구임대, 국민임대, 행복주택, 통합공공임대, 장기전세, 분양전환공공임대, 기존주택매입임대, 기존주택전세임대의 여덟 가지 종류가 있다. 민간임대에는 공공지원민간임대주택, 장기일반민간임대주택 등이 있다. 이들 중에서 일부 임대주택은 주택청약종합저축이 필요한 경우가 있다. 대표적으로 공공임대, 50m^2 이상의 국민임대주택 등이다.

공공임대주택은 무엇보다 임대료가 싸다는 장점이 있다. 거의 모든 종류의 공공임대주택을 일반 시세보다 저렴하게 공급해 준다.

아래에서 설명하는 청년이 활용할 만한 임대주택 신청시에는 주택청약종합저축이 필요하지 않다. 그러나 이들 상품은 공급량이 많지 않기 때문에 때로는 일반적인 공공임대를 고려해야 할 필요도 있다.

▶청년이 활용할 만한 임대주택 종류와 신청자격 요건

행복주택

행복주택은 청년(19~39세 · 신혼부부 · 대학생) 등 젊은 계층의 주거불안 해소를 위해 국가재정이나 주택도시기금을 지원받아 대중교통이 편리하고 직주근접이 가능한 부지에 주변 시세보다 60~80% 저렴하게 공급하는 공공임대주택을 말한다.

- **입주대상** : 무주택요건 및 소득 · 자산 기준을 충족하는 대학생, 청년, 신혼부부, 산단 근로자 등이다. 신혼부부는 혼인기간 7년 이내 또는 6세 이하 자녀를 둔 가구 또는 예비신혼부부인 무주택세대 구성원 등을 말한다.
- **소득기준** : 해당세대의 전년도 도시근로자 가구원 수별 월평균 소득 100% 이하여야 하는데 대학생은 본인과 부모의 합산 소득에 대해, 세대원 청년은 본인 소득에 대해, 맞벌이 부부는 부부합산 소득이 120% 이하이면 된다.
- **자산기준** : 2025년도 기준으로 보유 부동산이 33,700만원 이하, 자동차는 3,803만원 이하이면 된다.
- **임대료와 거주기간** : 임대료는 시세 대비 60~80%로 저렴하며, 거주기간은 대학생 · 청년 10년, 신혼부부 10년(자녀 있을 경우 14년), 주거급여수급자 · 고령자 20년이다.

청년매입임대주택

무주택요건 및 소득 · 자산 기준을 충족하고 다음 어느 하나에 해당하는 미혼 청년이 신청할 수 있다.

- 만 19세 이상 만 39세 이하인 사람
- 대학생. 입학 및 복학 예정자도 포함
- 취업준비생. 즉 고등학교 또는 대학교 등을 졸업했거나 중퇴한 지 2년 이내인 미취업자

임대료가 시중 시세의 40~50% 수준으로 매우 조건이 좋다. 거주기간은 2년으로, 입주자격 유지시 재계약이 2회 가능하여 최장 6년 동안 머물 수 있다.

기숙사형 청년주택

무주택요건 및 소득 · 자산 기준을 충족하고 다음 어느 하나에 해당하는 미혼 청년이 신청할 수 있다.

- 대학생. 입학 및 복학 예정자도 포함
- 대학원생. 입학 및 복학 예정자도 포함
- 만 19세 이상 만 39세 이하인 사람

임대조건은 보증금 60만원에, 임대료는 시중 시세의 40%이다. 거주기간은 2년으로 입주자격 유지시 재계약이 4회 가능하여 최장 10년 동안 머물 수 있다. 앞의 청년매입임대주택과 달라진 부분은 대학원생이 새로 포함되어 대학생과 함께 우선적으로 고려하고 있다는 점이다.

〈표 10-2〉 기숙사형 청년주택의 순위별 자격요건

순 위	자격요건
1순위	생계 · 주거 · 의료급여 수급자 가구, 차상위계층 가구, 지원대상 한부모가족에 속하는 대학생, 대학원생
2순위	본인과 부모의 월평균 소득이 전년도 도시근로자 가구원 수별 가구당 월평균 소득 100% 이하인 대학생, 대학원생
3순위	본인의 월평균 소득이 전년도 도시근로자 1인 가구 월평균 소득 100% 이하인 대학생, 대학원생, 만 19세 이상 만 39세 이하인 자

청년전세임대

청년층(대학생 · 취업준비생 · 만 19~39세)의 주거비부담 완화를 위하여 기존주택을 전세계약 체결하여 저렴하게 재임대하는 공공임대주택을 말한다.

입주자격은 무주택요건 및 소득 · 자산 기준을 충족하는 대학생, 취업준비생, 만 19~39세 청년이다. 충족하는 소득 및 자산 기준에 따라 1순위부터 3순위까지 구분된다. 최초 임대기간은 2년으로 하되, 자격요건 충족시 4회 재계약(2년 단위)이 가능하다.

임대조건을 보면, 임대보증금은 1순위 100만원, 2 · 3순위 200만원으로, 월 임대료는 전세지원금 중 임대보증금을 제외한 금액에 대한 연 1~2%이자 해당액이 책정된다. 전세금 지원한도액은 다음과 같다.

〈표 10-3〉 청년전세임대 지역별 지원한도액

구 분		수도권	광역시	기 타
단독거주	1인 거주	1억 2,000만원	9,500만원	8,500만원
공동거주	2인 거주	1억 5,000만원	1억 2,000만원	1억원
	3인 거주	2억원	1억 5,000만원	1억 2,000만원

▶무주택의 기준과 무주택 세대구성원

분양주택의 민영주택을 제외한 모든 주택에서는 무주택요건이 필요하다. 집이 없는 사람만이 무주택자는 아니다. 집이 없는 사람은 당연히 무주택자가 되지만 집이 있어도 무주택자가 될 수 있다. 즉 청약제도에서의 무주택 기준은 일반상식과는 약간 다르다. 무주택자로 인정되는 요건과 관련 무주택자 판단시의 세대 기준, 기간 산정방법은 다음과 같다.

- 무주택의 기준 : 주택이 없는 자. 다만 다음은 예외로 한다. 즉 다음은 사실상 주택이 없는 것으로 간주한다.
  ① 전용면적 20m² 이하 주택의 소유자(2주택 이상 소유자 제외)
  ② 업무용 · 상업용 오피스텔 소유자(여러 채의 오피스텔 소유시, 임대사업자로 분류돼 유주택자에 해당할 수 있음)
  ③ 폐가 상태인 주택을 소유
  ④ 60세 이상의 직계존속 소유의 주택에 함께 살고 있는 경우
  ⑤ 서울이나 도시권 밖의 시골 및 읍/면 단위 행정구역에 지어져 있거나 사용승인 후 20년이 넘고, 85m² 이하의 단독주택을 소유한 자
  ⑥ 주택을 가지고 있더라도 공시가격 3억원(수도권은 5억원) 이하이면서 전용면적 85m² 이하인 주택을 보유하고 있는 자
  ⑦ 무허가 주택을 보유하고 있는 자
  ⑧ 주택이 없는 상태에서 주택을 상속받았으나 단독상속이 아닌 자

- 무주택기간을 산정하는 기준 : 주택을 청약하는 자의 나이가 만 30세가 된 날부터 무주택이 시작된 것으로 보고 무주택기간을 산정한다. 만일 30세 이전에 결혼을 했다면 혼인신고일부터 산정한다.

(그래픽 : 백두산공인중개사 사무소)

한편, '무주택 세대구성원'이라고 말할 때, 세대별 주민등록표상에 있는 세대주 자신과 배우자, 직계존속, 직계비속 모두를 합하여 세대구성원으로 본다. 따라서 '무주택 세대구성원'이 되려면 이들 모두가 무주택이어야 한다는 의미이다.

주택을 분양받는 꿈을 이룰 수 있다면…

▶분양주택의 종류 및 청약

분양을 받을 수 있는 주택은 크게 두 가지로 '국민주택'과 '민영주택'이 그것이다. 이외에 '국민주택 등'에 해당하는 주택이 있지만 이는 사실상 국민주택을 말한다. 이들을 구분하는 기준은 무엇일까?

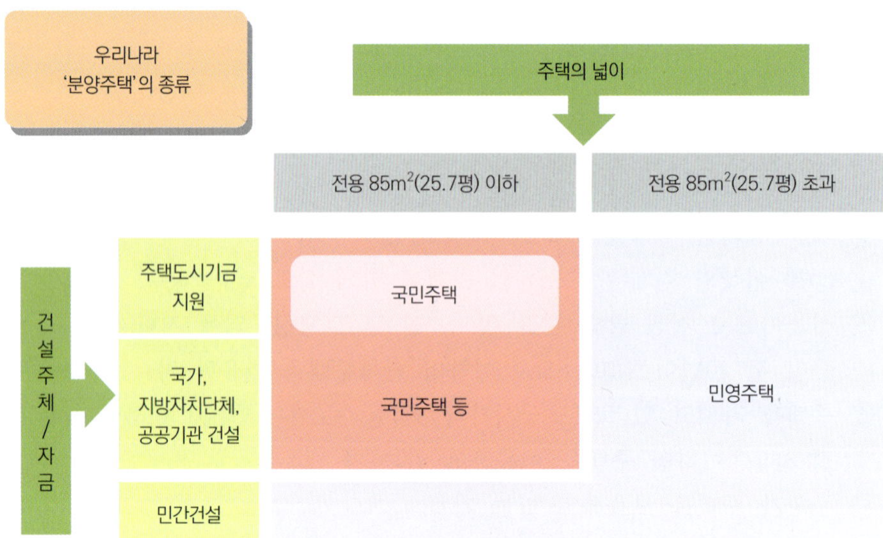

분양받을 목적으로 청약을 할 수 있는 주택은 먼저 전용면적이 $85m^2$를 초과하는지의 여부로 구분한다.[2)]

$85m^2$ 이하의 주택 중 주택도시기금 지원을 받아 지은 주택은 '국민주택'이라고 하고 주택 건설의 주체가 국가·지방자치단체·공공기관인 것은 '국민주택 등'이라고 한다. 이 두 가지의 주택은 정부가 자금을 지원하거나 관여하여 건설하는 것이므로 사실상 같은 종류의 주택이라고 할 수 있다. $85m^2$를 초과하는 주택에 대해서는 그 크기가 일반 국민에게 지나치게 크다고 보기 때문에 공공기관이나 국민주택기금에서 자금을

---

2) $85m^2$의 넓이는 과거의 기준이었던 평수로는 전용면적 25.7평을 말하는데, 이 면적은 일반적으로 분양면적 33평형 정도의 아파트를 생각하면 된다. 33평형 아파트는 전형적으로 거실, 안방, 작은방 둘, 거실과 연결된 부엌으로 구성되어 있다.

지원하지 않거나 건설하지 않는다. 이 두 주택 외의 주택은 민영주택이라고 한다.

▶분양주택별 청약방법

〈표 10-4〉에서 보듯이 분양주택에 청약하기 위해서는 두 가지의 요건이 충족되어야 한다.

하나는 원하는 주택을 신청할 수 있는 청약통장이 있어야 하고 다른 하나는 입주대상 자격을 갖추어야 한다. 또 하나 눈여겨볼 점은 '주택청약종합저축'은 모든 종류의 분양주택에 청약이 가능하다는 점이다. 추가로, 국민주택에 청약할 때에는 주택을 분양하는 해당지역에 거주하는 '무주택 세대구성원'이어야 하는 반면 민영주택에 청약하려면 19세 이상이면 된다.

〈표 10-4〉 분양주택별 신청가능한 청약통장

주택 종류	청약통장 요건	입주대상 자격
국민주택 등	• 주택청약종합저축 (기존의 청약관련 통장도 가능)	분양하는 주택의 지역 또는 인근지역에 거주하는 무주택 세대구성원
민영주택		분양하는 주택의 지역 또는 인근지역에 거주하는 19세 이상인 자

주택에 청약할 때에는 수요-공급의 원리가 작동하여 경쟁이 있을 수 있다. 공급되는 주택의 가격이 비싸거나 조건이 나쁘면 청약 경쟁률이 미달되기도 하고, 공급 주택에 매력이 있으면 수많은 사람이 청약을 하여 치열한 경쟁이 이루어지기도 한다. 경쟁이 발생하면 사전에 정해진 규칙에 따라 순서를 정하게 된다.

내용이 복잡하여 여기에서 자세하게 설명을 하진 않겠지만 경쟁에서 좋은 순서를 얻는 방법은 크게 보아 두 가지이다. 하나는 청약통장 가입기간이고 다른 하나는 가입금액이다. 따라서 하루라도 빨리 가입하고 많은 금액을 넣어두는 것이 유리하다.

POINT 주택을 분양받기 위해서는 청약통장이 있어야 한다. 청약통장의 가입기간이 길수록, 많은 금액이 적립되어 있을수록 경쟁에서 유리하다.

2 거주지 마련을 위해 대출받는 요령

주택을 마련하기 위하여 모아놓은 자금이 부족할 때에는 차입하는 수밖에 없다. 자금 차입에서 있어서 가장 기본이 되는 것은 이자가 싸고 오래 쓸 수 있는 자금을 찾는 것이다. 이하에서는 전세를 얻고자 하는 경우와 집을 사고자 하는 경우로 나누어서 어떤 자금을 차입하는 것이 유리한지 알아본다.

전세를 구할 때 대출받는 요령

주택을 전세로 입주하고자 할 때 자금이 부족하면 주택전세대출을 받을 수 있다. 여기에서는 은행에서 대출받는 일반적인 경우가 아닌 국민주택기금에서 취약계층을 위하여 낮은 금리로 빌려주는 정책자금을 중심으로 살펴본다.

▶버팀목 전세자금대출

이 금융상품은 지방자치단체장의 추천을 받은 근로자 및 서민을 위하여 국민주택기금에서 기금을 마련해 빌려주는 전세자금대출상품이다.

주거용 오피스텔도 '버팀목 전세자금대출'의 대상이 된다. (사진 : 서울경제)

신청자격

대출 신청일 현재 대출대상 주택 임차보증금이 수도권 3억원, 지방 2억원 이하이고, 전용면적 $85m^2$ 이하(수도권을 제외한 도시지역이 아닌 읍, 또는 면 지역은 $100m^2$ 이하)에 임대차계약을 체결하고 임차보증금의 5% 이상을 지불한 자를 말한다. 다음의 자격요건에 부합되어야 한다.

- 대출 신청일 현재 단독 세대주를 제외한 만 19세 이상인 세대주(또는 세대주로 인정되는 자)3)이다.

- 소득 관련해서는 대출 신청인과 배우자의 연소득 합산 5,000만원 이하인 자(단, 혁신도시 이전 공공기관 종사자 또는 타 지역으로 이주하는 재개발 구역 내 세입자인 경우는 6,000만원 이하, 신혼부부인 경우는 7,500만원 이하인 자)

대출금리와 대출한도

대출금리는 2025년 7월 현재 연 2.5~3.2%로 우대금리 조건은 부부합산 연소득 4,000만원 이하로서 기초생활수급권자·차상위계층은 연 1%, 연소득 5,000만원 이하 한부모가족 확인서를 발급받은 가구는 연 1% 등의 금리를 우대해 준다. 우대해 준다는 의미는 이자를 그만큼 덜 낸다는 뜻이다.

〈표 10-5〉 버팀목 전세자금대출 금리

연소득(부부합산)	임차보증금		
	5,000만원 이하	5,000만원 초과~1억원 이하	1억원 초과
~2,000만원 이하	2.5%	2.6%	2.7%
2,000만원 초과~4,000만원 이하	2.7%	2.8%	2.9%
4,000만원 초과~6,000만원 이하	3.0%	3.1%	3.2%

* 2025.7.16 기준

대출한도는 전세 계약서상 임차보증금의 70% 이내로 다음과 같다. 금액은 수시로 변동되며, 신혼가구와 2자녀 이상 가구는 금액이 더 많으므로 확인해 볼 필요가 있다.

- 수도권(서울, 경기, 인천) : 최대 1억 2,000만원 이내
- 수도권 외 지역 : 8,000만원 이내

대출기간

2년 후에 일시상환하는 것이 원칙이나 4회까지 연장가능하여 최장 10년까지 가능하다. 다만 최장 10년 이용 후 연장시점을 기준으로 미성년 1자녀당 2년 추가(최장 20년 이용가능) 연장이 가능하다.

---

3) '세대로 인정되는 자'는 다음 사람들 중 하나를 말한다. 세대주의 세대원인 배우자, 대출 신청일로부터 2개월 이내에 결혼으로 인하여 세대주로 예정된 자, 민법상 미성년인 형제·자매로 구성된 세대의 세대주, 만 25세 이상인 단독 세대주

신청가능 대상주택

임차 전용면적 85m²(수도권을 제외한 도시지역이 아닌 읍 또는 면 지역은 100m²) 이하 주택이 신청대상이다. 오피스텔도 신청가능하다. 금액 제한도 있는데, 앞의 '신청자격' 부분에 언급되어 있다.

취급은행

모든 은행에서 취급하는 것은 아니다. 우리은행, 기업은행, 신한은행, 농협은행, 국민은행에서만 취급한다.

▶청년 버팀목 전세자금대출

'청년 버팀목 전세자금대출'은 이 상품이 독립적으로 있는 것이 아니라 '버팀목 전세자금 대출'을 신청할 때 '청년 버팀목 전세자금대출'로 신청하면 자격요건을 확인 후 진행해 주는 식이다.

일반 버팀목 전세자금대출과 대출금액과 대출대상, 금리 등에서 약간의 차이가 있다. 청년의 경우가 약간 유리하다.

청년 버팀목 전세자금대출은 주택도시보증공사(HUG)에서 취급한다.

〈표 10-6〉 일반 버팀목 전세자금대출과 청년 버팀목 전세자금대출 비교

구 분	일반 버팀목 전세자금대출	청년 버팀목 전세자금대출
신청자격	부부합산 총소득 5,000만원 이하인 무주택 세대주	만 19세 이상 34세 이하 무주택 단독 세대주
대출금리	연 2.5~3.2% 수준	연 2.2~3.3% 수준
대출한도	• 수도권 : 최대 1억 2,000만원 • 수도권 외 : 최대 8,000만원 • 총임차보증금의 70% 이내	• 지역 무관 최대 1억 5,000만원 • 총임차보증금의 80% 이내 (카카오뱅크는 90%까지)
대출기간	2년(4회 연장가능, 최장 10년)	2년(4회 연장가능, 최장 10년)
대상주택	임차보증금 수도권 3억원, 수도권 외 2억원 이하, 전용면적 85m² 이하 주택	임차보증금 3억원 이하, 전용면적 85m² 이하 주택(만 25세 미만 단독 세대주는 60m² 이하)
취급은행	우리은행, 국민은행, IBK기업은행, 농협은행, 신한은행	왼쪽 시중은행 및 카카오뱅크

일반 버팀목 전세자금대출과 청년 버팀목 전세자금대출을 비교하여 설명하면 이해가 쉽다.

▶청년전용 보증부월세대출/청년전용 버팀목 전월세대출

청년들에게 저리로 전월세보증금 및 월세를 대출해 주는 제도이다. 지원조건이 가장 좋기 때문에 최우선적으로 가입해야 하는 상품이다. 주거용 오피스텔도 지원대상이다.

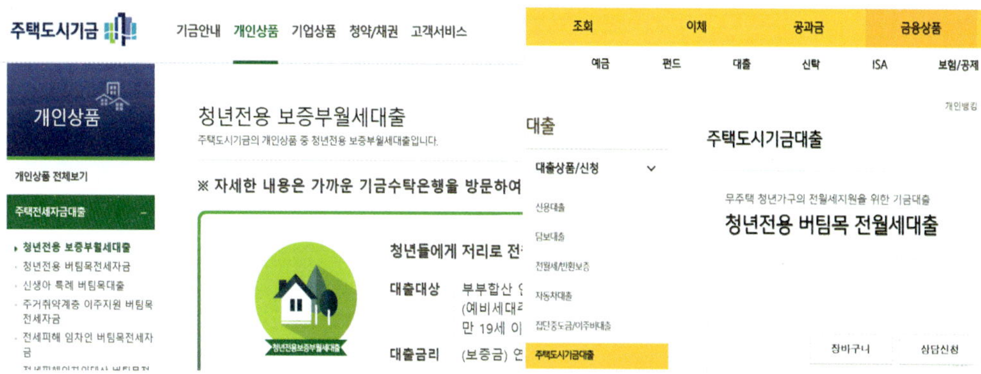

동일한 상품이지만 기금관리주체인 주택도시기금에서 사용하는 명칭과 실제 은행(국민은행)에서 사용하는 명칭에 약간의 차이가 있다.

- 대출대상 : 만 19세 이상~만 34세 이하 청년, 대출대상 부부합산 연소득 5,000만원 이하, 순자산가액 3.37억원 이하 무주택 단독 세대주(예비세대주 포함)
- 대출한도 : 보증금 최대 4,500만원 이내, 월세금 최대 1,200만원(24개월 기준 월 50만원 이내)
- 대출금리 : 보증금 연 1.3%, 월세금 연 0%(20만원 한도) 및 1.0%(20만원 초과)
- 대출기간 : 25개월(최장 10년 5개월 이용가능)

▶일반 시중은행 전세자금대출

개 요

일반 시중은행에서도 전세자금대출을 해주고 있다. 그러나 시중은행에서 대출을 받는 것은 쉽지 않을 뿐만 아니라 금리도 결코 낮지 않다. 이때 활용해 볼 수 있는 것이 '전세자금보증'이라는 제도이다.

한국주택금융공사가 해주는 '전세자금보증'은 무주택 서민이 별도의 담보 없이 은행에서 전월세 보증금의 일부를 빌릴 수 있도록 신용보증을 해주는 제도이다.

이 제도를 이용하면 은행에서 대출받기 어려운 사람도 대출을 받을 수 있을 뿐만 아니라 금리도 비교적 낮다. 많은 사람들이 이 제도를 이용하고 있다.

(그래픽 : 팡팡툰스튜디오)

은행 찾기

어떤 은행을 이용할 것인지는 늘 고민거리이다. 참고로 할 사이트를 소개한다.

① 금융상품한눈에(http://finlife.fss.or.kr)
② 한국주택금융공사 전세금리 안내 사이트(https://www.hf.go.kr)

POINT 전세자금대출이 필요한 경우, '최우선적으로 청년전용 보증부(전)월세대출' 상품을 고려한다. 이어서 청년전용 버팀목 전세자금대출을 알아본다.

주택구입시 대출받는 요령

주택을 구입할 때 주택가격 전부를 한꺼번에 치르고 구입하는 사람은 많지 않다. 많은 사람들은 대출을 받아 집을 산다. 이때 활용가능한 금융상품에는 어떤 것이 있는지 살펴보자.

▶대출과 관련된 기본 상식

어느 정도의 금액을 대출받을 것인가?

집을 살 때 무리한 대출을 받은 많은 사람들이 고통을 받고 있다. 이들은 대출받은 금액 이상으로 집값이 오르기를 기대했으나 집값이 제자리 또는 하락하면서 소득의 많은 부분을 대출금을 갚는 데 사용하고 있기 때문이다. 얼마 정도의 대출금을 받는 것이 적당할까?

통상 대출금 상환 원리금이 가처분소득의 40% 이상이면 '하우스푸어'로 본다. 대출금 상환일정에 문제가 생기면 집을 잃을 수도 있는 가난한 주택보유자인 것이다. 주택구입시 대출받을 금액을 결정할 때에는 집값 대비 대출받을 금액을 결정할 것이 아니라 자신의 가처분소득 기준으로 다른 대출금액을 포함하여 40%를 넘기지 말아야 한다. 원하는 대출총액은 만기를 이용하여 조정하면 된다.

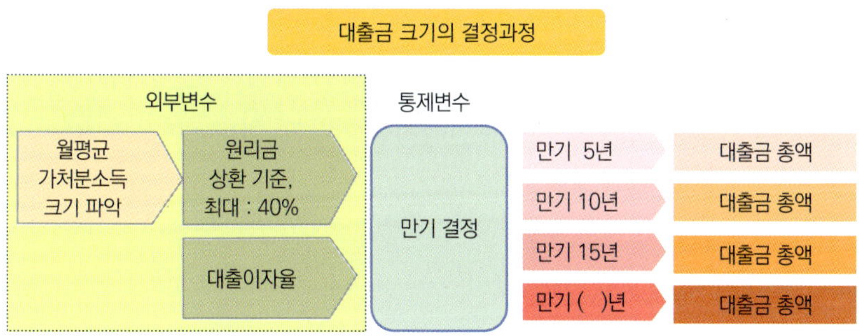

예를 들어, 월평균 가처분소득이 300만원이면 40%에 해당하는 금액이 120만원이므로 대출금 상환을 위한 원리금의 상한선을 120만원으로 한다. 연이자율 4%를 가정했을 때 5년을 만기로 하면 약 6,500만원 정도의 대출이 가능하다. 만기를 10년으로 늘리면 1억 2,000만원 정도가 되며, 만기가 15년이면 1억 6,200만원 정도가 된다. 가처분소득과 이자율은 외부변수로서 우리가 어떻게 할 수 없는 측면이 있지만 만기는 비교적 자유롭게 조정이 가능하기 때문에 대출금 총액은 이처럼 만기로 조정하면 된다.

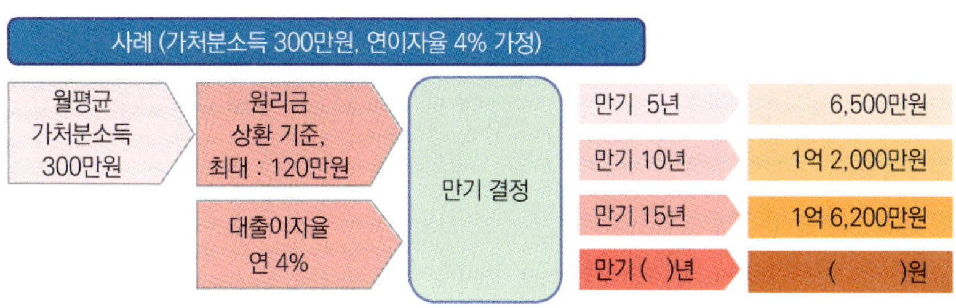

POINT 대출을 받을 때 욕심을 내면 안 된다. 매월 원리금 상환액이 월평균 가처분소득의 최대 40%를 넘으면 안 된다.

대출과 관련된 중요한 개념 : LTV, DTI, DSR

대출을 받으려고 할 때 제약조건이 되는 세 가지의 중요한 개념이 있다. 아무리 많이 대출을 받고 싶어도 이 조건 범위 내에 있어야 한다. 즉, 이 세 가지는 대출 규제를 위한 목적으로 사용되는 것들이다.

이 세 가지는 규제 성격에 따라 두 부류로 나눌 수 있다.

- LTV : 대출 담보물인 주택가격을 기준으로 대출 규제를 하는 제도
- DTI, DSR : 차주의 소득 대비 대출 상환액을 기준으로 대출 규제를 하는 제도

먼저 LTV를 알아보자. Loan To Value, 즉 '어떤 가치에 대해 해주는 대출' 정도로 직역할 수 있는데 우리말로는 '주택담보인정비율'이라고 한다. 다음과 같이 계산한다.

LTV = 대출가능한 금액/주택 담보물의 가치 × 100

만일 LTV가 60%일 경우 주택의 가치가 1억원이면 6,000만원까지, 3억원이면 1억 8,000만원까지 대출해 줄 수 있다는 의미이다.

DTI는 Debt To Income, 즉 '소득 대비 부채'를 뜻한다. 우리말로는 '총부채상환비율'이라고 한다. 다음과 같이 계산한다.

DTI = (모든 주택담보대출 연간 총상환액(원금 + 이자) + 기타 대출이자)/연소득 × 100

이때 '모든 주택담보대출'이란 한 사람에게 두 건 이상의 주택담보대출이 있을 경우 이를 모두 합한다는 것으로 주택이 한 개일 경우는 그 주택의 주택담보대출만 해당된다. DTI가 50%인 경우 연봉이 5,000만원인 사람은 연봉의 50%인 2,500만원까지만(즉 한 달에 약 208만원) 1년에 원리금 상환이 가능하다고 보고 그만큼만 빌려주는 것이다. 따라서 DTI 제한 내에서 대출금액을 늘리려면 대출기간을 길게 잡아야 한다.

DSR은 Debt Savings Ratio의 약자로 '총부채 원리금상환비율'을 말한다. 다음과

같이 모든 부채의 연간 원리금상환 총액을 기준으로 대출한도를 정하는 비율이다.

DSR＝(모든 주택담보대출 연간 총상환액(원금＋이자)
＋기타 부채 연간 총상환액(원금＋이자))/연소득×100

DSR은 DTI와 유사한 개념으로 보이지만 적지 않은 차이가 있다. DTI는 주택담보대출에 대해서만 원리금 상환액을 따지고 기타 부채는 이자상환액만 본다. 그러나 DSR은 기타 부채, 예를 들면 학자금 대출, 자동차할부금, 심지어 마이너스통장대출도 포함하여 원리금 상환액을 따지는 것이다. 따라서 DSR의 부채 범위가 더 넓다. 당연히 동일 비율이 적용되었을 때 DSR을 기준으로 대출을 하면 보수적으로 더 적은 금액의 대출이 실행된다.

이처럼 LTV와 DTI, DSR은 주택 구입시 상당한 수준으로 영향을 미친다. 자금조달계획과 직접적으로 연관되어 있기 때문이다. 정부는 부동산 정책 운용시, 부동산 수요를 줄이고자 할 때에는 이들 지표 값을 낮춘다. 그러면 대출가능한 금액이 줄어들기 때문이다.

위의 제약조건들은 동시조건이다. 한 예를 들어보자. 주택담보물 가치 3억원짜리 아파트를 구입하려는 어떤 사람이 있는데 이 사람의 연봉은 4,000만원이라고 가정하자. 이 사람은 다음과 같이 대출이 가능하다.

먼저 LTV 조건이 70%라면 이 조건에 의하여 최대 2억 1,000만원까지 대출이 가능하다. 한편 DTI 조건이 60%라면 이 기준에 의하여 한 달에 원리금 합계 200만원까지 상환가능한 금액을 대출받을 수 있다. 연 대출이자율이 5%라고 가정했을 때 이 조건을 충족시키기 위해서는 대략 11.5년이 소요된다. 이 경우 월 상환원리금은 약 200만원으로 DTI 60% 조건을 충족한다. 이 금액에는 "주택담보대출에 대한 원리금과 기타 대출에 대한 이자상환"만 포함된다. 참고로 상환기간을 10년으로 하면 월 223만원 정도를 상환해야 하기 때문에 200만원 조건에 위배된다. 이 경우 최대 대출금액을 줄이거나 상환기간을 늘려야 하는 것이다.

이때 DSR 조건 40%가 추가로 적용되면 얘기가 달라진다. 이 조건에 의하면 월 상환 인정금액이 133만원 정도밖에 안 된다. 이럴 경우 상환기간을 21.5년으로 해야 원하는 금액 2.1억원의 대출이 가능하다. 물론 133만원의 금액에는 "주택담보대출에 대한 원리금뿐만 아니라 기타 대출에 대한 원리금 상환금"이 포함되기 때문에 주택담보 목적의 대출은 더 줄어들게 된다.

주택가격 3억원	LTV : 70%	3억×0.7=**2.1억**	최대 대출 2.1억원 ▷ 이자율 연 5% 적용시
연봉 4,000만원	DTI : 60%	4,000만×0.6=2,400만/년 2,400만÷12월=**200만/월**	상환기간 11.5년으로 하면 월 약 200만원 상환
	DSR : 40%	4,000만×0.4=1,600만/년 1,600만÷12월=**133만/월**	상환기간 21.5년으로 하면 월 약 133만원 상환

POINT 주택구입용 대출을 받기 위해서는 LTV와 DTI, DSR을 충족해야 하는 경우가 있다.

▶ 디딤돌대출

'디딤돌대출' 상품은 근로자 및 서민의 주택구입을 돕기 위하여 국민주택기금에서 주택구입자금을 대출해 주는 금융상품이다.

신청자격

부부합산 연간 총소득이 6,000만원 이하인 근로자 및 서민으로 무주택자이어야 한다.

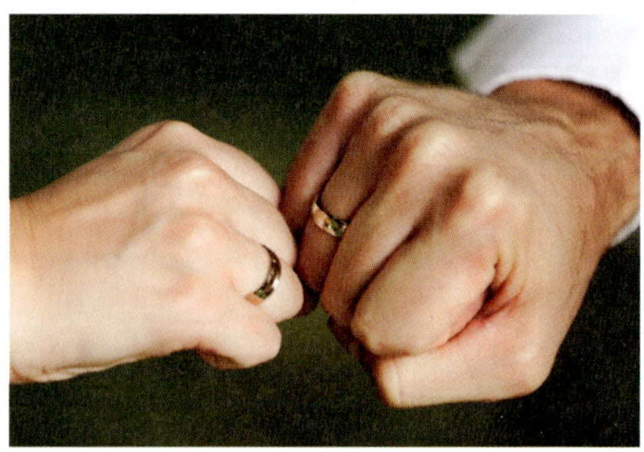

정책자금 신청시 소득조건을 따질 때에는 부부합산 소득으로 한다.

대출금리와 대출한도, 대출기간

대출금리는 기준금리가 2025년 7월 기준으로 연 2.85~4.15%이다. 은행권의 일반 대출금리에 비해서 상당히 유리한 금리 수준이다. 최저금리는 2.85%이지만 소득수준과 만기금리에 따라 금리가 차등 적용된다. 즉 〈표 10-7〉에서 보듯이 저소득가구일수록 금리 혜택이 좋다. 대출한도는 최고 2억 5,000만원까지이다.

〈표 10-7〉 디딤돌대출의 금리

소득수준	10년	15년	20년	30년
부부합산 연소득 2,000만원 이하	2.85%	2.95%	3.05%	3.10%
2,000만원 초과~4,000만원 이하	3.20%	3.30%	3.40%	3.45%
4,000만원 초과~7,000만원 이하	3.90%	3.65%	3.75%	3.80%
7,000만원 초과~8,500만원 이하(신혼가구)	3.90%	4.00%	4.10%	4.15%

신청가능 대상주택

전용면적이 85m^2 이하인 주택으로, 은행에서 평가한 주택가격이 5억원 이하인 주택만 가능하다. 단, 만 30세 이상 미혼인 단독 세대주는 주택가격 3억원 이하인 주거전용면적 60m^2(수도권을 제외한 도시지역이 아닌 읍 또는 면지역은 70m^2) 이하 주택만 가능하다.

취급은행

우리은행, 기업은행, 신한은행, 농협은행, 수협은행, 경남은행, 광주은행, 대구은행, 부산은행, 전북은행, 하나은행, 국민은행 등에서 취급한다.

▶ 청년주택드림디딤돌대출

이 상품은 일반 디딤돌대출보다 약간 유리한 부분이 있으므로 조건에 충족되는 청년은 이 상품을 우선 고려한다.

- 대출대상 : 입주자모집공고일 이전 보유한 청년주택드림청약통장으로 청약 당첨(청약 당첨시 만 39세 이하)되어 해당 청년주택드림청약통장과 연계하여 디딤돌대출을 신청하는 자. 단, 대출접수일 기준 1년 이상 가입 및 1,000만원 이상 납입했을 것
- 소득 및 자산 요건 : 미혼가구 연소득 7,000만원, 신혼가구 부부합산 연소득 1억원 이하. 2025년 기준 순자산가액 4.88억원 이하 무주택 세대주
- 대출금리 : 2.4~4.15%
- 대출한도 : 미혼 3억원, 신혼 4억원 이내(LTV 70%, DTI 60% 이내. 단, 생애최초 주택구입자는 LTV 80%를 적용하되, 수도권·규제지역 소재 주택구입시 LTV 70% 적용)
- 대출기간 : 10년, 15년, 20년, 30년(연소득 4,000만원 이하는 만기 40년 이용가능). 거치 1년 또는 비거치 모두 가능

▶ 보금자리론

보금자리론은 공기업인 한국주택금융공사가 정책적으로 장기 저리의 고정금리로 주택 구입자금을 빌려주는 제도이다. 대출실행일부터 만기까지 안정적인 고정금리가 적용되기 때문에 향후 금리 상승의 위험을 피하고자 하는 사람에게 적합한 상품이다.

신청자격 및 대출요건

역시 정책자금이기 때문에 몇 가지 제한 규정이 있다. 무주택자 또는 1주택자(구입용도에 한해 일시적 2주택을 허용하며, 기존주택은 대출실행일로부터 2년 이내 처분 조건)이어야 한다. 부부합산 연소득 7,000만원 이하여야 신청자격이 있다.

종 류

어떻게 신청하느냐에 따라 세 가지로 나뉜다. 'u-보금자리론'은 한국주택금융공사 홈페이지를 통해 신청하는 보금자리론을 말한다. '아낌e 보금자리론'은 대출거래약정 및 근저당권설정등기를 전자적으로 처리하여 u-보금자리론보다 금리가 0.1%포인트 저렴하다. 마지막으로 't-보금자리론'은 은행에 방문해서 직접 신청하는 보금자리론을 말한다.

대출금리와 대출한도, 대출기간

대출금리는 2025년 7월 기준으로 3.75%(10년 만기)에서 4.05%(50년 만기) 수준이다. 대출금액은 LTV 조건 충족시 주택담보가치의 최대 70%, DTI 조건 충족시 최대 60%로 최대 3.6억원까지 가능하다.

신청가능 대상주택

전용면적이 85m^2 이하인 주택으로, 주택가격이 6억원 이하인 주택만 가능하다.

취급은행

우리은행 등 13개 은행, 키움저축은행 등 13개 저축은행, 일부 보험사 등에서 취급한다.

▶ 디딤돌대출과 보금자리론의 차이

두 대출은 유사한 부분이 많아 보인다. 그러나 중요한 차이가 몇 가지 있다.

- 전자는 변동금리이고 후자는 고정금리이다.
- 전자는 주택을 구입할 때에만 받을 수 있다. 현재 주택을 1채 보유하고 있는 경우에는 대상이 되지 않는다. 후자는 가능하다.
- 전자는 단독 세대(주민등록등본상 혼자)는 30세 이상이어야 가능하다.
- 전자는 세대주와 세대원 모두가 무주택이어야 한다.

이러한 차이가 있기 때문에 다소 신중한 접근이 필요하다.

▶은행의 일반 대출

모든 은행은 주택담보대출을 취급하고 있다. 이상에서 설명한 정책자금을 이용할 수 없으면 일반 시중은행에서 주택을 담보로 대출받으면 된다.

참고로 보금자리론과 일반은행의 주택담보대출을 비교하면 〈표 10-8〉과 같다. 가장 큰 차이점은 전자는 고정금리인 데 반하여 후자는 변동금리라는 점이다.

〈표 10-8〉 보금자리론과 은행 주택담보대출의 비교

구 분	보금자리론	은행 주택담보대출
주요 특성	장기 · 고정금리 분할상환 (10~50년)	3개월 CD 및 COFIX 연동 변동금리 (1~40년)
대출 가능액	LTV 70% 이내, DTI 범위 내	LTV, DTI, DSR 범위 내
장점	• 금리상승 위험이 없고 원리금상환액이 안정적 • 초기 자기자금이 부족해도 내 집 마련 가능 • 일정범위 신용이면 금리차등 없음	주택유형에 제한 없음
단점	• 주택가격 6억원 이하, 대출한도 3.6억원 한정 • 무주택 또는 1주택자만 가능	• 높은 금리. 금리 인상기에 더욱 불리 • 기여도에 따라 가산금리 차등
금리	통상 은행 주택담보대출보다 상대적으로 싸다	더 비싸다

POINT 주택구입자금을 대출받을 때에는 대출 순서가 있다. 금리가 유리한 것부터 신청한다.

대출 은행 선택

사람들이 집을 매입할 때 100% 자기자금을 이용하는 경우는 많지 않으며, 대부분 돈을 빌리게 된다. 대출을 받을 때 가장 중요한 판단기준은 금리, 즉 이자율이다. 앞서 살펴본 전세자금대출에서도 금리가 최우선 순위였지만 구입시에는 금리가 더욱 중요하다. 통상 구입시의 대출액이 더 많고 장기간이기 때문이다. 그래서 매우 신중할 필요가 있다.

그동안은 은행간 대출금리를 비교하기 위해 각 은행의 금리를 일일이 비교해야만 했다. 그러나 다행히도 최근에는 은행의 금리를 비교해 주는 사이트가 여러 곳 생겨나서 서비스를 하고 있다.

그중 대표적인 웹사이트로 금융상품한눈에(http://finlife.fss.or.kr)가 있다. 이에 대해서는 여러 번 강조했으므로 여기서는 생략하기로 한다.

한 가지 주의할 점이 있다. 거의 모든 은행들은 주택담보대출금리를 최저~최고 금리를 표시하여 운용한다. 예를 들어 최저 3.52%~최고 4.72% 식이다. 최저와 최고의 차이는 신용등급과 해당은행에 대한 기여도이다. 카드사용, 급여이체계좌, 기존의 대출 등의 실적이 있으면 각 실적에 따라 우대금리를 적용한다. 신용도가 높고 우대금리를 적용받으면 금리가 내려가는 것이다. 따라서 주택구입과 관련된 대출을 예정하고 있다면 전략적으로 접근할 필요가 있다.

POINT

- 대출을 하기 전에는 금리조건을 꼼꼼히 따진다. 금리비교 사이트를 이용하는 것도 좋은 방법이다. 대출이 필요하면 사전에 전략을 세우는 것이 필요하다.
- 국민주택기금의 '디딤돌대출' 상품, 한국주택금융공사의 '보금자리론' 그리고 시중은행의 주택담보대출 등이 고려대상이다. 청년은 '청년주택드림디딤돌대출'을 받는 것을 적극 검토한다.

3 주택거래시 위험 줄이기

부동산 거래를 잘못하여 낭패를 보는 일이 적지 않다. 정확한 정보를 알지 못해서이다. 여기에서는 초보적인 수준에서 안전한 부동산 거래를 위하여 활용가능한 몇 가지 정보획득방법에 대하여 살펴본다. 여기에서 소개하는 내용은 신규로 분양 또는 임대하는 주택이 아닌 기존에 이미 있는 주택을 대상으로 하는 경우이다.

1단계 : 기초정보를 수집한다

주택을 매매하든, 전세를 구하든 공통적으로 주의해야 할 점은 무엇일까? 인터넷을 이용하여 사전에 정보를 수집하고 현장에 가서 정확한 정보를 수집하는 것이 필요하다.

▶인터넷에서 믿을 수 있는 정보를 수집한다

인터넷에는 수많은 정보가 범람하고 있다. 특히 부동산과 관련된 정보는 가짜 매물을 올려놓기도 하고 시세와 상관없는 미끼 매물도 많다. 정확한 정보를 파악하기가 쉽지 않다. 비교적 공신력 있는 웹사이트로는 다음과 같은 것들이 있다.

국토교통부 부동산 실거래가 조회 사이트(http://rt.molit.go.kr)

국토교통부 부동산 실거래가 조회 사이트는 정부기관인 국토교통부가 운영하는 것으로, 지역별 아파트, 다세대, 연립, 단독/다가구 실거래 가격 조회 서비스를 제공한다. 이미 거래가 이루어진 정보이므로 비록 시간적인 차이가 있긴 하지만 가장 정확한 정보라고 할 수 있다.

아파트를 조회해 보면 월별로 분류하여, 면적별로 실거래가 제시되어 있다. 층 정보도 제공된다. '전월세' 실거래 정보도 조회할 수 있다.

국토교통부가 운영하는 부동산 실거래가 조회 사이트

대법원 등기정보광장(https://data.iros.go.kr)

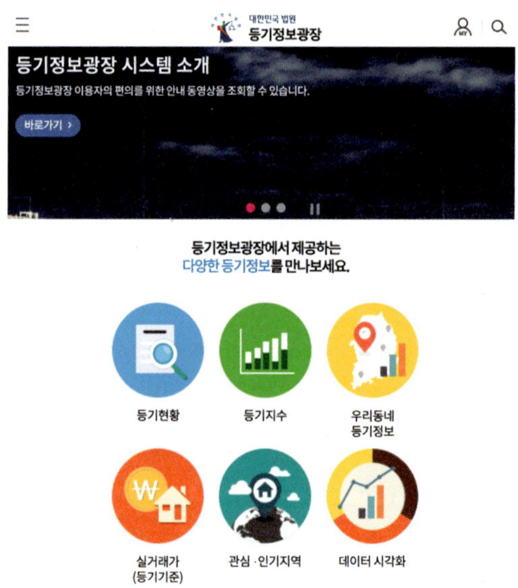

위의 국토교통부 자료는 계약만 하고 신고(가격을 올려놓고 나중에 계약을 취소)를 하여 가격을 왜곡한다는 비판이 끊이지 않았다. 부동산 거래는 등기이전이 완료되어야 거래가 종결된다. 이러한 점에 착안하여 대법원이 2022년 8월부터 소유권 이전 등기 기록을 바탕으로 한 아파트 등 집합건물 실거래가 정보를 제공하고 있다.

등기 기준 실거래가 정보는 대법원 '등기정보광장' 웹사이트의 '실거래가(등기기준)' 아이콘을 클릭해서 확인할 수 있다. 여기에서 제공하는 정보는 아파트·오피스텔·다세대주택 등 집합건물만을 대상으로 하며, 소유권 이전으로 등기된 최근 3년간 등기 기록상 거래 가액이다. 다만 소유권 일부 이전, 동시에 여러 건의 부동산을 거래해 매매 목록을 첨부한 등기에 기재된 실거래가 등은 제외된다.

국민은행 부동산 정보 사이트(http://kbland.kr)

위의 국토교통부 자료가 과거 자료라면 국민은행 자료는 현재 자료로서 매물 정보까지 보여준다.

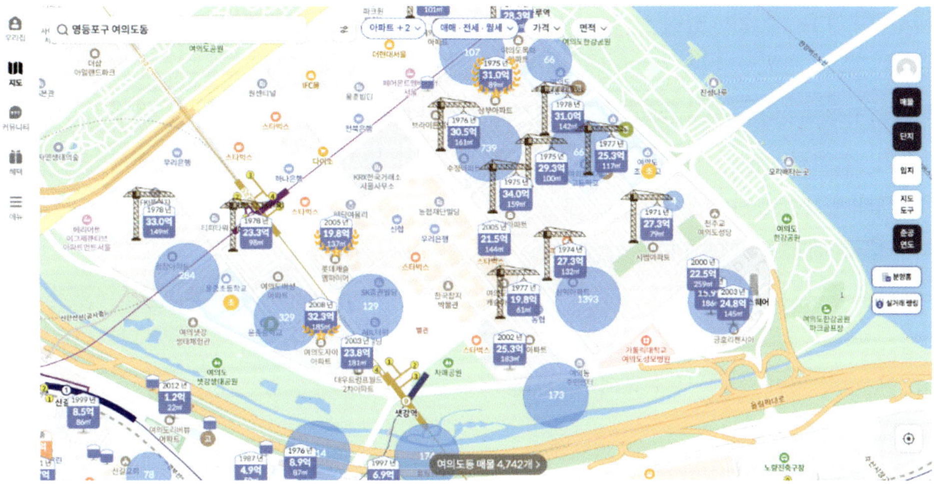

국민은행 부동산 정보 사이트

특정 아파트 단지를 조회하면 한 개의 단지에 몇 개의 평형(면적)이 있으며 각 평형별로 매매가, 전세가 각각에 대하여 상중하 평균가격이 제시되어 있다. 상단에는 매물, 시세, 실거래가, 단지정보, 평면도, 학군정보 메뉴가 있다. 하단에는 과거 시세 및 흐름을 그래프로 보여준다.

앞서 설명한 국토교통부, 대법원의 자료에 국민은행 부동산 정도의 사전 정보만 있어도 의사결정에 상당한 도움이 될 것이다. 그 외에도 다양한 부동산 정보제공 웹사이트가 있으니 참고한다.

▶현장을 반드시 방문한다

많은 전문가들은 부동산 거래시 반드시 발품을 팔아야 실패할 확률을 줄인다고 조언한다. 즉 현장에 직접 다녀보고 여러 부동산 중개업소를 가보라는 것이다.

POINT 부동산 거래를 하기 전에 먼저 공신력 있는 기관의 인터넷 웹사이트에서 정보를 확인한 후 반드시 현장에 가본다.

2단계 : 거래대상 물건의 확인

적절한 매매 또는 전세 물건이 파악되었으면 반드시 해야 할 일이 있다. 그 주택에 대한 상태를 파악하는 일로, 부동산 거래에 있어서 가장 중요한 일이다. 다음의 사이트에서 확인을 할 수 있다.

▶대법원 인터넷등기소(http://www.iros.go.kr)에서 소유 및 채권채무 관계 확인

700원의 소액만 내면 거래하고자 하는 주택의 소유자 및 권리관계(가압류, 근저당 등)의 상세내용을 알 수 있다. 등기부등본의 '갑구'란을 보면 해당주택의 소유자가 누구인지, 지금 계약을 맺으려는 상대방이 맞는지 확인할 수 있다. 만약 소유자의 대리인과 전세계약을 맺게 될 경우 위임장과 인감증명서를 잘 살펴보아야 한다. 등기부등본의 '을구'란을 보면 근저당권, 압류나 가압류 등이 걸려 있는지 확인할 수 있다. 이런 것이 있으면 거래를 심사숙고해야 한다.

대법원 '인터넷등기소' 사이트. 매우 중요한 사이트이다.

부동산에 전혀 하자가 없다고 해서 실제로 완벽하다고 믿어서는 안 되는 부분이 있다. 다음 부분에 신경을 써야 한다.

- 소유주 확인 : 종종 주택의 소유자가 아닌 사람과 계약을 하여 전 재산을 잃는 경우가 있다. 이를 방지하기 위해서는 대법원 등기 사이트에서 주택의 소유주를 확인한 후 계약시점에 계약자의 신분증과 얼굴을 직접 확인한다.
- 본인이 직접 확인 : 대부분의 부동산 중개인은 계약시점에 이 사이트에서 출력한 부동산등기부를 보여주는데, 반드시 본인이 직접 인터넷으로 이를 확인해보아야 한다.
- 반복 확인 : 계약할 때 이 웹사이트에서 문제가 있는지 확인을 한 후 중도금이나 잔금을 치르기 직전에 다시 확인할 필요가 있다는 것이다. 그 사이에 다른 사람에게 가압류되거나 근저당을 새로 설정했을 수 있기 때문이다. 심지어 다른 사람에게 팔리는 경우도 있다.
- 100% 완전한 것은 아님에 주의 : 이 부분은 최근 크게 문제가 된 부분이므로 이어서 따로 설명하겠다.

▶공신력 없는 등기부등본, "믿고 거래했다가 집 잃었다"

부동산 사기, 특히 전세사기가 전국적으로 문제가 되는 한편으로 매매에서도 기존의 관행과는 다른 상황이 발생하여 큰 관심을 보았다. 이 내용은 KBS에서 2022년 11월에 보도하면서 크게 이슈가 되었다. 그 내용을 중심으로 어떤 내용인지 어떻게 대비할 수 있는지 살펴보자.

"등기부등본 믿었다가 집을 잃었습니다"

〈상황 1〉

- A씨는 등기부등본상 소유권이나 저당권에 아무 문제가 없어서 B씨로부터 주택을 구매(은행 대출로 인한 저당권 없었음)
- 갑자기 X은행이 해당 집 대출 미상환으로 경매로 넘기겠다고 통보
- 알고 보니, 전 소유자 B씨가 은행 돈을 갚은 것처럼 대출상환서류를 위조, 등기소에 제출하여 은행 저당권을 말소했던 것. 즉 은행은 대출금을 상환받은 적이 없음
- 억울한 A씨, "국가 공신력인 등기부등본을 믿고 거래했으니 내 책임 아니다"라고 소송을 제기했으나 패소. 집은 은행 주고, 본인의 손실은 B씨에게 소송해서 받으라고 판결

이처럼 등기부등본을 확인하고, 부동산 중개인을 통해 정상적으로 거래해도 이렇게 재산을 날릴 수 있다. 상대방이 작정하고 서류를 위조하거나 행정절차상의 오류에 의해 등기부등본상 주인과 실제 주인이 달라서 벌어진 일이다. 문제는 이처럼 등기부등본상 주인과 실제 주인이 다른 것을 모르고(이 경우, 등기상에는 주인 이름이 기재되어 있으나 위 사례처럼 누가 실제 주인인지는 알 수 없음) 부동산을 매수했다 손해를 입은 경우, 국가에서는 어떤 배상도 해주지 않는다는 것이다. 우리나라 등기부등본제도는 '법적 공신력'이 없기 때문이다.

등기부등본에는 공시의 기능을 인정한다는 취지의 '이 증명서는 등기기록의 내용과 틀림없음을 증명합니다'라는 문구가 새겨져 있다. 그러나 이 문구는 등기기록과 내용이 같다는 것이지, 등기의 공신력을 보장한다는 의미는 아니다. '등기의 공신력'에 대한 언급은 찾아볼 수 없다.

대법원 "우리나라 부동산 등기부등본, 공신력 없어", "배상도 못해줘"

'등기의 공신력'이란 등기부등본이 실체적 권리 관계(누가 실질적으로 진정한 소유자인지 여부)에 부합하지 않더라도, 그 등기부등본을 믿고 거래한 경우 신뢰한 대로 법적 효력을 발생시키는 것을 뜻한다.

그러나 2022년 1월 사법연구원 자료에 따르면, 우리나라는 등기의 공신력을 인정하지 않는다. 이 때문에 위의 사례처럼, 우리는 알 수 없으나 어떤 사정이 있을지도 모를 등기부등본을 믿고 거래한 경우, 재산에 대한 권리를 보호받지 못할 수도 있다. 최근 대법원에서는 민법의 일부 조문을 근거로 '부동산의 소유권은 등기에 명시된 명의자가 아닌 원소유자에게 있다'는 판결을 내놓았다. 한마디로 등기가 무용지물일 수도 있다는 얘기다.

뿐만 아니라 등기를 믿고 거래했다가 피해를 보아도 그 손해를 국가로부터 배상받는 것도 가능하지 않다. 그러나 미국의 일부 주, 독일, 영국, 호주, 오스트리아, 중국 등 여러 국가에서 등기의 공신력을 인정한다. 매수자가 피해를 보면 일단 정부가 배상해 주고 매도자에게 정부가 구상권을 행사한다.

어떻게 대처해야 하나?

주거용 부동산에서 위의 사례와 같은 문제가 발생하는 경우는 현실적으로 거의 없다고 한다. 그렇다고 큰 금액일 수밖에 없는 부동산을 그냥 둘 수는 없다. 다음과 같은 대처방안이 활용될 수 있다.

• 등기부등본에서 삭제표시가 되어 있는 말소사항까지 확인한 후, 그 내용을 이해당사자에게 확인한다. 예를 들어, 다음 그림을 보면 신한은행에서 대출을 받아 근저당권을 설정했다가 삭제했음을 볼 수 있다. 이를 근거로, 매도인에게 신한은행에서 채무변제확인서를 발급받아 달라고 요청한다. 만약 매도인이 거절한다면 부동산 구입(또는 전세 입주)을 포기하는 것이 낫다. 그래도 그 부동산을 꼭 구입하고 싶다면 신한은행에 찾아가 등기부등본의 말소내역을 보여주면서 채무가 모두 상환된 것이 맞는지 문의하고, 관련 내용은 확인서로 받거나 녹음하는 방법도 있다.

순위번호	등 기 목 적	접 수	등 기 원 인	권 리 자 및 기 타 사 항
				~~근저당권자 주식회사신한은행 110111-0012809~~ ~~서울 중구 태평로2가 120~~)
4	3-1번근저당권설정등기말소		해지	

• 주거용 부동산의 경우, 전 소유주가 10년 이상 거주한 주택을 매입하는 것도 좋은 방법이 될 수 있다. 주택 등기를 한 뒤 10년이 지나면 '등기부 취득시효'를 완성하게 된다. 등기부 취득시효란 소유자로 등기한 자가 10년간 소유 의사를 가지고 평온·공연하게 선의·무과실로 점유할 경우 온전한 소유권을 취득하는 제도이다. 따라서 10년이 경과한 후에는 등기부등본에 없던 진짜 주인이 나타나도 등기부 취득시효의 법률적 효과 덕분에 보호받을 수 있다. 토지는 해당되지 않음에 유의할 필요가 있다.

3단계 : 실제 거래시 유의점

▶ 계약서 작성 직전 점검할 사항

• 등기부등본 및 선순위 채권을 확인한다. 매수는 물론이고 전세 계약을 하려고 할 때에도 반드시 확인한다. 선순위 금액에는 해당주택에 소유자가 아닌 선순위 세입자가 있는지, 있다면 그 금액은 얼마인지 확인해야 한다. 특히 전세를 구할 때에는 등기부 및 선순위 세입자의 보증금 합계가 주택 시장가치의 60~70% 이상이면 포기하는 게 낫다.

- 건축물대장도 확인한다. 요즘에는 대부분 중개사무소에서 안내해 주고 있다.
- 전세보증금 반환보험 가입이 가능한 주택인지 확인한다.
- 임대인의 국세·지방세 체납 여부를 확인한다. 2023년 4월부터 공인중개사가 임대인 동의를 얻어 세금·이자 체납 등 신용정보를 직접 확인할 수 있도록 법이 바뀌었다. 미리 확인해 세금보다 보증금이 후순위로 밀리지 않게 한다.

▶계약서를 작성할 때에는 정확하게

계약서에 당사자의 인적사항과 매매 목적물의 표시가 정확한지 살펴보아야 한다. 건물의 주소, 구조, 층수, 용도, 면적을 기재해야 하는데, 통상 등기부의 표제부에 기재된 대로 적으면 된다.

또한 계약 전에 해당주택을 직접 여러 차례 방문해 도배나 장판 상태, 창문이나 문 파손 여부를 확인해두어야 한다. 전세의 경우 나중에 집주인에게 돌려줘야 하므로 주택 흠결은 미리 전세계약서에 특약조건으로 기록해두어야 분쟁을 막을 수 있다. 해당주택에 관리비나 수도요금 등의 공공요금이 연체된 것은 없는지도 확인한다.

특히 전세사기를 피하기 위하여 계약서에 넣기를 권장하는 특약에는 다음과 같은 것들이 있다.

1. 전세금에 대한 보증보험의 가입이 거절된 경우 본 계약은 무효로 하고, 임대인은 임차인에게 계약금(또는 계약금 및 이사비 전액)을 반환한다. 만약 전세금의 일부에 대해서만 보험가입이 될 경우 보험이 거절된 전세금에 대해서는 그 즉시 임대인이 임차인에게 반환한다.
2. 임대인은 보증금 잔금을 지급받음과 동시에 근저당권자 ○○은행의 채권최고액 ○○원 근저당을 그 즉시 말소한다. 말소하지 않을 경우 임대차계약은 무효로 하고, 임대인은 임차인에게 (얼마)를 손해배상액으로 배상한다.
3. 임차인의 확정일자 효력 발생일 전 임대인이 근저당 등을 설정하는 경우 본 계약을 무효로 하고, 임대인은 손해배상액으로 ○○원을 지급하기로 한다.
4. 임차인은 임대차계약 체결 후 임대인의 미납세금에 대해 열람하고, 미납세금이 있을 경우 임대차계약을 해제할 수 있고, 이 경우 임대인은 임차인에게 계약금 전액을 반환한다.

▶거래대금 지급과 영수증 챙기기

전세대금은 보통 계약금과 잔금의 2회, 매매대금은 보통 계약금–중도금–잔금의 3회로 지급하게 된다. 모든 경우 반드시 영수증을 챙겨둔다. 무통장입금인 경우에는 반드시 등기부등본상의 부동산 소유자에게 송금해야 한다. 중도금 및 잔금의 날짜는 정확하게 명시하도록 한다. 참고로 계약금은 통상 총거래대금의 10%이다.

잔금을 치르기 전에는 등기부등본을 다시 한번 확인하여 주택 관련 권리 상황에 변화가 있었는지 반드시 살펴보도록 한다.

▶전세거래인 경우 반드시 전입신고 및 임대차계약서 확정일자 확인

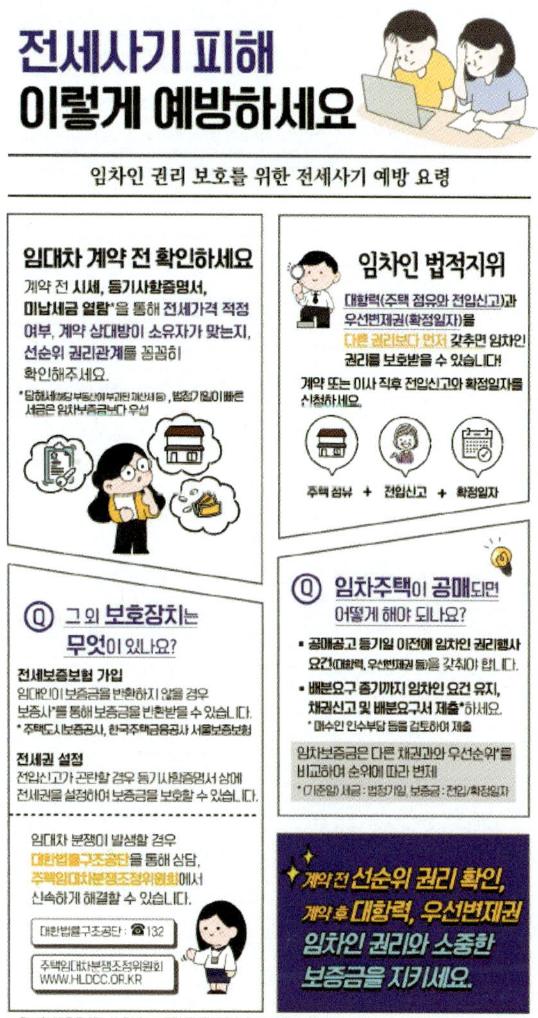

(그래픽 : 캠코)

전세보증금을 잔금까지 내면 그 즉시 동사무소에서 '전입신고'를 한다. 동시에 임대차계약서상에 '확정일자'도 받아두어야 한다. 그래야만 전세보증금 분쟁이 생겼을 때 다른 사람에 앞서서 보증금에 대한 우선변제권을 확보할 수 있다. 매우 중요한 일이다.

전입신고를 하면 대항력이 생긴다. 이는 보증금 전액을 돌려받을 수 있는 권리를 말한다. 확정일자를 받으면 우선변제권이 생긴다. 이는 임차한 주택이 경매·공매로 팔릴 경우 낙찰금으로부터 다른 채권자들보다 보증금을 우선 받을 수 있는 권리이다.

▶전세보증금 반환보험에 가입한다

전세보증금 반환보험은 집주인이 보증금을 돌려주지 않을 때 보증기관이 돈을 내주고 다음에 집주인에게 구상권을 행사하는 제도이다. 계약을 체결한 후에만 가입이 되고 임차기간의 절반이 지나면 가입 자체가 안 되는 것도 주의할 필요가 있다. 보증보험에 가입했더라도 실제 보증금을 반환받을 때까지 우선변제권을 유지해야 하기 때문에 보험금을 받기 전에 다른 곳으로 이사하거나 전입신고를 하면 안 된다.

▶가능하면 부동산 중개업소를 통한다

중개수수료 부담 때문에 소유자와 직접 부동산 계약을 맺는 경우가 있다. 하지만 부동산 중개업소를 통하지 않으면 사기를 당하거나 뜻하지 않은 손해를 볼 수 있다. 부동산 중개업소를 통해 계약을 맺으면 보통 중개업소가 보증보험을 들기 때문에 사고가 나도 상당부분 보상을 받는 게 가능하다. 은행 등으로부터 전세대출을 받아 전세계약을 맺는 경우 부동산 중개업소를 통한 전세계약서를 제출할 것을 요구받는 경우가 많다는 점도 유의하자.

기타 : 부동산 중개수수료

최근 단기간에 수도권 및 기타 지역의 부동산(아파트, 주택 등) 가격이 폭등하면서 부동산 중개수수료가 지나치게 높다는 논란이 있었다. 이를 반영해 7년 만에 개편이 진행되었다. 2021년 7월 10일부터 반값 중개수수료가 시행되면서 금액대별로 상한요율 구분이 세분화되었다.

부동산 중개수수료는 모든 부동산 거래가 끝난 후에 지불한다. 수수료의 부담은 〈표 10-9〉의 요율 및 한도액의 범위 내에서 거래 양 당사자가 각각 부담하게 된다. 단, 월세인 경우에는 '임대차 거래금액'을 다음과 같이 계산한다.

임대차 거래금액 = 월세보증금 + (월단위 차임액 × 100)

이때 만일 임대차 거래금액이 5,000만원 미만으로 산정된 경우 [월세보증금 + (월단위 차임액 × 70)]으로 재산정한다.

〈표 10-9〉 부동산 중개수수료율

<table>
<tr><th>거래내용</th><th>거래금액</th><th>상한 요율</th><th>한도액</th><th>중개수수료 요율 결정</th><th>거래금액 산정</th></tr>
<tr><td rowspan="6">매매교환</td><td>5,000만원 미만</td><td>0.6%</td><td>250,000</td><td rowspan="6">중개수수료 한도
=거래금액×상한요율
(단, 이때 계산된 금액은 한도액을 초과할 수 없음)</td><td rowspan="6">• 매매 : 매매가격
• 교환 : 교환대상 중 가격이 큰 중개대상물 가격</td></tr>
<tr><td>5,000만원 이상 ~2억원 미만</td><td>0.5%</td><td>800,000</td></tr>
<tr><td>2억원 이상 ~9억원 미만</td><td>0.4%</td><td>–</td></tr>
<tr><td>9억원 이상 ~12억원 미만</td><td>0.5%</td><td>–</td></tr>
<tr><td>12억원 이상 ~15억원 미만</td><td>0.6%</td><td>–</td></tr>
<tr><td>15억원 이상</td><td>0.7%</td><td>–</td></tr>
<tr><td rowspan="6">임대차 등 (매매·교환 이외의 거래)</td><td>5,000만원 미만</td><td>0.5%</td><td>200,000</td><td rowspan="6">중개수수료 한도
=거래금액×상한요율
(단, 이때 계산된 금액은 한도액을 초과할 수 없음)</td><td rowspan="6">• 전세 : 전세금
• 월세 : 보증금 +(월 차임액×100)
[단, 이때 계산된 금액이 5,000만원 미만일 경우 : 보증금+(월 차임액×70)]</td></tr>
<tr><td>5,000만원 이상 ~1억원 미만</td><td>0.4%</td><td>300,000</td></tr>
<tr><td>1억원 이상 ~6억원 미만</td><td>0.3%</td><td>–</td></tr>
<tr><td>6억원 이상 ~12억원 미만</td><td>0.4%</td><td>–</td></tr>
<tr><td>12억원 이상 ~15억원 미만</td><td>0.5%</td><td>–</td></tr>
<tr><td>15억원 이상</td><td>0.6%</td><td>–</td></tr>
</table>

장을 마치며

청년이 살아야 나라도 산다. 집값도 그렇다

부동산 시장은 애닯다. 집값은 장기적으로는 통화량 증가에 따른 인플레이션(물가상승)이 반영되며 우상향한다. 하지만 그 속에서 오름과 내림을 반복하는 사이클을 가진다. 이에 집을 살 기회는 언제든 돌아온다는 희망이 항상 있었다. 집값이 하락하고 안정하는 시기에 사면 적당한 가격에 집을 장만할 수 있었다. 2010년대 초반까지는 말이다.

하지만 집값이 2015년 이후 장기 대세 상승기를 거치면서 서울 아파트 평균 매매가격은 무려 13억원을 넘어섰다. 터무니없이 높게 올라버린 집값에 청년들은 이제 좌절에 빠질 뿐이다. 물론 부모를 잘 만난 '금수저' 청년들은 증여를 받든 상속을 받든 부를 상속받아 미친 집값의 영향권에도 위기를 느끼지 않을 테다. 그러나 대다수 중산층 가정에 속한 청년들에게는 더 이상 서울 집값은 범접할 수 없는 대상이 돼 버렸다.

1976년의 서울 안암동 한옥촌 (자료 : 서울시 블로그)

1960~70년대 태어난 부모들은 그래도 기회가 여러 번 있었다. 특히 그중 2010~2013년은 집을 사기 좋은 시기였다. 당시만 해도 여의도나 동부이촌동, 반포, 압구정 등 최상급지 아파트들을 4억~7억원 정도면 살 수 있었다. 그러나 "빚내서 집사라"란 정부의 '공식 멘트'가 나온 후 2015년부터 집값은 고공비행을 시작했다. 아파트 가격은 2배를 넘어 3~4배 폭등했다. 상급지 아파트들은 10배에 달하는 상승세를 나타냈다. 코로나19의 창궐은 더 큰 유동성을 뿌리며 서울 집값을 밀어올렸다. 지난 10년 동안 벌어진 일이다. 서울 보통 아파트 국평(전용면적 84m^2) 가격이 13억원을 넘어섰을 정도다. 2025년 3인가구 중위소득이 502만 5,000원인데 한푼도 안 쓰고 돈을 모을 경우 20년이 넘게 걸린다. 흔히 말하는 압구정과 반포 같은 상급지는 더 말할 필요도 없다. 50억원을 넘어 100억원에 가까운 시세를 형성하는 그들만의 리그를 형성했다.

청년들은 이제 아무리 많은 돈을 벌어도 집을 사기 어렵다는 자괴감에 빠졌다. 정부가 '집값을 잡겠다'고 나섰지만 아무도 이 말을 믿을 수 없게 됐다. 정부 고위 관료들과 정치인, 교수 등 사회 저명인사들이 대부분 강남을 비롯한 상급지에 집을 보유한 현실에서 누가 자기 목을 치는 정책을 내겠느냐는 지적마저 나온다. 전임 윤석열 정부는 집값이 안정되려는 순간 대량의 정책금융을 공급해 집값을 다시 띄우는 우를 범하기도 했다. 집값은 안정돼야 한다. 그래야만 청년들이 희망을 가질 수 있고 안심하고 아이를 낳을 수 있는 환경이 조성된다. 기성세대들이 이미 주택을 보유했다고 "아파트 가격아 무조건 올라라"라고만 외치는 것은 사회를 절망으로 내모는 태도다.

집은 '사는 것'(buying)이 아닌 '사는 곳'(living)이 돼야 한다. 이재명 정부의 역할이 중요하다. 정부가 공급 의지가 충분하다는 것을 보여줘야 한다. 그리고 시간이 걸리겠지만 싱가포르와 같은 양질의 공공주택을 충분히 공급해 반드시 집을 사지 않더라도 안정적인 주거가 가능하단 인식을 심어줄 필요가 있다.

수도권에만 몰린 일자리를 대구, 부산, 울산, 광주, 대전 등과 같은 광역 지방거점도시로 분산시켜 청년들에게 서울이 아닌 지방에도 일자리 많고, 집값 싸고, 살기 좋은 곳이란 인식을 만들어줘야 한다. 과거 공기업들을 지방으로 내려보낸 균형정책은 실패로 끝났다. 지방거점도시에 10개 이상 공기업을 집중시켜 시너지 효과를 발휘할 수 있도록 설계해야 했는데 나눠 먹기식 민원에 밀려 1개씩 쪼개서 내려보내는 바람에 균형 발전 효과는 눈 녹듯 사라져버렸다.

법인세 대폭 감면 등 파격적인 인센티브를 줘서라도 지방거점도시에 기업들이 내려갈 수 있도록 과감한 대책을 강구해야 할 때다. (머니투데이, 2025.7.15)

주요 용어

- 청약
- 청약통장
- 주택청약종합저축
- 청년주택드림청약통장
- 임대주택
- 행복주택
- 청년전세임대
- 국민주택
- 민영주택
- 청년 버팀목 전세자금대출
- 청년전용 보증부(전)월세대출
- LTV
- DTI
- DSR
- 청년주택드림디딤돌대출
- 보금자리론
- 대법원 인터넷등기소

연습문제

1. 주택청약종합통장과 청년주택드림청약통장에 대하여 설명하라.
2. 행복주택에 대하여 설명하라.
3. 전세자금을 대출받고자 할 때 가능한 정책자금에 대하여 설명하라.
4. LTV, DTI, DSR에 대하여 설명하라.
5. 부동산 거래정보를 얻을 수 있는 방법에 대하여 설명하라.
6. 부동산 거래시 단계별로 중요한 사항을 정리하라.
7. 청년들에게 특화된 주택지원제도, 주택 관련 자금지원제도에 대해서 설명하라.

CHAPTER

11

노후준비도 일찍 할수록 유리하다

미국 캘리포니아 LA 인근의 전형적인 주택 모습. 캘리포니아 지역은 살기 좋은 기후 등으로 미국에서 가장 인구가 많은 주이다. (사진 : 구글지도)

이재명 대통령, '18세 청년 국민연금' 정책에 다시 불씨… 청년층 노후대비 청신호

이재명 대통령의 주요 공약 중 하나인 '18세 청년 국민연금' 정책이 추진력을 얻고 있다. 이재명 대통령은 과거 경기도지사 시절 추진했던 이 정책이 중단됐지만, 최근 보건복지부가 긍정적인 검토 의사를 밝히면서 상황이 변화하고 있다.

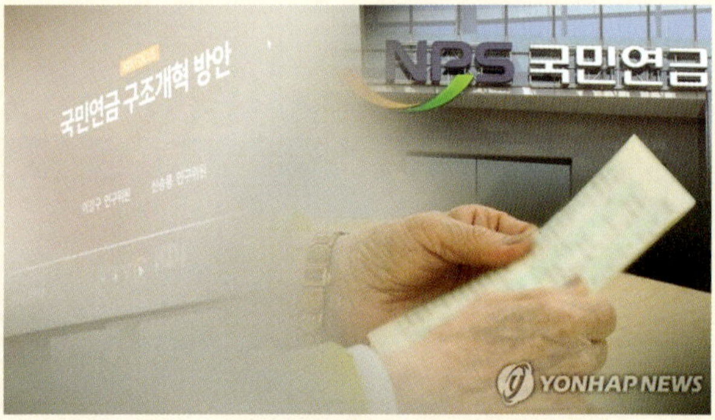

이 정책의 주요 목표는 18세가 된 청년이 첫 달 국민연금 보험료를 국가부담으로 시작하여 연금에 자동가입되는 것이다. 국민연금은 가입기간이 연금수령액과 직결되기 때문에, 청년들에게 조기 노후준비를 돕겠다는 의도다. 이는 이재명 대통령이 이전에 강조했던 정책 당위성과 국가 역할 측면에서 일치하는 방향성을 가진다.

전문가들은 18세 자동가입이 청년층에게 연금의 장점을 알리고, 납부예외 후에도 추납을 통해 연금 가입기간을 인정받을 수 있는 기회를 제공할 것이라고 보고 있다. (스페셜타임스, 2025.6.13)

1 노후준비에도 체계가 있다

행복한 노후를 설계하기에 앞서

어느 글에서 행복한 노후의 조건으로 '5F'가 있는데, 그것은 돈(Finance), 취미(Field), 재미(Fun), 배우자나 친구(Friend), 건강(Fitness)이라는 것을 본 적이 있다. 어느 정도 공감 가는 글이었다. 이 내용에 대해서 조금씩 다루고 싶지만 본 책이 지향하는 것과는 다소 거리가 있으므로 여기에서는 재테크와 관련된 '돈'에 대해서만 다룬다.

많은 전문가들은 행복한 노후를 위해서는 배우자나 '마음에 맞는' 친구가 꼭 필요하다고 한다. (사진 : freepik.com)

그러나 꼭 마음에 담아 두어야 할 것은 돈이 많다고 하여 인생이 행복한 것도 아니고 행복한 노후가 보장되는 것은 아니라는 점이다. 다만 최소한의 돈이 없이 노후가 편안하기는 쉽지 않다는 점만은 부정하기 어렵다. 본장은 이러한 관점에서 접근하고자 한다.

우리나라의 노후대비장치 구조

제1장에서 보았던 것처럼 은퇴 후 노후대비 여부가 개인이나 사회 전체에 심각한 문제가 되고 있다. 어떻게 노후를 준비할 수 있을까?

현재 우리나라의 노후준비체계는 '0+3+1' 장치라고 할 수 있다. 이 용어는 저자가 우리나라 연금체계를 쉽게 설명하기 위하여 만들어 본 것이다. 다음의 그림을 보면 그 의미를 잘 알 수 있다.

노후대비 "0+3+1" 장치

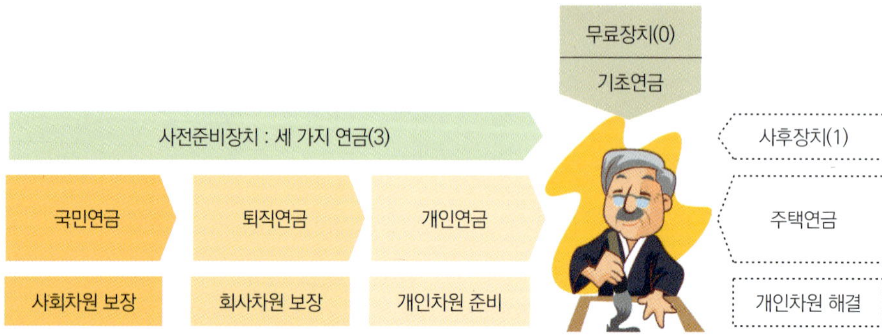

먼저 기초연금은 개인이 사전에 준비하지 않아도(즉 연금을 받기 위하여 사전에 보험료를 내지 않아도) 국가에서 "공짜로 그냥 주는" 연금이다. 개인이 이 연금을 받기 위하여 사전에 별도로 준비할 것은 없다. 그래서 숫자 0(zero)으로 표시했다.

두 번째로, 사전에 준비하여 대비할 수 있는 사전준비장치인 세 가지의 연금이 있다. 사회보장 · 복지 차원에서 만들어진 국민연금, 회사차원에서 보장해 주는 퇴직연금, 그리고 개인이 선택적으로 가입할 수 있는 개인연금이 그것이다.

마지막으로, 이러한 사전준비 여부와 상관없이 사후적으로 활용할 수 있는 것으로, 충분한 노후준비가 안 된 사람이 주택을 활용하여 연금을 받는 '주택연금'이라는 제도가 있다.[1)]

이들의 관계는 다음 오른쪽 그림과 같이 표현할 수 있다. 비 오는 날의 대비 모습을 노후에 비유한 것이다. 우리는 비가 오면 가장 먼저 우산을 챙긴다. 비 오는 날 우산에 해당되는 노후대비상품이 '국민연금'이다. 가장 중요하기 때문에 그림에서 번호 1을 붙이고 색깔도 진하게 나타냈다. 우산을 쓰고 비옷을 입으면 비를 더 잘 피할 수 있을 것이다. 비옷에 비견되는 것은 '퇴직연금'이다. 두 번째로 중요하다는 뜻이다. 장화는 '개인연금'에 해당한다.

---

1) '연금'이라는 명칭이 붙어 있긴 하지만 '기초연금'과 나머지 연금은 성격이 근본적으로 다르다. 본문에서 숫자 3과 1로 표시하고 있는 네 가지의 연금은 가입자가 사전에 자신의 돈을 보험료로 냈거나(국민연금, 퇴직연금, 개인연금), 자신의 재산을 담보로 연금처럼 소득을 발생시킨다(주택연금). 그러나 '기초연금'은 전혀 다르다. 보험료를 내지 않고 노인들의 노후를 위하여 국가가 국민의 세금을 재원으로 그냥 주는 것이다.

사실 이 정도면 우천시의 대비, 즉 노후준비는 어느 정도 된 셈이다. 그런데 우산, 비옷, 장화가 전혀 준비가 안 된 상태에서 비가 오면 우리는 어떻게 하는가? 독자 여러분은 가방 같은 것으로 머리를 덮고 뛰어본 경험이 있을 것이다. 노후준비가 전혀 되어 있지 않지만 집을 한 채 소유하고 있다면 최후의 수단으로 이를 활용할 수 있다. 마치 비오는 날의 가방처럼…….

앞의 세 가지 연금—국민연금, 퇴직연금, 개인연금—은 사전에 준비하여 노후를 대비하는 것이고 주택연금은 사전에 준비가 되지 않은 상태에서 사후적으로 활용하는 방법이다. 즉 앞의 세 가지 연금은 사전에 보험료를 낸 사람에 대해 일정한 요건이 충족되면 매월 일정한 금액의 연금을 받는 방식인 데 비해, 주택연금은 주택을 담보로 맡기고 매월 일정한 금액을 연금처럼 받는 형식이다.

한편 이상의 네 가지 연금은 모두 자신의 희생에 따른 대가로 연금을 받는다. 사전준비 연금인 국민연금, 퇴직연금, 개인연금은 노후를 대비하기 위하여 사전에 연금보험료를 내야 받을 수 있다. 위의 그림에서 마치 우산, 비옷, 장화를 사용하기 위해서는 사전에 돈을 주고 사야 하는 것과 같은 이치이다. 주택연금은 자신의 주택을 맡겨야(희생해야) 받을 수 있는데, 이는 마치 가방을 희생시키는 것과 같다. 그래서 주택연금은 '연금'이라는 명칭이 붙었지만 엄밀히 말하면 연금이라고 보기는 어려운 면이 있다.

하지만 기초연금은 연금수급자의 희생이 없다. 공짜다. 비오는 날 남의 집 처마에서 비를 피하는 것과 같다. 이와 같은 이유 때문에 통상 3대 연금이라고 하면 사전적인 자기희생이 필요한 국민연금, 퇴직연금, 개인연금 세 가지를 말한다.

본장에서는 먼저, 굳이 사전에 준비할 필요는 없지만 알아둘 필요가 있는 기초연금에 대하여 살펴보고, 이어서 국민연금, 퇴직연금, 개인연금, 주택연금 순으로 자세히 알아본다.

기초연금

앞서 언급한 것처럼 기초연금은 명칭은 '연금'이지만 다른 연금과는 성격이 근본적으로 다르다. 2014년 7월부터 시작된 기초연금은 자격이 되는 65세 이상 노인에게 국가에서 "공짜로" 주는 것이지만 국가가 알아서 주는 것은 아니고 신청자에 한하여 지급한다는 점에 주의할 필요가 있다. 주소지 관할 읍·면·동사무소나 주민센터, 가까운 국민연금공단 지사에 신분증과 통장사본을 지참하고 방문해 신청하면 된다.

▶65세 이상이면 누구나 받는가?

그렇지 않다. 만 65세 이상 노인 가운데 소득과 재산 조사를 거쳐 '소득인정액'이 '선정기준액' 이하여야 받을 수 있다. 2025년도 선정기준액은 단독가구는 228만원이며 부부가구는 364.8만원이다. 2025년 1월 기준으로 소득인정액이 이 금액 이하여야 기초연금의 대상이 된다. 공무원연금, 사학연금, 군인연금, 별정우체국연금을 수령하고 있다면 받을 수 없다.

▶얼마를 받는가?

만 65세 이상이고 선정기준액 이하인 조건을 충족하는 경우 다음의 대상은 기본적으로 1인이 2025년 기준으로 월 최대 342,510원을 받는다. 부부가구는 월 최대 548,000원을 받는다. 소득하위 70%에 해당하는 기초연금 수급자는 월 342,510원을 받는다.

- 국민연금을 받지 않고 있는 사람
- 국민연금 월 급여액이 기준연금액의 150% 이하(2025년에는 513,760원)인 사람
- 국민연금의 유족연금이나 장애연금을 받고 있는 사람
- 국민기초생활보장 수급권자, 장애인연금을 받고 있는 사람

그러나 감액이 되는 경우로 다음과 같은 것들이 있다.

- 부부 : 부부 모두가 기초연금 대상이면 각각에 대해 20%를 감액하여 받는다.
- 국민연금 가입자 : 국민연금 가입자는 국민연금(노령연금)의 월 급여액이 기초연금 기준연금액의 250%인 856,270원(=342,510원×250%−국민연금급여액 등, 2025년 기준)을 초과하는 경우에는 기초연금의 기준연금액인 2025년 1월 기준 월 342,510

원에서 일정하게 삭감되는 금액을 기초연금으로 받는다. 깎이는 금액은 국민연금 가입기간이 12년을 넘으면 1년마다 기초연금이 약 1만원씩 줄어든다고 보면 된다. 국민연금을 받는 기간이 늘어나면 이와 반비례하여 기초연금액수가 줄어드는 구조이다.

2 국민연금 이상의 노후대비수단은 없다

국민연금이란?

국민의 노령, 장애 또는 사망에 대하여 연금급여를 실시함으로써 국민의 생활안정과 복지증진에 이바지하는 것을 목적으로 하는 제도이다.

국민건강보험, 산업재해보상보험, 고용보험과 함께 4대 사회보험제도의 하나로, 강제로 가입해야 한다. 특별법에 의해 연금이 적용되는 공무원 · 군인 · 사립학교 교직원 등을 제외한 18세 이상 60세 미만의 국내에 거주하는 국민을 대상으로 1988년 1월 1일부터 시행되고 있다.

하후상박 구조로 연금액이 구성되므로 높은 소득을 가진 사람의 연금액의 백분율이 낮은 소득을 가진 사람보다 낮다. 노령연금을 받기 위한 최소 가입기간은 10년이

다. 연금 수령연령은 1952년 이전 출생자는 60세였는데, 2013년 이후 5년 단위로 한 해씩 늦추어져 1969년 이후 출생자는 65세부터 받는다.

국민연금의 특징

▶가입이 강제적이다

국민연금은 건강보험과 같이 사회보험 성격이기 때문이다. 가입의 강제성은 소득재분배를 위하여 필수적이다.

▶소득재분배에 기여한다

평균 이하의 소득자는 본인이 낸 연금보다 상대적으로 더 많은 연금을 받는 대신 고소득자가 이러한 부분에 기여하게 된다.

〈표 11-1〉을 보자.[2] 30년간 보험료를 납부한 경우를 비교해 보면, 매월 35,100원의 보험료를 납부한 사람은 연금을 받을 시점에 매월 390,000원을 연금으로 받아 본인이 납부했던 보험료의 11.1배 정도를 받는다. 반면 매월 404,100원의 보험료를 납부한 사람은 매월 1,139,700원을 연금으로 받아 2.8배 정도를 연금으로 돌려받는다. 표에서 보듯이 소득이 많아 보험료를 많이 내는 사람일수록 나중에 연금으로 돌려받는 비율이 낮아짐을 알 수 있다.

〈표 11-1〉 국민연금의 소득재분배 기능의 사례 (단위 : 원, 배)

가입기간 중 기준소득월액 평균액	연금보험료(9%)(A)	30년 후 월 수령액(B)	환급률(B÷A)
390,000	35,100	390,000	11.11
1,000,000	90,000	614,890	6.83
2,000,000	180,000	765,260	4.25
3,000,000	270,000	915,640	3.39
4,000,000	360,000	1,066,010	2.96
4,490,000	404,100	1,139,700	2.82

2) 과거에 국민연금공단이 제시했던 예시이다. 여러 가지 변수에 의해 달라질 수 있다.

▶국가가 망하지 않는 한 반드시, 그리고 평생 지급된다

국민연금은 국가에서 운영하는 사회보장제도이기 때문에, 연금을 받지 못하는 일은 국가가 망하지 않는 한 일어나지 않는다. 가장 안전한 보장인 셈이다.

현재 전 세계적으로 국민연금과 같은 공적연금제도를 실시하고 있는 나라는 170여 개국에 달하지만 연금지급을 중단한 예는 한 곳도 없다. 심지어 최악의 경제상황에 직면했던 1980년대 남미 국가들과 1990년대의 옛 공산주의 국가에서도 연금지급을 중단한 사례는 없었다.

▶물가인상률을 반영해서 연금이 늘어난다

매우 중요한 특징으로, 국민연금은 물가인상률을 반영해서 연금을 지급함으로써 최소한의 생활이 가능하도록 해준다. 물가가 아무리 올라도 실질구매력은 유지된다. 예를 들어 1988년도에 100만원의 소득으로 국민연금에 가입되었다면 이를 2025년 기준의 현재가치로 재평가하면 약 825만원의 소득액으로 인정하여 국민연금을 계산한다.

▶수익률이 높다

국민연금의 수익률은 민간연금보다 높은 것으로 알려져 있다. 마치 국가의 보험인 건강보험이 민영의료보험과 비교했을 때 보험료 대비 보험 혜택이 두 배 이상 큰 것과 같은 이치이다. 이 부분은 뒤에서 다시 설명한다.

POINT 국민연금은 수익률이 높고 물가상승률까지 고려해 주며, 반드시 지급되는 최상의 노후대책이다.

가입유형

국민연금의 가입유형에는 다음과 같이 크게 네 가지가 있다.

가입유형	내용
사업장가입자	'국민연금에 가입된 사업장'에 취직을 하면 자동가입됨
지역가입자	사업장가입자도 아니고 아래의 임의가입자도 아니면 자동으로 지역가입자가 됨. 마치 건강보험의 지역가입자와 같음
임의가입자	국민연금 가입을 본인이 결정할 수 있는 사람들로 다음의 경우임 • 기초수급자 중 생계급여, 의료급여 또는 보장시설 수급자 • 다른 공적연금(예 : 공무원 연금) 가입자의 무소득 배우자 • 다른 공적연금의 퇴직연금(일시금) 등 수급권자 및 그 무소득 배우자 • 사업장가입자 및 지역가입자의 무소득 배우자 • 노령연금 수급권을 취득한 자의 무소득 배우자 • **18세 이상 27세 미만의 무소득자**
임의계속가입자	가입기간이 부족하거나, 종료 후에도 계속 가입을 원하는 가입자

우리가 주목하는 것은 네 가지 유형 중에 '임의가입자'이다. 사업장가입자와 지역가입자는 의무적으로 가입해야 하므로 선택권이 없다. 위 표에서 보듯이 임의가입자는 가입 여부를 본인이 결정하는 사람들로 주로 '연금가입자들의 배우자이면서 소득이 없는 사람들과 소득이 없는 청소년들'이다. 본인이 여기에 해당되면 아래에 이어지는 내용을 보고 가입을 적극 검토해 볼 필요가 있다.

연금급여의 종류

국민연금에서 지급하는 연금급여의 종류로는 노령연금, 장애연금, 유족연금, 반환일시금, 사망일시금의 다섯 가지가 있다. 앞의 세 가지는 월 단위로 지급하는 연금이고, 뒤의 두 가지는 일시에 지급하는 연금이다.

이 중 핵심은 노령연금이다. 흔히 국민연금이라고 하면 주로 이 노령연금을 말하는 것으로, 노후가 되면 지급받는 연금이다. 가입기간이 10년 이상인 사람이 60세에 도달하면 이후부터 평생 지급한다. 다만 연금기금의 조기 고갈을 막기 위하여 1953년생부터는 1년씩 지급 시작을 늦춘다. 1953~1956년생은 61세부터, 1957~1960년생은 62세부터이며, 1969년생 이후는 65세부터 지급한다.

연금을 받을 상황이 발생한 이후 5년이 지나면 연금신청을 해도 연금지급을 해주지 않는다. 이를 주의할 필요가 있다.

POINT 각 국민연금 종류별로 연금지급을 받을 사유가 생기면 지체 없이 신청한다. 신청하지 않고 5년이 경과하면 권리가 소멸된다.

얼마를 내면 얼마를 받나?

국민연금보험료로 얼마를 내고 연금급여로 얼마를 받게 될까? 누구나 가장 궁금해하는 부분이다. 보험료 납부금액은 소득월액에 의해 결정된다. 즉 보험료는 월평균 소득월액의 9%를 납부한다. 2025년 기준으로 소득월액 최저는 400,000원으로 보험료는 36,000원을 낸다. 그 이하는 인정되지 않는다. 월평균 소득월액의 최대치는 6,370,000원으로 이때의 보험료는 573,300원이다. 단, 임의가입자의 최소 보험료금액은 90,000원이고 최대금액은 555,300원이다.

한편 네 가지의 가입유형 중 '사업장가입자'의 경우엔 가입자 본인이 4.5%를 내고 사업주가 4.5%를 내게 되어 있다. 나머지 가입유형은 본인이 9%를 다 낸다.

그럼 얼마를 받게 될까? 〈표 11-2〉는 2025년 기준으로 국민연금 가입자가 내는 보험료와 가입기간에 따라 받게 되는 노령연금을 정리한 것이다. 예를 들어 월 소득이 100만원인 가입자는 소득의 9%인 90,000원을 보험료로 낸다. 만일 이 가입자가 '사업장가입자'라면 이 금액의 절반(소득의 4.5%)인 45,000원만 내면 된다. 10년 경과 후 연금급여를 받을 시기가 되었다면 한 달에 196,670원씩을 평생 받는다. 만일 어떤 사람이 27세에 취직을 하여 30년간 월평균 급여가 200만원이었고 계속 국민연금보험료를 냈다면 노령연금은 733,720원이다. 조금 적게 느껴질 수도 있는 금액이다. 하지만 이 금액은 물가가 상승하더라도 물가상승률을 반영해서 늘려주기 때문에 적지 않은 금액이다. 또한 이 표에서 관심을 가져야 할 것은 가입기간이 늘어날수록 노령연금 금액이 매우 커진다는 점이다. 노년의 삶의 질을 비교한다면 30년 가입자에 비해 40년 가입자가 상당 부분 나을 것으로 보인다.

2024년 12월 말 기준으로 국민연금 노령연금을 이미 수령하고 있는 사람 수는 약 601만명에 이르고 있다.

〈표 11-2〉 가입기간에 따라 받는 노령연금 (단위 : 원)

가입기간중 기준소득월액 평균액	연금보험료 (9%)	가입기간별 월 연금액			
		10년	20년	30년	40년
400,000	36,000	175,760	350,210	400,000	400,000
1,000,000	90,000	196,670	389,720	582,780	775,830
2,000,000	180,000	247,610	490,660	733,720	976,770
3,000,000	270,000	298,540	591,600	884,650	1,177,710
4,000,000	360,000	349,480	692,540	1,035,590	1,378,650
5,000,000	450,000	400,420	793,470	1,186,530	1,579,580
5,900,000	531,000	446,260	884,320	1,322,370	1,760,430

* 최저보험료 36,000원을 낸 경우에는 가입기간이 25년 이상이더라도 연금액이 동일하다.

POINT 위 표가 보여주는 시사점 중에서 가장 중요한 것은 노후준비를 일찍 시작해야 한다는 것, 그래서 청년기부터 시작해야 한다는 것이다.

민간연금보험과의 비교

기초연금제도가 시작되기 전에는 국민연금은 민간 개인연금에 비해 비교할 수 없을 정도로 우월했다. 문제는 기초연금을 국민연금에 연계하고 있다는 점이다. 그렇다면 상황이 얼마나 달라졌을까?

한국경제신문이 분석한 자료[3]에 근거하여 국민연금과 민간연금보험을 비교해 보자. 가능하면 최대한 조건을 일치시켜 보았다. 비교조건은 간단하다.

① 가입방식 : 임의가입자로 가입
② 가입자 특성 : 소득하위 70%에 속함. 즉 기초연금(국민 평균 기대수명을 반영하여 부부가 함께 20년간 수령한다고 가정) 대상자임.
③ 납입보험료 가정 : 세 가지 경우를 동시 비교
- 월 8만 9,100원
- 월 20만 7,000원
- 월 35만 100원

④ 보험료 납부기간 : 10년(120개월)
⑤ 물가상승률 : 고려하지 않음
⑥ 민간개인연금보험 : 예정이율 4%

구체적인 상황을 살펴보자. 55세인 전업주부 A씨가 10년간 국민연금이나 개인연금(연복리 4%, 연금수령기간 20년 가정) 중 하나를 골라 노후대비하려고 한다. 전업주부는 본인이 판단하여 국민연금 가입여부를 결정할 수 있는 '임의가입자'이다. 가입금액은 크게 89,100원, 207,000원, 350,100원을 납부하는 세 가지이다.

그 결과는 다음 그림과 같다. 어떤 경우에도 국민연금 가입자가 개인연금 가입자보다 더 받는다.

3) 이는 한국경제가 2013년에 분석한 자료이다. 그 이후 유사한 분석자료가 없어서 이 자료를 사용한다. 당시 임의가입자의 최저가입금액은 89,100원이었다. 약간의 금액 차이는 있지만 전체적인 결과에는 지금도 차이가 없는 것으로 보인다.

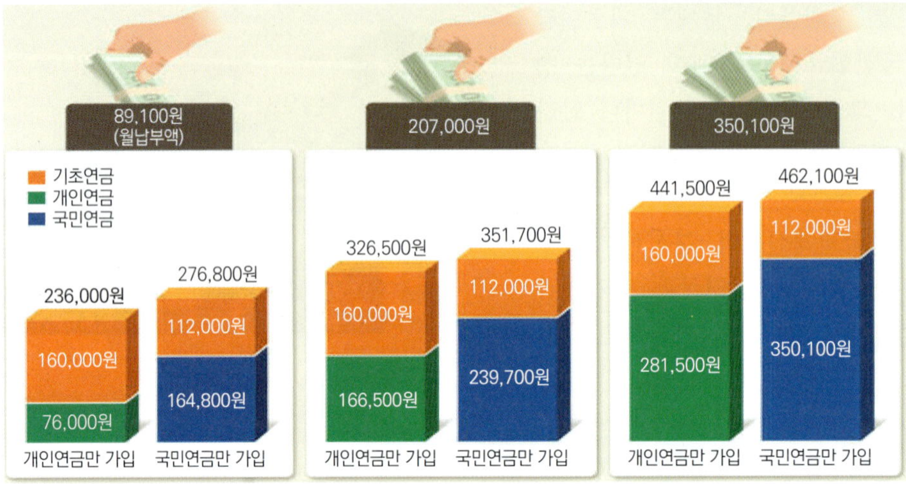

(자료 : 한국경제)

뿐만 아니라 국민연금은 사망할 때까지 계속 지급하므로 생존기간이 길어질수록 더욱 유리해진다.

또한 5년 후, 10년 후, 15년 후, 20년 후의 예상수령액에 있어 민간보험은 변함이 없는 데 반해 국민연금은 물가상승률을 반영해 주기 때문에 계속 증가할 수 있다. 따라서 인플레이션율이 커지면 민간보험은 더욱 불리해진다.

마지막으로 국민연금은 가입기간이 길수록 금액이 커지는데, 이는 〈표 11-2〉에서 본 바와 같다.

어떻게 할 것인가? : 실전 재테크

국민연금이 갖는 우월한 장점을 최대한 누릴 방법은 없을까?

▶가입기간 늘리기

첫 번째 해답은 가입기간 늘리기이다. 가입기간이 길어질수록 혜택이 커지므로 가능하면 40년을 채울 수 있도록 많은 노력을 기울여야 한다. 40년을 채우기 위한(또는 연금가입 기간을 늘리기 위한) 요령에는 다음과 같은 것들이 있다.

목표 : 연금가입기간 최대한 늘리기, 40년 달성하기

요령 : 1. 가능하면 일찍 국민연금에 가입하도록 한다. 27세가 되면 자동으로 가입을 하도록 되어 있지만 18세부터는 임의가입이 가능하다. 어려서 가입하면 40년을 채우기가 훨씬 쉽다.

2. '지역가입자' 또는 '임의가입자' 제도를 활용한다. 28세에 직장을 갖고 54세에 직장을 그만둔다면 가입기간은 26년밖에 되지 않는다. 임의가입자제도를 이용하여 대학 시절에 일찍 가입을 했다면 30년이 된다. 54세에 직장을 그만둔 후 다른 직장을 갖거나 자영업을 하면서 10년을 더 채운다면 40년을 다 채울 수 있다. 따라서 만일 55세 전후에 은퇴를 한다면 자금계획을 사전에 잘 세워야 한다. 그리고 '임의가입자'나 '지역가입자' 신분일 때에는 보험료 조정이 가능하므로 능력껏 내면 된다.

3. 미납보험료를 반드시 납부한다. '지역가입자'나 '임의가입자'가 주의해야 할 사항이다.

4. '추납'제도를 활용한다. 혹시 국민연금을 납부하다가 최소 납부기간 10년을 다 못 채워서 '반환일시금'으로 돌려받았다면 이를 다시 반납하고 못 채운 기간의 보험료를 추가로 내는 제도를 '추납'제도라고 한다. 국민연금만큼 유리한 제도는 없기 때문에 무조건 다시 살려야 하는 것이다.

▶임의가입자제도의 활용

두 번째 해답은 바로 '임의가입자'제도에 있다. '임의가입자'는 국가에서 가입을 강제하지는 않지만 본인이 원하면 가입이 가능한 가입자이다. 본인이 여기에 해당되는 사람은 하루빨리 국민연금에 가입할 필요가 있다.

보험료 불입금액 대비 수익성이 가장 좋은 금액은 최저금액인 90,000원이다. 이 경우, 불입금액이 적은 만큼 나중에 받게 될 연금 급여액 자체가 많지 않아 실제로 노후대비에 도움이 될지는 생각해 봐야 한다.

한편, 강제가입자(사업장가입자, 지역가입자)는 보험 탈퇴가 허용되지 않으나 임의가입자는 언제든지 탈퇴가 가능하며, 이 경우 납입보험료에 이자를 계산해서 돌려준다.

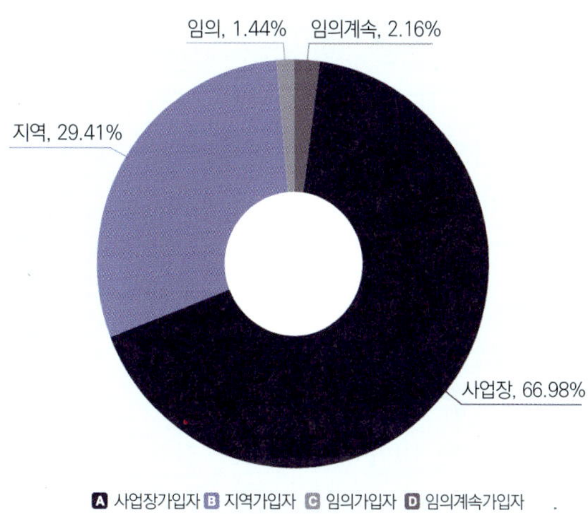

가입자 비율 현황 (자료 : 국민연금공단, 2025년 3월 기준)

민간보험처럼 해지환급금이 납입원금보다 적은 경우는 없다.

국민연금의 이점이 알려지면서 임의가입자는 계속 늘고 있다. 2025년 3월 기준 임의가입자는 31만명 수준이다. 그동안 꾸준히 늘어 2021년 말에는 39만명까지 늘었으나 국민연금의 미래 불확실성 논란으로 약간 감소한 상황이다.

▶기초연금과 상관없이 가입한다

앞서의 예에서 본 바와 같이 기초연금제도를 국민연금과 연계시킨다 하더라도 여전히 국민연금의 우월성은 유지된다. 이런 이유로 인하여 한때 감소세로 돌아섰던 국민연금 임의가입자가 다시 증가하고 있다.

POINT 국민연금은 민간보험에 비하여 수익성과 안전성 면에서 훨씬 유리하다. 노후대비에 관한 한 국민연금에 비할 수 있는 상품은 없다고 해도 과언이 아니다. 국민연금 가입기간을 가능하면 최대한 늘린다. 늘릴수록 유리하다. '임의가입자' 대상은 가능하면 꼭 가입한다.

유연한 국민연금제도

국민연금 수령을 유연하게 조절할 수 있는 제도들이 있다.

▶연금 조기수령 : 조기노령연금 또는 조기연금

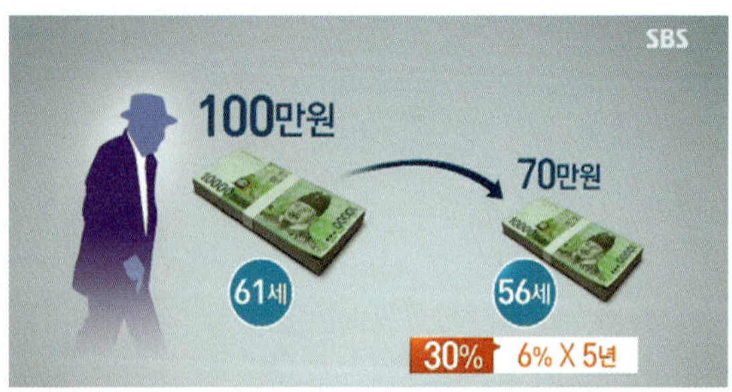

국민연금을 5년 조기수령하면 연금이 깎인다. (그래픽 : SBS)

국민연금은 원래는 60세부터, 그리고 2013년부터 5년마다 1년씩 늦춰져 최종적으로는 65세부터 수령하도록 되어 있다. 그러나 노후에 소득이 전혀 없는 사람을 위한 조기수령 제도(노령연금을 조기에 받는다고 하여 '조기노령연금'이라고 한다)가 있다. 조기노령연금은 10년 이상 연금보험료를 납부하여 노령연금을 받을 자격이 생긴 사람이 정해진 나이보다 앞서 노령연금을 1~5년 먼저 받을 수 있도록 한 제도이다.

일견 좋아 보이는 이 제도의 문제점은 연금을 깎는다는 데에 있다. 1년 일찍 받을 때마다 6%씩 연금액이 깎인다. 따라서 5년 일찍 받으면 무려 30%(=6%×5년) 감소한다.

2024년 12월 기준 조기노령연금 누적수급자는 약 94만명으로, 전체 노령연금 수급자의 15.6%를 차지한다. 조기노령연금 수급자들은 최근 수년 사이 꾸준히 늘고 있다. 한편 보건복지부는 조기노령연금 수급자가 자발적으로 연금수령을 중단하고 국민연금에 다시 가입할 수 있는 제도도 운영하고 있다.

그렇다면 조기노령연금과 원래의 노령연금 중 어떤 것을 선택해야 할까? 다음 그림을 보면 분기점이 대략 72세이다. 72세 전에 사망하면 5년 조기수령하는 게 유리하지만, 그렇지 않다면 제때 노령연금을 개시하는 게 낫다. 제1장에서 배운 기대여명과 자신의 상황을 고려하여 본인이 판단해야 한다.

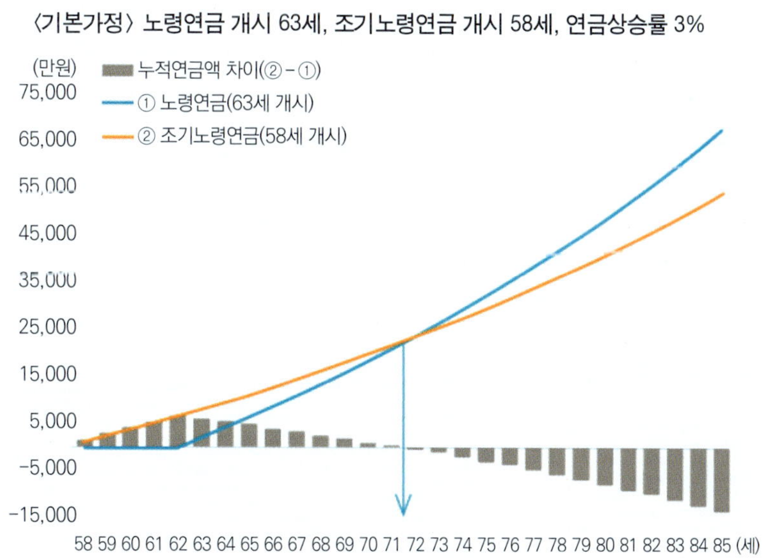

노령연금과 조기노령연금의 누적연금수령액 비교 (자료 : 미래에셋 투자와연금센터)

▶노령연금 연기제도 : 연기연금

국민연금을 조기수령하는 것과는 반대로 수령을 미루는 제도도 있다. 노령연금 수급자가 희망하는 경우 연금 수급권을 취득한 이후부터 65세가 될 때까지의 기간 동안(최대 5년) 연금액의 전부 또는 일부에 대해 지급의 연기를 신청할 수 있다. 연기비율

은 50%, 60%, 70%, 80%, 90%, 전부 중 수급권자가 선택할 수 있다. 연기하는 대신 대가는 제법 크다. 연금을 다시 받게 될 때에는 지급연기를 신청한 금액에 대하여 연기된 매 1년당 7.2%의 연금액을 더 올려서 지급하기 때문이다. 조기연금이 매년 6% 감액하는 것에 비하면 조건이 더 좋은 셈이다.

연기연금의 가장 큰 장점은 노령연금을 더 늦게 타는 만큼 본래 정해진 연금액보다 더 많은 노령연금을 받을 수 있다는 점이다. 연기기간(1~5년)에 따라 연 7.2%씩(최대 36%) 이자가 가산된 연금액을 받게 된다. 예를 들어 60세부터 100만원을 수령할 수 있는 사람이 5년을 연기해 65세부터 연금을 받으면 매달 136만원을 받을 수 있다.

2024년 말 기준 약 13만명이 이 제도를 이용하고 있다. 이는 은퇴 이후에도 제2의 직업을 갖거나 일정소득이 있어 당장은 생활이 가능한 사람들이, 연금을 늦게 받더라도 보다 큰 금액을 받고자 하기 때문으로 보인다.

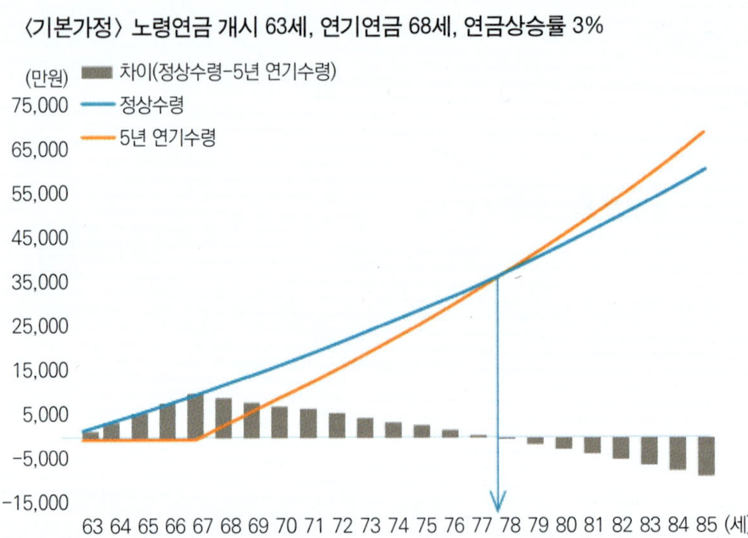

노령연금과 연기연금의 누적연금수령액 비교 (자료 : 미래에셋 투자와연금센터)

그렇다면 연기연금과 원래의 노령연금 중 어떤 것을 선택해야 할까? 분기점은 약 78세이다. 이 역시 본인이 판단할 일이다.

▶ 직역연금과의 연계제도

직역연금이라는 것이 있다. 직역연금은 공무원연금과 사립학교교직원연금, 별정우체국직원연금, 군인연금을 말한다. 이 연금에 가입된 사람은 국민연금에 별도로 가입하지 않는다. 연금수령액은 각 연금보험료 및 납부기간에 비례해 따로 받는다. 이들 연금의 최소 보험료 납입기간은 20년이지만 국민연금은 10년이다.

연계제도란 이러한 기간 불일치를 해소시켜 주는 제도이다. 그동안 직역연금 가입자가 20년을 채우지 못하면 해당연금을 못 받았으나 2016년부터는 나머지 기간을 국민연금으로 채우면 연금을 받을 수 있도록 하였다. 예를 들어 공무원으로 있다가 퇴직하고 민간직장으로 옮겨 국민연금을 붓던 사람도 두 연금을 합쳐 불입기간이 20년 이상이면 평생연금 생활을 할 수 있게 된 것이다.

그동안은 직역연금에서 국민연금으로 바꾼 사람은 바로 연계신청이 가능했었다. 왜냐하면 직역연금의 보험료 납입기간이 더 길기 때문이다. 다만 직역연금 중 군인연금은 적용방식이 다르다.

국민연금의 한계

모든 제도가 다 그렇듯이 완벽한 제도는 존재하기 힘들다. 국민연금에도 한계점이 있다. 가장 대표적인 것은 가입 후 조기사망에 대한 대책이 없다는 것이다. 즉 10년이 되기 전에 가입자가 사망하면 국민연금 급여를 받을 대상이 되지 못한다. 민간보험에서는 가능하다.

또한 두 부부가 동시에 국민연금 급여를 받고 있다가 한 사람이 사망하면 사망한 배우자가 당초 받던 연금을 전액 받는 것이 아니다. 두 가지 선택지가 주어진다. "본인의 노령연금+유족연금액의 30%"와 "유족연금 전액" 중 선택해야 한다. 전자는 본인이 받고 있던 연금액에 배우자의 연금액의 30%를 더한 금액을 받게 되는 것이고 후자는 유족연금으로 받게 되는 것이다. 한 가지 더, 국민연금 수급자가 사망하면 유족은 당초 수급자가 받게 되어 있던(또는 받고 있던) 금액의 40~60%만을 받는다.

마지막으로 국민연금 기금액 부족 논란으로 향후 정책이 어떻게 바뀔지 모르는

하나 더 알기 **미국이나 캐나다로 이민 가십니까?**

사회보장협정이 체결된 국가(미국, 캐나다 등)로 이민을 가면 국민연금의 해당금액은 이민 가는 국가로 이관되며, 그 국가에서 계속 연금보험료를 내면 이민 간 국가의 연금을 지급받을 수 있다.

물론 본인이 선택할 수 있다. 이관하지 않고 일시불로 돌려받을 수도 있다.

(그래픽 : 블로그 '이민이야기')

부분이 여전히 남아 있다. 저자의 생각으로는 정책의 안정성을 기해야 하기 때문에 급격한 변화는 쉽지 않을 것으로 보인다.

3 퇴직연금제도

퇴직금? 퇴직연금?

과거에는 근로자가 직장을 그만두면 퇴직금이라는 것을 받았다(물론 지금도 일부 존재하고 있기는 하다). 그런데 이 퇴직금제도는 문제점이 많았다. 예를 들어, 고의적으로 퇴직금을 주지 않는 사업주가 있는가 하면 기업이 도산을 하면 못 받는 경우도 많았다.

한편 근로자가 한 기업에 근무하는 평균 근속연수는 2024년 말 기준으로 6.8년 정도에 불과하다. 즉 잦은 이직(퇴직)으로 인하여 퇴직금 금액 자체가 커질 시간적인 여유가 없다. 거기에 퇴직금 중간정산제도가 도입되면서 많은 근로자들이 퇴직금을 퇴직 이전에 받아 써버리는 바람에 퇴직금이 퇴직 이후의 안전판 역할을 하지 못했다. 이러한 이유들 때문에 원래 퇴직금이 의도했던 '퇴직 후의 안정적 생활에의 기여'는 사실상 어려웠다. 퇴직금제도는 '평생직장'이 아닌 '평생직업'의 시대에는 적합하지 않았던 것이다.

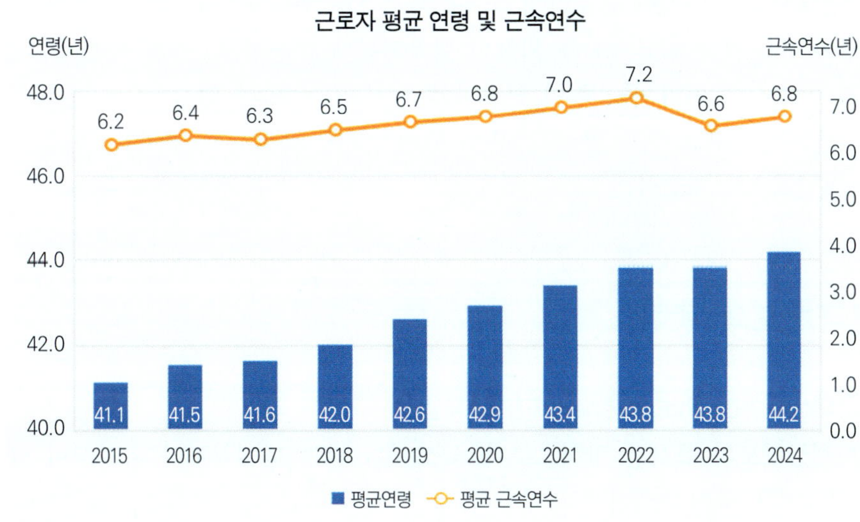

(자료 : 고용노동부)

이러한 문제점을 해결하고자 도입된 것이 '퇴직연금'제도이다. 기업은 근로자의 노후소득보장과 생활안정을 위해 근로자 퇴직시 재직기간에 비례해서 반드시 퇴직급여를 지급해야 한다. 이러한 제도를 통칭하여 퇴직급여제도라고 한다.

퇴직급여제도에는 과거부터 있어 왔던 퇴직금제도가 있고, 2005년부터 도입된 퇴직연금제도라는 새로운 제도가 있다. 기업은 이들 제도 중의 하나를 강제적으로 선택해야 한다. 만일 퇴직연금제도를 도입하지 않으면 기존의 퇴직금제도를 운영하는 것으로 본다. 그러나 2012년 7월 이후에 설립되는 법인은 반드시 퇴직연금제도를 도입하도록 했다.

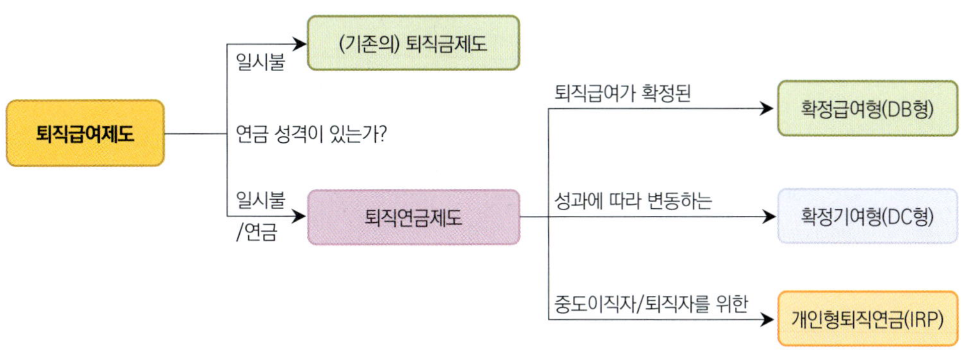

퇴직연금제도는 기업이 근로자의 노후소득보장과 생활안정을 위해 근로자 재직기간중 사용자가 퇴직금 지급재원을 외부의 금융기관에 적립하고, 이를 사용자(기업) 또는 근로자의 지시에 따라 운용하여 근로자 퇴직시 연금 또는 일시금으로 지급하도록 하는 '기업보장복지제도'라고 할 수 있다. 퇴직연금은 크게 확정급여형, 확정기여형, 개인형퇴직연금으로 나눈다.

퇴직연금제도의 종류

▶확정급여(DB : Defined Benefit)형 퇴직연금

기존의 퇴직금제도와 유사한 방식으로서, 근로자가 받는 퇴직급여가 확정되어 있다고 해서 '확정급여형 퇴직연금'이라고 부른다. 그러나 퇴직금제도와 달리 사용자(회사)는 퇴직금으로 적립하는 부담금의 일부를 회사 밖의 퇴직연금 전문운용기관에 맡긴다.

운용실적이 좋으면 사용자에게 유리하다. 어차피 근로자에게 지급해야 하는 퇴직급여는 정해져 있고, 운용실적이 좋다고 해서 더 지급하는 것은 아니기 때문이다.

근로자에게 지급하는 퇴직연금 금액이 확정되어 있고 운용성과가 사용자에게 귀속되기 때문에, 근로자는 마음은 편한 대신 운용성과가 좋아도 추가이득은 없다. 반면 사용자는 운용성과가 좋으면 유리하지만, 성과가 나빠도 정해진 퇴직급여는 지급해야 한다. 확정급여형 퇴직연금은 근로자 입장에선 과거의 퇴직금제도와 차이가 사실상 없다.

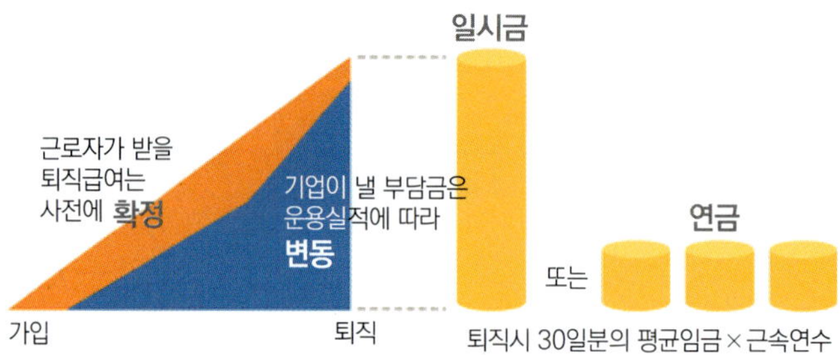

DB형 퇴직연금제도 (자료 : 고용노동부)

▶확정기여(DC : Defined Contribution)형 퇴직연금

사용자가 매년 지급해야 하는 부담금이 정해져 있으며, 이 부담금을 회사 외부의 퇴직연금 전문운용기관에 넘기면 근로자는 이 부담금을 운용하는 방식을 선택한 후 그 실적이 좋든 나쁘든 그 결과가 근로자에게 귀속되는 연금제도이다. 사용자는 매년마다 그해 월평균 임금 1개월분을 퇴직부담금으로 '확정적으로' 내놓아 근로자가 운용할 수 있도록 해주기 때문에(운용자금이 누적되는 일에 '기여'하기 때문에) '확정기여형 퇴직연금'이라고 부른다. 사용자는 매년 평균 1개월분에 해당하는 퇴직연금 부담금을 넘기기만 하고, 퇴직연금 전문운용기관의 운용성과와 무관하기 때문에 더 이상 부담은 없다. 그러나 근로자에게는 그 운용성과가 본인의 퇴직연금 크기에 직접적인 영향을 미친다.

회사가 도산하면 무슨 일이 생길까? 확정기여형은 회사 부담금을 전액 회사 외부의 기관에 적립하도록 되어 있다. 따라서 퇴직급여를 받지 못하는 일은 없다.

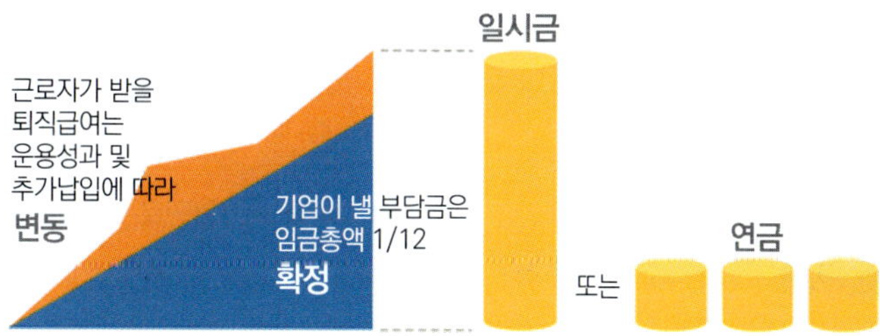

DC형 퇴직연금제도 (자료 : 고용노동부)

▶개인형퇴직연금(IRP : Individual Retirement Pension)

취업자가 재직중에 자율로 가입하거나 이직시 받은 퇴직급여 일시금을 계속해서 적립·운용할 수 있는 퇴직연금제도를 말한다. 즉 개인형퇴직연금은 ① 여건이 안 되거나 ② 일시적 퇴직 상태 등의 이유로 퇴직연금 가입조건을 만족하지 못하는 개인, 그리고 ③ 개인이 스스로 퇴직 후의 연금을 확보하려고 하는 등의 퇴직연금 고유의 목적을 달성할 수 있도록 도와주는 일종의 틈새형 연금제도이다. 두 가지 방식이 있다.

- 기업형 IRP : 상시 근로자 10인 미만 기업에서 회사 차원이 아닌 근로자가 개인적으로 퇴직연금에 가입할 수 있도록 해주는 제도이다.
- 개인형 IRP : 근로자가 이직, 전직할 때 받은 퇴직일시금과 개인 불입금을 개인적으로 적립, 운용, 관리하기 위한 개인퇴직연금이다.

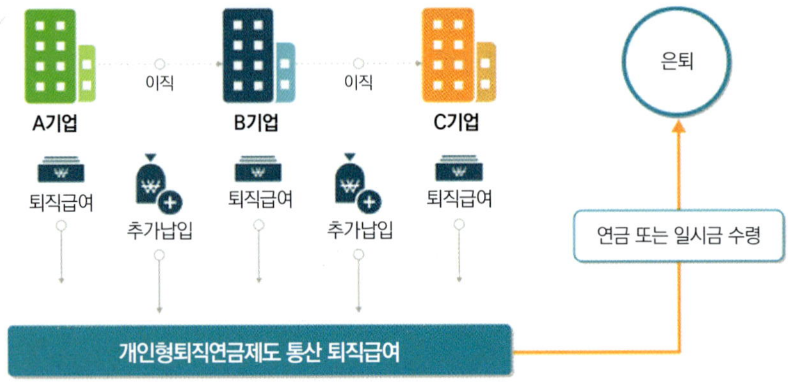

IRP의 본래 목적을 잘 보여주는 그림 (그래픽 : 고용노동부)

IRP 가입자는 크게 퇴직근로자와 추가부담금 납부희망자로 구분할 수 있다. 후자에 대한 가입자격은 계속 완화되었는데, 이는 노후를 스스로 대비할 수 있도록 기존에는 가입이 불가능했던 사람들도 가입하도록 했기 때문이다.

구분	대상
퇴직근로자	• 퇴직연금제도(DB, DC)에서 퇴직급여를 수령한 근로자(의무) • 퇴직급여 일시금 또는 중간정산금 수령자(자율)
추가부담금 납부희망자	• 퇴직연금제도를 운영중인 기업의 근로자 • 퇴직금제도에서 일시금을 수령하여 IRP에 납입한 가입자 • 자영업자 • 퇴직급여제도 미설정 근로자(1년 미만 근속 및 단시간 근로자) • 퇴직금제도 적용 재직근로자 • 직역연금 가입자 –「공무원연금법」 적용받는 공무원 –「군인연금법」 적용받는 군인 –「사립학교교직원 연금법」 적용받는 교직원 –「별정우체국법」 적용받는 별정우체국 직원

IRP를 퇴직금 및 다른 퇴직연금 제도와 비교하면 〈표 11-3〉과 같다.

〈표 11-3〉 퇴직급여제도의 비교

<table>
<tr><th colspan="2" rowspan="2">구 분</th><th rowspan="2">퇴직금제도</th><th rowspan="2">확정급여형
(DB)</th><th rowspan="2">확정기여형
(DC)</th><th colspan="2">개인형퇴직연금(IRP)</th></tr>
<tr><th>기업형 IRP</th><th>개인형 IRP</th></tr>
<tr><td rowspan="2">부담금
납입</td><td>사용자</td><td>임의 결정</td><td>연금계산식에 의해 산출된 부담금을 매년 1회 이상 정기적으로 납입</td><td>근로자별 연간 임금 총액의 1/12 이상 납입</td><td>근로자별 연간 임금 총액의 1/12 이상 납입</td><td>–</td></tr>
<tr><td>근로자</td><td colspan="2">추가납입 없음</td><td colspan="3">추가납입 가능</td></tr>
<tr><td colspan="2">퇴직급여액</td><td colspan="2">확정
(근속연수×30일분의 평균임금)</td><td colspan="3">변동
(운용실적에 따라)</td></tr>
<tr><td colspan="2">예금자보호</td><td colspan="2">예금자보호법 미적용</td><td colspan="3">예금자보호법 적용</td></tr>
<tr><td colspan="2">운용의 책임</td><td>–</td><td>사용자</td><td colspan="3">근로자</td></tr>
<tr><td rowspan="2">지급
요건</td><td>연금</td><td>–</td><td colspan="4">55세 이상으로서 가입기간 10년 이상시 연금 지급</td></tr>
<tr><td>일시금</td><td>퇴직시 퇴직 일시금 지급</td><td colspan="4">• 연금수급요건 미충족시
• 일시금 수급을 원할 경우</td></tr>
<tr><td colspan="2">중도인출 요건</td><td>중간정산 가능, 담보대출 가능</td><td>중도인출 불가, 담보대출 가능</td><td colspan="3">중도인출 가능, 담보대출 가능</td></tr>
<tr><td colspan="2">유리한 경우</td><td colspan="2">도산위험이 없고, 정년보장 등 고용이 안정된 기업</td><td>연봉제 도입기업, 체불위험이 있는 기업, 직장이동이 빈번한 근로자</td><td>10인 미만의 영세 사업장</td><td>퇴직일시금 수령자, 추가납부희망자</td></tr>
</table>

퇴직연금의 현황

퇴직연금제도가 운용되고 있는 현황을 보면 퇴직연금 적립금은 매년 꾸준히 증가하고 있다. 2025년 6월에 발표된 고용노동부 자료에 의하면 2024년 말 기준 적립금은 431.7조원에 이르며 매년 두 자리 이상 증가하고 있다.

연도별 퇴직연금 적립금

(단위 : 조원)

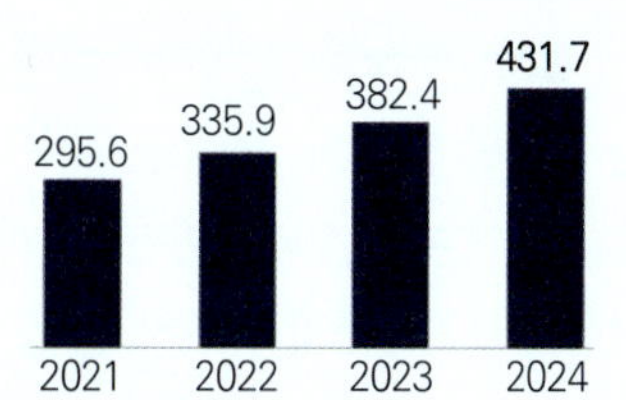

(자료 : 고용노동부)

제도유형별 비중을 보면 전체의 49.7%가 확정급여형이고 27.4%가 확정기여형이다. IRP는 23%에 근접하는 수준이다. 운용방식별로 보면 대부분의 퇴직연금이 원리금보장으로 운용되고 있으며 이 방식에서 확정급여형의 비중이 90%를 넘는다.

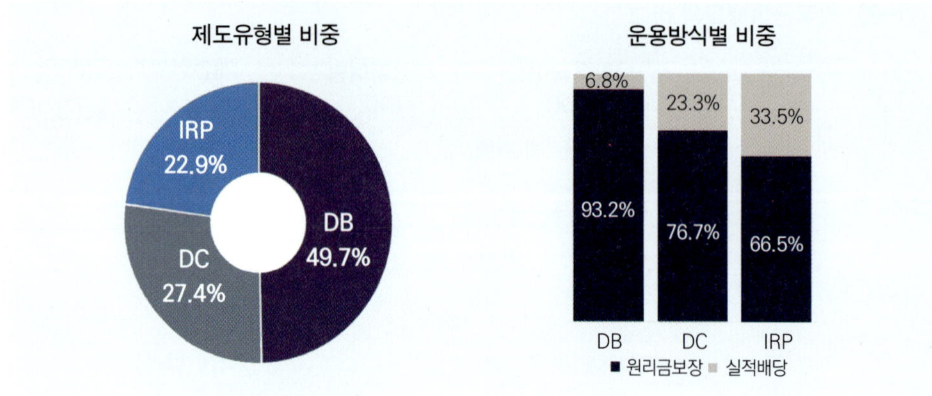

(자료 : 고용노동부)

퇴직연금의 재테크 실제

▶개인형 IRP의 활용

퇴직연금의 목적은 국민연금만으로는 부족한 노후대비이다. 퇴직연금은 55세가 지나야 연금수령이 가능하다. 그런데 55세 전에 퇴직을 하면 어떻게 할까? 이럴 경우를 위하여 개인형 IRP가 있는 것이다.

IRP는 55세가 되기 전에 받은 퇴직금을 자기 명의의 퇴직계좌에 적립 · 운용하다가 만 55세 이후 연금 또는 일시금으로 수령할 수 있는 연금제도이다. 만일 회사를 여러 번 옮겼다면 이직할 때마다 받은 퇴직금을 IRP계좌에 예치하여 운용하는 연금형태로 만 55세 이전 중도인출시에는 법에서 일정한 사유로 제한하고 있으나, 계좌해지를 한다면 전액수령도 가능하다.

IRP는 노후를 위한 재테크 통장으로 손색이 없다. IRP는 개인연금과 합산해서 연간 900만원까지 세액공제가 가능하다. 이 경우 절세되는 세금이 148.5만원에 이른다. 총급여액이 5,500만원을 초과하는 경우에는 13.2%가 세액공제된다. 만일 경제적인 어려움으로 연금저축까지 납입이 어렵다면 IRP에만 가입해서 세제 혜택을 누릴 만한 가치가 있다.

〈표 11-4〉 퇴직연금의 절세 혜택

총급여액	연금계좌 세액공제 대상 납입한도	세액공제율	최대 절세금액
5,500만원 이하	900만원	16.5%	148.5만원
5,500만원 초과		13.2%	118.8만원

뿐만 아니라 IRP는 다음과 같은 몇 가지 점에서 개인연금보다 유리하다.

- 불입한도 : IRP계좌의 연간 불입한도는 뒤에서 설명하는 개인연금을 합산해서 1,800만원까지 가능하다.
- 의무가입기간 : 개인연금은 소득공제 혜택을 받으려면 10년이 경과해야 하지만, IRP는 그런 의무가입기간이 없다. 따라서 은퇴시점이 얼마 남지 않은 직장인에게는 개인연금보다 유리하다.
- 중도해지 가산세 : 개인연금은 가입 후 5년 이내에 해지하면 가산세(2.2%)를 내야 하지만, IRP는 중도해지에 따르는 가산세가 없다.
- 세금 이연에 따른 이익 : IRP에 가입해 퇴직금을 55세까지 운용하면 퇴직소득세가 연금수령시점까지 미뤄지는 과세이연 혜택을 누릴 수 있다. 당장 내야 할 세금을 내지 않고 그 금액만큼 투자금이 늘어나기 때문에 최종 수익이 더 커지는 복리효과를 누릴 수 있다. 전문가들에 의하면 IRP에 가입한 후 펀드를 선택해서 자산을 굴리면, 일반펀드에 가입하는 것보다 5~10% 이상의 추가수익을 얻을 수 있다고 한다.

퇴직연금을 도입한 기업에서 만 55세가 되기 전에 퇴직하게 되면 반드시 퇴직금을 IRP로 이전하도록 되어 있다는 사실도 참고로 알아둘 필요가 있다. IRP는 은행·증권사·보험사 등 금융회사에 찾아가 본인 명의로 만들면 된다. 같은 회사에 근무하는 사람이라도 저마다 다른 금융회사를 선택할 수 있다.

주의할 사항은 IRP는 가입기간에 제한이 없고 중도해지가 자유롭기 때문에 해지 유혹에 빠지기 쉽다는 점이다. 중도해지시 가산세는 물지 않지만 해지수수료 등은 상당히 높다.

▶IRP의 수익률과 수수료

IRP를 증권회사나 은행에 가입하여 납입금을 내면 두 가지의 수수료가 붙는다. 하나는 해당기관에서 계좌를 관리하는 수수료이고 다른 하나는 납입금으로 실제 투자를 할 때 드는 비용이다. 후자는 다른 대체 상품, 예컨대 펀드에 가입해도 내야 하는 비용이다. 그러나 전자는 IRP 계좌를 관리하기 위하여 해당기관이 부과하는 비용이다. IRP를 선택할 때에는 두 가지 관점에서 접근할 필요가 있다. 하나는 IRP의 수익률 자체이고 다른 하나는 수수료이다.

IRP는 운용하는 금융기관별로 수익률에 차이가 있다. 〈표 11-5〉는 금융감독원이 제공한 증권회사의 퇴직연금 종류별 수익률 자료이다. IRP 가입시 한 번 정도 고려해 볼 정보라고 생각된다.

〈표 11-5〉 주요 증권사 원리금보장형 퇴직연금 수익률

구 분	2024년			2023년		
	DB	DC	IRP	DB	DC	IRP
KB증권	4.01	5.24	5.84	5.36	5.25	5.65
NH투자증권	3.72	3.79	3.66	5.22	4.08	4.09
대신증권	4.02	3.97	4.01	5.27	4.18	4.26
미래에셋증권	3.88	3.78	3.69	5.00	4.13	4.10
삼성증권	4.16	3.80	3.48	5.06	3.73	3.23
신한투자증권	4.06	3.84	3.89	5.20	4.23	4.60
하나증권	4.05	4.28	4.49	5.04	4.97	4.50
한국투자증권	4.00	4.50	4.61	5.20	5.23	5.74

▶퇴직연금 디폴트옵션

퇴직연금 디폴트옵션이란 가입자가 적립금을 운용할 상품을 지정하지 않을 경우, 사전에 지정해 둔 운용방법으로 적립금이 자동으로 운용되게 하는 제도다. 기존에는 퇴직연금을 적립금에 넣어만 두고 운용하지 않는 가입자가 많아서 수익률을 끌어올리기 위한 차원에서 2023년 7월부터 도입됐다.

퇴직연금 형태 중 회사가 퇴직금을 직접 운용하는 확정급여형은 디폴트옵션 대상이 아니다. 확정기여형(DC형)과 개인형퇴직연금(IRP) 가입자에 해당되며, 이들은 의무적으로 디폴트옵션을 설정해야 한다.

▶ 퇴직연금의 중도인출제도

퇴직연금 중 확정기여형과 IRP의 경우에는 제한적으로 다음과 같은 사유인 경우에는 중도인출도 가능하다.

- 퇴직연금 가입자가 무주택자로서 주택을 구입하는 경우 또는 전세자금으로 사용하는 경우
- 가입자 본인 또는 부양가족이 부상 또는 질병으로 6개월 이상 요양을 해야 하는 경우
- 최근 5년 이내에 파산선고를 받은 경우

POINT 퇴직연금은 55세 이전에 퇴직을 하더라도 가능하면 유지하는 것이 좋다. 이때에는 IRP를 적극 활용한다.

4 개인연금제도

사회보장제도 성격의 국민연금, 기업보장제도 성격의 퇴직연금 외에 개인 차원의 연금은 전적으로 개인의 의사에 의해 가입 여부가 결정된다. 국민연금과 퇴직연금이 공적연금 성격이라면 개인연금은 사적연금이다.

개인연금의 분류

▶ 개인연금 분류의 기본 구조

연금상품은 수시로 바뀌고 새로운 상품이 끊임없이 출시되므로 전문가들도 정확하게 파악하기 힘들 정도이다. 현재 판매되고 있는 연금상품은 다음과 같이 정리할 수 있다.

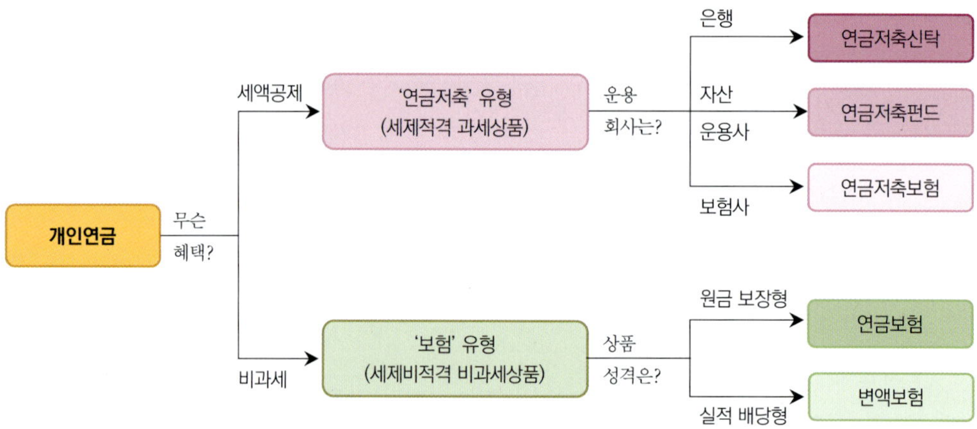

연금상품은 크게 연말정산시 세액공제 혜택을 받을 수 있는 '세제적격 과세 연금상품'과, 세액공제 혜택은 없지만 연금 수령시 이자소득세가 면제되는 '세제비적격 비과세 연금상품'으로 나뉜다. 간단하게 둘을 비교하면 전자는 세금제도를 이용하여 혜택 한 가지와 불이익 하나를 동시에 주는 방식이고, 후자는 혜택도 불이익도 없는 제도라고 생각하면 이해하기 쉽다.

이어서 이를 좀 더 구체적으로 살펴보자.

▶세제적격 과세 연금상품

이 연금상품에 가입하면 보험료를 내는 기간 동안에는 소득 연말정산을 할 때 600만원까지 16.5% 또는 13.2%(지방세 포함) 세액공제 혜택을 받는다. 그 대신에 연금을 수령할 때 소득세(연금소득세 3.3~5.5%)를 내야 한다. 연금을 받을 때(즉 연금소득이 발생할 때) 연금소득세를 내기 때문에 '세제적격'이라고 한다. 총소득금액이 5,500만원 이하인 경우 16.5%까지 세액을 공제받고, 그 이상은 13.2%를 공제받는다. 총소득금액이 5,500만원 이하인 경우 연금저축 600만원을 납입했을 때 92.4만원의 세금을 공제받을 수 있다. 연금저축은 1년간 납입한 총액을 기준으로 공제 혜택을 주기 때문에 연말에 한꺼번에 일시납입해도 공제 혜택을 받을 수 있다.

세액공제 혜택을 주는 이들 상품은 '연금저축', 즉 '연금 목적의 저축'을 강조하는 상품들이다. 그래서 이 종류의 상품에는 모두 공통적으로 '연금저축'이라는 수식어가 들어 있다.

하나 더 알기 **연금보험? 연금저축보험?**

개인연금을 분류한 그림에서 한 가지 애매한 부분이 있는데, 연금보험과 연금저축보험에 관한 것이다. 분명히 둘 다 '보험'인데 전자는 '보험유형' 상품군이고 후자는 '연금저축' 상품군이다. 연금보험은 본문에서 본 바와 같이 비과세 혜택이 있는 세제부적격 상품이다. 그러나 '연금저축보험'은 명칭은 보험이지만 세액공제-세제적격이기 때문에 다른 유형으로 분류된다. 명칭은 유사하지만 과세당국에서 보면 전혀 다른 성격의 상품이다. 하지만 정작 금융상품의 소비자라고 할 수 있는 많은 사람들은 '연금저축보험'과 '연금보험'이 같은 것으로 알고 있다. 상품의 용어에서 오는 이러한 혼란은 금융당국이 하루빨리 정리해 주어야 할 것으로 생각한다.

운용하는 금융기관에 따라 다시 세 가지로 나누는데, 은행에서 운용하는 '연금저축신탁', 자산운용회사에서 운용하는 '연금저축펀드', 보험회사에서 운용하는 '연금저축보험'이 그것이다. 원래 모든 펀드는 원금보장을 하지 않고 실적배당을 하기 때문에 연금저축펀드 역시 원금보장을 하지 않는다. 나머지 두 상품은 원금보장을 해준다.

▶세제비적격 비과세 연금상품

이 상품에 가입하면 연말정산시 세액공제 혜택은 없지만 연금을 수령할 때 소득세도 납부하지 않는다. 그래서 '세제비적격 비과세'라는 명칭이 붙었다.

비과세 혜택을 주는 세제비적격 비과세 금융상품은 보험 성격의 상품들로 원금보장을 해주는 연금보험과 원금보장 없이 실적을 배당하는 변액연금보험으로 나눌 수 있다.

재테크 실제

개인연금상품은 위에서 본 것처럼 기본적으로 다섯 가지 유형이 있는 데다가 은행, 자산운용사, 보험사 등이 경쟁적으로 상품을 출시하여 소비자들이 큰 혼란을 겪고 있다. 원론적으로만 본다면 일반직장인의 경우엔 세제적격 과세상품군이 더 유리하다는 정도만 알려져 있을 뿐이다.

개인이 노후를 대비하는 경우, 대체적으로 연금저축펀드에 관심 있는 사람들이 있는 편으로 알려져 있다. 그 이유는 크게 세 가지로 납입과 인출의 유연성, 높은 기대 수익률, 다양한 포트폴리오 구성 및 변경을 들 수 있다.

POINT 위의 사례들을 보고 개인연금의 활용은 어떻게 할 것인지 판단해 보기 바란다.

5 최후의 수단, 주택연금

주택연금의 특성

주택연금이란 고령자가 주택을 담보로 금융기관이 제공하는 노후생활자금을 매달 연금처럼 지급받는 대출을 말한다. 역모기지론이라고도 부른다. 이러한 역모기지론은 주택을 소유하고 있으나 특별한 소득원이 없는 고령자에게 노후에 필요한 생활자금을 조달해 주는 주택담보 대출상품으로, 미국 등 여러 나라에서 이미 활발하게 시행되고 있으며 우리나라에서는 2007년 7월 11일부터 시행하고 있다.

주택연금의 주요 특성을 정리하면 다음과 같다.

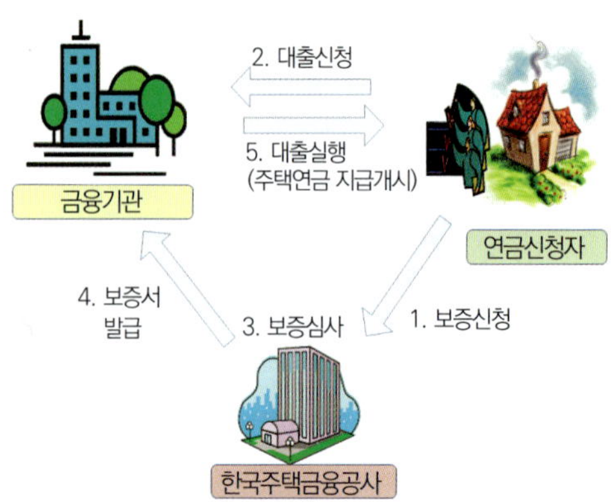

주택연금을 신청하여 받는 과정

- **가입대상**: 부부 중 한 명이 55세 이상
- **대상주택**: 공시가격 12억원 이하인 주택으로 1세대 1주택에 한한다. 다

주택자인 경우에도 부부 소유주택의 공시지가를 합산한 가격이 12억원 이하이면 신청할 수 있다.

- 지급금액 : 주택가격과 가입시점에 따라 다르며, 가입시점은 부부 중 나이가 적은 사람을 기준으로 한다.
- 취급기관 : 시중은행 및 지방은행 등 16개 금융기관에서 취급한다.

주택연금의 장점과 가입현황

▶장 점

주택연금의 가장 큰 장점은 연금수령액이 집값을 초과하더라도 수명을 다할 때까지 연금을 계속 지급한다는 것이다(종신방식 기준). 따라서 장수할수록 연금을 많이 받는 독특한 금융상품이다. 더구나 부부 중 한 사람이 먼저 사망하더라도 남은 배우자 사망시까지 약정된 연금을 100% 지급하기 때문에 국민연금이나 다른 사적인 연금에 비해서도 유리하다.

반대로 주택의 소유주가 예상보다 빨리 사망해 집값만큼 연금을 받지 못하면 주택 처분 후 그동안 받아간 연금(주택연금＝대출잔액. 이자 포함)을 차감한 후 남은 돈은 유족에게 돌려준다. 어떤 상황에도 가입자가 유리한 상품이다. 〈표 11-6〉에 그 내용

하나 더 알기 모기지론, 역모기지론

주택연금을 왜 역모기지론이라고 할까? 모기지론에 대해 알아보자.

모기지(mortgage) 혹은 모기지론(mortgage loan)은 부동산을 담보로 주택저당증권(MBS)을 발행해 장기주택자금을 대출해 주는 제도를 의미한다. 원래 '모기지(mortgage)'는 은행과 같은 금융기관이 대출을 할 때 담보물인 부동산에 저당권을 설정하는 것을 말한다. 그러나 그 의미가 주택을 담보로 장기간 대출해 주는 제도라는 의미로 바뀌어 쓰이고 있다. 주택구입자금의 일부를 먼저 내고 나머지는 수십년에 걸쳐 분할상환하면 되기 때문에 목돈 없이도 내 집을 장만할 수 있다는 장점이 있다.

모기지론이 집을 구입하기 위한 대출이라면 역모기지론은 집을 처분하는 형식의 대출이다. 즉 모기지론이 집을 구입하기 위하여 집을 담보로 대출을 받은 후 이를 장기간에 걸쳐 매월 '일정금액을 갚아나가는' 것이라면, 역모기지론은 이미 보유하고 있는 집을 담보로 장기간에 걸쳐 매월 '일정금액을 받은' 후 집을 처분하여 청산하는 것이다.

이 나와 있다. 대출금 상환은 주택연금 계약종료시 담보주택 처분가격 범위 내로 한정한다. 주택연금 대출이자비용에 대한 소득공제(200만원 한도) 혜택이 있으며 불가피한 경우 대출액의 50% 이내에서 대출금을 미리 받을 수 있다.

〈표 11-6〉 주택가격 및 대출잔액에 따른 대출금 상환

상환시점	상환할 금액	비 고
주택가격 > 대출잔액	대출잔액	남은 부분은 채무자(상속인)에게 돌려줌
주택가격 < 대출잔액	주택가격	부족한 부분은 채무자(상속인)에게 청구하지 않음

또한 평생거주와 평생지급을 국가가 보장한다. 평생 동안 가입자 및 배우자 모두에게 거주를 보장해 주며, 부부 중 한 사람이 사망한 경우에도 연금감액 없이 100% 동일금액의 지급을 보장해 준다.

한편 주택연금은 명칭은 '연금'이지만 사실상 집을 담보로 한 대출이기 때문에 대출이자 200만원까지는 연금소득공제를 받을 수 있다. 마지막으로 한 가지 더 있다. 재산세 부담도 줄어든다. 주택가격 5억원까지는 재산세를 25% 감면받을 수 있다.

▶가입현황

장점이 알려지면서 가입자가 크게 늘고 있다. 2007년 515명으로 출발해서 2024년 10월 말 기준 누적 가입자수가 133,364명으로 늘어나는 등 큰 관심을 끌고 있다. 평균 가입연령은 72세로 월평균 122만원을 받고 있다. 가입자의 평균 주택가격은 3억 8,900만원 수준으로 당초 주택연금이 도입된 취지를 어느 정도 살리고 있다고 볼 수 있다.

POINT 주택연금은 연금지급액이 주택가격을 초과하더라도 부부 두 사람이 사망할 때까지 무한정 연금을 지급해 준다. 이런 상품은 주택연금밖에 없다.

재테크 실제 : 주택연금의 실제

주택연금에 가입하면 어떤 식으로 매달 얼마 정도를 받을 수 있을까?

▶지급방식과 유형

일견 보면 주택연금의 지급방식은 받는 기간에 따라, 연금뿐만 아니라 목돈을 별도로 받느냐에 따라, 주택가격에 따라, 연금 수급기간 동안 연금액이 동일하느냐에 따라 다양하다. 다음 그림은 그중의 일부이다.

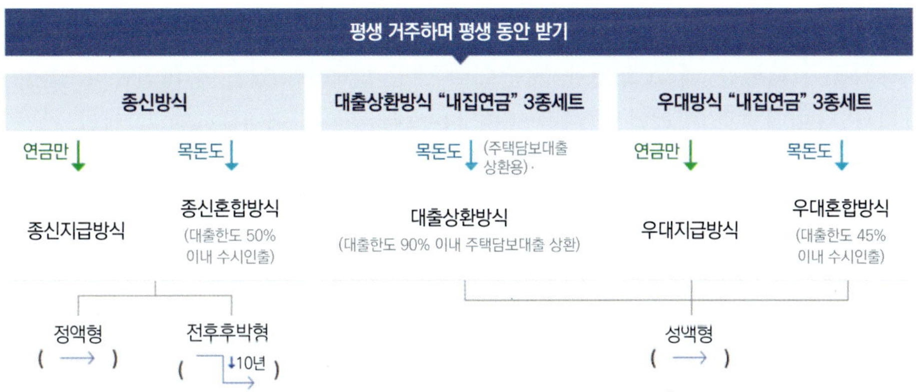

주택연금 지급방식 정리

주택연금에 가입한 기존 가입자 중 전체의 62% 정도가 종신방식을 선택하고 있다. 지급유형에서는 정액형이 전체의 70%를 차지하고 있다.

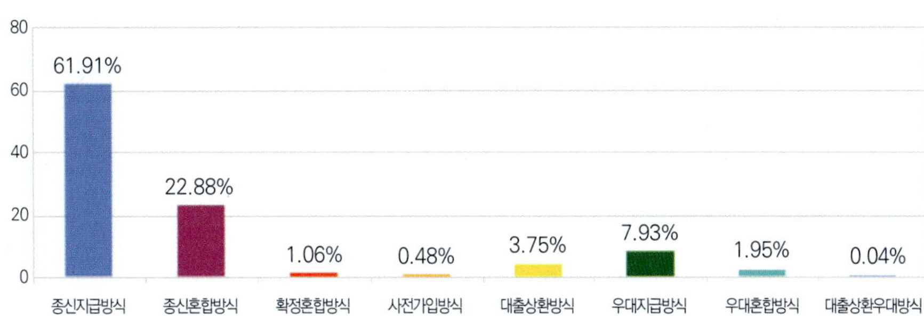

주택연금 지급방식별 선택비율 (자료 : 한국주택금융공사, 2025년 7월 기준)

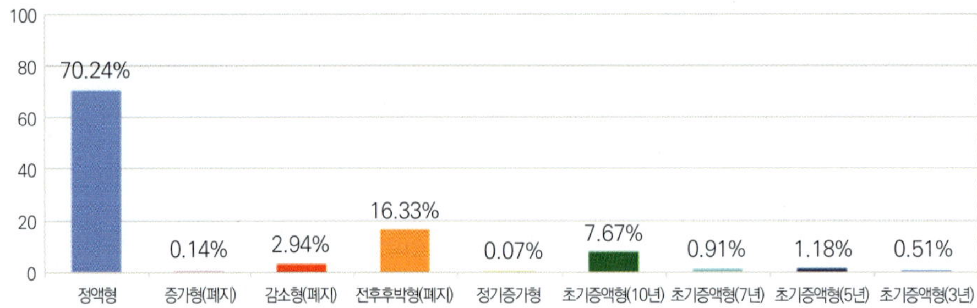

주택연금 지급유형별 선택비율 (자료 : 한국주택금융공사, 2025년 7월 기준)

▶얼마나 받나?

종신방식을 선택했을 때 2025년을 기준으로 매달 받을 수 있는 주택연금의 크기를 주택가격과 나이대별로 정리하면 다음 〈표 11-7〉과 같다. 예컨대, 만 70세인 자가 3억원짜리 집으로 주택연금에 가입하면 매달 892,000원을 사망할 때까지 받는다.

〈표 11-7〉 주택연금 수급 추정액(종신 정액형 기준)

(단위 : 천원)

연 령	주택가격											
	1억원	2억원	3억원	4억원	5억원	6억원	7억원	8억원	9억원	10억원	11억원	12억원
55세	147	295	443	591	739	887	1,035	1,183	1,331	1,479	1,627	1,774
60세	200	400	600	801	1,001	1,201	1,402	1,602	1,802	2,003	2,203	2,403
65세	242	485	727	970	1,212	1,455	1,698	1,940	2,183	2,425	2,668	2,911
70세	297	595	892	1,190	1,487	1,785	2,082	2,380	2,677	2,975	3,272	3,275
75세	371	742	1,113	1,484	1,855	2,227	2,598	2,969	3,340	3,535	3,535	3,535
80세	474	949	1,424	1,899	2,374	2,849	3,324	3,799	3,936	3,936	3,936	3,936

장을 마치며

재테크에 대한 정보들의 집산지… 금융감독원

재테크 정보나 각종 금융 관련 정보에 대한 필요성을 느끼면서도 금융상품은 어렵다는 생각에 쉽게 다가가지 못하는 경우가 많다. 금융감독원은 각종 금융조회 서비스를 제공해 금융생활을 보다 편리하게 할 수 있도록 돕고 있다. 우리나라에 현존하는 거의 모든 금융정보가 다 모여 있다고 보면 된다. 이 사이트와 친숙할수록 재테크에 성공할 확률이 커진다고 판단된다. 초기 화면의 주요 메뉴만 한 번 봐도 얼마나 많은 정보가 제공되고 있는지 알 수 있다. 꼭 친숙하게 지내기 바란다.

주요 용어

- 기초연금
- 국민연금
- 노령연금
- 퇴직연금제도
- 퇴직금제도
- 확정급여형 퇴직연금
- 확정기여형 퇴직연금
- 개인형퇴직연금(IRP)
- 세제적격 과세 연금상품
- 세제비적격 비과세 연금상품
- 주택연금

연습문제

1. 노후대비를 위한 '0+3+1'에 해당하는 연금체계를 설명하라.

2. 국민연금의 특징과 가입유형을 설명하라.

3. 재테크 관점에서 국민연금이 갖는 시사점을 설명하라.

4. 퇴직급여제도 각각의 주요 특징을 비교하라.

5. 재테크 관점에서 퇴직연금이 갖는 시사점을 설명하라.

6. '연금저축'류 상품의 장단점을 정리하라.

7. 주택연금을 노후대비에 활용할 수 있는 방안에 대하여 설명하라.

CHAPTER 12

Gen Z를 위한 실전 재테크 전략

이제 본격적으로 실전에 들어가보자.

1. 세금우대, 청년우대 금융상품을 전략적으로 활용하자
2. 전략을 세우고 행동으로 옮기자

"금전 관리 안 하고 목표도 없다"… 불안정 청년계층 '금융점수' 대폭 하락

평소 재무관리를 하지 않고 장기적인 목표도 세우지 않은 청년층이 2년 새 크게 늘어난 것으로 조사됐다.

한국은행과 금융감독원이 29일 발표한 '2024 전국민 금융 이해력 조사' 결과를 보면, 지난해 우리나라 성인의 금융 이해력 점수는 65.7점을 나타냈다. 2년 전 같은 조사(66.5점)보다 소폭 낮아졌으나, 경제협력개발기구(OECD) 평균(2023년 기준 62.7점)보다는 높은 수준이다. 이 조사는 오이시디 가이드라인에 따라 금융 지식 · 행위 · 태도에 관한 17개 항목을 물어 점수화(100점 만점)한 것으로, 국내 성인 2,400명(18~79살)을 대상으로 면접 조사한 것이다.

금융행위 부문에선, 저축활동(98.0점)과 가계수지 적자 해소(88.7점), 예산관리(82.1점) 등은 적극적인 반면, 평소 재무상황 점검(43.4점)이나 장기적인 재무목표 설정(42.5점) 등은 소홀한 것으로 나타났다. 특히 20대 청년층에서 재무점검(55.8점 → 33.2점)과 재무목표(48.0점 → 36.1점) 점수가 2년 전보다 대폭 하락했다. 평소 재무관리를 하지 않고 목표도 세우지 않았다는 응답이 크게 늘어난 것이다. 한은 관계자는 "취업난 심화 등의 영향으로 현재와 미래 소득에 대한 불확실성이 커진 청년층이 많아진 것으로 추정된다"고 말했다.

(한겨레신문, 2025.4.29)

본장은 지금까지 본 책에서 배운 내용을 집약하고 일부 추가하여 Z세대(Gen Z) 청년들이 어떻게 재테크를 할 것인지를 간결하게 요약 정리한 것이다. 당장 실전에 적용할 수 있는 내용만을 뽑았고, 후반에는 실제의 사례까지 참고할 수 있도록 하였다.

1 세금우대, 청년우대 금융상품을 전략적으로 활용하자

세금 절약은 청년들의 재테크 성공에 있어 핵심적인 요소이다. 이 점은 제2장에서 이미 살펴본 바 있다. 요약하면, 세금을 절약할수록 실질 수익률이 높아지고, 절약된 금액은 복리효과를 증대시켜 자산 증식 속도를 빠르게 만든다.

따라서 세금우대 혜택이 있는 금융상품은 최우선적으로 활용하는 것이 유리하다. 이 장에서는 세금우대 및 청년우대 금융상품을 종합하여 정리하고, 아직 다루지 않은 상품에 대해서는 구체적으로 설명한다.

이미 배운 청년우대, 세금우대 금융상품 요약

▶청년주택드림청약통장 [비과세, 청년우대]

(자료 : 국토교통부)

- 목적 : 주택 마련이 목적이지만 목돈 마련도 돕는 금융상품이다. 무주택 청년층의 내 집 마련을 돕기 위해 기존 청년우대형 주택청약종합저축을 확대 개편한 상품이다.
- 가입대상 : 만 19세 이상 34세 이하의 무주택 청년 중 연소득 5,000만원 이하인 사람이다.
- 금리 : 최고 연 4.5%의 높은 금리를 제공한다.
- 비과세와 소득공제 동시 혜택 : 연간 납입금액의 40%, 최대 120만원까지 소득공제 혜택이 주어

진다. 발생하는 이자소득에 대해서는 500만원까지 비과세된다.

- 대출과 연계 : 해당통장을 통해 청약에 당첨되면 청년주택드림대출(최저 연 2.2% 금리)을 이용할 수 있어서 유리하다.

▶제2금융권 중 상호금융의 정기예탁금(농협, 수협 등) [비과세]

- 목적 : 목돈 운용이 목적인 금융상품이다.
- 가입 : 단위농협, 단위수협 등의 조합에 일정금액을 시중은행의 정기예금처럼 예탁하는 상품이다.
- 비과세 : 원금 기준 3,000만원까지에서 발생하는 이자에 대해 비과세된다.
- 특징 : 정부 차원의 예금자보호 시스템이 아닌 자체 기금으로 예금을 보호하기 때문에 가입 전에 신용도를 체크해야 한다.

▶IRP(개인형퇴직연금)와 연금저축계좌 [절세] 〈복합상품〉

- 목적 : 노후준비를 위한 장기저축상품이다.
- 가입대상 : 소득이 있으면 누구나 가입가능하다.
- 절세 1 : 연금저축계좌에 연간 최대 600만원(총급여 5,500만원 이하 기준), IRP에 연간 최대 900만원(퇴직연금과 합산)까지 납입하면 납입액의 일정비율(13.2% 또는 16.5%)을 세액공제로 돌려받는다.
- 절세 2 : 연금으로 수령시 낮은 연금소득세율(3.3~5.5%)이 적용된다.
- 절세 3 : 퇴직금을 IRP로 수령하여 연금으로 받으면 퇴직소득세의 30~40%를 감면받을 수 있다.
- 과세이연 : 투자수익이 발생하더라도 바로 과세를 하지 않고 그 과세를 연금수령시점까지 이연시킨다.

(자료 : 국민은행)

- 기타 : IRP(개인형퇴직연금)와 연금저축계좌 중 하나를 선택해야 한다면, IRP를 추천한다. 젊은 시기부터 꾸준히 납입하면 은퇴시점까지 복리효과와 더불어 세금혜택을 크게 누릴 수 있기 때문이다.

연금저축계좌 중에서는 연금저축펀드가 상대적으로 유리하다. 이는 노후대비를 위한 상품이므로, 주택구입 등 특별한 사유가 없는 한 중도인출이 제한된다.

IRP와 연금저축펀드는 단일 금융상품이 아니라 다양한 금융상품에 투자할 수 있는 복합계좌이다. 즉, 이들 계좌는 하나의 자산관리 플랫폼 역할을 하며, 예금, 펀드, ETF 등 다양한 자산에 분산투자할 수 있는 구조로 되어 있다.

새로 배우는 청년우대, 세금우대 금융상품

제1장부터 제11장까지 다양한 내용을 학습하였다. 그러나 이번에 소개할 청년우대 및 세금우대 상품은 매우 중요함에도 불구하고, 기존 장들 어디에도 자연스럽게 포함시키기 어려운 성격을 가지고 있어 별도로 이 장에서 설명하고자 한다.

이 상품들은 월급을 받기 시작한 청년이라면 가입자격 여부를 반드시 확인하고, 해당된다면 꼭 가입해야 할 정도로 유리한 조건을 갖추고 있다. 청년 재무전략의 핵심수단이 될 수 있는 중요한 상품들이다.

▶목돈 모으기의 끝판왕, 폐지된 '청년내일채움공제'가 '청년미래적금'으로 부활한다 [청년우대]

과거에는 '청년내일채움공제'라는 제도가 있었다. 이 제도는 중소·중견기업에 취업한 청년이 빠르게 자산을 형성할 수 있도록 지원하는 매우 유익한 정책 상품이었다. 제도 도입 이후, 사회초년생들 사이에서 큰 인기를 끌었음은 당연하다.

예를 들어, 2018년 기준으로 청년이 2년간 300만원을 저축하면, 기업에서 400만원, 정부에서 900만원을 추가 지원하여 총 1,600만원의 자산을 형성할 수 있었다(오른쪽 그림 참조). 즉, 300만원으로 5배가 넘는 금액을 손에 쥘 수 있었던 셈이다.

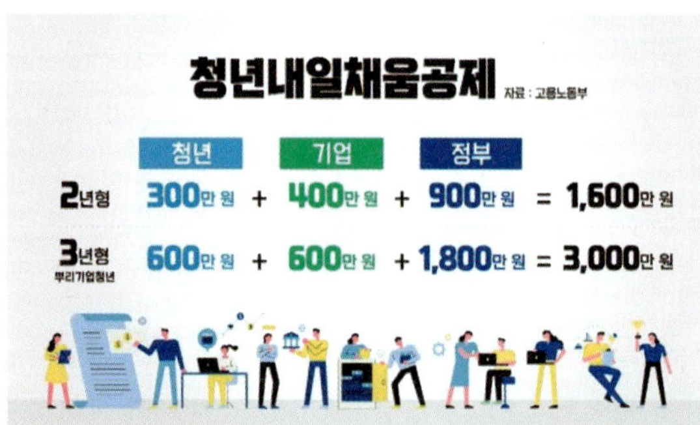

2018년부터 한때 운용된 청년내일채움공제 구조. 청년이 2년간 300만원을 저축하면 1,600만원을 돌려주고, 3년간 600만원을 저축하면 3,000만원을 만들 수 있었다. 여기에 이자는 별도이다. 청년을 위한 얼마나 아름다운 제도였던가!

그러나 이후 지원 규모는 점차 축소되었다. 2022년에는 동일한 저축액(300만원)에 대해 기업 300만원, 정부 600만원으로 지원 규모가 줄었고(〈표 12-1〉 참조), 2023년에는 청년, 기업, 정부가 각 400만원씩

부담하는 구조로 변경되면서 정부의 부담이 더 감소하였다. 결국 2024년부터는 관련 예산이 대폭 줄어들며 신규 모집이 전면 중단되었다.

이후 정부는 대안으로 '중소기업 재직자 우대 저축공제' 제도를 도입하였다. 이 제도는 중소기업에 재직중인 청년이 월 10만~50만원을 저축하면, 기업이 납입금의 20%를 추가 지원하고, 은행이 12%포인트의 우대금리를 제공하는 방식이다. 정부는 별도의 예산 투입 없이, 기업이 납입한 금액에 대해 소득세 및 법인세 감면 혜택만을 제공한다.

즉, 정부의 직접 재정 지원은 사라졌지만, 해당제도 역시 청년 지원 정책의 일환으로 강조되고 있다. 그러나 실질적인 정부 부담은 기존 청년내일채움공제에 비해 현저히 낮다.

실제로 청년내일채움공제를 위한 정부 예산은 2022년 1조 3,099억원에서 2023년에는 294억원으로 급감하였는데, 이는 전년 대비 약 2.2% 수준에 불과하다. 2024년 예산 역시 기존 가입자에 대한 지원에만 사용될 예정이다.[1)]

〈표 12-1〉 청년내일채움공제와 중소기업 재직자 우대 저축공제 비교

	청년내일채움공제(2022년 기준)	중소기업 재직자 우대 저축공제
가입기간	2년	5년
청년 납입금	월 12만 5,000원(총 300만원)	월 10만~50만원(총 600만~3,000만원)
적립금	기업 300만원+정부 600만원 지원	기업이 개인 납입금의 20% 지원
기업 적립금의 정부 지원	30인 미만 100%, 30~50인 미만 80% 50~200인 미만 50%, 200인 이상 미지원	없음(기업 전액 부담)
만기금	1,200만원+이자	805만~4,027만원 (매월 10만~50만원씩 납입시)

(자료 : 고용노동부, 중소벤처기업부)

〈표 12-1〉에서 알 수 있듯이, 정부는 중소·중견기업에 취업한 청년들의 자산 형성에 큰 도움이 되었던 제도를 결국 폐지하였다.

그러나 이 제도는 2025년 새 정부 출범과 함께 일부 형태를 바꾸어 '청년미래적

1) 경향신문, 2024.10.2 기사 참조

금'이라는 이름으로 다시 도입될 예정이다. 제도가 실제로 부활하면, 자격요건을 확인한 후 반드시 가입하는 것이 바람직하다.

예상되는 구조와 혜택을 고려할 때, '청년미래적금'은 향후 출시될 모든 금융상품 가운데 가장 유리한 조건을 제공할 가능성이 크다.

▶청년내일저축계좌 [일부 저소득 청년우대]

이 제도는 저소득 청년이 3년간 저축을 이어갈 수 있도록 지원하여 자산 형성과 미래 투자를 돕는 자산형성지원사업이다. 복지 차원에서 보건복지부가 운영하고 있는 국가 정책이다.

자격요건과 지원내용은 〈표 12-2〉와 같다. 예를 들어, 기준 중위소득 50% 이하에 해당하는 차상위계층 이하 청년이 월 10만원 이상 저축할 경우, 참여자격을 충족하게 된다.

이 경우, 청년이 매월 10만원을 저축하면 정부가 월 30만원을 추가로 지원하며, 3년간 저축을 유지하면 본인이 저축한 360만원과 정부지원금 1,080만원을 합쳐 총 1,440만원을 수령할 수 있다. 여기에 더해지는 이자수익은 별도로 제공된다.

〈표 12-2〉 청년내일저축계좌 제도

구 분		차상위 이하 (기준 중위소득 50% 이하)	차상위 초과 (기준 중위소득 50% 초과~100% 이하)
요건	가구소득	기준 중위소득 50% 이하	기준 중위소득 50% 초과~100% 이하
	연령	만 15세 이상~만 39세 이하	만 19세 이상~만 34세 이하
	소득	월 10만원 이상 근로 · 사업소득 발생	월 50만원 초과~월 250만원 이하
저축액	본인 저축	매월 10만원 3년 : 10만원×36개월=360만원	매월 10만원 3년 : 10만원×36개월=360만원
	정부 지원액	매월 30만원 3년 : 30만원×36개월=1,080만원	매월 10만원 3년 : 10만원×36개월=360만원
	원금합계	1,080+360=1,440만원	360+360=720만원

참고로 2025년 기준 가구별 중위소득은 〈표 12-3〉과 같다.

〈표 12-3〉 가구별 중위소득(2025년 기준)

구 분	1인 가구	2인 가구	3인 가구	4인 가구
기준 중위소득	2,392,013원	3,932,658원	5,025,353원	6,097,773원

지방자치단체에 따라 추가 매칭 지원금이 제공될 수 있으며, 기초생활수급자나 차상위계층에게는 별도의 추가 지원이 제공되기도 한다. 따라서 정확한 지원 여부는 거주지 관할 주민센터에서 확인하는 것이 필요하다.

다만, 주의할 점은 모집기간이다. 해당제도는 연중 상시 신청이 가능한 것이 아니라, 매년 정해진 시기에만 접수가 가능하다.

예를 들어, 청년내일저축계좌는 매년 한 차례만 신청을 받는다. 신청 관련 자세한 사항은 주민센터 또는 다음의 경로를 통해 확인할 수 있다.

- 보건복지부 대표 홈페이지
- 복지로 홈페이지 : www.bokjiro.go.kr
- 보건복지부 자산형성지원 콜센터 : ☎ 1522-3690

▶청년도약계좌 [비과세, 청년우대]

- 목적 : 청년층의 목돈 마련을 지원하기 위해 정부가 추진하는 정책형 금융상품이다.
- 가입대상 : 만 19세 이상 34세 이하의 청년 중 개인소득 기준 총급여 7,500만원 이하, 가구소득이 중위소득의 250% 이하이다. 2025년 기준으로 1인 가구의 중위소득 250% 컷은 오른쪽 표에서 보는 바와 같이 약 6,234만원 정도이다.

가구원 수	기준 중위소득 250%(연)
1인 가구	62,336,760원
2인 가구	103,684,650원
3인 가구	133,044,480원
4인 가구	162,028,920원

- 납입금액 : 매월 1천원~70만원 자유납입(연 총납입 한도 840만원)
- 만기시 혜택 : 청년도약계좌는 만기시 [납입금+이자+정부 기여금]으로 구성된 원리금에 대해 이자소득세가 비과세된다. 즉, 세후 수익률을 높일 수 있는 구조이다.
- 금리 구조 : 기본금리는 연 4.5%이며, 이 금리는 3년간 고정된 후에 은행에 따라 변동금리로 전환된다. 은행별 금리에 차이가 있으므로, 가입 전에 '은행연합회 소비자

포털'에서 상품별 금리를 비교한 후 선택하는 것이 바람직하다.

- **정부 기여금 구조 예시** : 정부는 청년의 총급여 수준에 따라 납입금 일부에 대해 정률로 기여금을 추가 지원한다. 다음은 대표적인 지원 구조의 예시이다.

  예 1) 총급여가 2,300만원인 청년이 월 50만원을 납입할 경우

  → 40만원까지는 6.0% 비율로 매월 24,000원을 지원

  → 나머지 10만원은 3.0% 비율로 매월 3,000원을 지원

  ➡ 총 지원금 : 매월 27,000원

  예 2) 연간 총급여가 2,400만원 이하인 청년이 월 70만원을 납입할 경우

  → 정부 기여금 : 월 33,000원

  ➡ 5년간 총 지원금 : 약 198만원

정부기여금 구간 Ⅰ　정부기여금 구간 Ⅱ

개인소득 구간	월 납입 40만원 50만원 60만원 70만원 (정부기여금 구간 Ⅰ)	(정부기여금 구간 Ⅱ)	월 최대 정부 기여금
총급여 2,400만원 이하 (종합소득 1,600만원 이하)	24,000원 (6.0%)	9,000원 (3.0%)	33,000원
총급여 3,600만원 이하 (종합소득 2,600만원 이하)	23,000원 (4.6%)	6,000원 (3.0%)	29,000원
총급여 4,800만원 이하 (종합소득 3,600만원 이하)	22,200원 (3.7%)	3,000원 (3.0%)	25,200원
총급여 6,000만원 이하 (종합소득 4,800만원 이하)	21,000원 (3.0%)		21,000원
총급여 7,500만원 이하 (종합소득 6,300만원 이하)	–		

청년도약계좌 정부 기여금 지원 구조

- **기타(중도해지 및 부분인출)** : 특별 중도해지의 경우, 계좌를 3년 이상 유지한 뒤 해지하면 정부 기여금의 60%를 지급받을 수 있다. 다만, 사망, 혼인, 출산, 주택구입 등과 같은 정당한 사유가 있는 경우에는 정부 기여금을 전액 지급한다.

  부분인출도 가능하다. 2025년 7월 10일부터는, 가입 후 2년 이상 경과한 가입자

에 한해 적립금의 40% 이내 범위에서 만기 전 1회에 한하여 인출이 허용된다. 2025년 말에 예정대로 이 제도를 일몰시킬 것을 검토중이다. 청년지원상품을 모아서 집중하는 식으로 개편을 검토중이라고 한다.

▶청년형 장기집합투자증권저축 [세금우대, 청년우대]

이 상품은 만 19세부터 34세 이하의 청년(군필자의 경우 최대 만 39세까지)을 대상으로 하며, 직전연도 총급여액이 5,000만원 이하인 경우 가입할 수 있다. 펀드에 투자하고 장기간 보유할 경우 세제혜택을 제공하는 장기투자 금융상품이다.

투자기간은 최소 3년에서 최대 5년까지이며, 가입가능기간은 2025년 12월 31일까지로 설정되어 있다. 현재(2025년 7월 기준)까지 제도 연장 여부에 대한 정부 입장은 발표되지 않았다.

연간 납입한도는 금융기관 전체를 합산하여 최대 600만원이며, 이 중 납입금액의 40%에 해당하는 금액을 소득공제로 인정받을 수 있다. 따라서 연간 최대 240만원까지 소득공제가 가능하다.

▶ISA(개인종합자산관리계좌) [비과세 및 세금우대]

하나의 계좌에 다양한 금융상품(예금, 펀드, ELS, 국내 상장 주식 등)을 담아 통합 관리하며, 세금혜택을 제공하는 상품이다. 아래에서 별도로 자세히 설명한다.

ISA

▶요 약

- 목적 : 하나의 계좌에 다양한 금융상품(예금, 펀드, ELS, 국내 상장 주식 등)을 담아 통합 관리하며, 세금혜택을 제공하는 상품이다.
- 가입대상 : 만 19세 이상. 단, 직전연도 총급여 5,000만원 이하 청년 및 총급여 7,000만원 이하 중소기업 근무자 등은 만 15세 이상부터 가입가능하다.
- 세금혜택 : 서민형/농어민형은 최대 400만원, 일반형은 최대 200만원까지 순이익에 대해 비과세된다. 비과세 한도를 초과하는 금액은 9.9%의 세율로 분리과세된다.
- 권하는 유형 : 신탁형, 중개형, 일임형 등 세 가지 유형 중에서 중개형 가입을 권하며 주식, 펀드, ETF 등에 투자하는 경우에는 무조건 가입을 권한다.

• 기타 : 2025년 7월 현재, 혜택을 확대하는 방향으로 개편 중이다.

▶ISA의 의의와 특장점

ISA(Individual Savings Account, 개인종합자산관리계좌)는 명칭에서 유추할 수 있듯이 개인의 저축과 투자(주식, 펀드, 파생증권) 등을 종합적으로 관리할 수 있는 계좌를 말한다.

이 상품은 크게 두 가지의 특징이 있다. 하나는 각종 예적금 · 펀드 · 파생결합상품을 골라 하나의 계좌에 담을 수 있다는 점, 또 다른 하나는 만기에 계좌에 담긴 상품에서 발생한 손익을 통합 계산해 일정금액까지는 면세혜택을 준다는 점이다. 이 때문에 '만능 비과세 통장'이라 불린다. 세금혜택을 주기 때문에 전 금융기관 통틀어서 1개의 계좌 개설만 가능하다.

▶ISA의 종류와 선택하기

ISA는 가입자가 투자상품을 직접 선택하는 신탁형과 금융사에 운용을 맡기는 일임형, 그리고 중개 중심의 중개형으로 나뉜다. 일임형 상품은 운용을 금융사에 맡기기 때문에 당연히 운용보수가 발생한다. ISA가 큰 관심을 받지 못하자 정부는 2021년 1월 일부조건을 완화하고 제도적 개선과 함께 직접 국내주식에 투자할 수 있는 중개형 ISA를 출시했다.

〈표 12-4〉는 이를 정리한 것이다. 특징적인 것은 은행예금과 주식투자를 한 개의 ISA에서 하는 것은 불가능하다는 점이다. 예금을 기본으로 하고 ETF, 펀드 등 다른 금융상품을 포함하고 싶으면 신탁형, 국내주식 투자를 기본으로 하고 다른 금융상품

〈표 12-4〉 ISA의 종류

구 분	신탁형	중개형	일임형
투자가능상품	예금, ETF, 펀드, 리츠, 상장형수익증권, 파생결합증권/사채, ETN, RP	국내상장주식, ETF, 펀드, 리츠, 상장형수익증권, 파생결합증권/사채, ETN, RP	ETF, 펀드 등
투자방법	가입자가 직접 투자상품 선택		증권사가 포트폴리오 운용

을 종합적으로 관리하고 싶으면 중개형에 가입하면 된다. 필자도 이 유형을 권한다. ISA 가입자 중 84% 정도가 이 유형에 가입하고 있다.

▶가입자격별 ISA 구분과 납입가능 금액

가입자격에 따라 가입하는 유형에는 크게 세 가지가 있다.

- 서민형 : 직전연도 총급여가 5,000만원 또는 종합소득 3,800만원 이하인 자
- 농어민형 : 직전연도 총소득 3,800만원 이하 농어민
- 일반형 : 서민형 또는 농어민형에 가입 불가능한 만 19세 이상인 자 또는 직전연도 근로소득이 있는 만 15세 이상 19세 미만인 자

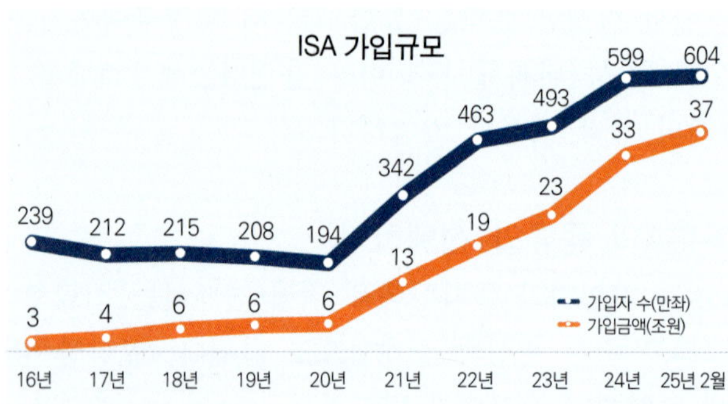

(자료 : 금융투자협회)

세 유형 모두 의무가입기간은 3년으로 부득이한 사유가 없는데도 중도해지를 하면 기존의 세금혜택이 환수된다. 그런데 사실상 중도인출이 가능하기 때문에 자금이 필요한 경우 중도인출 제도를 이용하면 된다. 3년 만기가 되기 전 납입원금을 초과하지 않는 범위 내에서 자유로운 중도인출이 가능하다. 그러나 수익금을 인출하려고 하면 해지로 간주한다. 납입할 수 있는 금액(납입원금)은 연 2,000만원으로, 5년간 최대 1억원까지 납입 가능하다. 올해 돈이 없어서 1,000만원만 납입했다면 납입한도가 이월되어서 내년에 3,000만원 납입이 가능하다.

▶ISA의 면세혜택

계좌 내 상품간·기간간 손익을 통산 후 순소득에 대해 '일반형'에서는 200만원까지 비과세하며, 200만원 초과금액에 대해서는 9.9% 분리과세한다. 서민형과 농어민형은 면세혜택이 더 커서 순소득 400만원까지 비과세, 400만원 초과금액에 대해서 9.9% 분리과세한다.

ISA에서 "통산"에 따른 세금효과는 어떻게 발생할까? 서민형을 중심으로 설명해

보자. ISA가 아닌 경우라면, 예금에서 600만원 이익이 나고, 펀드에서 100만원 손실을 봤다면 손실은 무시하고 예금이자 600만원에 대해 세금을 내야 했다. 하지만 ISA 계좌에선 손익을 합산(통산)하므로 예금과 펀드를 합산한 순이익을 500만원(=600만원−100만원)으로 보고 이 중 면세혜택을 주는 400만원을 제외한 100만원에 대해서만 세금이 부과된다. 계좌 안에서 상품 이동이 자유롭다는 점도 장점이다.

▶ISA의 면세혜택 효과 비교

ISA가 주는 면세혜택이 얼마나 되는지, 미래에셋 매거진에서 인용한 자료를 참고해 보자. 홍길동은 두 개의 상품에 투자했는데, 하나는 국내주식에 투자해서 1,000만원의 손실을 봤고 다른 하나는 펀드에 가입해서 2,000만원의 수익을 냈다. 이를 ISA에 가입해서 두 개의 상품에 투자한 경우(서민형에 가입)와 ISA에 가입하지 않고 일반계좌에서 두 상품에 투자한 경우를 비교하면 다음 그림과 같다.

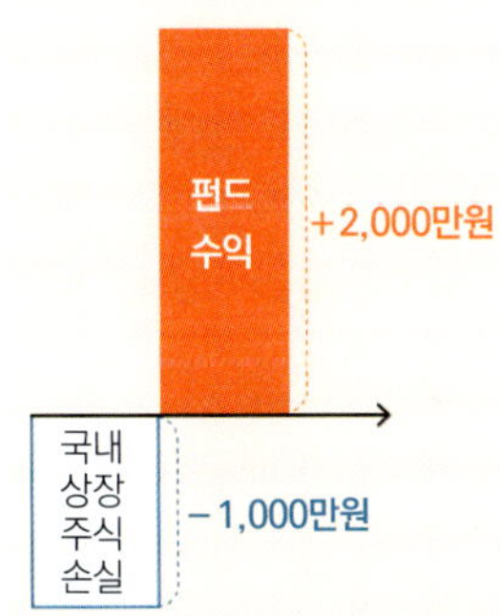

	ISA서민형	일반계좌
수익	2,000만원	
손실	−1,000만원	
총수익	1,000만원	
세금	[(2,000만원 − 1,000만원) − 400만원] × 9.9% = 59.4만원	2,000만원 × 15.4% = 308만원
최종수익	940.6만원	692만원
최종 수익률	9.406%	6.920%
비고	비과세 및 분리과세	금융소득 2,000만원 초과시 종합과세 합산

(자료 : 미래에셋 매거진)

그림을 보면, 일반계좌의 경우 주식투자손실 −1,000만원은 그냥 손해를 감수하는 것이고 펀드투자수익 +2,000만원에 대해서 일반과세율 15.4%를 적용해서 세금을 308만원 징수한다. 그러나 ISA 서민형에서 투자했을 경우에는 주식투자손실 −1,000만원과 펀드투자수익 +2,000만원을 합산하면 순수익 +1,000만원이 된다. 이 금액에서 면세혜택 400만원을 제외한 600만원에 대해서 분리과세율 9.9%를 적용하여 세금 59.4만원만 내면 된다. 세금이 현저한 차이가 발생하여 최종수익금 역시 그 차이가 적지 않음을 알 수 있다.

▶ISA의 수수료

ISA는 절세혜택이 주어지는 대신 일반계좌와 달리 수수료가 발생한다는 점에 유의해야 한다. ISA 수수료가 절세혜택을 상쇄하는 것은 아닌지 살펴봐야 한다. 예를 들어, ISA에서 연 5%의 비교적 높은 수익이 발생해도 수수료가 1%라면 실질적으로 절세효과가 없다. 연 5% 수익에 대한 비과세 혜택은 0.77%(=5%×세율 15.4%)에 불과하므로 수수료를 제하면 ISA를 통한 투자효과는 마이너스(−)이기 때문이다. 이 부분이 중개형을 권하는 이유이기도 하다.

2 전략을 세우고 행동으로 옮기자

많은 청년들이 첫 월급을 받게 되면 '어떻게 돈을 관리해야 할까?'라는 고민에 부딪히게 된다. 전략적 재테크는 단순한 저축 그 이상이다. 장기적인 자산 형성과 경제적 자유를 달성하기 위한 전략적인 선택의 연속이다. 이하에서는 제1장에서 배운 바와 같이 한 달 소득이 20대 대졸 초임 평균인 세후 225만원임을 가정하고 합리적 소비, 필수 저축, 투자 실행까지 전반적인 재테크 설계를 지금까지 본 책에서 배운 모든 내용을 기반으로 하여 구체적인 예시를 통해 안내한다.

재무계획의 큰 틀 : 세 가지 영역

▶생활비와 비상금 : 기본 생존 기반

생활비 및 급여통장 설계

직장에 입사하여 월급을 받기 시작하면, 가장 먼저 해야 할 일 중 하나는 급여이체통장을 전략적으로 설정하는 것이다. 일반적으로 이 통장은 생활비 관리용으로도 함께 사용되며, 항상 일정금액이 잔액으로 남게 된다.

하지만 시중은행의 일반 입출금 통장은 이자가 거의 없다는 단점이 있다. 반면, 많은 금융기관은 급여이체 통장을 자사 계좌로 설정할 경우, 저축과 대출 시 우대금리 혜택을 제공한다. 이는 저축금리를 높이고 대출금리를 낮추는 방식으로 이루어진다.

이러한 혜택을 제대로 활용하려면 다음 두 가지 방법을 고려할 수 있다.

- 증권사 CMA 계좌를 활용하는 방법 : 평소에는 이자가 높은 증권사의 CMA 계좌를 생활비 통장으로 사용하다가, 대출이 필요할 경우에는 미리 해당은행의 급여통장으로 바꾸어 우대혜택을 받는 방식이다.
- 급여우대 특판통장을 이용하는 방법 : 처음부터 주거래 은행에서 제공하는 금리우대 특판통장을 급여통장으로 설정하여 이자수익과 우대혜택을 동시에 누리는 방식이다.

또한 월급을 받기 시작하면, 연말정산을 함께 준비해야 한다. 소득이 있는 사람은 세금을 납부해야 하며, 연말에는 1년간의 총수입과 지출을 정리하여 실제로 납부해야 할 세금을 다시 계산하게 된다. 이때 소득공제 항목이 많을수록 최종적으로 내야 할 세금이 줄어든다.

소득공제를 늘리기 위한 대표적인 방법 중 하나가 신용카드와 체크카드(또는 현금영수증)의 사용이다. 일반적으로 신용카드는 지출시점과 결제시점이 달라 지출관리가 어려워 추천되지 않는 경우가 많지만, 포인트, 할인, 실적에 따른 혜택이 커서 효과적으로 사용하면 유리하다.

특히 최근에는 지출을 관리해 주는 앱이 잘 발달되어 있기 때문에, 지출을 통제할 자신이 있다면 신용카드를 적절히 활용하는 것이 바람직하다.

생활비 및 급여 관련 설계 예시를 보이면 다음과 같다.

- 추천 통장 : CMA 계좌(CMA 1), 인터넷은행(토스 등) 또는 급여우대 상품 포함 시중은행
- 월 지출 : 70만원
- 소비전략 : 연 소득 3,000만원 기준으로 약 750만원까지는 신용카드 사용(소득공제율 15%), 그 이상은 체크카드 사용(소득공제율 30%)이 유리
- 주의점 : 신용카드는 반드시 앱을 통해 지출내역 철저 관리

비상금통장

비상금은 평균 생활비의 3~5배 정도를 유지하는 것이 바람직하다. 이 통장에는 항상 일정금액이 들어 있으므로, 이자를 적절히 받고 원금까지 보장받고자 한다면 우리투자증권의 CMA 계좌를 활용하는 것이 좋다.

아래에서 'CMA 2'라고 표기한 것은 급여·생활비 통장(CMA 1)과 구분하여, 비상금을 위한 두 번째 CMA 통장을 별도로 관리하라는 의미이다. 즉, 비상금은 독립된 계좌에서 따로 운용하는 것이 이상적이다.

- **추천 통장 :** CMA 계좌(CMA 2, 예 : 우리투자증권)
- **목표금액 :** 평균 생활비의 3~5배, 약 200만원

▶필수통장 : 국가 지원 혜택을 최대한 활용

필수통장들은 국가가 청년들의 목돈 마련과 빠른 경제적 독립을 위하여 각종 혜택을 제공하는 금융상품들이다. 높은 금리, 별도의 정부 지원금 등 그 혜택들이 파격적인 것들도 있으니 꼭 챙기자. 여기서는 간략하게 살펴보고 자세한 내용은 본 책의 해당 부분을 다시 찾아보자.

상품군

- **청년내일저축계좌 :** 일부 저소득층 해당자만 가능. 월 10만원 납입. 3년 후 소득 수준에 따라 920만~1,440만원 확보. 단순계산시 5년 후 1,500만~2,400만원 가능
- **청년도약계좌 :** 월 70만원 납입. 3년 후 약 3,000만원, 5년 후 약 5,000만원 확보
- **청년주택드림청약저축 :** 월 25만원 납입 권장. 3년 후 약 1,000만원, 5년 후 약 1,700만원 확보
- **새 정부가 추진 중인 청년미래적금 :** 무조건 가입해야 할 것으로 판단. 이 상품에도 가입하게 되면 그 금액만큼 필수통장 상품군의 입금액 증액. 청년도약계좌의 대체안이 될 수 있음

필수통장에 예시처럼 저축했을 경우 미래의 추정 원리합계

필수통장 네 가지 모두에 해당되어 각 통장마다 권장 금액을 납입했을 경우, 이를 모두 합산하면 월 105만원씩, 연 총 1,260만원을 저축하게 된다. 각 금융상품의 혜택을 모두 누리면 3년 후 원리금 합계는 약 5,000만~6,000만원이 예상되고, 5년 후 원리금

합계는 약 8,000만~9,000만원 정도가 될 것으로 예상된다.

충분히 한번 해볼 만하지 않은가? 이상의 내용을 정리하면 〈표 12-5〉와 같다.

〈표 12-5〉 필수 금융상품 가입시의 예상 시나리오

구 분	월 불입액	3년 후 예상 원리금	5년 후 예상 원리금
청년내일저축계좌 (해당자 한정)	10만원	약 1,000만~1,440만원	약 1,500만~2,400만원
청년도약계좌 (해당될 가능성 큼)	70만원	약 3,000만원	약 5,000만원
청년주택드림 청약저축	25만원	약 1,000만원	약 1,700만원
청년미래적금 (신설 예정)	추후 확인	추후 확인	추후 확인
계	105만원*	5,000만~6,440만원	8,200만~9,100만원

* 만약, 위의 상품군 중 '청년내일저축계좌'의 가입자격에 해당되지 않을 경우 10만원은 뒤에서 다루는 다른 금융상품을 활용하면 된다. 이 경우 위의 나머지 세 개의 필수상품에 월 95만원을 납입하면 된다. 그런 경우, 3년 후와 5년 후의 예상 원리금이 조금 줄어들 것이다.

주의사항

청년을 위한 금융상품은 정부의 정책적 지원을 바탕으로 운영되므로, 반드시 매년 정부 정책 변경 여부를 확인해야 한다. 현재로서는 정책이 청년들에게 유리한 방향으로 유지될 가능성이 크다.

한편, 청년도약계좌의 가입요건을 충족하지 못하는 경우도 있을 수 있다. 이러한 경우에는 해당금액만큼을 이후에 안내할 방식에 따라 저축하거나 투자하는 것으로 대체하면 된다. 참고로, 보험료는 개인의 상황에 따라 차이가 크기 때문에 본절에서는 별도로 고려하지 않았다.

▶저축과 투자의 전략적 배분

저축 및 투자 가능 금액의 전략적 배분

이제 저축과 투자 가능 금액을 전략적으로 배분해 보자. 저축 및 투자 자금을 어떻게 운용하느냐에 따라 다음과 같이 세 가지 유형으로 구분하겠다.

- 안정형 : 원금보장을 최우선으로 하며, 전체 금액을 저축에만 운용한다.
- 중립형 : 저축과 투자를 각각 50%씩 균형 있게 분산하여 운용한다.
- 공격투자형 : 필수통장에 납입하는 금액을 제외한 전액을 원금 비보장형 투자상품에 투자한다.

사례 가정 : 월 소득 225만원 기준

월 소득 225만원 중 생활비로 70만원을 사용하면, 저축 및 투자에 활용가능한 가용자금은 155만원이 된다. 이 중 95만원은 필수통장 납입금액으로 설정한다. 청년내일저축계좌는 자격요건 제한과 소액 납입 구조로 인해 본 배분에서는 일단 제외한다.

유형별 자금 운용 전략

- 안정형 전략 : 추가 저축 가능 금액인 60만원(=155만원−95만원) 전액을 저축에 활용한다. 따라서 필수통장 95만원을 포함한 전체 155만원이 전액 저축으로 운용된다.

- 중립형 전략 : 원칙적으로는 155만원을 저축 77.5만원+투자 77.5만원으로 균등하게 배분해야 한다. 그러나 필수통장에 이미 95만원을 납입하였기 때문에, 남은 60만원 전액을 투자에 사용한다. 이후 소득이 증가하여 저축 및 투자 가능 금액이 190만원 이상으로 늘어나면, 저축 95만원+투자 95만원으로 50 : 50의 균형을 맞출 수 있으며, 이후에도 이 균형을 유지한다.

- 공격투자형 전략 : 원칙적으로는 저축 및 투자 가능 금액 155만원 전액을 투자에 활용해야 한다. 하지만 필수통장에 95만원을 납입하였기 때문에, 현재는 나머지 60만원만 투자가능하다. 향후 소득이 늘어나면, 가용금액 전액을 투자로 운용하는 전략을 지속하면 된다.

각 전략은 본인의 투자성향과 소득 수준에 따라 유연하게 조정할 수 있다. 중요한 것은 자신의 재무목표와 리스크 감내 수준에 맞는 전략을 꾸준히 실천하는 것이다.

세 유형에 따른 전략을 표로 나타내면 〈표 12-6〉과 같다.

〈표 12-6〉 세 가지 유형에 따른 가용자금 155만원의 배분 (단위 : 만원)

<table>
<tr><th rowspan="3">투자 유형</th><th rowspan="3">전 략</th><th colspan="2">목표금액 배분</th><th colspan="3">실제금액 배분</th><th rowspan="3">비 고</th></tr>
<tr><th rowspan="2">저 축</th><th rowspan="2">투 자</th><th colspan="2">저 축</th><th rowspan="2">투 자</th></tr>
<tr><th>필 수</th><th>임 의</th></tr>
<tr><td>안정형</td><td>저축 100%</td><td>155</td><td></td><td rowspan="4">95</td><td>60</td><td></td><td>전액을 저축함</td></tr>
<tr><td rowspan="2">중립형</td><td>저축 50%</td><td>77.5</td><td></td><td></td><td></td><td rowspan="2">필수저축액 95만원이 목표저축액 77.5만원을 초과했으므로 산액은 전액 투자</td></tr>
<tr><td>투자 50%</td><td></td><td>77.5</td><td></td><td>60</td></tr>
<tr><td>공격 투자형</td><td>투자 100%</td><td></td><td>155</td><td></td><td>60</td><td>필수저축액 95만원을 제외한 나머지 잔액을 전액 투자. 수입 증가시 전액 투자</td></tr>
</table>

저축전략의 실전

▶적 금

금융상품한눈에, 네이버금융 등과 같은 금리 조회 웹사이트에서 비교 검색 후 가장 높은 금리를 주는 상품으로 결정한다. 일반적으로는 금리가 높고 원리금이 보장되는 저축은행을 권장한다. 시중은행의 특판상품도 검색해 본다.

▶목돈 운용

단위농협의 '정기예탁금'

이 상품은 최대 3,000만원까지 비교적 높은 금리를 제공할 뿐만 아니라, 면세혜택까지 주어지므로 적극적으로 활용할 만한 가치가 있다. 이 상품을 이용하려면 여러 단위농협 중에서 하나를 선택해야 하는데, 이때는 두 가지 요소, 즉 금리와 경영등급을 반드시 비교해 보아야 한다. 특히 경영등급을 확인해야 하는 이유는, 단위농협의 원리금 보호가 정부가 아닌 농협 자체 책임이기 때문이다. 따라서 경영등급이 낮은 농협의 경우, 금리가 아무리 높더라도 안정성 측면에서 주의가 필요하다.

• 금리 조회 : 'NH농협 사이트>농협소개>농축협금융상품>예적금>예금>복리

식정기예탁금>금리조회' 메뉴에서 집과 가까운 단위농협을 입력하여 금리를 조회한다. https://wmall.nonghyup.com/servlet/SFDPW0115R.view

- 해당 단위농협의 경영등급 확인 : NH농협 사이트>농협소개>경영성과>경영공시>농·축협 경영공시>알고자 하는 농협 검색>첨부파일 다운로드>202#년도 **농협현황 파일 열기>Ⅳ.경영지표에 관한 사항, 30.경영실태평가 등급 현황 페이지에서 확인한다. 등급이 높을수록 양호하며, 통상 1, 2등급이면 우량하다고 본다.

저축은행 정기예금

금융상품한눈에, 네이버금융 등과 같은 금리 조회 웹사이트에서 비교 검색 후 가장 높은 금리를 주는 상품으로 결정한다. 저축은행의 경우 1억원까지 원리금을 보장하므로 통상 최대 9,000만원까지 입금한다.

투자전략의 실전_참고 예시

▶투자자는 반드시 자신의 투자성향을 먼저 확인해야 한다

투자목적과 투자자 성향에 따라 적합한 투자상품군이 달라지기 때문이다. 앞서 설명한 공격투자형, 중립형, 안정형과 같은 유형 분류를 참고하여, 자신이 얼마나 고위험-고수익을 감수할 수 있는지를 객관적으로 파악할 필요가 있다.

대부분의 증권사 앱에서는 간단한 투자성향 진단 기능을 제공하므로 이를 활용하면 된다. 아래에서는 개별 종목이 아닌 지수 기반 ETF를 중심으로 한 투자전략을 안내하고자 한다.

▶투자계좌 준비

중개형 ISA 계좌

투자금액이 1억원 이하인 경우에는 중개형 ISA 계좌 활용이 권장된다. 특히 미래에셋증권의 중개형 ISA 계좌는 2025년 7월 기준으로 ETF 상품 매매 수수료가 가장 낮고, 계좌 운영 수수료도 없기 때문에 유리하다. 본 교재에서는 이 중개형 ISA 계좌를 기준으로 투자전략을 설명한다. 따라서 해외 투자 중 미국 ETF에 대한 간접투자를 중심으로 설명하며, 직접투자 방식은 다루지 않는다.

일반 증권계좌(직접투자 계좌)

투자금액 1억원 이상일 때는 ISA 계좌를 이용하는 것보다 일반 증권계좌로 직접투자하는 것을 권장한다. 특히 해외주식 투자자(ETF 포함)의 경우는 더욱 그러하다. 메리츠증권 Super365계좌를 추천한다. 2025년 7월 기준, 혜택이 상대적으로 양호하다.

▶투자대상 지수 ETF 기본 검토 사항

전업투자자가 아닌 일반투자자들이 투자에 지나치게 몰두한 나머지 본업에 소홀해지는 경우가 적지 않다. 따라서 투자에 과도한 신경을 쓰지 않으면서도 안정적으로 자산을 운용할 수 있는 접근방식이 필요하다. 특히 청년층이라면 중장기적인 관점에서 적절한 투자상품을 선택하는 것이 중요하다. 이러한 목적에 부합하는 대표적인 수단 중 하나가 바로 지수 ETF(상장지수펀드)에 대한 투자이다.

참고를 위해 한국 코스피지수의 장기 변동 추이를 살펴보자. 그림을 보면 지난 20년간 코스피지수는 약 3배가량 성장하였다. 물론, 이는 과거 자료이므로 향후 흐름은 변동가능성이 있으며, 새 정부의 증시정책 등에 따라 추가적인 상승 여력도 존재한다.

지난 20년간 코스피지수 변화

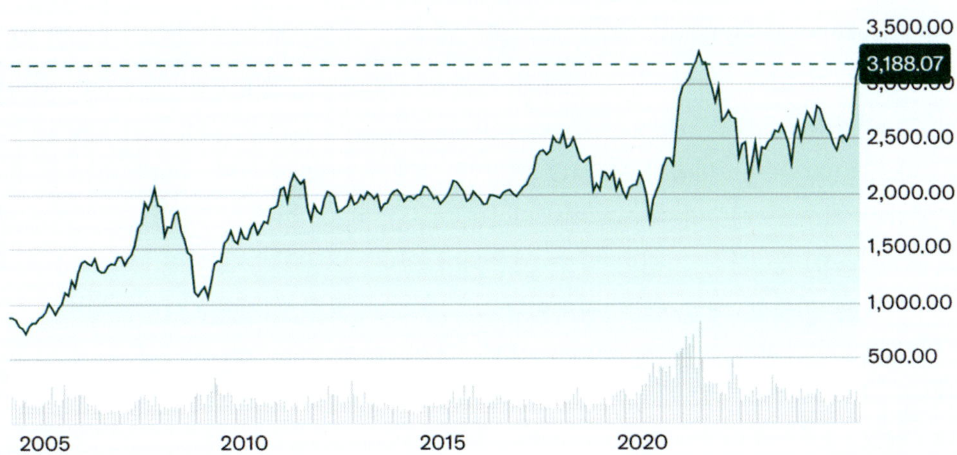

(자료 : 야후증권)

다음 그림은 지난 20년간 미국의 대표 지수인 S&P500지수와 나스닥지수의 변화를 나타낸다.

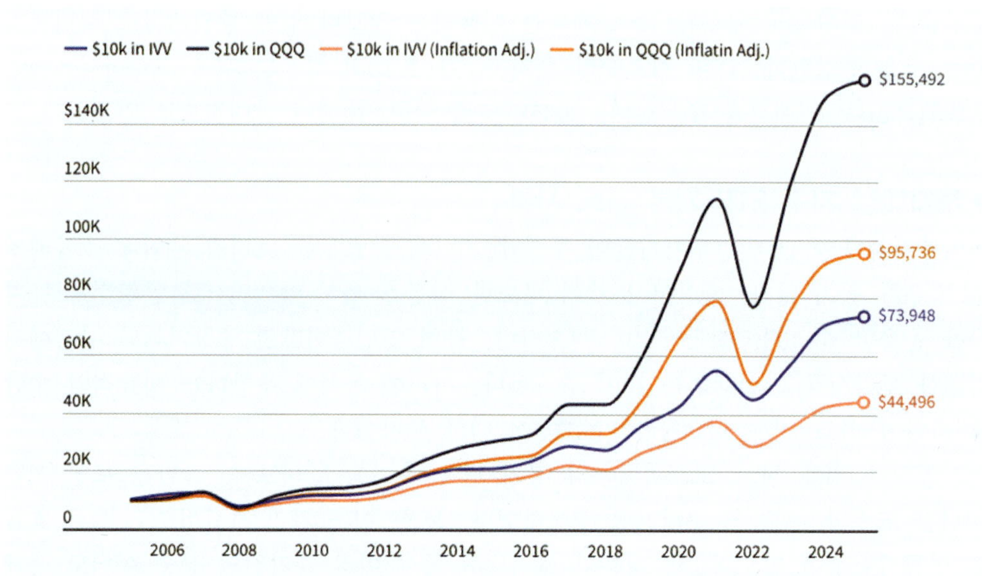

지난 20년간 미국 S&P500 ETF(IVV로 표기된 것. 파란색)와 나스닥지수 ETF(QQQ로 표시된 것. 검정색)의 가격 변화 추이. 주황색 계열은 인플레이션이 반영된 값이다. (자료 : 구글)

S&P500지수는 미국의 대표적인 대형주 500개 종목으로 구성된 주가지수로, 애플(Apple), 마이크로소프트(Microsoft), 아마존(Amazon), 구글(Alphabet) 등의 글로벌 대기업이 포함되어 있다. 미국 경제 전반의 흐름을 대표하며, 안정성과 성장성을 겸비한 지수로 평가된다.

나스닥100지수는 미국 NASDAQ 시장에 상장된 기술 중심의 100대 비금융 기업을 포함한 지수로, 테슬라(Tesla), 엔비디아(NVIDIA), 애플, 아마존, 마이크로소프트, 메타(구 페이스북) 등 혁신 기업이 다수 포함되어 있다. 변동성은 크지만 장기적으로 높은 수익률을 기록한 성장 중심 지수이다.

지난 20년간의 과거 성장 추이를 보면, 코스피와의 객관적인 비교를 위해 인플레이션을 고려하지 않는 값으로 비교했을 때 S&P500은 7.3배, 나스닥은 15.5배 정도 성장을 했다.

이 자료만 근거로 한다면 미국에 투자하는 것도 적극 고려할 필요가 있다고 본다. 나스닥지수에 투자하는 것이 S&P500지수에 투자하는 것보다 고위험-고수익임도 알 수 있다.

▶ISA에 담을 상품 고르기

국내 상장 해외 ETF

① TIGER 미국 S&P500 ETF / TIGER 미국 S&P500(H)

공격투자형 투자자 중에서 상대적으로 위험을 덜 감수하려는 투자자에게는 미래에셋자산운용의 S&P500 ETF 상품을 추천할 만하다. 수수료가 낮고 운용규모가 커서 장기투자에 적합하기 때문이다. S&P500지수는 미국을 대표하는 대형 우량주 500개로 구성되어 있으며, 중장기적으로 안정적인 성장을 기대할 수 있는 지수이다. 상대적으로 시상 변동성에 덜 민감하고 움직임이 비교적 완만하기 때문에 리스크가 과도하지 않다는 평가도 있는 상품이다. 환율 변동이 부담스러운 투자자라면 환헤지(H) 버전인 'TIGER 미국 S&P500(H)'을 고려할 수 있다. 단, 환헤지형 상품은 일반형에 비해 수수료가 더 높다는 점에 유의해야 한다.

② TIGER 미국 나스닥100 ETF / TIGER 미국 나스닥100(H)

공격투자형 투자자, 장기 성장주에 관심 있는 청년 투자자에게 권하는 ETF이다. 환율변동이 부담스러우면 'TIGER 미국나스닥100(H)'을 선택한다.

③ 미국 배당주 ETF인 SCHD와 TIGER 미국 배당다우존스 ETF

SCHD란 미국 ETF 운용사인 찰스 슈왑(Charles Schwab)에서 운용하는 대표 배당성장 ETF로, '다우존스 배당100지수(Dow Jones U.S. Dividend 100 Index)'를 추종한다. 안정적 배당과 기업 건전성 기준을 충족한 미국 우량 배당주 중심 ETF라는 특징을 가지고 있다.

유사한 성과를 추종하는 것으로 국내 상장된 'TIGER 미국 배당다우존스 ETF'가 있다. 둘 다 기초지수는 Dow Jones U.S. Dividend 100 Index이다. 즉, SCHD와 'TIGER 미국 배당다우존스 ETF'는 같은 ETF라고 보면 된다. 전자는 해외 직접투자로 투자가능하고 후자는 국내에서 매수가능하다. 배당과 시세차익을 동시에 추구하기 때문에 중립형에 가깝고 배당을 선호하는 투자자에게 권할 만하다.

국내 주식배당 목적의 ETF

국내 주식에 투자하는 것은 사전에 충분한 학습과 준비가 이루어진 후에 시도하는 것이 바람직하다. 특히 배당주 투자도 결코 쉬운 영역이 아니며, 주가차익을 노리는 투자방식은 더욱 높은 수준의 분석력과 판단력이 요구된다. 다만, 손실이 발생하더라도 ISA 계좌 내에서는 다른 상품에서 발생한 이익과 손익 통산이 가능하므로, 일정부분 손실을 상쇄할 수 있는 장점이 있다.

배당 투자는 일반적으로 안정적인 성향의 투자방식으로 분류된다. 따라서 개별 배당주보다는 국내 배당 ETF를 활용하는 것이 보다 실용적인 대안이 될 수 있다. 이와 관련하여 다음의 ETF를 추천할 수 있다.

④ 한화자산운용의 PLUS 고배당주 ETF

이 ETF는 한화자산운용이 자체 개발한 국내 우량 고배당 종목으로 구성된 지수를 기초로 하며, 배당률이 높은 한국 기업들을 중심으로 구성되어 있다. 또한, 국내에 상장된 ETF이기 때문에 환율 변동의 영향을 받지 않는다.

최근에는 새 정부의 정책 기조에 따라 배당 투자 환경이 개선될 가능성도 높아지고 있어, 중장기적으로 더욱 주목할 만하다.

이상을 고위험-고수익 상품부터 낮은 순으로 정리하면 ② 나스닥100 ETF, ① S&P500 ETF, ③ SCHD 또는 미국 배당다우존스 ETF, ④ PLUS 고배당주 ETF 순이다.

▶포트폴리오 구성 예시

몇 가지 투자 포트폴리오 예시를 참고로 제시해 본다.

가. '핵심-위성 전략' 적용 포트폴리오(제9장에서 학습함) [미국 중심, 한국 조합]

TIGER미국S&P500ETF, 50%+TIGER미국나스닥100ETF, 30%
+한화자산운용PLUS고배당주ETF, 20%

나. '핵심-위성 전략' 적용 포트폴리오 [미국 중심]

TIGER미국S&P500ETF, 50%+TIGER미국나스닥100ETF, 30%
+TIGER미국배당다우존스ETF, 20%

다. '핵심-위성 전략' 적용 포트폴리오 [한국 중심, 미국 조합]

TIGER200ETF, 50%+TIGER미국나스닥100ETF, 30%
+한화자산운용PLUS고배당주ETF, 20%

라. '주식-채권 배분 전략'의 변형

TIGER미국나스닥100ETF, 70%+한화자산운용PLUS고배당주ETF, 30%

앞서 제시한 포트폴리오들을 위험 수준에 따라 평가하면, '가'에서 '라'로 갈수록 고위험-고수익 성향이 강해진다. 개인적인 의견으로는, 청년기에는 '라' 포트폴리오와 같이 보다 공격적인 전략을 시도해 보는 것도 고려해볼 만하다.

그 이유는 첫째, 이미 앞에서 설명한 필수통장에 납입되는 자금이 일정부분 원금보장을 제공하고 있으며, 둘째, 고위험-고수익 전략을 실험해 볼 수 있는 가장 적절한 시기가 바로 청년기이기 때문이다.

물론, 포트폴리오의 구성 비율은 개인의 투자성향과 재무상황에 따라 얼마든지 조정이 가능하다. 그리고 투자 결과에 대한 책임은 언제나 본인에게 있다는 점을 명심해야 한다.

장을 마치며

서학개미 덕에… 해외 주식형이 ETF 순자산 첫 1위

미래에셋자산운용의 'TIGER 미국 S&P500' 상장지수펀드(ETF)가 국내 ETF 순자산 1위에 올랐다. 해외 시장에 투자하는 서학개미가 다시 급증하며 해외 주식형 ETF에 자금이 몰리고 있다.

11일 한국거래소에 따르면 전날 종가 기준 TIGER 미국 S&P500의 순자산액은 총 8조 5,396억원으로 집계됐다. 기존 1위였던 삼성자산운용의 'KODEX CD금리액티브(합성)'를 제친 것이다. KODEX CD금리액티브(합성)의 순자산은 8조 4,879억원이다.

순자산 많은 국내 상장 ETF

(단위 : 억원)

ETF	순자산
TIGER 미국 S&P500	8조 5,396
KODEX CD금리액티브(합성)	8조 4,879
KODEX200	6조 7,762
KODEX 머니마켓액티브	6조 4,382
TIGER 미국 나스닥100	5조 2,442

(자료 : 한국거래소, 7월 10일 기준)

해외 주식형 ETF가 순자산이 가장 많은 ETF로 올라선 것은 이번이 처음이다. 2002년 국내 ETF 시장이 출범한 이후 줄곧 국내 주식형과 금리형 상품이 선두를 지켜왔다. TIGER 미국 S&P500의 순자산이 불어난 데는 개인투자자의 역할이 컸다는 분석이 나온다.

TIGER 미국 S&P500은 올해 들어 1조 1,853억원의 개인 자금을 끌어모았다. 국내 상장된 990여 개 ETF 중 개인투자자 순매수액이 가장 많다. 코로나19 이후 미국 증시에 대한 투자 수요가 급증하면서 미국 대표지수인 S&P500을 추종하는 ETF의 인기가 높아졌다는 설명이다.

ETF 시장 경쟁이 치열해지며 투자자들이 부담하는 비용이 낮아진 점도 매력도를 높이는 요인이다. 올해 초 자산운용사들이 투자자 유치를 위해 앞다퉈 보수 경쟁을 벌였는데, 이 과정에서 S&P500 등 미국 대표지수 ETF의 총보수가 인하됐다. (한경 코리아마켓, 2025.7.11)

주요 용어

- 세금우대 금융상품
- 정기예탁금
- 청년미래적금
- 청년도약계좌
- 청년주택드림청약통장
- IRP
- 청년내일저축계좌
- 중개형 ISA

연습문제

1. 월 소득이 300만원으로 늘어난 경우, 중립형 전략을 취할 때 투자전략을 수립하라.
2. 월 소득이 400만원이 되었을 때 공격투자형의 투자전략을 수립하라.
3. 자신의 인생 플랜을 투자와 연관지어서 수립하라.
4. 최근 부상하고 있는 금융상품을 조사하라.

찾아보기

ㅇ

ㅍ

ㅎ

기타

저자소개

정 기 만 성균관대학교 경영학과 졸업 | 성균관대학교 대학원(경영학 석사·박사) | 미 일리노이 주립대 연구교수 | 정부 공공기관사업선정 심사위원 | 취업전문기관 및 주요 대기업 입사 및 승진시험 출제 | 경영지도사 출제위원 | 국세심판원 | 한국교통대학교 평생교육원장, 인문사회대학장, 기획처장, 교무처장 | 한국기업경영학회 편집위원장 | 대한경영학회 부회장 겸 편집위원장 | 한국취업진로학회 부회장 | 한국전문경영인학회 부회장 | 한국기업경영학회 회장

현, 한국교통대학교 융합경영학과 교수

주요 저서 및 논문 생활속의 경영학(신영사, 2025) | 현대경영학의 이해(신영사, 2024) | 생활속의 증권투자론(신영사, 2023) | 경영자의 경기전망에 대한 인식이 투자의사결정에 대한 방식과 조직에 미치는 영향(2015) | 국내외국교육기관 회계기준의 특성에 관한 연구(2015) | Kirkpatrick 등의 경영자 특성은 우리나라에서도 유효한가?(2014) 외 다수

20대 재테크와 금융 리터러시

2025년 8월 20일 제1판 1쇄 인쇄
2025년 8월 25일 제1판 1쇄 발행

저 자 정 기 만
발행인 권 영 섭
발행처 (주)신 영 사

경기도 파주시 심학산로 12(출판문화단지)
등 록 : 1988. 5. 2 / 제406-1988-000020호
전 화 : 031-946-2894(代)
F A X : 031-946-0799
e-mail : sys28945@naver.com
홈페이지 : http://www.shinyoungsa.co.kr

(주)신영사

정가 24,000원 ISBN 978-89-5501-898-1